高等学校交通运输与工程类专业教材建设委员会规划教材

Health Monitoring and Detection Technology of Bridge Structures

桥梁结构健康监测及检测技术

王 磊　蒋田勇　主　编
马亚飞　戴理朝　副主编

人民交通出版社股份有限公司

北　京

内容提要

本书共分为五篇,主要内容包括:第1篇绪论(桥梁结构健康监测与检测的必要性与意义、桥梁结构健康监测及检测技术),第2篇压电传感监测技术(概述、压电效应、数据处理方法、研究应用),第3篇光纤光栅传感监测技术(概述、基本原理、传感器类型、应用实例),第4篇超声波检测技术(概述、物理特性、传播特性及工程应用),第5篇地质雷达检测技术(概述、检测方法、数字处理技术和应用实例)。

本书可作为高等院校桥梁工程专业和相近专业教材,同时可供相关工程技术人员和科研人员参考使用。

图书在版编目(CIP)数据

桥梁结构健康监测及检测技术/王磊,蒋田勇主编.
— 北京:人民交通出版社股份有限公司,2022.9
ISBN 978-7-114-18034-7

Ⅰ.①桥… Ⅱ.①王…②蒋… Ⅲ.①桥梁结构—监测 Ⅳ.①U446

中国版本图书馆 CIP 数据核字(2022)第 105251 号

Qiaoliang Jiegou Jiankang Jiance ji Jiance Jishu

书　　名：	桥梁结构健康监测及检测技术
著 作 者：	王　磊　蒋田勇
责任编辑：	卢俊丽
责任校对：	席少楠
责任印制：	张　凯
出版发行：	人民交通出版社股份有限公司
地　　址：	(100011)北京市朝阳区安定门外外馆斜街 3 号
网　　址：	http://www.ccpcl.com.cn
销售电话：	(010)59757973
总 经 销：	人民交通出版社股份有限公司发行部
经　　销：	各地新华书店
印　　刷：	北京虎彩文化传播有限公司
开　　本：	787×1092　1/16
印　　张：	22
字　　数：	538 千
版　　次：	2022 年 9 月　第 1 版
印　　次：	2023 年 6 月　第 2 次印刷
书　　号：	ISBN 978-7-114-18034-7
定　　价：	60.00 元

(有印刷、装订质量问题的图书,由本公司负责调换)

前 言

桥梁结构随着服役时间的延长而出现各种各样的病害,病害产生的原因有很多,主要有设计、选材、施工存在缺陷,超负荷使用,冻融破坏,有害化学物质侵蚀,埋入钢筋锈蚀,碱集料反应,等等。桥梁病害总体上分为桥面系病害、上部结构病害、下部结构病害和其他部位病害。应用桥梁结构健康监测与检测技术,针对桥梁结构病害问题给出相应的解决办法。桥梁结构健康监测是通过对桥梁结构技术状况的监控与评估,为桥梁结构在特殊气候、交通条件下或桥梁运营状况严重异常时触发预警信号,为桥梁保养、维修与管理决策提供依据和指导。桥梁结构健康监测可以通过设置在桥梁中的数据采集系统自动采集桥梁的状态参数,如荷载、温度、挠度、应变等,采集到的数据经预处理后通过通信系统送到控制中心,经过数据系统分析处理得到桥梁的健康状况评估、损伤分析、剩余寿命评估、交通控制和维修决策等结论。桥梁结构健康检测的定义为"利用材料内部结构异常或缺陷存在引起的热、声、光、电、磁等反应的变化,以物理或化学方法为手段,借助现代化的技术和设备器材,对桥梁内部及表面的结构、性质、状态及缺陷的类型、性质、数量、形状、位置、尺寸、分布及其变化进行检查和测试的方法"。

从20世纪90年代至今,我国进行了大规模的公路和城市桥梁建设,桥梁总数达八十多万座,且每年都有一批结构新颖、形式多样的桥梁建成。作为生命线工程,桥梁运营安全受到社会各界的高度重视,如何确保桥梁尤其是大跨径桥梁的健康运营是桥梁研究领域的又一热点。桥梁在运营过程中由于反复受到车载、风载等多种荷载的作用,同时受到如特殊气候、材料老化、疲劳等不利因素的影响,故不可避免地会产生自然老化,出现损伤,当损伤积累到一定程度时,桥梁甚至会突然倒塌。因此,桥梁特别是大型重要桥梁的健康监测和检测越来越重要,通过监测和检测可以及时发现桥梁结构隐患并采取相应措施，有效预防突发性灾难，而且可为桥梁结构的新理论、新技术的评估和验证提供数据依据。

本书以"桥梁结构健康监测"课程内容为基础，分为5篇，较全面地介绍了桥梁结构健康监测和检测。第1篇绪论，全面介绍了国内外桥梁运营概况，提出桥梁结构健康监测与检测的必要性和意义，以及由此衍生的桥梁结构健康监测和检测技术。第2篇压电传感监测技术，对压电陶瓷的发展史及发展趋势作出概述，在分析总结压电陶瓷结构、压电性和监测方法的基础上，揭示了其数据处理分析过程。使用压电陶瓷传感技术对桥梁结构进行健康监测，对预应力混凝土梁的锈胀、FRP筋与混凝土界面损伤、波纹管密实性、高强度螺栓松动损伤、桥梁伸缩缝疲劳损伤等方面进行研究分析。第3篇光纤光栅传感监测技术，介绍了光纤光栅监测研究和应用现状，提出光纤光栅在桥梁结构健康监测中的基本原理、不同类型的光纤光栅传感器及其可靠性、光纤光栅传感监测技术在桥梁结构健康监测中的应用。第4篇超声波检测技术，介绍了超声波检测概况及超声波检测技术的发展，超声波检测的基本物理特性，在混凝土材料中的传播特性，在混凝土强度、钢管混凝土及混凝土灌注桩检测中的应用。第5篇地质雷达检测技术，通过阐述地质雷达检测技术的背景和原理，给出了地质雷达的检测方法、数字处理技术及其在桥梁工程中的应用。

本书由王磊、蒋田勇担任主编，马亚飞、戴理朝担任副主编，主编、副主编除负责全书的统稿、定稿外，还确定了全书大纲和各章节内容。研究生承担了各章的编写工作，其中第1篇由洪越、肖敏、梁仕杰、黄天皓、吴海军和江迈负责；第2篇由吴青霖、洪越、肖敏和耿森负责；第3篇由江迈、吴海军、耿森、方鳞和何斌负责；第4篇由张耀文、梁仕杰、黄天皓和方鳞负责；第5篇由宁怡豪、郑俊博和何斌负责。希望本书能够对从事桥梁结构健康监测和检测的科研和工程技术人员、高校相关专业的师生有所帮助。

本书的编写，引用了一些公开出版和发表的书籍和文献，谨向这些作者一并表示谢意。由于编者水平有限，书中难免会有错误与不足之处，恳请读者批评指正。

编　者
2022年7月

目录

第1篇 绪 论

第1章 桥梁结构健康监测与检测概述 ··· 3
1.1 国内外桥梁运营基本情况 ··· 3
1.2 桥梁垮塌事故回顾 ·· 5
1.3 桥梁结构健康监测和检测的概念、必要性和意义 ···················· 8
1.4 桥梁结构健康监测发展现状 ·· 12
1.5 桥梁结构健康检测发展历程 ·· 15
本章复习思考题 ·· 15
本章主要参考文献 ·· 16

第2章 桥梁结构健康监测与检测技术概述 ·································· 17
2.1 桥梁结构健康监测技术 ··· 17
2.2 桥梁结构健康检测技术 ··· 21
本章复习思考题 ·· 24
本章主要参考文献 ·· 25

第2篇 压电传感监测技术

第1章 概述 ·· 29
1.1 压电陶瓷的发展史 ··· 30
1.2 压电陶瓷及其产品的应用 ·· 33
1.3 压电陶瓷的发展趋势 ·· 35
本章复习思考题 ·· 36
本章主要参考文献 ·· 36

第2章 压电陶瓷的结构与特性 ································· 37
2.1 压电陶瓷的内部结构 ··································· 37
2.2 压电陶瓷的自发极化及效应 ····························· 40
2.3 压电陶瓷的主要参数 ··································· 44
2.4 压电效应及压电表达式 ································· 48
本章复习思考题 ··· 50
本章主要参考文献 ··· 50

第3章 基于压电传感的桥梁结构健康监测方法 ··················· 51
3.1 压电陶瓷阻抗法 ······································· 51
3.2 压电陶瓷波动法 ······································· 55
本章复习思考题 ··· 56
本章主要参考文献 ··· 56

第4章 基于压电传感的数据处理分析法 ························· 58
4.1 时域分析法 ··· 58
4.2 频域分析法 ··· 64
4.3 小波(包)分析法 ······································ 74
本章复习思考题 ··· 85
本章主要参考文献 ··· 85

第5章 压电传感监测技术应用研究 ····························· 86
5.1 预应力混凝土梁的锈胀监测 ····························· 86
5.2 FRP筋与混凝土界面损伤监测 ···························· 91
5.3 波纹管密实性监测 ····································· 95
5.4 高强度螺栓松动损伤监测 ······························ 120
5.5 基于压电陶瓷的桥梁伸缩缝疲劳损伤监测 ················ 134
本章复习思考题 ·· 142
本章主要参考文献 ·· 142

第3篇 光纤光栅传感监测技术

第1章 概述 ·· 147
1.1 引言 ·· 147
1.2 光纤传感器健康监测研究和应用现状 ···················· 148
1.3 光纤智能健康监测系统的组成 ·························· 149
1.4 光纤传感器 ·· 149
本章复习思考题 ·· 151
本章主要参考文献 ·· 151

第 2 章　光纤光栅的光学特性及基本原理 ··· 154
2.1　引言 ··· 154
2.2　光纤光栅的光敏性及光学特性 ·· 155
2.3　光纤光栅的传输传感原理 ·· 158
本章复习思考题 ··· 170
本章主要参考文献 ··· 170

第 3 章　光纤光栅传感器 ·· 172
3.1　光纤光栅传感器概述 ·· 172
3.2　光纤光栅传感器设计原则 ·· 177
3.3　光纤光栅应变传感器 ·· 178
3.4　光纤光栅温度传感器 ·· 194
3.5　光纤光栅位移传感器 ·· 198
3.6　光纤光栅压力传感器 ·· 199
3.7　光纤光栅传感器的可靠性 ·· 204
本章复习思考题 ··· 210
本章主要参考文献 ··· 210

第 4 章　光纤光栅传感器的应用 ·· 212
4.1　混凝土固化期收缩应变监测试验 ·· 212
4.2　在桥梁监测中的应用 ·· 216
本章复习思考题 ··· 222
本章主要参考文献 ··· 223

第 4 篇　超声波检测技术

第 1 章　概述 ··· 227
1.1　混凝土结构无损检测技术的发展历程 ······································ 227
1.2　超声波检测技术的发展概况 ·· 230
1.3　近年来发展的超声波检测技术 ·· 233
本章复习思考题 ··· 237
本章主要参考文献 ··· 237

第 2 章　超声波的基本物理特性 ·· 239
2.1　超声波概述 ·· 239
2.2　超声波的波型 ·· 239
2.3　超声波的基本概念及特性 ·· 241
2.4　声波在两种介质面上的传播规律 ·· 247
本章复习思考题 ··· 249

3

本章主要参考文献 ·· 250

第3章　超声波在混凝土材料中的传播特性 ································ 251
　3.1　连续介质中超声波的传播特性 ·· 251
　3.2　混凝土缺陷对超声波传播的影响 ·· 255
　3.3　基于超声波声速的混凝土损伤描述 ·· 259
　　本章复习思考题 ·· 260
　　本章主要参考文献 ·· 260

第4章　超声波在混凝土强度检测中的应用 ······························ 262
　4.1　结构混凝土超声波检测依据及原理 ·· 262
　4.2　超声-回弹综合法测混凝土强度 ·· 268
　　本章复习思考题 ·· 274
　　本章主要参考文献 ·· 274

第5章　超声波在钢管混凝土检测中的应用 ······························ 276
　5.1　钢管混凝土拱在施工中可能出现的缺陷类型及其所处部位 ············ 276
　5.2　超声波检测钢管混凝土缺陷方法 ·· 277
　5.3　钢管混凝土超声波现场检测标定方法及注意事项 ······················ 278
　5.4　工程应用实例 ·· 279
　　本章复习思考题 ·· 284
　　本章主要参考文献 ·· 284

第6章　超声波在混凝土灌注桩检测中的应用 ·························· 286
　6.1　混凝土灌注桩缺陷检测原理及测定方法 ···································· 286
　6.2　检测数据的判断方法 ·· 290
　6.3　工程应用实例 ·· 292
　　本章复习思考题 ·· 299
　　本章主要参考文献 ·· 300

第5篇　地质雷达检测技术

第1章　概述 ·· 303
　1.1　引言 ·· 303
　1.2　地质雷达概述 ·· 304
　1.3　地质雷达研究历程 ·· 304
　1.4　地质雷达的局限性和优势 ·· 307
　1.5　地质雷达应用现状 ·· 309
　　本章复习思考题 ·· 310
　　本章主要参考文献 ·· 310

第2章　地质雷达技术的检测原理及参数 311
2.1　电磁波基本理论 311
2.2　地质雷达系统组成及检测原理 313
2.3　地质雷达技术参数 314
2.4　地质雷达检测参数的选择 316
本章复习思考题 317
本章主要参考文献 317

第3章　地质雷达的检测方法 319
3.1　地质雷达观测方法 319
3.2　地质雷达野外工作方法 321
本章复习思考题 322
本章主要参考文献 322

第4章　地质雷达的数字处理技术及资料解释方法 324
4.1　地质雷达的数字处理技术 324
4.2　地质雷达的资料解释方法 330
本章复习思考题 333
本章主要参考文献 333

第5章　地质雷达在桥梁工程中的应用 334
5.1　桥梁预应力管道注浆质量检测 334
5.2　桥梁桩基孔底检测 336
5.3　空心板桥梁检测 337
5.4　连续箱梁桥检测 339
本章复习思考题 340
本章主要参考文献 340

PART1 | 第1篇
绪论

第1章
桥梁结构健康监测与检测概述

1.1 国内外桥梁运营基本情况

"一桥飞架南北,天堑变通途",桥梁在人类交通发展中起着很重要的作用。随着社会经济和文明的发展,世界上兴建了许多桥梁。我国现代桥梁建设起步较晚,但发展特别迅速。近些年来,我国桥梁建设事业取得了举世瞩目的成就,桥梁建设技术越来越成熟,新建的桥梁也越来越多,其中不乏居世界前列的大跨径桥梁及一些应用世界前沿技术的桥梁。随着运营时间的延长,环境、气候等自然因素的影响,材料老化,荷载长期效应及车流荷载的增加,疲劳效应和突变效应等不利因素的耦合作用,桥梁必然出现结构损伤,其安全性、耐久性将严重降低。

桥梁结构经常会出现两种损伤,即突发性损伤和累积损伤。突发性损伤是由突发事件引起的,损伤在短期内达到或超过一定限值;累积损伤有缓慢累积的特点,达到一定程度就会引起破坏,影响桥梁结构的安全性和使用功能。由于各方面技术不成熟,所以在过去很长一段时间内甚至现在都还在继续使用传统的桥梁健康养护模式,即一直维持着通过专业的检测人员定期采用人工目测检查或借助便携式仪器对桥梁进行检测来实现桥梁出现病害后及时维修加固的方式。这种检测方式存在诸多局限性,主要表现为:①实时性差,不能及时观测到突发病害;②检测耗费大量人力、物力和财力,一些结构内部损伤不易检测;③检测时间长,影响交通;④主观性强,受检测人员的专业知识和技能影响较大。

桥梁结构的耐久性提升也是刻不容缓的。我国《混凝土结构耐久性设计标准》(GB/T 50476—2019)对结构耐久性的定义为：在环境作用和正常维护、使用条件下，结构或构件在设计使用年限内保持其适用性和安全性的能力。按照《建筑结构可靠性设计统一标准》(GB 50068—2018)的条文说明，结构的耐久性是指结构在规定的工作环境中，预定的时期内，材料性能的恶化导致结构出现不可接受的失效概率。从工程概念上讲，足够的耐久性是指在正常维护条件下，结构能够正常使用到规定的设计使用年限。发达国家为混凝土结构耐久性投入了大量科研经费并积极采取应对措施。加拿大安大略省的公路桥梁为应对冻融损害，钢筋的混凝土保护层最小厚度从20世纪50年代的2.5cm逐渐增加到4cm、6cm，直到80年代增加到7cm，而混凝土强度的最低等级也从50年代的C25增加到C40，桥面板混凝土从不要求外加引气剂、不设防水层到必须加引气剂以及需要设置高级防水胶膜并引入环氧涂膜钢筋。再以日本为例，在1970年之前，日本的道路桥梁使用寿命为30~40年；在1971年，日本对桥面板设计标准进行了更新，1973年又对道路标准进行了更新，随后在1984年对盐蚀标准进行了更新，1989年对碱性集料相关条款进行了更新，2001年对疲劳设计标准进行了更新，同时制定了有关耐久性提升技术的各类规范与指南。这些措施延长了桥梁的使用寿命，使其基本能够达到100年，极大地促进了结构长寿命化技术的发展。以上叙述的日本桥梁使用寿命与设计标准的变迁如图1-1-1所示。

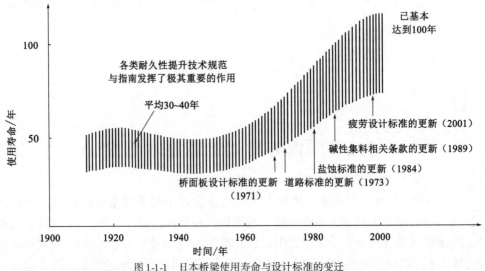

图1-1-1 日本桥梁使用寿命与设计标准的变迁

桥梁结构的健康是社会发展的必要需求。桥梁结构的安全性、耐久性与健康密不可分。就桥梁而言，实际工程中桥梁结构的健康问题主要表现为以下几类：①混凝土主梁开裂问题。对于大跨径钢筋混凝土桥，经常存在由包括设计、构造、材料和施工中的主观失察因素引起的裂缝以及由包括超载、温度荷载、混凝土收缩和徐变等客观触发因素引起的裂缝。例如，于1982年建成的济南黄河大桥，顶板裂缝1386处，底板裂缝11处，腹板裂缝52处，隔板裂缝78处；于1988年建成的嘉陵江石门大桥，顶板裂缝233处，腹板裂缝84处，隔板裂缝78处。②桥梁主跨的过度下挠问题。对于大跨径预应力混凝土梁桥，最大的耐久性问题就是主跨的过度下挠，而这一变形问题与混凝土梁体开裂有关。结构下挠会导致箱梁底板产生更多的裂缝，进而降低结构刚度，最终产生更大的下挠，形成恶性循环。例如，建于1970年的跨径143m的英国Kingston大桥，1998年测得的下挠为300mm；建于1992年的跨径1140m的三门峡黄河公路大桥,2002年测得的下挠为220mm。③钢桥疲劳裂缝问题。在我国大跨径悬索桥和斜拉桥使用较多的正交异性钢桥面,如果构造不良和焊接工艺不当,在使用过程中因为车辆反复经过引起局部集中应力,易造成纵肋与面板焊缝以及纵肋与横肋交叉处的疲劳裂缝。例如,建于1997年的虎门大桥,从2007年起正交异性钢桥面逐渐暴露出面板和纵肋焊接处的疲劳裂缝问题,对该桥的正常通行产生了严重的影响,也引起了我国桥梁界的极大关注。其他因素如钢结构的腐蚀等也会不同程度地影响桥梁结构的健康。及时发现和解决结构的健康问题是实现结构安全服役及长寿命的必要手段。

但是,由于传统桥梁养护管理模式的监测和检测方法具有局限性,故很难满足大规模桥梁健康评定的发展要求。

1.2 桥梁垮塌事故回顾

过去,由于对桥梁结构健康监测和检测重视不够以及方法不成熟、桥梁的安全得不到保障,从而带来了很大的财产损失和人员伤亡。

(1) Tacoma 悬索桥

1940年,位于美国华盛顿州的Tacoma悬索桥建成。该桥为跨径853.44m的桁式加劲梁悬索桥,此桥的加劲梁不是钢桁梁,而是下承式(半穿式)钢板梁。由于加劲梁过于纤细,其断面抗风稳定性差,通车后仅4个月就在一场大风中垮塌,如图1-1-2所示。事故发生时的风速仅19m/s左右。实际上在事故发生之前该桥曾有经受过更大风速的记录,但那时平安无事。究其原因,是在发生事故的风速下,桥梁开始发生摇晃,跨中防止加劲梁与主缆间相互位移的几根稳定索断裂,桥型突然变化。在此之后,摇晃非但没有逐渐衰减,反而越来越厉害,最后产生扭曲振动,桥面发生很大的倾斜,即忽左忽右地发生扭曲倾斜,乃至造成剧烈的扭曲运动,最终将加劲梁扭断而坠毁。正是因为缺少了对拉索的索力和加劲梁的抗扭能力等的监测,忽视了一些较小结构的破坏对整个桥梁结构造成的影响,才导致了Tacoma悬索桥的垮塌。

图1-1-2 Tacoma悬索桥风毁现场

(2) I-35W 密西西比河大桥

I-35W 密西西比河大桥是由明尼苏达州运输部于 1967 年建成的。2007 年 8 月 1 日下午 6:01,正值交通高峰时段,该桥突然坍塌,造成至少 8 人死亡,79 人受伤,这是美国自 1983 年以来最严重的非天灾或外力因素所造成的桥梁坍塌事件。I-35W 密西西比河大桥坍塌现场如图 1-1-3 所示。事后发现,在此之前,2001 年,明尼苏达大学土木系的一份报告指出,I-35W 密西西比河大桥纵梁已扭曲变形,还发现该桥桁架疲劳的证据。该报告同时指出:一旦桁架承受不了庞大车流,I-35W 密西西比河大桥恐将坍塌。但由于当时监测手段较为落后,所提交的证据并未引起人们的重视。

a) I-35W密西西比河大桥南端塌陷　　　　b) I-35W密西西比河大桥中端塌陷

图 1-1-3　I-35W 密西西比河大桥坍塌现场

(3) 宜宾小南门桥

宜宾小南门桥主桥于 1990 年 6 月建成,系中承式钢筋混凝土肋拱桥,矢跨比 1/5,是当时国内跨径最大的钢筋混凝土拱桥,中部 180m 范围为钢筋混凝土连续桥面。2001 年 11 月 7 日凌晨 4 点,从四川南部宜宾进入云南的咽喉要道——宜宾小南门桥发生悬索及桥面断裂事故,桥两端同时塌陷,造成交通及市外通信中断。宜宾小南门桥坍塌现场如图 1-1-4 所示。事故原因是连接拱体和桥面预制板的 4 对 8 根钢缆吊杆断裂,北端长约 10m、南端长约 20m 的桥面预制板发生坍塌。

a) 桥梁钢缆吊杆断裂　　　　　　　　　　b) 桥面预制板坍塌

图 1-1-4　宜宾小南门桥坍塌现场

(4) 綦江彩虹桥

綦江彩虹桥始建于 1994 年 11 月 5 日,竣工于 1996 年 2 月 16 日,垮塌于 1999 年 1 月 4 日,建设工期 1 年零 102 天,使用寿命不到 3 年。綦江彩虹桥坍塌现场如图 1-1-5 所示。这次重大事故,共造成 40 人死亡,直接经济损失 628 万余元。经事故调查组调查,綦江彩虹桥的主要受力拱架钢管焊接质量不合格,存在严重缺陷,个别焊缝有陈旧性裂痕;钢管内混凝土抗压强度不足,低于设计强度的1/3;连接桥面和拱肋的吊索的锚具和夹片严重锈蚀。

图 1-1-5　綦江彩虹桥坍塌现场

(5)杭州钱江三桥

杭州钱江三桥于1993年11月开工,1997年1月28日通车,总长5700m,主桥长1280m,南北高架引桥长4420m,将主城区与滨江、萧山两个新区相连,成为通往机场的重要通道,建设过程中创多项全国之最。2011年7月15日凌晨,杭州钱江三桥辅桥主桥面右侧车道部分桥面突然塌落,一辆重型半挂车从桥面坠落,又将下闸道砸塌。杭州钱江三桥坍塌现场如图1-1-6所示。

a)钱江三桥桥面断裂现场　　　　　　　　b)钱江三桥引桥护栏断裂现场

图 1-1-6　杭州钱江三桥坍塌现场

因此,为了保障桥梁的正常运营,防止桥梁垮塌事故的发生,对桥梁结构进行健康监测和检测就显得尤为必要,应监测在运营期间桥梁结构的承载能力、运营状态、耐久能力等。当桥梁出现损伤后,桥梁的某些局部和整体的参数将表现出与正常状态不同的特征,通过某些特殊工具识取这些信息,并根据其差异就可确定损伤的位置及相对的程度,以此给予人们预警,从而预防事故的发生。

1.3 桥梁结构健康监测和检测的概念、必要性和意义

1.3.1 桥梁结构健康监测和检测的概念及内容

为保证桥梁安全运行、避免严重事故发生,对桥梁结构进行健康监测尤为重要。桥梁结构健康监测是以科学的监测理论与方法为基础,采用各种适宜的监测手段获取数据,为桥梁结构设计方法、计算假定、结构模型分析提供验证;对结构的主要性能指标和特性进行分析,及早预见、发现和处理桥梁结构安全隐患和耐久性缺陷,诊断结构突发和累积损伤发生位置与程度,并对损伤产生后果的可能性进行判断与预测。桥梁结构健康状态的监测与评估,可以为桥梁在各种气候、交通条件下和桥梁运营状况异常时发出预警信号,为拟定桥梁维护、维修与管理措施提供依据,并通过及时采取措施达到防止桥梁坍塌、局部破坏,保障和延长桥梁使用寿命的目的。

结构健康监测的定义为:"在现场进行结构特性,包括结构响应的无损检测和分析,用来检测由损坏或损伤引起的变化。"这一定义有不足之处,当研究人员试图对结构进行健康监测无损评估时,其重点在于数据收集而不在于评估。人们确切需要的是采用一种有效方法来收集桥梁服役结构的数据并进行处理,以评估关键的性能,如使用性、可靠性和耐久性。因此,结构健康监测的定义可以修改为:"在现场进行结构特性,包括结构响应的无损检测和分析,其目的是:如果有损伤,则进行损伤识别、确定损伤的位置、估计损伤的严重程度并评价损伤对结构的影响及后果。"

桥梁结构健康监测研究可以分为如下四个层次:①检测损伤的存在;②确定损伤的位置;③估计损伤程度;④确定损伤的影响并预测剩余的疲劳寿命。具体的研究内容主要有:①桥梁结构在正常环境与交通条件下运营的物理属性与力学状态;②桥梁重要非结构构件(如支座)和附属设施(如斜拉桥振动控制装置)的工作状态;③桥梁在突发事件(如强烈地震、意外大风或其他严重事故等)之后的损伤情况;④桥梁结构构件耐久性;⑤桥梁结构构件的真实疲劳状况;⑥桥梁所处的环境条件,如风速、温度、地面运动等。进行层次③的工作要求改进结构模型和分析局部的物理检查和传统的无损评估技术。进行层次④的工作要求局部位置的材料构成信息、材料老化的研究、破坏机理和高性能的计算。随着仪器的改进和对复杂结构动力学的认识,桥梁结构的健康监测已变得更为实用。

桥梁结构健康检测是一种客观见之于主观、主观再见之于客观的过程。检测人员对于桥梁这样一种客体,通过数据采集的客观实践活动将其纳入主观世界,分析、判断后再见于客观,体现为评定后的维修、加固以及今后设计与建设的客观活动。桥梁在长期的使用过程中不免会发生各种结构损伤,损伤的原因可能是使用、维护不当,车祸事故等人为因素,也可能是地震、风暴等自然灾害。此外,某些要道上的交通量也因以大大高于预测流量的速度猛增而加剧了桥梁结构的自然老化。这些因素均导致了桥梁承载能力和耐久性的降低,甚至影响运营安全。由此引起的一系列问题都需要相应的维修、改造和加固来解决。而这些维修、改造和加固工作又必须在对桥梁结构详细和系统的检测的基础上才能妥善地进行。

桥梁结构健康检测的定义为："利用材料内部结构异常或缺陷存在引起的热、声、光、电、磁等反应的变化，以物理或化学方法为手段，借助现代化的技术和设备器材，对桥梁内部及表面的结构、性质、状态及缺陷的类型、性质、数量、形状、位置、尺寸、分布及其变化进行检查和测试的方法。"

在美国、日本等国制定的与土木工程管理养护相关的规范以及我国相应的准则中，结构的检测是进行土木工程结构有效管理的必要手段。美国联邦公路局（FHWA）从实用性和功能性，使用性能和耐久性，损伤后的安全性和稳定性以及极限状态下的安全性等方面对结构性能做了笼统的定性要求，并通过收集美国桥梁结构的基本信息建立国家桥梁档案数据库以对其日常运行和维护进行管理。日本国土交通省颁布的《道路法》规定，对于全国约 70 万座桥梁和 1 万个隧道，必须每 5 年进行一次义务检查。我国以住建部的《城市桥梁养护技术标准》（CJJ 99—2017）和交通运输部的《公路桥涵养护规范》（JTG 5120—2021）为指导，运用层次分析思想，通过人工点检或无损检测技术对桥梁构件缺损状态进行评分，再根据其重要程度进行综合评估和等级划分。

桥梁检测技术的成熟将起到确保桥梁安全运营，延长桥梁使用寿命的作用。同时通过早期发现和维修桥梁病害，能够大大节约桥梁的维修费用，推迟大修时间，减少因封闭交通而引起的损失，最大限度地减少桥梁事故造成的损失。

1.3.2 桥梁结构健康监测和检测的必要性

桥梁结构尺寸大、质量大，具有较低的固有频率和振动水平，振幅低，而且桥梁结构的动力响应极易受到非结构构件等的影响，这些变化往往被误解为结构的损伤；而且钢筋混凝土桥梁模型的不确定性水平比单独一根梁或一个空间桁架模型的要高得多，这一切使得桥梁这类复杂结构的损伤评估面临极大的挑战。

对于近 20 年建成的大型桥梁，大部分建立了以收缴过桥费为主要职能的桥梁管理机构，但是桥梁结构健康监测、结构检测、养护与维修得不到应有的重视，往往是在出现问题后才补救。对于存在缺陷或安全隐患的桥梁，全部予以更换不仅需要大量的资金而且要封闭交通，一般来说，这是不足取的一种方式；由于资金有限，也不可能一次性全部进行加固和改造，需要区分轻重缓急，需要对桥梁状态作出科学、准确的评判。大型桥梁结构复杂，传统的人工检测方法具有滞后性且效率低，造成桥梁管理成本的增加与资源配置的不合理，已无法满足桥梁发展需求，也不符合经济运行规律。在这种情况下，实行桥梁结构健康监测和检测（目前的硬件技术水平与软件已经使之成为可能），能够大大提高检测效率，实时掌握桥梁状态变化，评估桥梁的承载能力和使用功能，以及桥梁的安全性、可靠性。

正是由于桥梁结构健康监测和检测的必要性，许多国家开始意识到它的重要作用并将其应用到具体桥梁中。国内外已有 300 多种长大跨径桥梁进行了结构健康监测和检测。美国金门大桥于 1933 年和 1942 年在施工和初始运营的不同阶段，在桥墩、塔、桥面和悬索上分别安装了加速度传感器。Abdel-Ghaffar 和 Scanlan 在 1977 年和 1985 年等多次将加速度计安装在主跨和南塔上进行结构环境振动测试，并通过模态参数的识别描述了桥梁对风、浪和交通激励的响应；在欧美实行结构健康监测的典型桥梁还有丹麦的 Great Belt East 悬索桥，挪威的 Skarnsundet 大桥（曾经是世界上最长的斜拉桥），这些桥上安装了风速仪、加速度计、温度计、动态位移计等多种传感器以及自动数据采集系统,以监测施工状况和实际工作性能,并将其监测结果与设计值相比较。美国的Ⅰ-40大桥、Commodore Barry大桥,以及作为加利福尼亚州生命线级别的Benicia-Martinez大桥等都进行了桥梁结构健康监测。在亚洲,日本的明石海峡大桥、韩国的Seohae斜拉桥、泰国的Rama Ⅰ Memorial斜拉桥等也进行了结构健康监测和检测。国内的桥梁结构健康监测和检测起步较晚,直至1997年才出现第一座实行结构健康监测的大桥——香港青马大桥,建设过程中在桥梁上安装了800多个永久性传感器。国内多座长大跨径桥梁进行了结构健康监测和检测,其工程应用的规模大幅超过了发达国家。例如,江阴长江公路大桥在1999年就建立了上部结构的安全监测系统,并于2004年进行了监测系统升级改造。在2008年,苏通长江公路大桥结构健康监测系统包含超声风速仪、车速车轴仪、全球定位系统、加速度传感器等16类传感器,其中包括由788只各类传感器所构成的上部结构固定式传感器系统、由16只高精度加速度传感器构成的便携式传感器系统及包含636只传感器的基础监测传感器系统,传感器总数达到1440只。其他如上海徐浦大桥、郑州黄河大桥、钱江四桥、南京长江大桥、南京八卦洲长江大桥、润扬长江公路大桥等也都采用了不同方式的结构健康监测和检测。表1-1-1为进行结构健康监测和检测的部分桥梁。

进行结构健康监测和检测的部分桥梁　　　　表1-1-1

桥梁名称	结构形式	跨径/m	位置
八卦洲长江大桥	斜拉桥	628	中国
徐浦大桥	斜拉桥	590	中国
Skarsundet桥	斜拉桥	240+530+240	挪威
Rama Ⅸ桥	斜拉桥	166+450+166	泰国
珍岛大桥	斜拉桥	70+344+70	韩国
汉江幸州大桥	斜拉桥	160+120+100	韩国
柜石岛桥	斜拉桥	700	日本
多多罗大桥	斜拉桥	890	日本
诺曼底桥	斜拉桥	856	法国
大佛寺长江大桥	斜拉桥	198+450+198	中国
南京大胜关长江大桥	斜拉桥	257+648+257	中国
杭州湾跨海大桥	斜拉桥	448	中国
芜湖长江大桥	斜拉桥	180+312+180	中国
清河斜拉桥	斜拉桥	108+66+36	中国
润扬长江公路大桥	斜拉桥/悬索桥	406/1490	中国
江阴长江公路大桥	悬索桥	1388	中国
虎门大桥	悬索桥	888	中国
阳逻大桥	悬索桥	1280	中国
明石桥	悬索桥	960+1991+960	日本
南备赞濑户大桥	悬索桥	274+1100+274	日本
大贝尔特桥	悬索桥	535+1624+535	丹麦
Namhae桥	悬索桥	128+404+128	韩国

续上表

桥梁名称	结构形式	跨径/m	位置
Yeong jing 桥	悬索桥	505	韩国
菜园坝长江大桥	钢箱系杆拱桥	102+420+88	中国
钱江四桥	钢管拱桥	2×190+7×89	中国
卢浦大桥	全钢拱桥	550	中国
南宁大桥	蝴蝶拱桥	300	中国
Commodore Barry 大桥	钢桁架桥	501	美国
Taylor 桥	简支梁	5×33	加拿大
重庆长江大桥	连续刚构桥	330	中国

1.3.3 桥梁结构健康监测和检测的意义

桥梁结构健康监测和检测的意义在于其能在结构状态监控与评估,验证设计理论,以及改进设计规范,促进研究与发展三方面发挥重要作用。

(1)结构状态监控与评估

大型桥梁结构健康监测和检测力求对桥梁结构进行整体行为的实时监控和结构状态的智能化评估。在结构经过长时间使用或遭遇突发灾害之后,通过测定其关键性能指标,获取反映结构状况的信息,分析其是否受到损伤。如果受到损伤,还要分析其可否继续使用以及其剩余寿命长短等。这对确保桥梁的运营安全,及早发现桥梁病害,延长桥梁的使用寿命起着积极的作用。

(2)验证设计理论

大型桥梁(尤其是斜拉桥、悬索桥)的力学特性和结构特点以及所处的特定环境,使得在大桥设计阶段完全掌握和预测结构的力学特性和行为是非常困难的。大跨度缆索支承桥梁的设计依赖于理论分析,通过风洞、振动台模拟试验,预测桥梁的动力性能并验证其动力安全性。然而,结构理论分析常基于理想化的有限元模型,并以很多假定条件为前提,在进行风洞或振动台模拟试验时,对大桥的风环境和地面运动的模拟可能与真实桥位的环境不完全相符。因此,通过桥梁健康监测和检测所获得的实际结构动静力行为,可以验证大桥结构分析模型、计算假定和设计方法的合理性。尤其重要的是,监测和检测所得的数据和分析结论可用于深入研究大跨径桥梁及其环境中的未知和不确定性问题,为以后的设计和建造工作提供依据。

(3)改进设计规范,促进研究与发展

桥梁结构健康监测和检测带来的将不仅是对监测系统和某种特定桥梁设计的反思,它还可能成为桥梁研究的现场实验室。运营中的桥梁结构及其环境所获得的信息不仅是理论研究和实验室调查的补充,而且可以提供有关结构行为与环境规律的最真实的信息。桥梁结构健康监测和检测信息反馈于结构设计的更深远的意义在于,结构设计方法与相应的规范标准等可能得以改进。

下面以斜拉桥为例：

(1) 斜拉索索力

斜拉索是斜拉桥结构的重要受力构件，索力直接影响梁、塔结构的受力安全及桥面行车的舒适性。由于索力在施工期一般要通过油压表来测定，而成桥后由于斜拉索索端加装了减振器，此时索力已无法通过油压表来检测。因此，运营期斜拉索索力就更加需要长期在线监测。

(2) 车辆荷载

城市交通运输车辆的急剧增加使许多跨江大桥处于长时间的超负荷运转状态，如武汉长江二桥原设计日通车能力5万辆，目前实际日通车能力最高达15万辆，为确保大桥运营安全，出台了重载车限载政策。此外，为了分流减负，ETC管理系统也被首次应用到城市桥梁运营管理中。然而，从车辆轴重的力学影响角度来看，少量超限重车的影响远大于多辆普通小车对桥梁的危害，原因在于桥梁结构不仅要承受超限重车的静态荷载，还要承受其行驶过程中产生的动态荷载。因此，需要有更为翔实的车流、荷载统计数据作为安全管理依据。

(3) 桥梁线形

桥梁线形作为桥梁结构的响应量更直观地反映出桥梁性能的退化情况和工作状况（受力、裂缝、预应力损失、材料退化、刚度退化等均会引起线形改变），而且以桥梁线形为基础参量的监测数据，分析起来更为直观、方便。

(4) 结构受力

大型桥梁结构复杂，结构部件及材料类型多，由于延性结构设计考虑了一定的安全系数，因此，桥梁结构在投入运营后，其结构一般是在阈值范围内缓慢变化的。设计寿命100年的大型桥梁结构更需要建立结构应变/温度场的长期监测数据库，只有长期、稳定、可靠的应变/温度场数据，才能对桥梁结构的隐患发展提供量化预警指导，对关键截面的安全管理做到有据可循。

1.4 桥梁结构健康监测发展现状

从20世纪50年代开始，美国和其他一些国家相继建立了桥梁监测的一些标准，于是产生了第一代桥梁安全监测。20世纪80年代中后期，欧美一些国家首先明确提出了结构健康监测新理念，并先后在一些重要的桥梁上采用了新型有效的监测方法。随后世界各国在桥梁结构健康监测方面都有了很大的发展。近年来，随着桥梁安全问题日益受到关注，再加上桥梁技术、现代传感技术、通信和网络技术的不断发展，桥梁健康实时监测及性能评估系统成为学术界、工程界的研究热点。目前，世界各国在桥梁健康监测领域的研究取得了很大的进展，许多国家在一些已落成的或正在修建的桥梁上进行这一领域的探索工作。如英国在总长522m的三跨变高度连续钢箱梁桥Foyle桥上布设传感器，监测大桥运营阶段在车辆与风荷载作用下主梁的振动、挠度、应变等响应，同时监测环境风和结构温度场，实现了实时监测、实时分析和数据共享，如图1-1-7所示。实施健康监测的典型桥梁还有挪威的Skarnsundet斜拉桥（主跨530m）、美国主跨440m的Sunshine Skyway斜拉桥（图1-1-8）、丹麦总长1726m的Faroe跨海斜拉桥和主跨1624m的Great Belt East悬索桥（图1-1-9）、英国主跨194m的Flintshire独塔斜拉桥以及加拿大的Confederation桥(图1-1-10)。墨西哥对总长1543m的Tampico斜拉桥进行了动力特性测试。瑞士在混凝土桥Siggenthal桥建设过程中也进行了桥梁结构健康监测。

图1-1-7　Foyle桥

图1-1-8　Sunshine Skyway斜拉桥

图1-1-9　Great Belt East悬索桥

图1-1-10　Confederation桥

随着我国桥梁技术在近20年的飞速发展，已建成的大跨径桥梁有100多座。大跨径桥梁的显著特点是结构轻柔，跨径大，超静定，结构状态较难识别。而大跨径桥梁作为交通系统的核心通道，保障其安全和性能至关重要。因此，这些桥梁的建设，也对其建成后的养护和管理工作提出了更高的要求。由于大跨径桥梁运营期间面临复杂的环境作用，如爆炸、船撞、重载车流、极端风荷载等偶然作用，也有疲劳荷载和可变作用形成的结构耐久问题，因此需要行之有效的监测手段，以实时掌握桥梁的结构状态，并提出优化的、有针对性的管理和维护措施，保证桥梁运营性能。基于此，自20世纪90年代起在一些大型重要桥梁上实施了不同规模的桥梁结构健康监测。如在汲水门大桥(图1-1-11)和汀九桥上安装的保证桥梁运营阶段安全的"风和结构健康监测系统(Wind and Structural Health Monitoring System，WASHMS)"，监测桥梁上的外部荷载(包括环境荷载、车辆荷载等)与桥梁的响应；在徐浦大桥(图1-1-12)上安装的带有研究性质的结构状态监测系统，其目的是摸索大型桥梁健康监测的经验，监测内容包括车辆荷载、中跨主梁的标高和自振特性，以及跨中截面的温度和应变、斜拉索的索力和振动水平；在江阴长江公路大桥上安装的健康监测系统，主要监测加劲梁的位移、吊索索力、锚跨主缆索股索力以及主缆、加劲梁、吊索的振动加速度等；在南京长江大桥(图1-1-13)上安装的健康监测系统，主要进行温度、风速、风向、地震和船舶撞击、墩位沉降等以及恒载几何线形、结构振动、主桁杆件应力、支座位移等方面的监测。

图 1-1-11　汲水门大桥

图 1-1-12　徐浦大桥

图 1-1-13　南京长江大桥

　　桥梁结构健康监测研究涉及结构振动、传感技术、测试技术、系统辨识、信号分析处理、数据通信、计算科学、随机过程、可靠度等多门学科,是一个系统工程。经过多年来的不断探索,人们已经取得了许多成果。但是由于桥梁结构受到许多不确定因素和复杂工作环境的影响,现有技术还无法满足桥梁健康监测的要求,因此对桥梁健康监测的探索还需进一步发展和完善。

1.5 桥梁结构健康检测发展历程

早在20世纪50年代,国外就提出了既有桥梁结构的检测问题。20世纪70年代,经济合作与发展组织完成了有关既有桥梁监测、承载能力评估和桥梁养护维修与加固等研究报告。1980年在巴黎和布鲁塞尔,1982年在华盛顿,都召开了关于既有桥梁问题的国际讨论会议。从20世纪末至今,既有桥梁的检测与加固技术的研究问题逐渐受到各政府部门及桥梁工作者的重视。

桥梁结构检测兴起于20世纪80年代中后期的英国,指的是运用现代传感与通信技术,定期对桥梁的工作参数进行人工采集,并由计算机桥梁结构检测系统对所采集的参数进行识别和分析,得出桥梁的健康和损伤状况分析结果,为桥梁的维护提供理论依据。受到英国的影响,其他国家陆续建立了桥梁结构检测系统,我国也在90年代后兴建了一些不同规模的桥梁结构检测系统。

虽然在很长一段时间我国的桥梁建设水平较高,但是,随着社会的发展,我国的桥梁发展逐渐停滞不前,近年来,建设的桥梁频出差错,桥梁的安全问题不仅关系国计民生,也关系国家的声誉问题。桥梁结构健康检测越来越受到国际社会的广泛关注,除了建设中可能出现质量问题,桥梁在长期的使用过程中也难免出差错。造成桥梁损伤的原因较多,包括使用、维护不当,外力撞击等人为因素,也可能是地震、泥石流等自然灾害,此外,桥梁长期负载超重也会在一定程度上加剧桥梁的老化,带来安全隐患,这些因素都会导致桥梁的耐久性和承载能力的降低,这些问题必须及时发现、及时解决。因此,探索一套行之有效的桥梁结构检测方法也是当前桥梁建设中亟待解决的问题。通过检测及时发现桥梁质量问题并在第一时间采取相应的对策对桥梁进行维护,不仅可以在一定程度上减少维修费用,推迟桥梁的大修时间,而且可以减少因桥梁问题而造成的人民财产的损失。近年来,国际上对桥梁结构健康状况的检测技术也越来越成熟。

桥梁结构检测是一个复杂的过程,主要通过检测人员对当前数据的采集和分析来完成。关于桥梁结构的检测项目非常多,包括对立柱钢管缝隙的检测、桥塔沉降和偏位的检测、主缆和加劲梁的线形变化检测以及桥梁附属设施检测等多个方面。桥梁结构检测对检测人员的技术水平要求很高,不仅要求其具有专业的桥梁知识,还要具备几何及物理知识,只有具备多种完善知识结构的复合型人才才能完成桥梁结构检测这个艰巨的任务。

本章复习思考题

1. 简述桥梁结构健康监测的定义。
2. 桥梁结构健康监测的主要内容有哪些?

3. 桥梁结构健康监测和检测的意义体现在哪些方面?
4. 简述当前桥梁结构健康检测与传统检测的区别。
5. 简述目前桥梁结构健康监测已经在哪些方面取得了进展。尚有哪些问题有待解决?

本章主要参考文献

[1] 胡正涛.浅谈桥梁健康监测的发展现状[J].四川建筑,2009,29(3):102-103.

[2] 魏新良,王震洪.桥梁健康监测技术发展现状及趋势分析[J].铁道工程学报,2008,25(9):44-47.

[3] 刘西拉,杨国兴.桥梁健康监测系统的发展与趋势[J].工程力学,1996(增刊):20-29.

[4] 姚华,杜松.桥梁健康监测新技术应用[J].科学技术创新,2019(7):81-82.

[5] 邢绍红,王红亚.桥梁健康监测研究发展现状[J].黑龙江科技信息,2007(19):233.

[6] 王伟宁.桥梁运营安全监测系统实施现状与应用研究进展[J].铁道标准设计,2010,54(7):61-64.

[7] 乐志平.桥梁运营期监测系统研究现状与应用进展[J].山西建筑,2008,34(15):328-329.

[8] 李鹏飞,吴太成.桥梁健康监测技术研究综述[J].建筑监督监测与造价,2010(7):24-27,36.

[9] 吴智深,张建.结构健康监测先进技术及理论[M].北京:科学出版社,2015.

[10] 郝毅.基于物联网技术基础的桥梁健康监测系统应用研究[J].管理工程师,2013(2):33-35.

[11] 夏乐.桥梁健康状况检测技术研究现状[J].北方交通,2006(11):52-53.

[12] 张菁皓.既有混凝土桥梁健康检测与加固技术研究[D].成都:西南交通大学,2013.

[13] 王志坚,李田田,杨丹.桥梁结构的健康检测[J].科技信息,2009(14):83.

第 2 章
桥梁结构健康监测与检测技术概述

2.1 桥梁结构健康监测技术

桥梁结构健康监测技术作为一种新兴的桥梁结构服役期监测技术,是将智能材料应用于桥梁结构,使得结构具有自我感知、自我监测的功能。这就需要以先进的传感技术作为其实现的基础,进而达到对桥梁结构实时监测的目的,并通过某些反映结构状态的参数变化来实现对结构状态的评估。

自 20 世纪 80 年代以来,随着经济的发展和社会的进步,人们对于交通的需求越来越高,加之桥梁结构分析理论、建筑材料和施工技术的不断改进,现代大跨径桥梁的建设规模、建设速度和技术创新进入了一个飞速发展的时期,其设计也朝着更长、更轻柔化,结构形式与功能日趋复杂化的方向不断发展。然而在长达几十年甚至上百年的使用期中,环境侵蚀、材料老化和荷载的长期效应、疲劳效应、突发事件、交通量及重车数量的不断增加等因素的共同作用,将不可避免地导致结构系统的损伤积累和抗力衰减,结构的安全性和使用功能也必然发生退化。而且有的构件损伤可能扩展很快,极端情况下易引发灾难性的突发事故。为确保大跨径桥梁的结构安全、实施经济合理的维修计划、实现安全经济的运行及查明引发安全事故的原因,通过安装大跨径桥梁结构健康监测系统,发展和完善桥梁健康监测技术,以期发现桥梁早期的病害,这不仅能够大大节约桥梁的维修费用,而且可避免出现重大的经济损失。

桥梁结构健康监测技术的核心是传感监测技术,该技术主要有光纤光栅传感监测技术、压电传感监测技术及其他传感监测技术等,这些监测技术在桥梁结构监测领域发挥着极为重要的作用。

2.1.1 光纤光栅传感监测技术

为了满足广域范围内大规模工程结构的自动监测和长期检测的需求,人们开始寻求新型敏感元件及高精度的解调技术。光纤光栅传感监测技术以光作为载体,以光纤作为传输介质,对被测参量实现传感。由于光纤光栅传感器是一种光学传感器,故其在传感方式、传感原理、信息传输方法、信号探测、信号处理等方面都与传统的电学传感器完全不同,因而出现了各种各样的光纤光栅传感监测技术,并在世界范围内得到了广泛的关注和研究。

光纤传感技术的发展主要分为四个阶段:1980年以前,以强度调制型光纤传感器的研究为主;1980年后,开始大规模研究干涉型光纤传感技术;进入1990年后,随着光纤光栅的发明,光纤光栅传感监测技术进入了一个研究热潮;进入2000年后,各种技术和器件工艺已经成熟,光纤传感器开始进入商业化进程,各种各样的光纤传感器公司开始成立,并得以存活,光纤传感技术进入实用阶段。

光纤光栅传感器自身的结构优势,使其能够敏感地感知外界应变或者温度的微弱变化,如:当光纤光栅传感器感知到应变或者温度变化时,其自身的中心波长也会发生变化。且其感知应变的精度可以达到一个微应变,感知温度的精度能够精确到1℃。光纤光栅传感器最主要的应用是对桥梁结构应变的健康监测。将光纤光栅传感器布贴在桥梁结构主梁承力部位,分析传感器采集的相关数据,从而给出桥梁结构的健康状态,并且通过寿命预测的算法,给出桥梁结构的未来使用寿命。传统的桥梁主梁结构的应变监测传感器主要有应变计和电阻应变片,这些传统的应变监测传感器能够准确监测出桥梁结构所测部位的应变变化状态,但是就电阻应变片而言,由于其自身容易受到电磁干扰的影响,因此在一些使用环境中受到了一定的限制,而应变计自身容易受到振动、腐蚀等环境因素的影响,在部分桥梁结构的应用中也有一定的约束。除此以外,上述传统的应变监测传感器往往都是单一点式的传感器,不易进行传感器的组网监测。而光纤光栅传感器能够适用于恶劣环境,并且由于其自身具有抗腐蚀、抗电磁干扰的特点,也适用于外场信号的健康监测。除此以外,光纤光栅传感器易于进行分布式传感监测。

2.1.2 压电传感监测技术

目前,国内外基于压电陶瓷的结构健康监测技术按照监测目的不同大致可以分为两大类:主动监测法和被动监测法。主动监测法需要预先在结构中集成压电驱动器以发射激励信号,再通过压电传感器接收信号,同时结合损伤识别算法对结构的健康状态进行评估;而被动监测法则不需要预先在结构中集成压电驱动器,直接利用压电传感器对结构在不同环境下的状态进行监测,通过某些反映结构状态的参数(如应变、温度等)的变化来实现结构健康状态的评估。根据监测识别方法的不同,主动监测法又可划分为阻抗法和波动法。在监测过程中,根据需要,压电陶瓷可以粘贴在结构表面或者埋入结构内部进行监测,见表1-2-1。

压电传感监测技术 表1-2-1

监测方法		粘贴在结构表面	埋入结构内部	特　点
被动监测		变形监测，冲击荷载监测	变形监测，冲击荷载监测	可节省能源，进行结构整体损伤识别
主动监测	阻抗法	结构表面和内部损伤	—	需主动激励元，可进行局部损伤诊断
	波动法	结构表面和内部损伤	结构内部损伤	需主动激励元，可进行局部损伤诊断

（1）被动监测

压电材料对应变变化具有较高的敏感性，因而在被动监测中常作为传感器使用，这就使得基于压电材料的被动监测在结构动态监测领域以及结构冲击荷载的识别定位等方面应用得比较广泛。因此，这种监测方法在航空、土木领域均有广泛的应用。

（2）主动监测

①阻抗法。

压电陶瓷阻抗法对结构进行损伤监测的基础是压电陶瓷自身电阻抗与待测结构的机械阻抗相互耦合，通过对压电陶瓷自身电阻抗的测量，可以间接得到待测结构的机械阻抗的变化，而结构的机械阻抗会因结构损伤所引起的结构刚度或者阻尼等结构特性的变化而发生改变。

②波动法。

压电陶瓷波动法的基本原理是将压电陶瓷传感器粘贴在结构表面或者埋入结构内部，从而使压电传感器和待测结构组成压电智能结构监测系统。由于压电陶瓷具有双重特性，检测过程中任何一个压电元既可以作为压电传感器，感知应力波信号，又可以作为压电驱动器，激发探测结构的应力波。若结构中存在损伤，则监测信号的一些特征参量会发生变化，例如幅值、频谱及模态变化以及传播时间的延迟等，而通过分析传感器接收到信号的特征参量的变化就可以判定结构是否存在损伤以及损伤的位置和程度。

2.1.3 其他传感监测技术

（1）加速度传感监测技术

根据结构动力学理论，结构固有频率是评价刚度变化的重要指标，而获取结构频谱响应的直接途径是使用加速度计测量。早期的机械式加速度计的基本原理是通过测量弹簧振子上重锤的伸缩量来获得加速度。另外，重锤和悬臂梁构成的振动测量系统，也可以通过测量施加重物后悬臂梁共振频率的变化获得加速度。受机械行业发展要求的影响，加速度的测量技术快速发展，从早期的机械式加速度计到压阻式、压电式、可变电容式电子类加速度计，发展至目前应用广泛的微机电系统（Micro-Eelectro-Mechanical Systems，MEMS）加速度计，已经出现了满足不同使用要求、多种结构形式的加速度计，如FBG（Fiber Bragg Grating，光纤布拉格光栅）式加速度计、激光测振仪等。同时，加速度计的精度、稳定性等性能也在不断提高。

（2）位移传感监测技术

位移传感器是将被测物体的位移变化转换成相应的电量变化，经相应的测量电路或者电子仪表来显示，记录被测值的变化。通过换算后，检测被测物体的运行距离，并以模拟量方式输出,以便仪器仪表收集应用。工程结构上的位移测量有线位移和位置测量两部分,其中,线位移与结构的应变、应力变化有关,常用于指征结构的变形、混凝土的裂缝、挠度动态振幅,以及用于计算荷载、轴力、转角等结构状态参数,实际应用时往往要求位移传感器具有足够的精度、动静态测量和多点同步监测的能力。而位置测量是指结构中两点的相对位置变化,常用于指征结构中构件位置变化、框型完整性、接合处滑移、沉降、脱落等,实际应用时多采用大量程,适合大范围扫描,长期性能稳定的测量装置。常用的典型位移传感器为电子类位移计、激光位移传感器、GPS监测系统和倾斜计。

(3) 温度传感监测技术

由于混凝土、钢筋等结构材料的温度性能不一样,需要通过测量温度条件以保证结果的准确性。温度的测量主要包括外界环境温度、结构内部温度的测量两个部分。在外界温度条件不断变化的情况下,结构中容易产生温度应力,由此容易导致接合处开裂、剥离、脱落等现象,甚至引发钢构件脆断、落桥等严重事故。同时,在评价结构性能的过程中常使用结构解析以评价结构的使用性能,此时需要提供现场结构各部位的环境温度参数以保证解析结果的准确性。

热电偶传感器是目前温度测量中应用最广泛的传感器之一,其原理是利用两根不同材料的导体将热势差转换为电势差,并转化成待测对象的温度。集成温度传感器的传感元件是利用硅半导体的温度特性制成的。集成温度传感器将传感元件、测量电路、模拟信号输出组件等集成在一个芯片上,实现传感器小型化。集成温度传感器的特点是测量对象只针对温度,线性输出好,容易与其他测量组件组成测量系统。

(4) 动态图像解析监测技术

图像解析基于直观的图像为损伤识别、定位和确诊提供依据,并结合数字化图像技术将图像进行数字转换,通过去噪、滤波等技术实现自动化识别与结构损伤有关的信息。在大型工程结构特别是公路桥等长距离且结构框架固定的结构监测技术中,出现了结合车载摄像设备和图像解析的动态图像解析监测技术。目前,技术相对成熟的有激光全息扫描、连续红外热成像和数字图像相关性解析。

(5) 混凝土劣化监测技术

强度是混凝土最基本的性能要求,混凝土碳化、氯盐侵蚀等劣化过程是常见的导致混凝土强度降低的因素。混凝土碳化是个多相的物理化学程度,难以通过单一的监测对象来评价劣化程度,因此混凝土劣化程度评价主要依赖定期检测。氯盐侵蚀是另一个导致混凝土强度降低的因素。混凝土结构在使用过程中,受海水、除冰盐等因素影响而导致氯离子的侵蚀,并进一步加快钢筋锈蚀。氯盐侵蚀监测主要是针对氯盐侵蚀过程中的腐蚀电流。在氯盐侵蚀过程中,当钢筋发生锈蚀时铁离子会流失,可以通过在混凝土保护层预埋电极捕捉电流。通常需要对结构中容易发生劣化的位置进行预判,在不同深度的混凝土内布设不同方向的电极,以保证监测效果。但是此类监测方法使用的电极永久安置于混凝土保护层内部,改变了混凝土的传力方式,加之为了保证长期监测的效果,其电极多为价格高昂的金属。从监测成本而言,此类监测方法不适合普遍应用。

总体而言,目前混凝土劣化的监测手段,主要是通过化学分析间接监测混凝土劣化的程度。另外,根据纤维模型理论,依据混凝土表面测得的应变分布计算中性轴位置后可以获得混凝土各个区域内部的各层应变分布,对比各个区域的理论值和实测值也可获得混凝土不同位置之间的刚度损失情况。

2.2 桥梁结构健康检测技术

目前,常见的桥梁结构健康检测技术有目视检测技术、红外热成像仪检测技术、电磁波探测技术、射线检测技术、冲击弹性波强度检测技术、声探测技术等。

2.2.1 目视检测技术

按照检测方式不同,目视检测技术主要分为直接目视检测和间接目视检测两种。直接目视检测是指直接依靠检测人员的眼睛来检测结构表面裂缝、腐蚀等结构表面的劣化程度;间接目视检测是指检测人员在裂缝或钻孔等狭小空间内插入内窥管或者光导纤维,或利用如袖珍显微镜、高清摄像机、CCD相机等小型辅助设备在不直接接触结构表面的情况下,远距离对结构表面和内部进行检查的技术。另外,结合车载连续图像摄像装置,可以实现对于桥梁、隧道等混凝土表面的裂缝识别。传统的目视检测,如图1-2-1a)所示;CCD相机裂缝识别,如图1-2-1b)所示。

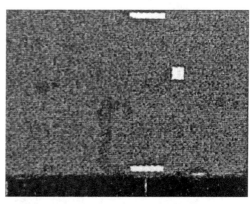

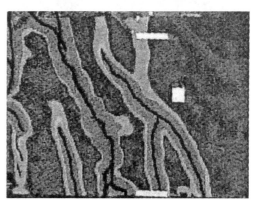

a) 传统目视检测　　　　b) CCD相机裂缝识别

图1-2-1　目视检测桥梁

目视检测技术优点:快速、简单、方便、直观,检查位置不受限制,对表面缺陷检出能力强,可立即知道结果等。缺点:直接目视检测仅限于检测表面缺陷,容易受人为主观因素影响,必要时需要对检测表面进行清理。

2.2.2 红外热成像仪检测技术

红外热成像仪检测技术,是利用红外热成像设备(红外热电视、红外热像仪等)测取被检对象的表面红外辐射能,将其转换为电信号,最终以彩色图或者灰度图的方式显示检测对象表面的温度场,根据该温度场均匀与否来识别表面或内部空腔位置,检出混凝土开裂、漏水等损伤,如图1-2-2所示。红外热成像仪检测技术的优点是通过非接触遥控测量,直接显示实时图像,灵敏度较高,检测速度快。红外热成像仪结构简单,使用安全,数据处理速度快,并能实现自动化监测和永久性记录,检测时对被检对象表面光洁度影响小等。因此,红外热成像仪检测技术已广泛应用于金属、非金属构件,尤其适用于热导系数低的材料,如检测缝合材料、胶结构和叠层结构中的孔洞、裂纹、分层和脱黏类缺陷。但检测过程中外界温度条件的改变,以及风向、空气湿度、降雨等天气变化容易导致结果失真。

a) 照片　　　　　　　　　　　　b) 红外热成像

图1-2-2　红外热成像仪检测桥梁

2.2.3 电磁波探测技术

电磁波探测技术主要包括探地雷达技术和涡流检测技术。

探地雷达技术是利用电磁脉冲波发射原理来达到探测目的的,它是利用超高频短脉冲(106~109Hz)电磁波探测地下介质分布情况的一种地球物理勘探方法。探地雷达技术是军用技术民用化的典型代表,已经在建筑物、桥梁和其他结构评估中广泛使用。其基本原理是将雷达脉冲传进被检测材料,然后通过测量材料表面的反射量确定损伤。探地雷达在桥梁无损检测中的典型应用,如混凝土中的钢筋和孔道的定位以及缺陷和疲劳探测等。涡流检测技术的基本原理为电磁感应,主要应用于检测表面损伤。当检测线圈与导电材料的构件表层靠近,并通以交流电时,所产生的交变磁场将在构件表层产生感应电流,呈环形涡流状。电涡流的大小与分布受构件材料介质和表层缺陷的影响,根据所测电涡流的变化量,就可以判定材料表层的缺陷情况。探地雷达技术检测隧道衬砌,如图 1-2-3 所示。

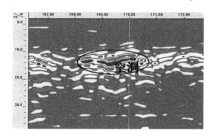 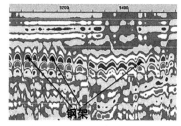

图 1-2-3 探地雷达技术检测隧道衬砌

与其他技术相比,探地雷达设备的体积小、重量轻、携带方便、采集速度快、抗干扰能力强。在使用探地雷达的过程中,需要对电磁反射波谱进行全面的分析和判断,需要有经验丰富的人来操作探地雷达才会有好的结果。

2.2.4 射线检测技术

射线是指波长较小的电磁波,或者运动速度快、能量大的粒子流。射线在穿过被测工件的过程中将发生衰减而使其强度降低,衰减的程度取决于被检材料的种类、射线种类以及所穿透的距离。当把强度均匀的射线照射到物体的一个侧面时,由于入射射线穿过各部位后的衰减程度不同,透射射线的强度分布将不均匀。这样,采用照相射线法和荧光屏观察法等方法,通过在物体的另一侧检测射线在穿过物体后的强度分布,就可检测出物体表面或内部的缺陷,包括缺陷的种类、大小和分布状态。在混凝土结构的射线检测中,一般采用穿透能力强、衰减率低的 X 射线和 γ 射线。由于穿透力不同,被测试件和探伤深度也各不相同(X 射线检测时间 10min,检测深度 40~50cm;γ 射线检测时间 8min,检测深度 50~60cm)。射线检测技术的优点:结果直观,缺陷定性比较容易,定量和定位也比较方便,检测结果可以保存,适用对象多(金属、非金属、复合材料均可)。缺点:检测成本高,存在安全隐患,对平面型缺陷的检测灵敏度较低等。射线检测装置,如图 1-2-4 所示。其中,便携式 X 射线机,如图 1-2-4a)所示;整套 γ 射线探伤装置,如图 1-2-4b)所示。

a) 便携式X射线机　　　　　　　　b) 整套 γ 射线探伤装置

图 1-2-4 射线检测装置

2.2.5 冲击弹性波强度检测技术

冲击弹性波强度检测技术是利用瞬时冲击下产生低频的应力波,低频应力波传播至结构内部,裂缝或空腔等损伤两侧材料的波阻抗不同则会产生反射,通过冲击点附近的探头接收并记录反射的激励信号,然后通过数据采集及信号处理设备对激励信号进行时域或频域分析,即可得到混凝土的厚度或损伤的深度。

冲击弹性波强度检测操作简单,结果直观,技术成熟,在适当检测条件下可信度很高;在工程结构如桩基检测、锚固索力识别、混凝土结构内部缺陷检测等领域有着非常广泛的应用。对于现场结构形式复杂和由多种材料组成的构件检测,由于需要依靠检定人员的主观判断,因此在对检定结果的数字化和参数量化过程中还缺乏稳定的测量精度。目前还广泛应用一类机械式混凝土回弹检测方法,其中回弹仪的基本原理是利用手持式弹簧冲击锤,以恒定的动能撞击与混凝土表面垂直接触的弹击杆,通过测量冲击锤的反弹距离以标定混凝土的强度。此类检测方法操作简单,直观,很适用于现场。

从性能上而言,冲击弹性波强度检测属于一种定性的检测手段,在大范围内对混凝土结构剥落情况的初步评价中具有良好的应用前景。另外,在已知损伤区域的损伤精确调查中,也可通过此类方法反复测量,以获得混凝土现有强度、弹性模量、裂缝位置、损伤深度等参数。冲击弹性波强度检测中的激励条件影响着测量结果的准确性,对于大跨度结构的检测需要借助大型起振器或冲击设备以达到测量要求,从激励条件来说难以应用于持续的检测系统中。

2.2.6 声探测技术

声探测技术主要包括超声波探测技术、声发散检测技术和冲击-回声检测技术。声探测技术是目前发展最迅速的无损检测技术。超声波探测技术的基本原理:超声波能够以一定的速度在某种材料中传播,直至达到不连续点或抵达测试物的边界时才反射回来。超声波探测技术即利用声脉冲在缺陷处发生特性变化的原理来进行检测。声发散检测技术的基本原理:大多数结构材料在受力后出现诸如塑性变形、裂纹开裂、裂纹开展等微结构损伤时,会以声波的形式释放能量。声发散检测技术的优点是可以对处于荷载作用状态下的桥梁结构的内部材料和结构变化进行稳定的监测,并给出早期报警。冲击-回声检测技术是根据应力波在材料中传播的原理设计的,基本的测试方法和超声波探测技术相似。以下两种方法可产生应力波:使用转换器产生应力波称为脉冲-回声法;使用机械冲击器产生应力波称为冲击-回声法。冲击-回声检测技术同样可以通过应力波的强度和发生时间测定缺陷的程度和位置。

本章复习思考题

1. 常用的桥梁结构健康监测技术和桥梁结构健康检测技术有哪些?它们各自监测或检测的原理是什么?
2. 光纤光栅传感器相较于传统应变监测传感器的优点是什么?
3. 红外热成像仪检测技术的优缺点有哪些?

本章主要参考文献

[1] 李鹏飞,吴太成.桥梁健康监测技术研究综述[J].预应力技术,2011(1):29-33.
[2] 李鹏程.桥梁健康监测技术及其发展[J].城市道桥与防洪,2017(4):127-129.
[3] 黄方林,王学敏,陈政清,等.大型桥梁健康监测研究进展[J].中国铁道科学,2005,26(2):1-7.
[4] 何旭辉.南京长江大桥结构健康监测及其关键技术研究[D].长沙:中南大学,2004.
[5] 周桂兰,徐恺奇.大跨径桥梁结构健康监测技术现状与发展[J].公路交通科技(应用科学版),2019(4):168-169.
[6] 王志坚,李田田,杨丹.桥梁结构的健康检测[J].科技信息,2009(14):83.
[7] 伍琦敏.浅谈桥梁健康监测系统的现状及发展方向[J].江西建材,2016(10):153-154.
[8] 商永生.光纤光栅传感技术在桥梁结构健康监测中的应用[J].交通世界,2016(12):70-71.
[9] 孙浩骏.光纤光栅传感器的应用及发展[J].中国战略新兴产业,2018(4):184,186.
[10] 傅军,介志毅,孙志杰,等.磁场及电磁场干扰窃电的检测系统及其检测装置[J].电测与仪表,2015,52(S1):181-184.
[11] 沈观林,马良理.电阻应变计及其应用[M].北京:清华大学出版社,1983.
[12] 张菁皓.既有混凝土桥梁健康检测与加固技术研究[D].成都:西南交通大学,2013.
[13] 夏乐.桥梁健康状况检测技术研究现状[J].北方交通,2006(11):52-53.
[14] 梁宗保,柴洁,纳守勇,等.基于深度学习的桥梁健康监测数据有效性分析[J].重庆交通大学学报(自然科学版),2021,40(3):78-83.
[15] 赵义龙,王少钦,曹明盛,等.基于大数据分析的桥梁健康状况评价[J].都市快轨交通,2021,34(1):29-36,51.
[16] 高薇冬.浅析光纤光栅传感器及其应用[J].科学与信息化,2021(6):85.

PART2 | 第2篇
压电传感监测技术

第1章 概述

在某些材料的某一方向上施加机械应力时，会在材料另一方向的表面上产生电荷，这种现象称为正压电效应；与此相对应的是逆压电效应，即在材料的某些方向施加电场时，材料的内部会产生应力或应变，可能引起材料的形变。

具有压电效应的材料称为压电材料。自1880年法国的居里兄弟（图2-1-1）发现压电效应

Pierre Curie (1859—1906)

Jacques Curie (1856—1941)

图 2-1-1　居里兄弟

以来,压电材料的发展十分迅速。利用压电材料制成的压电器件不仅广泛用于电子学的各个领域,而且遍及日常生活。例如,农村屋檐下挂的小喇叭——压电陶瓷扬声器;医院里检查心脏、肝部的超声诊断仪上的探头——压电超声换能器;电子仪器内的各种压电滤波器;石油、化工用各种压电测压器、压电流量仪;等等。压电陶瓷作为压电材料的代表,近年来发展迅速,应用日趋广泛,已深入各种尖端领域及国民经济各部门,成为不可缺少的现代工业材料之一。近年发展起来的压电陶瓷(piezoelectric ceramic)监测技术便是先进传感技术发展的新阶段,其具有经济环保、频响范围(频率响应范围)广、易裁剪等优势,同时其既可以作为传感器又可作为激励器,能够满足现代桥梁结构监测的高精度、广范围、长期性等技术要求,极大地解决了桥梁结构的安全问题,实现了对桥梁结构的长期监测和安全评估,显示出压电陶瓷监测技术具有优异的自感知功能。各种样式的压电陶瓷如图2-1-2所示。

图2-1-2　各种样式的压电陶瓷

1.1　压电陶瓷的发展史

当在某些各向异性的晶体材料上施加机械应力时,在晶体的某些表面上会有电荷出现。这一效应称为正压电效应,晶体的这一性质,称为压电性。压电性是居里兄弟于1880年发现的。后来居里兄弟又发现,某些各向异性的晶体在机械应力的作用下成比例地产生电荷或在外电场的作用下成比例地产生几何应变,这一效应称为压电效应。从此,压电材料逐步走进人们的视野,成为晶体物理学的重要分支。

在第一次世界大战中,朗之万为了探测德国潜水艇的位置,用石英晶体制成了水下发射换能器,并利用回波探测海底情况。1917年,A. M. Nicolson将酒石酸钾钠(即罗息盐)作为压电材料,制成了微音器和扬声器,这之后的十几年间,罗息盐、石英等材料在特殊功能元器件方面得到广泛应用,但这些晶体材料的本身特性(如机械强度低、居里温度低、化学稳定性差等),使其在应用上受到限制,同时严重限制了压电材料的发展。直到第二次世界大战中发现钛酸钡($BaTiO_3$)压电陶瓷,它是一种多晶体材料,是钙钛矿晶体结构,机电耦合系数大,具有异常高的介电常数,是典型的陶瓷铁电体,已使压电材料及其应用实现了一个大跨度的飞跃。

1947 年,美国 Roberts 在 $BaTiO_3$ 压电陶瓷经过高压极化处理的基础上,发明了用 $BaTiO_3$ 压电陶瓷制成的拾音机。$BaTiO_3$ 压电陶瓷与石英晶体、罗息盐等单晶体压电材料相比,具有制备容易,且可制成任意形状和任意极化方向的产品等优点。$BaTiO_3$ 压电陶瓷也有缺点,即它的压电性比罗息盐弱,而且压电性随温度和时间变化又比石英晶体大。为了进一步提高 $BaTiO_3$ 压电陶瓷的各方面性能,研究员对其进行了大量改性试验。

1949 年,Aurivillius 等人首先发现铋层状结构 $(Bi_2O_2)^{2+}(A_{m-1}B_mO_{3m+1})^{2-}$,它由 $(Bi_2O_2)^{2+}$ 和 $(A_{m-1}B_mO_{3m+1})^{2-}$ 规则地交替排列而成。到目前为止,该族被发现的化合物有 60 种以上。其优点为压电各向异性明显、居里温度高、介电常数低、机械品质因数高、老化率低,适用于各种高温高频场合。缺点是压电活性低。

同年,人们就已经研制出了 $NaNbO_3$、$KNbO_3$、$LiNbO_3$ 等类钙钛矿型化合物晶体,此类钨青铜系无铅压电陶瓷的特点是介电常数小、压电性较大。但是碱金属具有挥发性,采用普通工艺难以制成。

1954 年,Jaffe 等人通过对 $BaTiO_3$ 压电陶瓷的改性试验,发现了压电固溶体系材料 $PbZrO_3$-$PbTiO_3$(PZT),在此体系中,各种材料的性能比 $BaTiO_3$ 压电陶瓷更好,如压电常数更高、居里温度较高、机电耦合系数较高、压电性更强、温度和时间稳定性更好等,由于其具有优越的性能,所以一经出现就取代了 $BaTiO_3$ 压电陶瓷,成为一种新兴的压电陶瓷材料,被广泛应用于电子、声、光等领域。

1961 年,Smolensky 发现钛酸铋钠 $(Na_{1/2}Bi_{1/2})TiO_3$(BNT),它是一种 A 位复合取代的钙钛矿型弛豫型铁电体。室温下 BNT 压电陶瓷有较高的矫顽场,电导率较大,而且难以烧结成致密的产品。这就使得 BNT 压电陶瓷的极化非常困难,压电性能低。

1965 年,日本松下电器公司的 H. Ouchi 在 PZT 的基础上添加符合钙钛矿型结晶结构的 $Pb(Mg_{1/3}Nb_{2/3})O_3$(铌镁酸铅),研制成功 PCM(一种三元系压电陶瓷),发现它具有良好的压电性能,它的出现使新型压电陶瓷的研究十分活跃。

随着压电陶瓷的不断发展,以 $Pb(Zr_{1-x}Ti_x)O_3$ 为代表的铅基压电陶瓷,其中 PbO(或 Pb_3O_4)的含量约占原料总量的 70%,特别是在烧结过程中,PbO 挥发严重,铅基压电陶瓷在生产、使用及废弃后处理过程中都会对人类和生态环境造成严重损害。所以人类开始研究无铅压电材料,但是无铅压电材料的压电性能都很低,无法实际替代 PZT 压电陶瓷。为此,许多国家投入巨资研发高性能无铅压电材料。无铅压电材料主要的研究对象为铌酸钾钠基(KNN)、钛酸铋钠基(BNT)以及钛酸钡基(BT)陶瓷。

铌酸钾钠基(KNN)无铅压电陶瓷是铁电体 $KNbO_3$(KN)和反铁电体 $NaNbO_3$(NN)的固溶体,用传统烧结法制备的 KNN 陶瓷的压电常数 d_{33} 大约为 80 pC/N,用其他烧结工艺可以提高其压电性能,如使用热压和放电等离子烧结其压电常数可提高到 150 pC/N。

自 Y. Saito 等于 2004 年制得压电常数高达 416 pC/N 的 KNN 基压电陶瓷后,该体系被广泛研究。国内外研究人员通过掺杂、调节 K^+ 和 Na^+ 比例和添加烧结助剂等多种工艺提高 KNN 基压电陶瓷的压电性能,获得的 KNN 基陶瓷压电常数在 130~365 pC/N 之间,在压电性能上并未取得大的突破。

直到 2008 年,R. Zuo 等通过常压烧结制备的 $(Na_{0.52}K_{0.48-x})(Nb_{1-y}Sb_y)O_{3-x}LiTaO_3$ 陶瓷体系,通过调节掺杂比例,制得陶瓷的居里温度最佳达到 430 ℃,压电常数最佳达到 400 pC/N。2011 年,G. Yong 发现在降低 Li^+ 的含量同时适当增加 Ta^{5+} 的比例可以提高 KNN 陶瓷的压电性能,其压电常数可以达到 413 pC/N。

2014 年,X. Wang 等利用 KNN 压电陶瓷制备出 $(1-x)(K_{1-y}Na_y)(Nb_{1-z}Sb_z)O_{3-x}Bi_{0.5}(Na_{1-w}K_w)_{0.5}ZrO_3$ 陶瓷体系,通过改变 x、y、z、w 的数值调节陶瓷性能,制备的陶瓷压电常数在 390~490 pC/N 之间。2016 年,Y. Zhang 等采用三部烧结工艺制备的陶瓷压电常数为 420 pC/N。由于 KNN 基陶瓷具有较高的居里温度、较大的压电常数,因此 KNN 基陶瓷可应用在工作温度较高的压电器件上。

钛酸铋钠基(BNT)是一种具有钙钛矿型结构铁电体。在常温下,BNT 为三方铁电相,具有较大的剩余极化强度、较高的居里温度($T_c = 320$℃)、较低的烧结温度(低于 1200℃),引起研究者广泛关注。但是纯 BNT 缺点较多,因此可以在 BNT 中掺入一种或多种与 BNT 晶体结构不一致的有铁电性质的化合物来构建准同型相界(Morphtropic Phase Boundary,MPB)。

BNT-BT 陶瓷体系由 Takennka 等首先合成,并找到了该体系的 MPB,且在 MPB 附近制备的陶瓷压电常数最大($d_{33} = 125$ pC/N),与纯 BNT 相比,其矫顽场强明显降低($E_c = 3$kV/mm)。2014 年,P. Y. Chen 等在 BNT-BT 陶瓷中掺入 Zr^{4+},制备的陶瓷逆压电常数为 588pm/V。Maqbool 等在 BNT-BT 陶瓷中掺入 $SrZrO_3$,制备的陶瓷压电常数 $d_{33} = 197$pC/N,逆压电常数为 722pm/V,但是退极化温度 T_d 较低。

BNT-BKT 体系由 Sasaki 等首先合成,Y. R. Zhang 等在 BNT-BKT 体系中获得了较高的压电性能,其压电常数 d_{33} 为 192pC/N。研究发现,BNT-BKT 陶瓷在 MPB 附近有较高的逆压电常数,在 BNT-BKT 陶瓷中掺入 $SrTiO_3$、$Bi(Ni_{0.5}Ti_{0.5})O_3$ 等,制备的陶瓷逆压电常数为 430~600pm/V。

BNT-BT-KBT 三元体系较二元体系有更高的居里温度,较好的压电性能。BNT-BT-KBT 三元体系在 MPB 附近压电系数在 100~290pC/N 之间。S. T. Zhang 等于 2007 年发现 BNT-6BT-2KNN 陶瓷在外电场的作用下,逆压电常数高达 560pm/V,他们猜想掺杂后的陶瓷有部分反铁电相生成,当陶瓷被施加外电场时,其反铁电-铁电相变过程会产生大的应变。

之后 WookJo 等在大量实验基础上推翻了 S. T. Zhang 等的猜想。研究表明掺杂有铁电性质的化合物后的 BNT 基陶瓷中铁电相和非铁电相同时存在,非铁电相在电场的作用下向铁电相转变,再结合铁电相对电致应变的影响,最终使 BNT 基陶瓷具有大的电致应变。2012 年,C. Ye 等用模板晶粒生长法制备出 BNT-20KBT-KNN 材料,其逆压电常数 d_{33} 可达到 750pm/V。2016 年,Ko 等以 $SrTiO_3$ 为籽晶,利用单晶生长技术制备的 90BNT-5KBT-5KNN 压电材料,其逆压电常数 d_{33} 可达到 1670pm/V,矫顽场强 E_c 下降到 4kV/mm,综合性能远优于前人用单晶生长技术制备的压电材料,再次引起广泛关注。

钛酸钡基(BT)陶瓷是最早发现的一种具有钙钛矿晶体结构的典型铁电体,具有很高的介电常数、较大的机电耦合系数、中等的机械品质因数。但是纯的 BT 陶瓷的居里温度为 120℃,压电常数 $d_{33} \approx 190$pC/N,并且 BT 陶瓷在室温附近存在相变,大大限制了其应用范围。研究人员提出了从晶粒尺引入新组元和采用新制备技术等一系列 BT 基陶瓷改性方法,以提高其压电性能。

W. Liu 等于 2009 年在 BT 基无铅压电陶瓷研究领域取得重大进展,用传统固相法制备的 $Ba(Ti_{0.8}Zr_{0.2})O_3$-$(Ba_{0.7}Ca_{0.3})TiO_3$ 陶瓷体系压电常数最大达 620pC/N。研究发现这种组分的相图中存在四方铁电相、三方铁电相、立方顺电相的三重临界点(TCP),这种高压电性能源于这种组分的多重临界点的准同型相界。这一发现表明在组分中形成"三重临界点的准同型相界",制备的压电陶瓷可以具有大的压电性能,与材料是否含铅没有必然的关系。但是由于这种陶瓷烧结温度较高(1500 ℃),居里温度较低(93 ℃),所以限制了其应用范围。

Y. Yao 等根据多重临界点附近陶瓷的压电性能大这一规律,制备的 $BaTiO_{3-x}BaSnO_3$ 系列电陶瓷,研究发现当 $x = 0.11$ 时,相图的斜方相、四方相、立方相、三方相共存,制备的 $BaTiO_{3-0.11}BaSnO_3$ 陶瓷最大介电常数 $\varepsilon_m = 75000$,在居里温度处的压电常数 $d_{33} = 697 pC/N$。

由于压电陶瓷材料在传感器方面具有广泛应用,近年来随着互联网的发展,无铅压电陶瓷材料的研发应用受到国内外研究人员的广泛关注。目前要扩展无铅压电陶瓷的应用范围,可以从以下几点入手:

①开展压电特性的根源性研究,结合铅基压电陶瓷理论,寻求新的高性能无铅压电材料体系。

②采用新的制备工艺。如新的烧结工艺(二、三步烧结,微波烧结等),新的粉体合成工艺(溶胶-凝胶法、水热法等)。

③研究开发与实际生产兼容性良好的新型陶瓷制备工艺。

1.2 压电陶瓷及其产品的应用

当今社会,压电应用已遍及日常生活的每个角落,日常生活都离不开压电产品,例如打火机、煤气炉、汽车发动机等点火要用压电点火器;电子手表要用压电谐振器;声控门、报警器、儿童玩具等要用压电蜂鸣器;银行、商店、超净厂房和安全保密场所的管理,以及侦察、破案等要用能验证每个人笔迹和声音特征的压电力敏传感器等。家用电器产品要用压电器件,如电视机要用压电陶瓷滤波器、压电变压器和压电风扇;收录机要用压电微音器、压电扬声器和压电马达;收音机要用压电陶瓷滤波器和高保真压电喇叭;电唱机要用压电拾音器和压电马达;闪光灯要用压电高压发生器;等等。

利用压电铁电材料可制成压电、铁电、热释电、光电、光学等器件,如表 2-1-1 所示。由表可知,压电产品已是电子学各个领域中的关键元器件,它是现代电子学的重要组成部分。

压电产品在电子学中的应用　　　　　　　　表 2-1-1

应用领域	压 电 产 品	作　　用
信号处理	滤波器、鉴频器、放大器、衰减器、延迟线、混频器、卷积器、电光调制器、弹光调制器、光偏转器、光开关、热光开关、可调滤光器、光倍频器、光混频器、光频移和脉冲压缩器、声光偏转器、声光调制器、声光可调滤光器、声光频谱分析仪	电⇌声 处理光信号
存储显示	铁电存储器、铁电显示器,光铁电存储显示、光折变全息存储器、X 射线全息存储器	存储、显示信息和图像
接收信号	声呐、鱼探仪、超声测试仪、超声探伤仪、超声厚度计、混凝土探伤仪、地质结构探测仪、拾音器、传声器、耳机、扬声器、电视遥控仪	发射与接收水中、地下和固体中的超声波
计测	加速度计、陀螺、声阻抗检测仪、微位移器、微量天平、热释电探测仪、压力计、方位探测器、车辆识别器、计数器、流量计、流速计、风速计、声速计、液面计、诊断仪	计测和自动控制

续上表

应用领域	压电产品		作 用
信号发生器	电信号发生器——压电振荡器		标准信号源
信号发生器	声信号发生器	电声换能器	送受话器、拾音器、传声器、扬声器、蜂鸣器	长距离通话、电子手表报时、报警
信号发生器	声信号发生器	超声换能器	水声换能器	舰船声呐、海上浮标
信号发生器	声信号发生器	超声换能器	工业超声换能器	清洗、切割、焊接、探伤
信号发生器	声信号发生器	超声换能器	遥测遥控超声换能器	遥测、遥控、防盗、报警
电源	压电发电机		压电打火机、汽车点火器、压电引信、X射线高压电压	引燃、引爆、高压源
电源	压电变压器		压电电源	电视显像管、电场治疗仪等的电源
电源	压电变压器		静电除尘器、负离子发生器、静电复印机、静电涂覆机	实现机械能和电能相互转换功能的压电产品

在信息社会,如果没有良好的传感器,微处理机就不能很好地发挥作用。传感器种类繁多,各有优缺点,而压电传感器具有高灵敏度和高可靠性等其他传感器所不可比拟的特点。20世纪80年代欧洲传感器产值为38亿美元,其中压电传感器占很大比例。表2-1-2列出压电力敏、声敏、热敏、光敏、湿敏、气敏等各类传感器中的部分产品。

压 电 传 感 器 表2-1-2

传感器类型	功能	转换	压电传感器名称	压电材料
力敏	接触传感	力→电	微音器、应变仪、声呐、拾音器、压电发电机、血压计、压电射流陀螺、压电加速度表	$BaTiO_3$、PZT PMS、ZnO PVDF、石英
力敏	接触传感	电→机械形变	位移器、继电器、注射器、压电风扇、压电器、机械手、压电电视	$BaTiO_3$、PZT PMS、ZnO PVDF、石英
声敏	听觉传感	声→电 声→力	振动器、微音器、超声探测器、助听器、盲人导行仪	石英、PZT PMS、PVDF
声敏	听觉传感	声→光	声光偏转器、声光调制器	$LiNbO_3$、$PbTiO_3$ $PbMoO_4$
热敏	接触传感	热→电	高温计、计数器、防盗报警器	$BaTiO_3$、PZT、TGS $PbTiO_3$、$LiTaO_3$
光敏	视觉传感	光→电	热点红外探测器、热电显像管、光调制器、光偏转器	$LiTaO_3$、$PbTiO_3$ PLZT
气(湿)敏	嗅觉传感	湿度→电 气→电	湿度指示器、井下瓦斯和大气污染等有害气体浓度报警器	石英

当前压电陶瓷的主要应用领域如下:

①压电超声换能器。压电超声换能器是水下发射和接收超声波的水声器件,它在水声通

信中的地位相当于雷达的天线,是各类舰船必不可少的水声传感器,还广泛用作海上浮标。压电超声换能器在工业中广泛应用于超声清洗、超声精密加工(画线、切割、精磨、塑料焊接等)、超声加湿、超声乳化、超声种子处理、超声探伤、超声诊断等。当今压电超声换能器的另一个广泛应用的领域是遥测和遥控系统,它还用于遥控电视频道开关系统、停车时间记录器的自动控制系统、防盗报警系统和儿童玩具。

②压电信号发生器。压电信号发生器的典型产品是压电蜂鸣器和压电送话器、压电受话器。手表、计算器、电子闹钟、小型警铃,以及电话、手机的振铃都离不开压电蜂鸣器。带有晶体管振荡电路和直流电源的蜂鸣器可发出连续声音,带有开关电路的蜂鸣器可发出断续声音。属于声换能器的水下微音器和扬声器能用作短距离的水下对话器,大功率的水下扬声器还可用来驱赶或引诱鱼群。

③计测和控制用压电器件。计测和控制用压电器件主要有压力、加速度、角速度传感器,以及超声测深、超声测厚、超声测流速、超声诊断等的压电超声计测装置。

④频率控制器件。频率控制器件主要有调谐音叉滤波器、机械滤波器、陶瓷滤波器、陷波器、鉴频器和延迟线。

⑤压电点火器和压电变压器。点燃煤气压电点火器自1965年开始批量生产。目前,发达国家几乎所有煤气灶、浴室煤气锅炉、煤气房间加热器、煤气热水器和打火机都用压电点火器。压电变压器具有结构简单、尺寸小、变压比高和次级电路上的负载变化稳定等优点,故可用于静电除烟器、负离子发生器、静电涂覆设备、静电复印机、电场治疗仪和空气净化器。

上述压电陶瓷的应用说明,压电陶瓷的出现给技术进步、新产业的形成,以及经济和社会的发展带来重大影响。

1.3 压电陶瓷的发展趋势

压电陶瓷经过几十年的研究,取得了重大进展,已成为国内外最重要的功能材料之一,广泛应用于电子、雷达、微位移控制、航天技术及计算机等高技术领域中。对于PZT压电陶瓷将来的发展,其热点趋势主要有:

①PLZT(锆钛酸铅镧)透明铁电陶瓷。PLZT透明铁电陶瓷具有介电性、铁电性、压电性、电光性及热释电性,在铁电领域中具有重要地位,适用于多种类型器件。

②低温烧结PZT压电陶瓷材料的新技术和新工艺。开发低温烧结PZT压电陶瓷材料的新工艺,实现PZT压电陶瓷的低温烧结,不仅能有效保证陶瓷材料的性能,而且可大大节约能源,有利于环保。

③多功能压电陶瓷。利用陶瓷材料的加和效应、乘积效应,以及不同联结度之间的搭配可以发展多功能新型铁电陶瓷材料。目前主要有磁电耦合、光电耦合、磁光耦合等。

④无铅系列压电陶瓷。由于PZT压电陶瓷含有大量的铅成分,制造过程易造成环境污染,因此无铅系列压电陶瓷的研究悄然兴起,并取得了很多研究成果。

⑤压电复合材料。与传统压电陶瓷相比,压电复合材料具有更好的柔顺性和机械加工性能,密度小,声速低,易与空气、水及生物组织实现声阻抗匹配。

⑥纳米陶瓷。为了克服陶瓷的脆性和不易加工性,纳米陶瓷应运而生。利用纳米材料制

备的陶瓷具有很好的力学性、延展性、韧性及易加工成型等特点。

总之，随着研究工作的不断深入，压电陶瓷的制备工艺将会更加完善，其性能将更加优异，压电陶瓷必将在各种高科技领域中扮演重要的角色。

本章复习思考题

1. 简述压电陶瓷的发展史。
2. 列举压电陶瓷的应用领域，并说明所在领域压电陶瓷发挥的主要作用。
3. 压电陶瓷与我们的生活息息相关，请列举几种日常生活中运用到的压电陶瓷。

本章主要参考文献

[1] 胡鸿,罗凯,王甜,等.压电陶瓷材料发展概况[J].信息记录材料,2016,17(4):1-2.
[2] 张福学.现代压电学(上册)[M].北京:科学出版社,2002.
[3] 张福学,等.压电铁电应用285例[M].北京:国防工业出版社,1987.
[4] 肖定全.钙钛矿型无铅压电陶瓷研究进展及今后发展思考[J].人工晶体学报,2012,41(S1):58-67.
[5] 李环亭,孙晓红,陈志伟.压电陶瓷材料的研究进展与发展趋势[J].现代技术陶瓷,2009,30(2):28-32.
[6] 王晨,董磊,彭伟,等.无铅压电陶瓷的最新研究进展[J].中国陶瓷,2017,53(11):1-7.
[7] 郭璐.无铅压电陶瓷材料改性研究的现状[J].信息记录材料,2018,19(11):225-226.

第 2 章
压电陶瓷的结构与特性

一块有电极、经过极化处理的压电陶瓷片,如果在它的上面施加一个力,那么陶瓷片就会产生形变,同时还会产生电效应(如放电或充电现象)。相反,如果在陶瓷片的电极上加一个电压,陶瓷片就会产生形变效应。由于形变而产生的电效应,称为正压电效应;由于加电压而产生的形变效应,称为逆压电效应。压电效应反映了陶瓷的"压"与"电"之间的线性耦合关系。

为什么压电陶瓷具有压电效应呢?这是由它的内部结构决定的。本章主要从压电陶瓷的内部结构来说明它的自发极化与电畴,以及压电效应产生的原因、压电效应的规律和表达式等问题。

2.1 压电陶瓷的内部结构

2.1.1 压电陶瓷是多晶体

我们把一块压电陶瓷经过研磨、抛光、腐蚀后,放在显微镜下观察,便可以清楚地看出,压电陶瓷是由一颗颗的小晶粒无规则地"镶嵌"而成的。图 2-2-1 就是 $BiScO_3$-$PbTiO_3$(BSPT)压电陶瓷样品断面在扫描电子显微镜(SEM)下的照片。

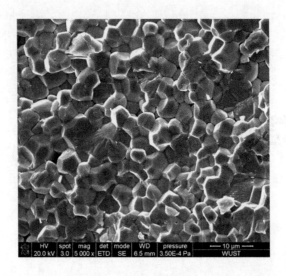

图 2-2-1　BSPT 压电陶瓷样品断面 SEM 照片

从实验分析可知,如果单看一个小晶粒,小晶粒内的原子或离子是有规则地排列的,也就是说,晶粒内的原子或离子在空间的排列是周期性重复的。图 2-2-2 表示原子或离子在空间周期性重复排列的一种情况——简单立方晶格。整个晶体就是由这样的立方格子在三维空间内不断重复出现而构成的,这样的小立方格子称为晶胞。晶胞的三个边长,叫作晶格常数。在我们经常遇到的无机物晶体中,晶格常数往往是几个埃的大小(埃的符号为 Å,$1Å = 10^{-10}$ m)。

从图 2-2-1 中可以看出,压电陶瓷是由许多小晶粒组成的。每个小晶粒的晶格示意图如图 2-2-2 所示。每个晶粒内的原子或离子都是有规则地排列的,但晶粒与晶粒之间的晶格方向则不一定相同(图 2-2-3),因而,从整体来看,压电陶瓷的小晶粒仍是混乱、无规则的。对于这样的结构,我们把它称为多晶体。

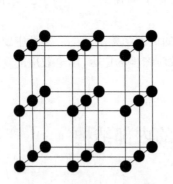　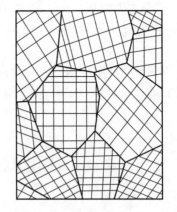

图 2-2-2　简单立方晶格示意图　　　图 2-2-3　压电陶瓷晶粒的晶格方向示意图

2.1.2　晶体的内部结构

晶体结构的共同特点是晶胞的周期性重复排列。不同种类的晶体,其晶胞的大小、形状和构成晶胞的原子是不同的。如果从晶胞的形状(即对称性)来区分,成千上万种晶体可以归纳为 32 种对称类型,其中具有压电性的晶类共有 20 种。

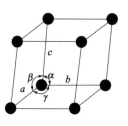

图 2-2-4　晶胞

为了描述晶胞,我们用 a、b、c 分别表示晶胞六面体的三条边长,也就是前面提到过的晶格常数。三条边长之间的夹角用 α、β、γ 表示。通常,我们把这三条边长和三个夹角称为晶胞参数,用来描述晶胞的大小和形状,如图 2-2-4 所示。

如果晶胞的三条边长相等,三个夹角均为直角,即

$$a = b = c;\quad \alpha = \beta = \gamma = 90°\qquad(2\text{-}2\text{-}1)$$

这个晶胞就是一个立方体,称为立方晶胞。由立方晶胞组成的晶体属于立方晶系。

如果晶胞参数是

$$a = b \neq c;\quad \alpha = \beta = \gamma = 90°\qquad(2\text{-}2\text{-}2)$$

这个晶胞就是一个长方体,称为四方(或四角)晶胞。由四方晶胞组成的晶体属于四方晶系(或四角晶系)。

如果晶胞参数是

$$a = b = c;\quad \alpha = \beta = \gamma \neq 90°\qquad(2\text{-}2\text{-}3)$$

这个晶胞就是一个菱方体,称为菱方(或三角)晶胞。由菱方晶胞组成的晶体属于三角晶系。图 2-2-5 画出了这三种晶胞的形状。

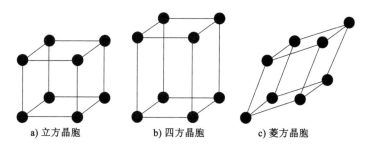

a) 立方晶胞　　　b) 四方晶胞　　　c) 菱方晶胞

图 2-2-5　三种晶胞形状

2.1.3　晶体结构随温度变化的情况

通过前文介绍,我们对压电陶瓷的晶体结构有了一个初步的认识,但是压电材料的晶体结构不是一成不变的,它将随着环境温度变化而由量变到质变。实验发现,对于具有钙钛矿型结构的 ABO_3 晶体,如 $BaTiO_3$ 和 $PbTiO_3$,当环境温度高于 T_c 时,晶格为立方晶系,无压电效应;当环境温度低于 T_c 时,则转变为四方晶系,存在压电效应。从一种晶系到另一种晶系的转变是结构上的质变,物理学上称这种质变为相变。因为相变前后都是处于固体状态,所以又称为"固-固相变"。T_c 称为相变温度。对于压电陶瓷,当环境温度在 T_c 以上时,无压电效应;当环境温度在 T_c 以下时,存在压电效应。所以,T_c 又被称为居里温度。

不同材料制成的压电陶瓷(甚至同一种材料含不同杂质时),它们的居里温度不相同。以 $BaTiO_3$ 晶胞为例,如图 2-2-6 所示,当环境温度高于 120℃ 时,它属于立方晶系,这时晶胞的三条边长彼此相等,即 $a = b = c = 4.009\text{Å}$。当环境温度低于 120℃ 时,它属于四方晶系,这时晶胞的三条边长关系为 $a = b < c$,即 c 轴伸长了,而 a、b 两轴缩短了(c 比 a 要长约 1%)。当环境温

度等于居里温度时,晶格发生突变,即从一种晶系转变为另一种晶系。

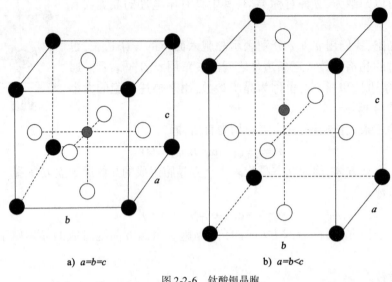

a) $a=b=c$ b) $a=b<c$

图 2-2-6　钛酸钡晶胞

2.2　压电陶瓷的自发极化及效应

2.2.1　压电陶瓷的自发极化

我们知道,前文所讲的钙钛矿型压电陶瓷,并不是在任何温度下都具有压电效应,只有当环境温度低于居里温度时,才具有压电效应。另外,我们还知道,钙钛矿型晶体 $BaTiO_3$ 和 $PbTiO_3$ 等在居里温度以上时,属于立方晶系($a=b=c$);在居里温度以下时,属于四方晶系($a=b<c$)。由此可见,压电陶瓷之所以具有压电效应,是与陶瓷体的立方晶相和四方晶相的内在差别有密切关系的。

如上所述,在居里温度以上,$BaTiO_3$ 和 $PbTiO_3$ 的晶胞都是立方体,正离子(Ba^{2+}、Ti^{4+} 或 Pb^{2+}、Ti^{4+})的对称中心(即正电荷的中心)位于立方体的中心;负离子(O^{2-})的对称中心(即负电荷的中心)也位于立方体的中心。这时正、负电荷的中心是重合的,不出现电极化,如图 2-2-7a)所示。由于氧离子与钛离子的直径之和小于 $BaTiO_3$ 晶胞的边长,即氧离子构成的八面体中间的空隙大于钛离子的体积,因此,钛离子可能偏离其中心位置。但是,又由于晶胞是一个立方体,所以钛离子在立方体内上、下、左、右、前、后等六个方向偏离其中心的机会相同,即忽上、忽下、忽左、忽右、忽前、忽后对中心偏离的平均结果为零。因此,正、负电荷的中心仍是重合的,不出现电极化。

在居里温度以下,立方晶胞转变为四方晶胞,边长有 $a=b<c$ 的关系。这时氧离子和钛离子的直径之和(约为 4.00Å)与晶胞的两个短边长(即 a 与 b)的数值相近,但小于晶胞的第三条边长(即 c),所以在四方晶胞中,钛离子沿 c 轴方向偏离其中心位置的机会远大于其沿 a 轴或 b 轴方向偏离的机会,晶胞在 c 轴方向就产生了正、负电荷的中心不重合,如图 2-2-7b)所

示,也就是说,晶胞出现了电极化。极化方向为从负电荷的中心指向正电荷的中心。这个极化不是外加电场产生的,而是由晶体的内因产生的,所以称为自发极化。由此可见,$BaTiO_3$ 和 $PbTiO_3$ 晶体在居里温度以上,属于立方晶相,不存在自发极化;当环境温度在居里温度以下,转变为四方晶相,存在与 c 轴平行的自发极化。下面,我们再以 $PbTiO_3$ 为例,具体说明在四方晶相所出现的自发极化的情况。

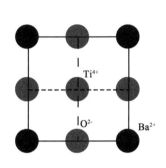
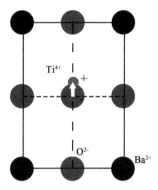

a) 立方晶相时,正、负电荷中心重合,不出现电极化

b) 四方晶相时,正、负电荷中心不重合,出现平行于 c 轴的电极化

图 2-2-7 $BaTiO_3$ 自发极化产生示意图

图 2-2-8 给出了室温时 $PbTiO_3$ 晶胞中各个离子的位置及离子中心的相对位置。图 2-2-8a)是一个立体图(没有画出 Pb^{2+}),图上的数字表示 Ti^{4+} 到各 O^{2-} 之间的距离;图 2-2-8b)是一个沿着 a 轴方向投影的示意图。当晶胞沿 a 轴和 b 轴方向收缩时,就可能把上、下底面中心的两个氧离子($O^{2-}_{上}$ 和 $O^{2-}_{下}$)挤出 Pb^{2+} 中心所在的平面。另外四个氧离子(即 $O^{2-}_{前}$、$O^{2-}_{后}$、$O^{2-}_{左}$、$O^{2-}_{右}$)则因 c 轴有所伸长,不会被挤出 Pb^{2+} 中心所在的平面。例如,当 $O^{2-}_{上}$ 和 $O^{2-}_{下}$ 向下挤出时,$O^{2-}_{上}$ 与 Ti^{4+} 的距离缩短,$O^{2-}_{下}$ 与 Ti^{4+} 的距离伸长。这样,Ti^{4+} 受到 $O^{2-}_{上}$ 的作用大于 $O^{2-}_{下}$ 的作用,因而 Ti^{4+} 向上偏移,晶胞出现极化。这就是晶胞从立方晶相转变为四方晶相时会出现自发极化的原因。

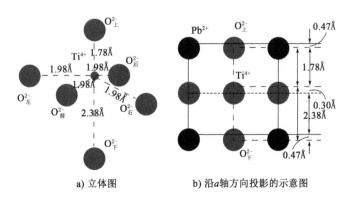

a) 立体图

b) 沿 a 轴方向投影的示意图

图 2-2-8 四方晶相 $PbTiO_3$ 晶胞的离子位移

应该指出,自发极化的出现,虽然与 Ti^{4+} 的偏移有着密切关系,但不能由此就认为,自发极化的产生完全是 Ti^{4+} 偏移的结果,因为其他离子也起着很重要的作用。

2.2.2 压电陶瓷的电畴效应

(1)钙钛矿型结构中的电畴

即使是一块完整的钙钛矿型晶体,它从立方晶相转变成四方晶相时,原来立方晶胞3个晶轴中的任何一个晶轴,也都有可能成为四方晶相中的 c 轴。因为自发极化是与 c 轴平行的,所以各晶胞的自发极化方向也可能彼此不相同。这样,为了使晶体能量处在最低的状态,晶体中就会出现若干个小区域,每个小区域内的晶胞自发极化有相同的方向,但是邻近区域之间的自发极化方向则不同。自发极化方向一致的区域称为电畴(或铁电畴)。整个晶体包含了许多电畴。因为在四方晶相时,自发极化的方向只能与原立方晶相三个晶轴之一平行,所以,相邻的两个电畴中的自发极化方向只能呈90°或180°,相应电畴的交界面就分别称为90°畴壁和180°畴壁。图2-2-9表示钙钛矿型结构在四方晶相时,90°畴壁和180°畴壁的示意图。图2-2-9中小箭头表示每个晶胞中自发极化的方向,AA'是90°畴壁,BB'是180°畴壁。180°畴壁很薄,一般只有几个晶胞的厚度;而90°畴壁则有几十个晶胞的厚度。从图2-2-9中还可以看出,90°畴壁与自发极化方向之间的夹角约为45°,在90°畴壁两边的畴,自发极化方向通常是"首尾相接"排列的,因为这样排列使得畴壁上没有空间电荷存在,有利于晶体处于能量较低的状态。

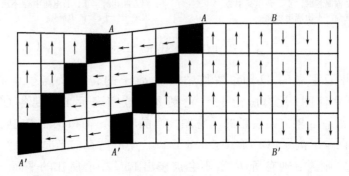

图 2-2-9 四方晶体的90°畴壁和180°畴壁示意图

电畴结构只有当环境温度在居里温度以下时才出现。当环境温度在居里温度以上时,各晶胞都变为立方晶相,自发极化消失,电畴结构也消失。

(2)在外电场作用下的电畴运动

如果在一块多畴的晶体上加足够高的直流电场,自发极化方向与电场方向一致的电畴便不断增大,而自发极化方向与电场方向不一致的电畴则不断减小,最后整个晶体由多畴变成单畴,自发极化方向与电场方向一致。有时,也把这种在外电场作用下电畴变化的过程称为电畴转向。

在压电陶瓷生产中,极化工序的作用就是在陶瓷片上加一个足够高的直流电场,迫使陶瓷内部的电畴转向,或者说迫使自发极化作定向排列。图2-2-10表示压电陶瓷中的电畴在极化工序处理前后的变化情况,简单起见,图中把极化后的晶粒画成单畴,实际上极化后的晶粒往往不是单畴。在极化工序处理以前,各晶粒内存在许多自发极化方向不同的电畴,陶瓷内部极化强度为零,如图2-2-10a)所示。在极化工序处理时,在烧结后的压电陶瓷上施加一外电场E,在电场作用下,电畴的自发极化方向趋向与电场方向一致,如图2-2-10b)所示。在极化工序处理以后,外电场等于零,各晶粒的自发极化在一定程度上按原外电场方向取向,陶瓷内的极化强度不再为零。这种极化强度称为剩余极化强度,如图2-2-10c)所示。

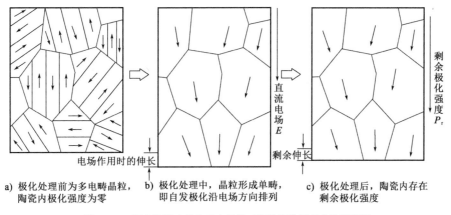

图 2-2-10 压电陶瓷中的电畴在极化工序处理前后变化的示意图

(3) 电畴运动所引起的晶粒形变

以钙钛矿型结构中的一个晶粒为例,当环境温度在居里温度以上时,它是立方晶相。为了叙述简便,假设整个晶粒的形状是一个立方体,如图 2-2-11a) 所示。当环境温度降到居里温度以下时,它就转变为四方晶相,并出现电感。如果形成单畴,则晶粒为一长方体,如图 2-2-11b) 所示。这时,沿极化方向上的边长比垂直极化方向的边长大 1% 左右(即 c 轴大于 a 轴约 1%)。如果晶粒中形成 180°畴壁,如图 2-2-11c) 所示,则晶粒的形状和大小与图 2-2-11b) 相同。如果晶粒中形成 90°畴壁,则由于两个电畴之间的 c 轴和 a 轴彼此方向不同,以及 $c > a$ 等,晶粒的形状将发生显著畸变,如图 2-2-11d) 所示。由此可见,晶粒中 180°畴壁的形成或运动,不会引起晶粒的畸变,也不会在晶粒中引起内应力。但是,90°畴壁的形成或运动,将使晶粒发生显著畸变,同时还在晶粒中引起内应力。

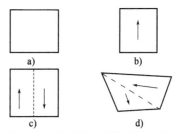

图 2-2-11 压电陶瓷电畴运动引起的晶粒形变示意图

2.2.3 压电陶瓷的铁电效应

当环境温度在居里温度以下时,压电陶瓷不但具有自发极化,而且它的自发极化方向可以因外电场作用而转向。凡具有这种特性的固体称为"铁电体"。因此,严格地说,压电陶瓷应称为"铁电陶瓷",或称铁电多晶体。

将一个交变电场加到压电陶瓷片上,通过示波器可以直接观察到陶瓷的电滞回线,即极化强度随外电场强度变化而变化的情况,如图 2-2-12 所示。当电场强度从零开始增加时,自发极化与电场方向相同的那些电畴将变大,而自发极化与电场方向相反的那些电畴将变小。因此陶瓷内的极化强度随外电场强度增加而增加,如图 2-2-12 中的 OA 曲线,相应的电畴结构如图 2-2-13b) 所示。

为了叙述简便,假设压电陶瓷内只存在 180°畴壁,如图 2-2-13a) 所示,当电场强度继续增大到只具有单个电畴时,极化强度便达到饱和,此后,极化强度随外电场强度呈线性增加,如图 2-2-12 中的 BC 线段,相应的电畴结构如图 2-2-13c) 所示。如果将这个线段外推到电场强度等于零,则与纵坐标轴相交于 P_s 点。这时,陶瓷内的自发极化都在同一个方向上,所以 P_s 也称为自发极化强度。当电场强度由图 2-2-12 中 C 处开始降低时,极化强度也随之减小;当电场强度等于零时,极化强度并不等于零,而等于剩余极化强度 P_r,相应的电畴结构如图 2-2-13d)所示。从图 2-2-12 中可以看出,陶瓷的剩余极化强度小于自发极化强度。当电场强度沿反向增加,到达图 2-2-12 中 E_c 处时,陶瓷的极化强度为零,相应的电畴结构如图 2-2-13e)所示。反向电场强度继续增大时,极化强度反向,相应的电畴结构如图 2-2-13f)所示。当反向极化强度达到饱和后,再减小反向电场强度,则极化强度沿曲线 HFC 变化,如图 2-2-12 所示。由于 E_c 能使陶瓷极化强度重新变为零,所以 E_c 称为矫顽场强度。例如,$BaTiO_3$ 陶瓷在室温时的矫顽场强度约为几百伏/毫米,而锆钛酸铅陶瓷在室温时的矫顽场强度则达 1~3kV/mm。

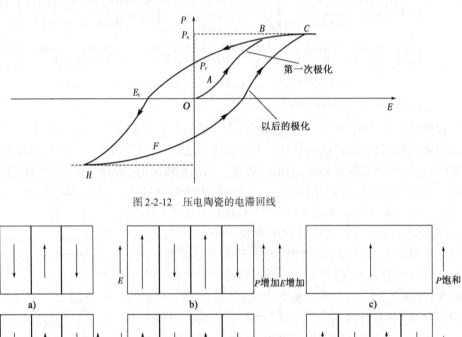

图 2-2-12 压电陶瓷的电滞回线

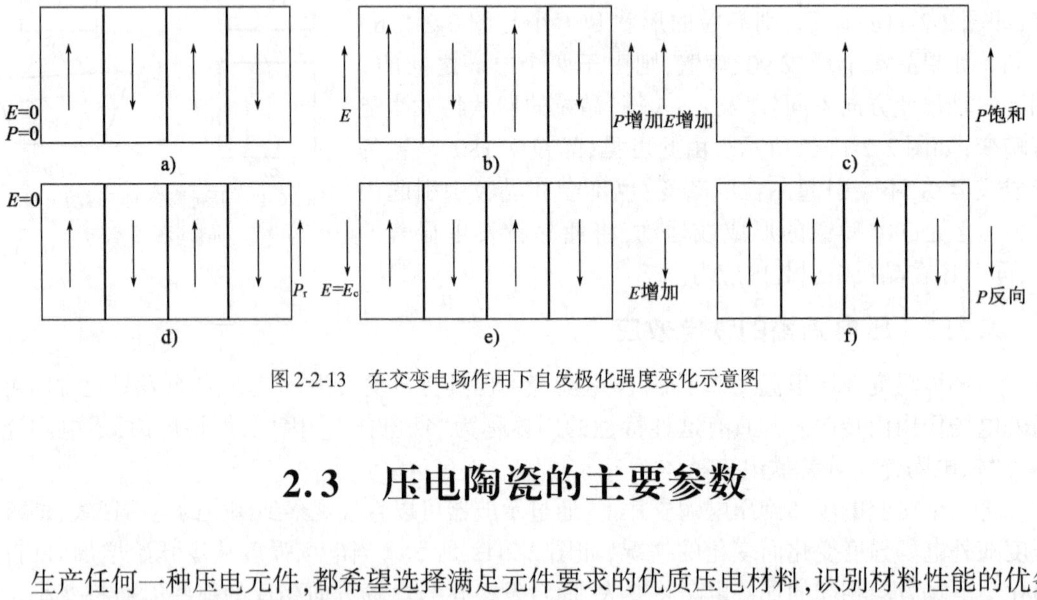

图 2-2-13 在交变电场作用下自发极化强度变化示意图

2.3 压电陶瓷的主要参数

生产任何一种压电元件,都希望选择满足元件要求的优质压电材料,识别材料性能的优劣通常是通过选定一些能反映材料性能的参数,这些参数的大小即标志材料性能的优劣。由于压电材料除了具有介电性质和弹性性质外,还具有压电性质,所以反映压电材料性质的参数就特别多。例如:介电性质方面有介电常数、介质损耗因数,弹性性质方面有弹性常数、机械品质因子,压电性质方面有压电常数、机电耦合系数。此外,还有居里温度、频率常数、密度以及与老化性能和温度性能有关的参数等。

(1)介电常数

介电常数反映材料的介电性质,或者说反映材料的极化性质,通常用 ε 来表示。不同用途的压电元件,对材料的介电常数的要求也不相同。例如,陶瓷扬声器、送话器等要求材料的介电常数大一些好,高频压电元件则要求材料的介电常数小一些好。压电陶瓷的介电常数因配方、工艺条件的不同而差别很大。

介电常数 ε 与元件的电容 C、电极面积 A 和电极间距离 t 之间的关系为

$$C = \varepsilon \frac{A}{t} \tag{2-2-4}$$

或

$$\varepsilon = C \frac{t}{A} \tag{2-2-5}$$

式中,C 为电容(F);A 为电极面积(m^2);t 为电极间距离(m);ε 为介电常数(F/m)。

有时还使用相对介电常数 k,它与介电常数 ε 之间的关系为

$$k = \frac{\varepsilon}{\varepsilon_0} \tag{2-2-6}$$

式中,$\varepsilon_0 = 8.85 \times 10^{-12}$(F/m);$k$ 为相对介电常数,无单位。

对于压电陶瓷,未经极化工序处理以前,陶瓷内部不存在极化强度,它是一个各向同性(即各个方向的性质一样)的多晶体,这时,沿方向 1、2 和 3 的介电常数 ε_{11}、ε_{22} 和 ε_{33} 完全相同,即

$$\varepsilon_{11} = \varepsilon_{22} = \varepsilon_{33} \tag{2-2-7}$$

就是说,对于各向同性体的介电性质,只用一个介电常数来表述。

经过极化工序处理以后,压电陶瓷内部因自发极化的取向排列而存在剩余极化强度,这时,沿极化方向的性质就与垂直极化方向的性质不一样,是一个各向异性的多晶体。若陶瓷的极化方向为方向3,则有

$$\varepsilon_{11} = \varepsilon_{22} \neq \varepsilon_{33} \tag{2-2-8}$$

陶瓷的介电常数是通过测量样品的电容来确定的,由于陶瓷存在压电效应,因此,样品的机械条件不同,所得到的介电常数也就不同。在机械自由条件下,得到的介电常数称为自由介电常数 ε^T(指标 T 代表机械自由条件)。在机械夹持条件下,得到的介电常数称为夹持介电常数 ε^S(指标 S 代表机械夹持条件)。在机械自由状态时,一方面,外电场的作用可通过压电效应(即一级压电效应)使陶瓷产生形变;另一方面,该形变又可通过压电效应(即二级压电效应)使陶瓷产生附加的电场。在机械夹持状态时,陶瓷被刚性夹持,外电场的作用不能使陶瓷产生形变,因而不产生附加的电场。由此可见,自由介电常数 ε^T 与夹持介电常数 ε^S 的差别,是由二级压电效应(即附加的电场)造成的。

总之,沿方向 3 极化的压电陶瓷,其介电常数为

自由介电常数 $\varepsilon_{11}^T = \varepsilon_{22}^T, \varepsilon_{33}^T$

夹持介电常数 $\varepsilon_{11}^S = \varepsilon_{22}^S, \varepsilon_{33}^S$

例如,某陶瓷材料的相对介电常数

$$\frac{\varepsilon_{11}^T}{\varepsilon_0} = 1475, \quad \frac{\varepsilon_{11}^S}{\varepsilon_0} = 370$$

$$\frac{\varepsilon_{33}^T}{\varepsilon_0} = 1300, \quad \frac{\varepsilon_{33}^S}{\varepsilon_0} = 635$$

由此可见,自由介电常数 ε^T 与夹持介电常数 ε^S 有很大差别。

(2) 介质损耗因数

我们知道，压电元件在交变电压的作用下，工作一段时间后要发热。这表明，压电元件工作时，总有一部分电能要转变成热量。通常把在交流电压作用下，在单位时间内因发热而消耗的电能，称为介质损耗。介质损耗是电介质的重要品质指标之一。例如，大功率换能器就要求材料的介质损耗非常小，否则在工作中会由于剧烈发热而使换能器损坏。

在交变电场下，电介质所积蓄的电荷有两种分量：由电导过程引起的有功电流 I_R（同相）；由介质弛豫过程引起的无功电流 I_C（异相）。介质损耗因数是同相分量与异相分量的比值，通常以损耗角正切值来表示

$$\tan\delta = \frac{I_R}{I_C} = \frac{1}{\omega CR} \tag{2-2-9}$$

式中，ω 为电场的角频率(Hz)；C 为压电元件的电容(F)；R 为损耗电阻(Ω)；$\tan\delta$ 是无量纲的物理量，它代表着压电材料性能的好坏，其值越大，说明材料性能越差。

引起介质损耗的原因是多方面的。在压电陶瓷中，主要原因有：

①外加电压变化时，陶瓷内的极化状态也随之发生变化。当陶瓷内极化状态的变化跟不上外加电压的变化时，就会出现滞后现象，引起介质损耗。

②由于陶瓷内存在漏电而引起介质损耗。

③由于工艺不完善，陶瓷结构不均匀而引起介质损耗。

(3) 弹性常数

压电陶瓷材料是一种弹性体，它服从胡克定律："在弹性限度范围内，应力与应变成正比。"设应力为 T，加于截面面积为 A 的压电陶瓷片上，其所产生的应变为 S（无量纲），则根据胡克定律，应力与应变之间有如下的关系

$$S = sT, \quad T = cS \tag{2-2-10}$$

式中，s 为弹性顺度常数(m^2/N)；c 为弹性劲度常数(N/m^2)。

(4) 机械品质因子

机械品质因子 Q_m 表示陶瓷材料在谐振时机械能量损耗的大小，是衡量压电材料性能的另一重要参数。产生机械能量损耗的原因是材料存在内摩擦。当压电元件振动时，要克服摩擦而消耗能量。Q_m 与机械损耗成反比，Q_m 越大，机械能量损耗越小。

机械品质因子可根据等效电路计算而得

$$Q_m = \frac{1}{C_1 \omega_S R_1} \tag{2-2-11}$$

式中，R_1 为等效电阻(Ω)；ω_S 为串联谐振频率(Hz)；C_1 为振子谐振时的等效电容(F)，其值为

$$C_1 = \frac{\omega_P^2 - \omega_S^2}{\omega_P^2}(C_0 + C_1) \tag{2-2-12}$$

式中，ω_P 为振子的并联谐振频率(Hz)；C_0 为振子的静电容(F)。以此代入式(2-2-11)得

$$Q_m = \frac{\omega_P^2}{(\omega_P^2 - \omega_S^2)\omega_S R_1(C_0 + C_1)} \tag{2-2-13}$$

或

$$Q_m = \frac{f_P^2}{2\pi f_S R_1(C_0 + C_1)(f_P^2 - f_S^2)} \tag{2-2-14}$$

式中,f_P 为振子的谐振频率;f_S 为反谐振频率。

当 $\Delta f = f_P - f_S$ 很小时,式(2-2-14)可简化为

$$Q_m = \frac{1}{4\pi(C_0 + C_1)R_1 \Delta f} \tag{2-2-15}$$

不同的压电器件对压电陶瓷材料的 Q_m 值有不同的要求,多数陶瓷滤波器要求压电陶瓷材料的 Q_m 值高,而音响器件及接收型换能器则要求 Q_m 值低。一般陶瓷的 Q_m 因配方和工艺条件的不同而差别很大。例如,锆钛酸铅陶瓷材料的 Q_m 可在 50~3000 之间。

(5) 压电常数

压电常数是压电材料所特有的一种参数,它反映材料"压"与"电"之间的耦合效应。所以,压电常数不仅与机械边界条件有关,而且与电学边界条件有关;或者说,压电常数不仅与应力 T、应变 S 有关,而且与电场强度 E、电位移 D 有关。压电常数是衡量压电介质压电效应强弱程度的标准,同时直接关系到压电陶瓷传感器输出的灵敏度。

对于一般的固体,应力 T 与应变 S 成正比,用弹性模量 Y 联系起来,即 $T = YS$。压电陶瓷具有压电性,即施加应力时能产生额外的电荷。其所产生的电荷与施加的应力成比例,对于压力和张力来说,其符号是相反的,用介质电位移 D(单位面积的电荷)和应力 T 表达如下:

$$D = \frac{Q}{A} = dT \tag{2-2-16}$$

式中,d 为压电常数(C/N)。

这就是正压电效应。还有一个逆压电效应,即施加电场 E 时成比例地产生应变 S,其所产生的应变为膨胀或收缩取决于样品的极化方向。

$$S = dE \tag{2-2-17}$$

式中,d 为压电常数(m/V)。

对于正压电效应和逆压电效应来说,d 在数值上是相等的,即有如下关系

$$d = \left(\frac{D}{T}\right) = \left(\frac{S}{E}\right) \tag{2-2-18}$$

对于试图用来产生运动或振动(例如声呐和声换能器)的材料来说,希望具有大的压电常数 d。

(6) 机电耦合系数

当对压电元件施加外电场时,由于逆压电效应,外电场只将其中的部分电能转换为机械能,而其他部分使得压电体极化,并以电能形式存储在压电元件中。机电耦合系数 K_P 是衡量压电材料机械能与电能相互转换程度的一个重要指标,也是评判压电材料性能好坏的主要依据。它与材料的压电常数、弹性常数以及介电常数有关,是一个综合性的参数指标,其值总是小于 1。其中,压电陶瓷是机电耦合系数最大的一种材料,其机电耦合系数为 0.5~0.8。

正压电效应的机电耦合系数可表示为

$$k = \sqrt{\frac{\text{通过正压电效应转化成的电能}}{\text{输入的机械能总量}}} \tag{2-2-19}$$

逆压电效应的机电耦合系数可表示为

$$k = \sqrt{\frac{\text{输入的电能总量}}{\text{通过逆压电效应转化成的机械能}}} \tag{2-2-20}$$

(7) 频率常数

压电元件的谐振频率与沿振动方向的长度的乘积为一常数,称为频率常数 N。如果外加

电场垂直于振动方向,则谐振频率为串联谐振频率;如果外加电场平行于振动方向,则谐振频率为并联谐振频率。压电元件的谐振频率不仅与材料性质有关,而且与其外形、尺寸有关,但频率常数只与材料性质与振动模式有关。比如,长度伸缩振动的条形振子的频率常数为

$$N_L = f_r L \tag{2-2-21}$$

径向伸缩振动的圆片频率常数为

$$N_d = f_r d \tag{2-2-22}$$

上两式中,f_r 为谐振频率(Hz);L 为条形振子的长度(m);d 为圆片振子的直径(m)。

2.4 压电效应及压电表达式

2.4.1 压电陶瓷的压电效应

在极化工序处理以前,陶瓷片内各电畴的自发极化方向的分布是混乱的,因此,陶瓷片内的极化强度为零。经过极化工序处理以后,各电畴的自发极化在一定程度上按外电场方向排列,因此,陶瓷片内的极化强度不再为零。但是,当我们把电压表接到陶瓷片的两个电极上进行测量时,不管用多么精密的电压表,都无法测出陶瓷片内存在的极化强度。这是因为,陶瓷片内的极化强度总是以电偶极矩的形式表现出来,即在陶瓷的一端出现正束缚电荷,另一端出现负束缚电荷,如图2-2-14a)所示。由于束缚电荷的作用,在陶瓷片的极面上吸附了一层来自外界的自由电荷。这些自由电荷与陶瓷片内的束缚电荷符号相反而数值相等,它们起着屏蔽和抵消陶瓷片内极化强度对外界的作用,所以用电压表不能测出陶瓷片内的极化强度。

如果在陶瓷片上加一个与极化方向平行的压力 F,如图2-2-14b)所示,陶瓷片将产生压缩形变(图中虚线),陶瓷片内的正、负束缚电荷之间的距离变小,极化强度也变小,因此,原来吸附在电极上的自由电荷,有一部分被释放而出现放电现象。这就是陶瓷片沿极化方向被压缩时会出现放电现象的原因。当压力撤销后,陶瓷片恢复原状(这是一个膨胀过程),陶瓷片内正、负电荷之间距离变大,极化强度也变大,因此电极上又吸附一部分自由电荷而出现充电现象。这就是陶瓷片沿极化方向被拉长时会出现充电现象的原因。这种由机械效应转变为电效应,或者说由机械能转变为电能的现象,就是正压电效应。

同样,若在陶瓷片上加一个与极化方向相同的电场,如图2-2-14c)所示,由于电场的方向与极化强度的方向相同,所以电场的作用使极化强度增大。这时,陶瓷片内的正、负束缚电荷之间的距离也增大,就是说,陶瓷片沿极化方向产生伸长的形变(图中虚线)。同理,如果外加电场的方向与极化方向相反,则陶瓷片沿极化方向产生缩短的形变。这种由电效应转变为机械效应,或者说由电能转变为机械能的现象,就是逆压电效应。

由此可见,压电陶瓷之所以具有压电效应,是因为陶瓷内部存在自发极化。这些自发极化经过极化工序处理而被迫取向排列后,陶瓷内即存在剩余极化强度。如果外界的作用(如压力或电场的作用)能使此极化强度发生变化,陶瓷就出现压电效应。此外,还可以看出,陶瓷内的极化电荷是束缚电荷,而不是自由电荷,这些束缚电荷不能自由移动。所以在陶瓷中产生的放电或充电现象,是通过陶瓷内部极化强度的变化,引起电极面上自由电荷的释放或补充的结果。

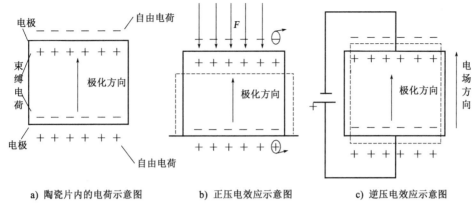

a) 陶瓷片内的电荷示意图　　b) 正压电效应示意图　　c) 逆压电效应示意图

图 2-2-14　压电效应示意图

2.4.2　压电陶瓷的压电表达式

压电陶瓷具有压电效应,其物理状态方程反映了弹性变量(应力、应变)与电学变量(电场、电位移)之间的关系。而根据压电陶瓷所处的机械边界条件的不同以及电学边界条件的不同可得到四类压电方程组,压电材料的边界条件如图 2-2-15 所示。

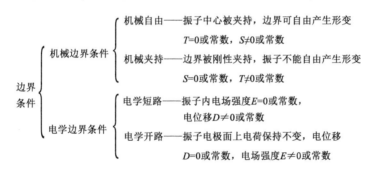

图 2-2-15　压电材料的边界条件

在压电材料的边界条件为机械自由边界和电学短路边界时,以应力 T 和电场强度 E 作为自变量,此时的压电方程组称为第一类压电方程,如式(2-2-23)和式(2-2-24)所示。

$$S = s^{E}T + d^{T}E \tag{2-2-23}$$

$$D = dT + \varepsilon^{T}E \tag{2-2-24}$$

式中,s^E 为短路柔顺常数矩阵;d 为压电应变常数矩阵;d^T 为 d 的转置矩阵;ε^T 为自由介电常数矩阵。

在压电材料的边界条件为机械夹持边界和电学短路边界时,以应变 S 和电场强度 E 为自变量,此时的压电方程组称为第二类压电方程,如式(2-2-25)和式(2-2-26)所示。

$$T = c^{E}S - e^{T}E \tag{2-2-25}$$

$$D = eS + \varepsilon^{S}E \tag{2-2-26}$$

式中,c^E 为短路刚度常数矩阵;e 为压电应力常数矩阵;e^T 为 e 的转置矩阵;ε^S 为夹持介电常数矩阵。

在压电材料的边界条件为机械自由边界和电学开路边界时,以应力 T 和电位移 D 为自变量,此时的压电方程组称为第三类压电方程,如式(2-2-27)和式(2-2-28)所示。

$$S = s^D T + g^T D \tag{2-2-27}$$

$$E = -gT + \beta^T D \tag{2-2-28}$$

式中,s^D 为开路柔顺常数矩阵;g 为压电电压常数矩阵;g^T 为 g 的转置矩阵;β^T 为自由介电隔离率矩阵。

在压电材料的边界条件为机械夹持边界和电学开路边界时,以应变 S 和电位移 D 为自变量,此时的压电方程组称为第四类压电方程,如式(2-2-29)和式(2-2-30)所示。

$$T = c^D S - h^T D \tag{2-2-29}$$

$$E = -hS + \beta^S D \tag{2-2-30}$$

式中,c^D 为开路刚度常数矩阵;h 为压电刚度常数矩阵;h^T 为 h 的转置矩阵;β^S 为夹持介电隔离率矩阵。

本章复习思考题

1. 什么是压电陶瓷的自发极化?什么是压电陶瓷的极化处理?
2. 什么是正压电效应?什么是逆压电效应?
3. 简述压电陶瓷的相关参数。
4. 写出压电陶瓷的压电表达式。

本章主要参考文献

[1] 贺兴辉,王子维,陈冰倩.压电陶瓷材料的应用与发展分析[J].居业,2018(5):1,4.

[2] 靳洪允.压电材料的结构及其性能研究[J].山东陶瓷,2005,28(4):9-14.

[3] 裴先茹,高海荣.压电材料的研究和应用现状[J].安徽化工,2010,36(3):4-6,10.

[4] 王晨,董磊,彭伟,等.无铅压电陶瓷的最新研究进展[J].中国陶瓷,2017,53(11):1-7.

[5] 代伟,李骏,陈太红,等.压电陶瓷极化特性研究[J].计量与测试技术,2010,37(3):39-40,44.

第3章
基于压电传感的桥梁结构健康监测方法

自从压电效应被发现以来,对压电材料的研究和应用受到各领域研究人员的广泛关注。目前已知的压电材料已有近千种,其应用遍及日常生活的每个角落。可以说压电材料是目前智能结构系统研究中应用最多的一种智能材料,压电陶瓷作为压电材料的代表,具有成本低、加工容易、响应快、频响宽等一系列优点,因此被医疗、机械、航天、土木工程等领域广泛研究与应用。在传统的土木工程结构中集成压电元,利用其正压电效应感知结构的振动模态,依据其反馈信息并基于压电元的逆压电效应施加控制算法来控制压电材料的变形,实现结构的主动控制。压电传感器监测数据是施加振动控制算法的基础。已有的基于压电陶瓷的成功应用表明,压电智能结构的应用和发展使得工程结构的健康监测发展到了新的阶段。

3.1 压电陶瓷阻抗法

压电陶瓷阻抗法对结构进行损伤监测的基础是压电陶瓷自身电阻抗与待测结构的机械阻抗相互耦合,通过对压电陶瓷电阻抗的测量,可以间接得到被检测结构的机械阻抗的变化,而结构的机械阻抗会因结构损伤所引起的结构刚度或者阻尼等结构特性的变化而发生改变。基于此,压电陶瓷阻抗法可有效地对结构损伤进行识别。在这项技术中,可用不同范围的电压频率来测量压电陶瓷的阻抗值,但机电耦合阻抗在高频率段对结构的局部损伤有着相当高的敏感性,尤其是对结构局部的初始损伤敏感。

在对压电陶瓷阻抗法机电耦合的理论研究中,通常将压电陶瓷与待测结构的相互耦合模型分为两种,即一维阻抗模型和二维阻抗模型。其中,一维阻抗模型又包括不考虑黏结层的一维阻抗模型及考虑黏结层的一维阻抗模型。以下就这三种机电耦合模型作简单说明。

(1)阻抗模型

①不考虑黏结层的一维阻抗模型。

Liang 等最先提出利用压电陶瓷作为驱动器的结构动态系统理论模型,即不考虑黏结层的一维阻抗模型,之后该模型被很多科研人员采用并广泛地运用于各式结构健康监测中。这种不考虑黏结层的一维阻抗模型,可以对压电陶瓷片与本体结构之间直接的相互耦合加以直观地描述,以及对压电阻抗法中机电耦合的物理实质加以说明。

PZT 片与本体结构之间相互作用的不考虑黏结层的一维阻抗模型可用图 2-3-1 来进行描述。此时,PZT 片与本体结构的相互作用系统被视作弹簧质量阻尼系统,即单自由度弹簧-质量-阻尼(Spring-Mass-Damper, SMD)。

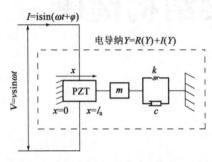

图 2-3-1　不考虑黏结层的一维阻抗模型

从图中可以看出,压电陶瓷片被视为只允许在纵向发生弹性伸缩变形的狭长杆件,其横向一端被固定住,另一端则和只具有单自由度的本体结构相连接。

在不考虑黏结层的一维阻抗模型系统中,压电陶瓷的电导纳可通过压电平衡方程、波动方程及压电方程推导得到,其电导纳公式为

$$Y = \left[i\omega \frac{w_a l_a}{h_a} \left(\overline{\varepsilon}_{33}^{\sigma} - \frac{Z_s}{Z_s + Z_a} d_{31}^2 \overline{Y}_{11}^E \right) \right] \quad (2\text{-}3\text{-}1)$$

导纳与阻抗互为倒数关系,故又可得到 PZT 片阻抗为

$$Z = Y^{-1} = \left[i\omega \frac{w_a l_a}{h_a} \left(\overline{\varepsilon}_{33}^{\sigma} - \frac{Z_s}{Z_s + Z_a} d_{31}^2 \overline{Y}_{11}^E \right) \right]^{-1} \quad (2\text{-}3\text{-}2)$$

式(2-3-1)和式(2-3-2)中,i 为复数中虚数的单位;ω 为外加激励电场的角频率;w_a、l_a、h_a 分别为压电陶瓷元件的长、宽、高;$\overline{\varepsilon}_{33}^{\sigma}$ 为压电陶瓷在应力为常数时的复介电常数,$\overline{\varepsilon}_{33}^{\sigma} = \varepsilon_{33}^{\sigma}(1 - \delta i)$,其中 δ 为介质损耗因数;d_{31} 为压电常数;Z_s 和 Z_a 则分别为本体结构和 PZT 片各自的机械阻抗;$\overline{Y}_{11}^E$ 为压电陶瓷片在电场常数的复杨氏模量,$\overline{Y}_{11}^E = Y_{11}^E(1 + \eta i)$。

通过上述公式可以知道,对于这种不考虑黏结层的一维阻抗模型,能够对压电陶瓷片与本体结构耦合系统的阻抗产生影响的因素众多,主要有压电陶瓷片的结构尺寸,PZT 片的压电常数、杨氏模量、机械阻抗及介电常数等一些参数,本体结构的机械阻抗,外加激励电场的角频率等。

通过上述分析可知,在应用压电陶瓷阻抗法对结构进行损伤识别时,一旦上述影响 PZT 片和本体结构耦合系统阻抗的因素被确定,在本体结构不发生任何变化的情况下,测量得到的电阻抗值是唯一的。如果本体结构发生损伤或其他变化,所测得的电阻抗值会发生相应的变化,依此对本体结构损伤进行识别判定。

②考虑黏结层的一维阻抗模型。

通过上述对不考虑黏结层的一维阻抗模型的说明,得知压电陶瓷阻抗法机电耦合的物理

实质,简化起见,其忽略了压电陶瓷片与本体结构之间的黏结层对电阻抗的影响,是一种理想状态的模型。作为压电陶瓷片与本体结构之间的传递介质,黏结层自身的材料特性和结构尺寸等特性会对 PZT 片与本体结构之间应力及应变等信息的传递产生影响。同时,这种信息的传递效率直接与黏结层质量相关联。

为了考虑黏结层的影响,将黏结层和本体结构看作两个单自由度系统。考虑黏结层的一维阻抗模型如图 2-3-2 所示。

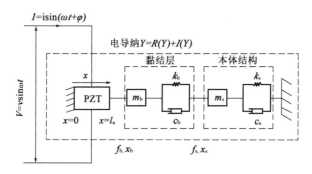

图 2-3-2 考虑黏结层的一维阻抗模型

Y. G Xu 等对考虑黏结层的一维阻抗模型中压电陶瓷电导纳进行了推导,其电导纳表达式为式(2-3-3),电阻抗表达式为式(2-3-4),其中 k 为波数。

$$Y = i\omega \frac{w_a l_a}{h_a} \left[\varepsilon_{33}^\sigma (1 - \delta i) - d_{31}^2 \overline{Y}_{11}^E + \frac{Z_s}{\xi Z_s + Z_a} d_{31}^2 \overline{Y}_{11}^E \left(\frac{\tan(kl_a)}{kl_a} \right) \right] \quad (2\text{-}3\text{-}3)$$

$$Z = Y^{-1} = \left\{ i\omega \frac{w_a l_a}{h_a} \left[\varepsilon_{33}^\sigma (1 - \delta i) - d_{31}^2 \overline{Y}_{11}^E + \frac{Z_s}{\xi Z_s + Z_a} d_{31}^2 \overline{Y}_{11}^E \left(\frac{\tan(kl_a)}{kl_a} \right) \right] \right\}^{-1} \quad (2\text{-}3\text{-}4)$$

将式(2-3-3)和式(2-3-4)与不考虑黏结层的一维阻抗模型的电导纳和电阻抗公式相比不难发现,在 Z_s 前多了系数 ξ,该系数称为黏结层影响系数,且 $\xi = \frac{1}{1 + k_s/k_b}$,其中 k_b 为黏结层刚度;k_s 为本体结构刚度。当 $\xi = 1$,即 $k_s/k_b = 0$ 时,说明本体结构刚度远远小于黏结层刚度,此时黏结层可以忽略,该模型与不考虑黏结层的一维阻抗模型一致。但是通常情况下 $\xi \neq 1$,因此,考虑黏结层的一维阻抗模型所测得的结果与实际值更加接近。

③二维阻抗模型。

在压电陶瓷阻抗法的应用过程中,一维阻抗模型因只适用于一维结构而具有一定的局限性。为了拓展压电阻抗技术的应用范围,Zhou 等将压电陶瓷片与本体结构的机电耦合阻抗模型向二维平面结构进行了拓展,二维阻抗模型如图 2-3-3 所示。

对二维阻抗模型的边界条件进行简化后,可得压电陶瓷电导纳为

$$Y = i\omega \frac{b_a l_a}{h_a} \left\{ \varepsilon_{33}^\sigma - \frac{2d_{31}^2 \overline{Y}_{11}^E}{1 - v_a} + \frac{d_{31}^2 \overline{Y}_{11}^E}{1 - v_a} \left[\frac{\sin(kl_a)}{kl_a} \frac{\sin(kb_a)}{kb_a} \right] \boldsymbol{M}^{-1} \begin{bmatrix} 1 \\ 1 \end{bmatrix} \right\} \quad (2\text{-}3\text{-}5)$$

式中,$\boldsymbol{M} = \begin{bmatrix} k\cos(kl_a)\left(1 - v_a \dfrac{b_a Z_{xy}}{l_a Z_{axx}} + \dfrac{Z_{xx}}{Z_{axx}}\right) & k\cos(kb_a)\left(\dfrac{l_a Z_{yx}}{b_a Z_{ayy}} - v_a \dfrac{Z_{yy}}{Z_{ayy}}\right) \\ k\cos(kl_a)\left(\dfrac{l_a Z_{xy}}{l_a Z_{axx}} - v_a \dfrac{Z_{xx}}{Z_{axx}}\right) & k\cos(kb_a)\left(1 - v_a \dfrac{b_a Z_{yx}}{b_a Z_{ayy}} + \dfrac{Z_{yy}}{Z_{ayy}}\right) \end{bmatrix} \quad (2\text{-}3\text{-}6)$

式(2-3-5)和式(2-3-6)中，v_a 为压电陶瓷片的泊松比；Z_{xx} 和 Z_{yy} 分别为本体结构的机械阻抗；Z_{yx} 和 Z_{xy} 分别为主体结构的交叉阻抗；Z_{axx} 和 Z_{ayy} 分别为压电陶瓷片的机械阻抗。根据上述公式，可知压电陶瓷片与本体结构耦合系统的电阻抗值不但与 PZT 片和本体结构的自身特性相关，而且与机电耦合系统中的二维阻抗 Z_{xx}、Z_{yy}、Z_{yx}、Z_{xy} 等四个参数密切相关。此时的方程为一个四次的高次方程，对未知参数的求解较为复杂和困难。

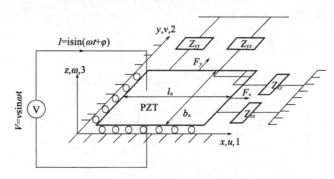

图 2-3-3 二维阻抗模型

当前，上述的三种压电阻抗法机电耦合模型是被人们接受和认可的，但是在这三种模型中，由于二维阻抗模型的电导纳公式参数太多，求解过程太过复杂，该模型在实践中应用相对较少，因此，最经典的也是应用最为广泛的当属一维阻抗模型。

(2) 阻抗与导纳的关系

阻抗为具有电阻、电容及电感的电路对电流的阻碍作用，导纳则用来描述交流电通过电路的困难程度。导纳为电导和电纳的矢量和，用 Y 表示。导纳是一个复数，实部为电导 G，虚部为电纳 B。电导表示负载电荷通过导体的流畅度，即电导值越大，表示电荷在电路中流畅度越高。电纳则用来描述电子组件、电子电路的就绪状态，或者指当电压改变时系统释放的能量大小。通过借助高精度阻抗分析仪对贴合或者嵌入本体结构的 PZT 片施加交流电压，利用电桥平衡原理可以测得 PZT 片的电导纳，电阻抗 Z 为压电陶瓷片输入电压与输出电流之比，如式(2-3-7)所示。因此，阻抗分析仪能够在较宽频率范围内测得 PZT 片的相位、电阻抗等参数。

$$Z = \frac{V}{I} = R + jX \qquad (2-3-7)$$

$$\tan\theta = \frac{X}{R} \qquad (2-3-8)$$

PZT 片的电阻抗是由实部和虚部组成的复数。式中，R 为等效电阻，表示电阻抗的实部；X 为等效电抗，表示电阻抗的虚部；θ 为电阻抗的相位值。

而电阻抗和电导纳之间互为倒数，因此电导纳的表达式为

$$Y = Z^{-1} = \frac{I}{V} = G + jB \qquad (2-3-9)$$

式中，G 为等效电导，表示电导纳的实部，$G = R/(R^2 + X^2)$；B 为等效电纳，表示电导纳的虚部，$B = -X/(R^2 + X^2)$。

(3) 损伤指标的定义

通过阻抗分析仪测得压电元件电信号之后可直接处理电信号并得到电信号数据图。一般情况下，对于变化较明显的电信号数据图可根据电信号数据图的变化对结构是否有缺陷或损

伤做出大致的判断，但这种判断只能是定性的。对于一些变化不太明显的压电元件电信号数据图，直接对比难以得出准确、有效的结论。压电陶瓷阻抗法作为当前应用较为广泛的结构健康监测手段，不但需要对结构是否有损伤做出大致判别，还需要对损伤的程度以及损伤的位置做出定量的评价。因此，有必要引入损伤识别方法，对被测结构的损伤情况做出准确且有效的定量判定。

20世纪90年代末，损伤指标的概念被运用于压电陶瓷阻抗法的数据分析中，用来对结构的损伤程度和损伤位置做出准确的判断。本书通过阻抗分析仪测得试件的电阻抗或电导纳数据，并以此为基础建立被测试件的损伤指标RMSD（Root Mean Square Deviation，均方根偏差值），它是一个反映电阻抗值或电导纳值变化程度的物理量。损伤指标能够对被测结构的损伤情况进行识别，并将结构健康监测结果以量化的形式表达出来。

$$\text{RMSD}R = \sqrt{\frac{\sum_{i=1}^{n}\left[R(Y_i) - R(Y_i^0)\right]^2}{\sum_{i=1}^{n}\left[R(Y_i^0)\right]^2}} \times 100\% \quad (2\text{-}3\text{-}10)$$

$$\text{RMSD}I = \sqrt{\frac{\sum_{i=1}^{n}\left[I(Y_i) - I(Y_i^0)\right]^2}{\sum_{i=1}^{n}\left[I(Y_i^0)\right]^2}} \times 100\% \quad (2\text{-}3\text{-}11)$$

式（2-3-10）和式（2-3-11）中，n为试验中扫描频率段内频率点的个数；i为频段内第i个频率点；$R(Y)$为PZT电导纳实部值；$I(Y)$为PZT电导纳虚部值；Y_i表示被测结构的损伤状态下的电导纳实部；Y_i^0为被测结构的健康状态下的电导纳实部。

3.2 压电陶瓷波动法

压电陶瓷波动法，其基本原理是将压电陶瓷传感器粘贴在结构表面或者埋入结构内部，从而使压电传感器和被监测结构组成压电智能结构监测系统。压电智能结构监测系统主要由压电驱动器和压电传感器组成。压电驱动器在外部激励作用下发射激励信号，压电传感器接收监测信号，如图2-3-4所示。

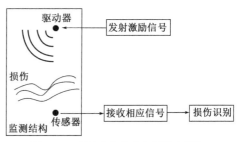

图2-3-4 压电陶瓷波动法监测示意图

由结构健康监测的原理可知，确定结构的健康状态是判断结构损伤的前提，因此可利用损伤指标评定其状态。分析结构在某状态下的健康状态，通常将智能集料在该状态下接收到的信号能量（结构处于损伤状态的监测信号能量）与健康状态下接收的信号能量（即结构处于健康状态下的监测信号能量）进行对比分析。根据该理论，提取E_h和E_d中所有周期的信号幅值，并将其按采样顺序排列组成损伤指标向量。以结构损伤前能量E_h作为基准信号，在状态t时结构处于某一损伤状态下的信号能量为E_d，某状态t时结构的相对健康程度H_t为

$$H_t = \frac{E_d}{E_h} \times 100\% \tag{2-3-12}$$

当 $H_t = 0$ 时，式(2-3-12)表明结构在该状态下完全失效；当 $H_t = 1$ 时，表明结构处于健康状态；当 $0 < H_t < 1$ 时，由 H_t 定义结构损伤指数 D_t，D_t 表示结构某状态的损伤指标。

$$D_t = 1 - H_t = 1 - \frac{E_d}{E_h} \times 100\% \tag{2-3-13}$$

当给予压电陶瓷一个激励信号时，压电陶瓷产生的应力波在混凝土中的传播受到各种因素的影响而产生衰减，相应信号的频率、幅值、相位等亦发生改变，这些改变都导致了信号能量的改变。因此提出了采用连续小波变换提取传感器接收信号中频率、幅值等信息，且根据小波包能量的定义，分别计算对应各种工况下的小波包能量值。通过计算小波包能量，定义损伤指标如式(2-3-14)所示。

$$D_t = 1 - H_t = 1 - \frac{E_d}{E_h} \times 100\% = 1 - \frac{\sum_{k=1}^{2^n} \| X_d^2 \|}{\sum_{k=1}^{2^n} \| X_h^2 \|} \times 100\% \tag{2-3-14}$$

式中，X_d 表示相应各损伤工况下传感器信号的小波分解系数；X_h 表示结构在健康状态下传感器信号的小波分解系数。

本章复习思考题

1. 简述压电陶瓷阻抗法基本原理。
2. 简述压电陶瓷波动法基本原理。

本章主要参考文献

[1] KASHIMA S, YANAKA Y, SUZUKI S, et al. Monitoring the Akashi Kaikyo Bridge: first experiences[J]. Structural engineering international, 2001, 11(2): 120-123.
[2] 李晗, 杨彬, 张其林, 等. 上海中心施工过程动力特性的数值模拟与监测[J]. 中南大学学报(自然科学版), 2014, 45(7): 2369-2377.
[3] 赵晓燕. 基于压电陶瓷的结构健康监测和损伤诊断[D]. 大连: 大连理工大学, 2008.
[4] 孙威, 阎石, 焦莉, 等. 基于压电波动法的混凝土裂缝损伤监测技术[J]. 工程力学, 2013, 30(S1): 206-211.

[5] 张政,王涛,鲁光涛,等.基于压电阻抗技术的结构初始裂纹监测研究[J].传感技术学报,2019,32(4):631-636.
[6] 蒙卉恩,杨霞,李顺涛,等.基于压电陶瓷的不同服役年限木构件损伤监测[J].传感技术学报,2021,34(1):129-136.
[7] 杜永峰,张天允,李虎.基于压电陶瓷的灌浆套筒内壁锈蚀监测研究[J].压电与声光,2021,43(1):75-79.

第 4 章
基于压电传感的数据处理分析法

基于压电陶瓷的结构损伤诊断和健康监测技术的关键之一是要有精确、有效的信号分析方法,从所获取的大量监测信号中提取出对损伤敏感的参数,从而实现对结构损伤的识别、定位和评估。近年来,应用于压电陶瓷监测的数据处理分析法主要有时域分析法、频域分析法、小波(包)分析法等。

4.1 时域分析法

测量所得到的信号一般都是时域信号,时域信号也称为时间域波形。实际的时域信号往往是很复杂的,不但包含确定性信号,还包含随机信号。直接在时域中对信号的幅值及与幅值有关的特性进行分析,称为信号的时域分析法。时域分析法具有直观、明确等特点,是最常用的分析方法之一。

4.1.1 信号预处理

对采样数据进行处理之前,应做某些预处理,使信号增强或净化,使分析处理获得高质量的有用信号或更准确的特征信息。预处理主要有以下内容。

1) 采样数据的标度变换

各种物理量都有不同的单位和数值。这些物理量经过 A/D 转换(模拟信号转数字信号)后变成一系列数字量,数字量的变化范围由 A/D 转换器的位数决定。如果直接把这些数字量显示或打印出来,显然不便于操作者理解。所以,应该把 A/D 转换的数字量变换为带有工程单位的量,这种变换称为标度变换。

(1)线性参数的标度变换

当被测物理量与传感器或仪表的输出值之间呈线性关系时,采用线性变换。变换公式为

$$y = Y_0 + \frac{Y_m - Y_0}{N_m - N_0}(x - N_0) \tag{2-4-1}$$

式中,Y_0 为被测量量程的下限;Y_m 为被测量量程的上限;N_0 为 Y_0 对应 A/D 转换后的数字量;N_m 为 Y_m 对应 A/D 转换后的数字量;x 为被测量实际值 y 所对应的 A/D 转换后的数字量;y 为标度变换后所得到的被测量的实际值。

(2)非线性参数的标度变换

有些传感器的输出值与被测量之间的关系是非线性关系,无法用解析式表达,但是,它们之间对应的取值是已知的。这时可以采用多项式变换法进行标度变换。寻找多项式的方法有多种,这里介绍代数插值法。已知被测量 $y = f(x)$ 与传感器的输出值 x 在 $(n+1)$ 各相异点 $a = x_0 < x_1 < \cdots < x_n = b$ 处的函数值为

$$f(x_0) = y_0, f(x_1) = y_1, \cdots, f(x_n) = y_n \tag{2-4-2}$$

用一个阶数不超过 n 的代数多项式

$$P_n(x) = a_n x^n + a_{n-1} x^{n-1} + \cdots + a_1 x^1 + a_0 \tag{2-4-3}$$

去逼近函数 $y = f(x)$,使 $P_n(x)$ 在点 x_i 处满足

$$P_n(x_i) = f(x_i) = y_i \quad (i = 0, 1, \cdots, n) \tag{2-4-4}$$

由于代数多项式(2-4-3)中的待定系数 $a_0, a_1, \cdots, a_n$ 共有 $(n+1)$ 个,而它应满足的方程式(2-4-4)也是 $(n+1)$ 个,因此,只要已知 x_i 和 $y_i (i = 0, 1, \cdots, n)$ 就可得到多项式 $P_n(x)$。在满足一定精度的前提下,被测量 $y = f(x)$ 就可用 $y = P_n(x)$ 来计算。完成传感器输出值 x 到实际测量值 y 之间的标度变换。

2) 采样数据的数字滤波

在工业生产和科学实验的现场中干扰源较多,环境一般比较恶劣,为了减少采样数据中的干扰信号,提高信号质量,一般在进行数据处理之前,要对采样数据进行数字滤波。所谓"数字滤波",就是采用特定的软件程序或数字处理方法,减少干扰信号在有用信号中的比例。常用数字滤波方法如下。

(1)中值滤波法

中值滤波法就是对某一被测量连续采样 N 次(一般 N 取奇数 3 或 5 即可),然后把 N 个采样值从小到大(或从大到小)排列,再取中值作为本次采样值。

中值滤波法对于去掉脉冲性质的干扰比较有效,但对于快速变化的参数则不宜采用。

(2)算术平均值法

算术平均值法就是寻找这样一个 $\bar{Y}$ 作为本次采样的平均值,即

$$\bar{Y} = \frac{1}{N} \sum_{i=1}^{N} x_i \tag{2-4-5}$$

式中，$\bar{Y}$ 为 N 次采样值的算术平均值；x_i 为第 i 次采样值；N 为采样次数。

算术平均值法适用于对压力、流量一类信号的平滑处理。

(3) 防脉冲干扰复合滤波法

防脉冲干扰复合滤波法就是先用中值滤波法，滤除由于脉冲性质的干扰而有偏差的采样值，然后把剩下的采样值做算术平均得出采样值。其原理可用下式表示

若 $x_1 \leqslant x_2 \leqslant \cdots \leqslant x_N$，则

$$Y = \frac{x_2 + x_3 + \cdots + x_{N-1}}{N-2} \tag{2-4-6}$$

这种方法兼具中值滤波法和算术平均值法的优点。它既可以去掉脉冲干扰，也可以对采样值进行平滑处理。当采样点数为 3 时，它便是中值滤波法。

3) 去除采样数据中的奇异项

采样数据中的奇异项是指采样数据序列中有明显错误的个别数据。这些奇异项的存在会使数据处理后的误差大大增加，应予以去除，然后根据一定的原理补上一些数据。

依据以下准则来判断某时刻的采样数据是否为奇异项。

给定一个误差值 W，若 t 时刻的采样值为 x_t，预测值为 x_t'，当 $|x_t - x_t'| > W$ 时，则认为此采样值 x_t 是奇异项，应予以去除，而以预测值 x_t' 来取代采样值 x_t；否则，保留采样值为 x_t 不变。

由此可见，判断奇异项的关键是预测值的算法和误差值 W 的选择。

预测值 x_t' 可以用下一阶差分方程推算，即

$$x_t' = x_{t-1} + (x_{t-1} - x_{t-2}) \tag{2-4-7}$$

式中，x_t' 为 t 时刻的预测值；x_{t-1} 为 t 时刻前 1 个采样点的值；x_{t-2} 为 t 时刻前 2 个采样点的值。

由式(2-4-7)可知，t 时刻的预测值可以用 $(t-1)$ 和 $(t-2)$ 时刻的采样值来推算。误差值 W 的大小一般要根据采集系统的采样速度、检测物理量的变化特性来决定。

4) 采样数据的平滑处理

一般来说，数据采集系统采集到的数据中，经常叠加有噪声。随机噪声的存在，使离散的采样数据所绘成的曲线多呈现折线形状，很不光滑。为了削弱干扰的影响，常常需要对采样数据进行平滑处理。处理的原则是：既要削弱干扰的成分，又要保持原有信号曲线的特性。下面仅就平均法进行介绍。

(1) 简单平均法

简单平均法的计算公式为

$$y(t) = \frac{1}{2N+1} \sum_{n=-N}^{N} x(t-n) \tag{2-4-8}$$

当 $N=1$ 时，为 3 点简单平均；当 $N=2$ 时，为 5 点简单平均。

(2) 加权平均法

取滤波因子 $h(t) = [h(-N), \cdots, h(0), \cdots, h(N)]$，要求

$$\sum_{n=-N}^{N} h(n) = 1 \tag{2-4-9}$$

由 $h(t)$ 对 $x(t)$ 进行滤波，得

$$y(t) = h(t)x(t) = \sum_{n=-N}^{N} h(n)x(t-n) \tag{2-4-10}$$

$y(t)$ 称为 $x(t)$ 的 $(2N+1)$ 点的加权平均。可以根据具体问题和实际处理效果来确定加权平均因子，如三角型、半余弦型、余弦型加权平均因子等。

4.1.2 时域波形分析

时域波形分析包括幅值参数分析和一些由幅值参数演化而来的参数分析。

1）周期信号的幅值分析

周期信号幅值分析的主要内容包括均值、绝对均值、平均功率、有效值、峰值（正峰值或负峰值）、双峰值、某一特定时刻的峰值、幅值随时间的变化关系等。这种分析方法主要用于谐波信号或主要成分为谐波信号的复杂周期信号，对于一般的周期信号，在分析前应先进行滤波处理，得到所需分析的谐波信号。

(1) 均值和绝对均值

均值是指信号中的直流分量，是信号幅值在分析区间内的算术平均值。绝对均值是指信号绝对值的算术平均值。设周期信号为 $x(t)$，则均值和绝对均值分别定义如下。

均值
$$\bar{x} = m_x = \frac{1}{T_0}\int_0^{T_0} x(t)\,\mathrm{d}t \tag{2-4-11}$$

绝对均值
$$|\bar{x}| = m_{|x|} = \frac{1}{T_0}\int_0^{T_0} |x(t)|\,\mathrm{d}t \tag{2-4-12}$$

式中，T_0 为信号周期；m_x 为均值；$m_{|x|}$ 为绝对均值。

相应的有限离散数字信号序列 $\{x(k)\}$ $(k=1,\cdots,N)$ 的计算式分别为

均值
$$\bar{x} = \frac{1}{N}\sum_{k=1}^{N} x(k) \tag{2-4-13}$$

绝对均值
$$|\bar{x}| = \frac{1}{N}\sum_{k=1}^{N} |x(k)| \tag{2-4-14}$$

(2) 平均功率（均方值）和有效值（均方根值）

信号能量定义为幅值平方在分析区间内的积分。在所有时间上总能量不为零且有限的信号称为能量信号，如衰减的周期信号；对于非衰减的周期信号，其能量积分为无穷大。只能用平均功率来反映能量的信号称为功率信号。平均功率是信号在分析区间的均方值，它的均方根值称为有效值，具有幅值量纲，是反映确定性信号作用强度的主要时域参数。定义分别如下。

平均功率（均方值）
$$x_{\mathrm{MS}} = \frac{1}{T}\int_0^T x^2(t)\,\mathrm{d}t \tag{2-4-15}$$

有效值（均方根值）
$$x_{\mathrm{RMS}} = \sqrt{\frac{1}{T}\int_0^T x^2(t)\,\mathrm{d}t} \tag{2-4-16}$$

相应的有限离散数字信号序列 $\{x(k)\}$ $(k=1,\cdots,N)$ 计算式分别为

平均功率（均方值）
$$x_{\mathrm{MS}} = \frac{1}{N}\sum_{k=1}^{N} x^2(k) \tag{2-4-17}$$

有效值（均方根值）
$$x_{\mathrm{RMS}} = \sqrt{\frac{1}{N}\sum_{k=1}^{N} x^2(k)} \tag{2-4-18}$$

(3) 峰值和双峰值

峰值是指分析区间内出现的最大幅值，即单峰值 x_p，可以是正峰值或负峰值的绝对值，峰值反映了信号的瞬时最大作用强度。双峰值 $x_{\mathrm{p-p}}$ 是指正、负峰值间的差，也称峰峰值。它不仅

反映了信号的瞬时最大作用强度,还反映了信号幅值的变化范围和偏离中心位置的情况。

峰值
$$x_\mathrm{p} = |x(t)|_{\max} \quad (2\text{-}4\text{-}19)$$

双峰值
$$x_\mathrm{p-p} = |x(t)|_{\max} - |x(t)|_{\min} \quad (2\text{-}4\text{-}20)$$

相应的有限离散数字信号序列 $\{x(k)\}(k=1,\cdots,N)$ 的计算式分别为

峰值
$$x_\mathrm{p} = |x(k)|_{\max} \quad (2\text{-}4\text{-}21)$$

双峰值
$$x_\mathrm{p-p} = |x(k)|_{\max} - |x(k)|_{\min} \quad (2\text{-}4\text{-}22)$$

2) 随机信号的统计特征分析

随机信号在任一时刻的幅值和相位是不确定的,不可能用单个幅值或峰值来描述。随机信号主要统计特征有均值、均方值、方差和均方差、概率密度函数、概率分布函数和相关函数等。

(1) 均值

均值表示集合平均值或数学期望值。对于各态历经的随机过程,可以用单个样本按时间历程来求取均值,称为子样均值(以下简称均值),记为 m_x。

$$m_x = E[x(t)] = \lim_{T \to \infty} \frac{1}{T} \int_0^T x(t) \mathrm{d}t \quad (2\text{-}4\text{-}23)$$

相应的有限离散数字信号序列 $\{x(k)\}(k=1,\cdots,N)$ 的计算式为

$$m_x = E[x(k)] = \lim_{N \to \infty} \frac{1}{N} \sum_{k=1}^{N} x(k) \quad (2\text{-}4\text{-}24)$$

(2) 均方值

均方值表示 $x(t)$ 信号的强度。对于各态历经的随机过程,可以用观测时间的幅值平方的平均值表示,记为 ψ_x^2。

$$\psi_x^2 = E[x^2(t)] = \lim_{T \to \infty} \frac{1}{T} \int_0^T x^2(t) \mathrm{d}t \quad (2\text{-}4\text{-}25)$$

相应的有限离散数字信号序列 $\{x(k)\}(k=1,\cdots,N)$ 的计算式为

$$\psi_x^2 = E[x^2(k)] = \lim_{N \to \infty} \frac{1}{N} \sum_{k=1}^{N} x^2(k) \quad (2\text{-}4\text{-}26)$$

(3) 方差和均方差

方差是 $x(t)$ 相对于均值波动的动态分量,反映了随机信号的分散强度。对于零均值随机信号,其均方值和方差是相同的。方差记为 σ_x^2。

$$\sigma_x^2 = E[(x(t) - m_x)^2] = \lim_{T \to \infty} \frac{1}{T} \int_0^T [x(t) - m_x]^2 \mathrm{d}t = \psi_x^2 - m_x^2 \quad (2\text{-}4\text{-}27)$$

相应的有限离散数字信号序列 $\{x(k)\}(k=1,\cdots,N)$ 的计算式为

$$\sigma_x^2 = E[(x(k) - m_x)^2] = \lim_{N \to \infty} \frac{1}{N} \sum_{k=1}^{N} [x(k) - m_x]^2 = \psi_x^2 - m_x^2 \quad (2\text{-}4\text{-}28)$$

(4) 概率密度函数

随机信号的概率密度函数 $p(x)$ 表示信号幅值落在某指定范围内的概率,是随机变量幅值的函数,描述了随机信号的统计特征。测量原理如图 2-4-1 所示。

信号 $x(t)$ 落在 $(x, x + \Delta x)$ 区间内的时间为

$$T_x = \Delta t_1 + \Delta t_2 + \cdots + \Delta t_n = \sum_{i=1}^{n} \Delta t_i \quad (2\text{-}4\text{-}29)$$

当样本函数的记录时间 T 趋于无穷大时，$\dfrac{T_x}{T}$ 的比值就是振幅落在 $(x, x+\Delta x]$ 区间的概率，即

$$P[x<x(t)\leqslant x+\Delta x]=\lim_{T\to\infty}\dfrac{T_x}{T} \tag{2-4-30}$$

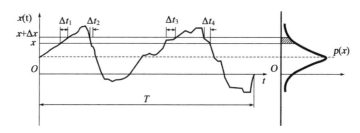

图 2-4-1 测量原理

定义幅值概率密度函数 $p(x)$ 为

$$p(x)=\lim_{\Delta x\to 0}\dfrac{P[x<x(t)\leqslant x+\Delta x]}{\Delta x} \tag{2-4-31}$$

相应地，对于有限离散数字信号序列 $\{x(k)\}$ $(k=1,\cdots,N)$，振幅落在区间 $(x, x+\Delta x]$ 的点数为 m（Δx 为幅值区间的离散间隔），则幅值的概率和概率密度的估计值计算式分别为

$$P[x<x(t)\leqslant x+\Delta x]=\dfrac{m}{N} \tag{2-4-32}$$

$$p(x)=\dfrac{P[x<x(k)\leqslant x+\Delta x]}{\Delta x} \tag{2-4-33}$$

概率密度函数提供了随机信号沿幅值分布的信息。

4.1.3 时域平均

时域平均是从混有噪声干扰的信号中提取周期信号的一种有效方法，也称相干检波。其方法为：对于被分析的信号以一定的周期为间隔去截取，然后将所截得的分段信号对应点叠加后求得平均值，就可以保留确定的周期分量，消除信号中的非周期分量和随机干扰。时域平均原理如下。

设信号 $x(t)$ 由周期信号 $s(t)$ 和白噪声 $n(t)$ 组成，即

$$x(t)=s(t)+n(t) \tag{2-4-34}$$

若以 $s(t)$ 的周期为间隔去截取 $x(t)$，共截取 N 段，然后将各段对应点相加，则由白噪声的不相关性，得

$$x(t_i)=Ns(t_i)+\sqrt{N}n(t_i) \tag{2-4-35}$$

再对 $x(t_i)$ 求平均，可得到输出信号

$$y(t_i)=s(t_i)+\dfrac{n(t_i)}{\sqrt{N}} \tag{2-4-36}$$

此时，由式 (2-4-31) 可得输出信号中的白噪声是原来信号中的白噪声的 $\dfrac{1}{\sqrt{N}}$，因此信噪比将提

高$\sqrt{N}$倍。故时域平均可以消除与给定周期无关的其他信号分量,可应用于信噪比很低的场合。

相应地,若用$x_i(k)$表示离散信号第i段的第k个采样点,则有限离散数字信号序列$\{x_i(k)\}(i=1,\cdots,N;k=1,\cdots,L)$的时域平均计算公式为

$$y(k)=\frac{\sum_{i=1}^{N}x_i(k)}{N} \qquad (2\text{-}4\text{-}37)$$

4.2 频域分析法

对于在时域难以分析的信号,通常可以先把它从时域变换到某种变换域,然后在变换域进行分析,这是信号分析的重要方法之一。将信号从时域变换到频域进行分析的数学工具是傅立叶分析方法,它包括用于对周期信号进行频域分析的傅立叶级数展开和用于对非周期信号进行频域分析的傅立叶变换。

直接观测或记录的信号,一般是以时间为独立变量的,这称为信号的时域描述。把信号的时域描述通过适当的方法可变为以频率为独立变量来表示的信号,称为信号的频域描述,如以频率为横坐标,分别以幅值或相位为纵坐标作图,即分别得到信号的幅值谱图或相位谱图。图2-4-2给出了周期方波信号的不同描述之间的关系。

信号的时域描述直观地反映出信号瞬时值随时间的变化情况,频域描述则反映了信号的频率组成及其幅值、相角的大小。

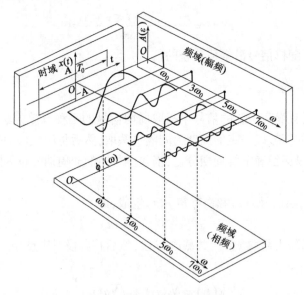

图2-4-2 周期方波信号的描述

4.2.1 周期信号的频谱

任何周期信号,若满足狄里克雷条件,即在一个周期内,函数具有:①有限个间断点,而且这些点的函数值是有限值;②有限个极值点;③函数绝对可积。则可将该函数分解为正交函数

线性组合的无穷级数。若正交函数集是三角函数集或指数函数集,则分解的级数即为傅立叶级数,分别称为三角函数形式和指数函数形式的傅立叶级数。

周期信号 $x(t)$ 的三角函数形式傅立叶级数展开式为

$$x(t) = \frac{a_0}{2} + \sum_{n=1}^{\infty}(a_n\cos n\omega_0 t + b_n\sin n\omega_0 t) \quad (n = 1,2,3,\cdots) \tag{2-4-38}$$

式中,a_0 为常值分量,代表了周期信号 $x(t)$ 在积分区间内的均值。

$$a_n = \frac{2}{T}\int_{-\frac{T}{2}}^{\frac{T}{2}} x(t)\,\mathrm{d}t \tag{2-4-39}$$

余弦分量的幅值:

$$a_n = \frac{2}{T}\int_{-\frac{T}{2}}^{\frac{T}{2}} x(t)\cos n\omega_0 t\,\mathrm{d}t \tag{2-4-40}$$

正弦分量的幅值:

$$b_n = \frac{2}{T}\int_{-\frac{T}{2}}^{\frac{T}{2}} x(t)\sin n\omega_0 t\,\mathrm{d}t \tag{2-4-41}$$

式中,T 为基本周期;ω_0 为圆频率,$\omega_0 = \frac{2\pi}{T}$。

将式(2-4-38)中同频分量合并,可以改写成

$$x(t) = \frac{a_0}{2} + \sum_{n=1}^{\infty} A_n\sin(n\omega_0 t + \varphi_n) \quad (n = 1,2,3,\cdots) \tag{2-4-42}$$

或

$$x(t) = \frac{a_0}{2} + \sum_{n=1}^{\infty} A_n\cos(n\omega_0 t + \theta_n) \quad (n = 1,2,3,\cdots) \tag{2-4-43}$$

其中:

$$A_n = \sqrt{a_n^2 + b_n^2} \tag{2-4-44}$$

$$\varphi_n = \arctan\frac{b_n}{a_n} \tag{2-4-45}$$

$$\theta_n = \arctan\left(-\frac{b_n}{a_n}\right) \tag{2-4-46}$$

从式(2-4-43)可看出,周期信号是由一个或几个乃至无穷多个不同频率的谐波叠加而成的。以圆频率为横坐标,幅值 A_n 或相角 φ_n 为纵坐标作图,分别得到幅值谱图和相位谱图。由于 n 是整数序列,各频率成分都是 ω_0 的整数倍,相邻频率的间隔 $\Delta\omega = \omega_0 = 2\pi/T$,因此谱线是离散的。通常把 ω_0 称为基频,并把成分 $A_n\sin(n\omega_0 t + \varphi_n)$ 称为 n 次谐波。

傅立叶级数也可以写成复指数函数形式,根据欧拉公式,有

$$\mathrm{e}^{\pm\mathrm{j}\omega t} = \cos\omega t \pm \mathrm{j}\sin\omega t \quad (\mathrm{j} = \sqrt{-1}) \tag{2-4-47}$$

$$\cos\omega t = \frac{1}{2}(\mathrm{e}^{-\mathrm{j}\omega t} + \mathrm{e}^{\mathrm{j}\omega t}) \tag{2-4-48}$$

$$\sin\omega t = \mathrm{j}\frac{1}{2}(\mathrm{e}^{-\mathrm{j}\omega t} - \mathrm{e}^{\mathrm{j}\omega t}) \tag{2-4-49}$$

因此,式(2-4-47)可改写为

$$x(t) = \frac{a_0}{2} + \sum_{n=1}^{\infty} \left[\frac{1}{2}(a_n + jb_n) e^{-jn\omega_0 t} + \frac{1}{2}(a_n - jb_n) e^{jn\omega_0 t} \right] \quad (2\text{-}4\text{-}50)$$

令

$$c_n = \frac{1}{2}(a_n - jb_n) \quad (2\text{-}4\text{-}51)$$

$$c_{-n} = \frac{1}{2}(a_n + jb_n) \quad (2\text{-}4\text{-}52)$$

则

$$x(t) = c_0 + \sum_{n=1}^{\infty} c_{-n} e^{-jn\omega_0 t} + \sum_{n=1}^{\infty} c_n e^{jn\omega_0 t} \quad (2\text{-}4\text{-}53)$$

或

$$x(t) = \sum_{n=-\infty}^{\infty} c_n e^{jn\omega_0 t} \quad (n = 0, \pm 1, \pm 2, \cdots) \quad (2\text{-}4\text{-}54)$$

这就是傅立叶级数的复指数函数形式,将式(2-4-40)和式(2-4-41)代入式(2-4-51),并令 $n = 0, \pm 1, \pm 2, \cdots$,即得

$$c_n = \frac{1}{T} \int_{-\frac{T}{2}}^{\frac{T}{2}} x(t) e^{-jn\omega_0 t} dt \quad (2\text{-}4\text{-}55)$$

系数 c_n 是一个以谐波次数 n 为自变量的复值函数,它包含了第 n 次谐波的振幅和相位信息,即

$$c_n = c_{nR} + jc_{nI} = |c_n| e^{j\varphi_n} \quad (2\text{-}4\text{-}56)$$

式中

$$|c_n| = \sqrt{c_{nR}^2 + c_{nI}^2} \quad (2\text{-}4\text{-}57)$$

$$\varphi_n = \angle c_n = \arctan \frac{c_{nI}}{c_{nR}} \quad (2\text{-}4\text{-}58)$$

c_n 和 c_{-n} 共轭,即 $c_n = \overline{c_{-n}}$。

把周期函数 $x(t)$ 展开为傅立叶级数的复指数函数形式后,可以分别以 $|c_n|$-ω 和 φ_n-ω 作幅值谱图和相位谱图;也可以分别以 c_n 的实部和虚部与频率的关系作幅值谱图,分别称为实频谱图和虚频谱图。比较傅立叶级数的两种展开形式可知:复指数函数形式的频谱为双边幅值谱(ω 为 $-\infty \sim +\infty$),三角函数形式的频谱为单边幅值谱(ω 为 $0 \sim +\infty$)。这两种频谱各次谐波在量值上有确定的关系,即 $|c_n| = \frac{1}{2} A_n$。双边幅值谱为偶函数,双边相位谱为奇函数。注意负频率是与复指数相关联的,是数学运算的结果,并无确切的物理含义。

如上所述,一个周期信号只要满足狄里克雷条件,就可展开成一系列正弦信号或复指数信号之和。周期信号的波形不同,其展开式中包含的谐波结构也不同。在实际工作中,为表征不同信号的波形,时常需要画出各次谐波分量的频谱。从周期信号的傅立叶级数展开式可以看出, A_n、φ_n 和 ω_0 是描述周期信号谐波组成的三个基本要素。将 A_n、φ_n 系列分别称为信号 $x(t)$ 的幅值谱和相位谱,由于 n 取正整数,故采用实三角函数形式的傅立叶级数时,周期信号的频谱是位于频率轴右侧的离散谱,谱线间隔为整数个 ω_0,对于指数函数形式的傅立叶级数,c_n 为幅值谱,$\angle c_n$ 为相位谱,由于 n 值取正负整数,故其频谱为双边频谱。幅值谱的量纲与信号的量纲是一致的。

例 2-4-1 求图 2-4-3 所示周期性三角波的傅立叶级数展开式。

解：$x(t)$ 的一个周期可表示为

$$x(t) = \begin{cases} A + \dfrac{2A}{T_0}t & -\dfrac{T_0}{2} \leq t \leq 0 \\ A - \dfrac{2A}{T_0}t & 0 \leq t \leq \dfrac{T_0}{2} \end{cases}$$

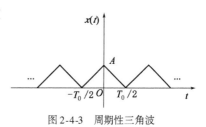

图 2-4-3 周期性三角波

常值分量：

$$\dfrac{a_0}{2} = \dfrac{1}{T_0}\int_{-\frac{T_0}{2}}^{\frac{T_0}{2}} x(t)\,\mathrm{d}t = \dfrac{2}{T_0}\int_0^{\frac{T_0}{2}} \left(A - \dfrac{2A}{T_0}t\right)\mathrm{d}t = \dfrac{A}{2}$$

余弦分量的幅值：

$$a_n = \dfrac{2}{T_0}\int_{-\frac{T_0}{2}}^{\frac{T_0}{2}} x(t)\cos n\omega_0 t\,\mathrm{d}t = \dfrac{4}{T_0}\int_0^{\frac{T_0}{2}} \left(A - \dfrac{2A}{T_0}t\right)\cos n\omega_0 t\,\mathrm{d}t$$

$$= \dfrac{4A}{n^2\pi^2}\sin^2\dfrac{n\pi}{2} = \begin{cases} \dfrac{4A}{n^2\pi^2} & n = 1,3,5,\cdots \\ 0 & n = 2,4,6,\cdots \end{cases}$$

正弦分量的幅值：

$$b_n = \dfrac{2}{T_0}\int_{-\frac{T_0}{2}}^{\frac{T_0}{2}} x(t)\sin n\omega_0 t\,\mathrm{d}t = 0$$

这样，该周期性三角波的傅立叶级数展开式为

$$x(t) = \dfrac{A}{2} + \dfrac{4A}{\pi^2}\left(\cos\omega_0 t + \dfrac{1}{3^2}\cos 3\omega_0 t + \dfrac{1}{5^2}\cos 5\omega_0 t + \cdots\right) = \dfrac{A}{2} + \dfrac{4A}{\pi^2}\sum_{n=1}^{\infty}\dfrac{1}{n^2}\cos n\omega_0 t \quad (n = 1,3,5,\cdots)$$

周期性三角波的频谱图如图 2-4-4 所示，其幅值谱只包含常值分量、基波和奇次谐波的频率分量，谐波的幅值以 $1/n^2$ 的规律收敛。在其相位谱中，基波和各次谐波的初相位 φ_n 均为零。

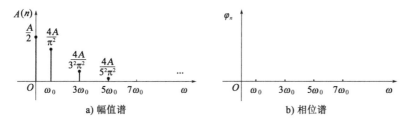

图 2-4-4 周期性三角波的频谱图

例 2-4-2 求图 2-4-5 所示周期性方波的复指数函数形式的幅值谱和相位谱。

解：$x(t)$ 的一个周期可表示为

$$x(t) = \begin{cases} 1 & |t| \leq T_1 \\ 0 & T_1 < |t| < \dfrac{T}{2} \end{cases}$$

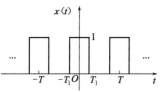

图 2-4-5 周期性方波

该信号基本周期为 T，基频 $\omega_0 = 2\pi/T$。对信号进行傅立叶复指数函数形式展开。由于 $x(t)$ 关于 $t=0$ 对称，可以方便地选取 $-T/2 \leq t \leq T/2$ 作为计算区间，计算各傅立叶序列系数 c_n。

当 $n=0$ 时，常值分量 c_0 为

$$c_0 = a_0 = \frac{1}{T}\int_{-T_1}^{T_1} \mathrm{d}t = \frac{2T_1}{T}$$

当 $n \neq 0$ 时,

$$c_n = \frac{1}{T}\int_{-T_1}^{T_1} \mathrm{e}^{-\mathrm{j}n\omega_0 t}\mathrm{d}t = -\frac{1}{\mathrm{j}n\omega_0 T}\mathrm{e}^{-\mathrm{j}n\omega_0 t}\bigg|_{-T_1}^{T_1}$$

最后得到

$$c_n = \frac{2}{n\omega_0 T}\left(\frac{\mathrm{e}^{\mathrm{j}n\omega_0 t} - \mathrm{e}^{-\mathrm{j}n\omega_0 t}}{2\mathrm{j}}\right)$$

注意上式括号中的项,即 $\sin(n\omega_0 T_1)$ 的欧拉公式展开,这里定义森克函数:

$$\mathrm{sinc}(t) = \frac{\sin t}{t} \quad (-\infty < t < +\infty)$$

因此,傅立叶序列系数 c_n 可表示为

$$c_n = \frac{2\sin(n\omega_0 T_1)}{n\omega_0 T} = \frac{2\pi}{T}\mathrm{sinc}(n\omega_0 T_1), \quad n \neq 0$$

其幅值谱为: $|c_n| = \left|\frac{2T_1}{T}\mathrm{sinc}(n\omega_0 T_1)\right|, n = 0, \pm 1, \pm 2, \cdots,$

相位谱为: $\varphi_n = 0, \pi, -\pi, \cdots$。频谱图如图 2-4-6 所示。

从例 2-4-2 可看出周期信号的频谱具有 3 个特点。

①离散性。周期信号的频谱是离散的。

②谐波性。每条谱线只出现在基波频率的整倍数上,基波频率是各高次谐波分量频率的公约数。

③收敛性。各频率分量的谱线高度表示该次谐波的幅值,周期信号谐波分量的幅值总的趋势是随谐波次数的增大而减小。因此,在频谱分析中没有必要取那些次数过高的谐波分量。

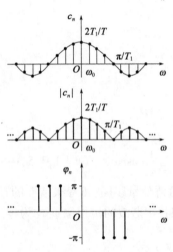

图 2-4-6　周期性方波的频谱图

4.2.2　非周期信号的频谱

周期信号,是指信号经过一段时间间隔——周期 T 不断重复出现的信号。对于周期信号,可以用傅立叶级数展开的方法对其进行频谱分析;但对于非周期信号,不能在有限区间进行傅立叶级数展开。可将非周期信号看成周期趋于无穷的周期信号,即 $T \to \infty$。从周期信号的傅立叶级数展开可以了解到:随着周期增大,信号的基频分量频率值将降低,各谐波分量的频率间隔减小;当周期为无穷大时,信号的基频分量频率值将趋于零,各谐波分量的频率间隔也趋于零,即原周期信号的离散频谱变为非周期信号的连续频谱,同时原傅立叶级数的求和变为积分。这就是非周期信号频谱分析的数学工具——傅立叶变换。

(1)傅立叶变换的充要条件

设 $x(t)$ 是时间 t 的非周期信号,$x(t)$ 的傅立叶变换存在的充要条件是:

①$x(t)$ 在 $(-\infty, +\infty)$ 范围内满足狄里克雷条件;

②$x(t)$ 绝对可积,即

$$\int_{-\infty}^{+\infty} |x(t)| \mathrm{d}t < \infty \quad (2\text{-}4\text{-}59)$$

③$x(t)$为能量有限信号,即

$$\int_{-\infty}^{+\infty} |x(t)|^2 \mathrm{d}t < \infty \quad (2\text{-}4\text{-}60)$$

满足上述三个条件的$x(t)$的傅立叶变换为$X(f)$,则

$$x(t) = \frac{1}{2\pi}\int_{-\infty}^{+\infty} X(\omega) \mathrm{e}^{\mathrm{j}\omega t} \mathrm{d}\omega \quad (2\text{-}4\text{-}61)$$

和

$$x(\omega) = \int_{-\infty}^{+\infty} x(t) \mathrm{e}^{-\mathrm{j}\omega t} \mathrm{d}t \quad (2\text{-}4\text{-}62)$$

式(2-4-61)和式(2-4-62)即是傅立叶变换对,式(2-4-62)称为傅立叶正变换,式(2-4-61)称为傅立叶逆变换。在实际工程应用中,频率采用国际单位制量纲 Hz,用f表示($f = \omega/2\pi$),并将$x(\omega)$中的ω简单用f代替,傅立叶变换对变为

$$x(t) = \int_{-\infty}^{+\infty} X(f) \mathrm{e}^{\mathrm{j}2\pi ft} \mathrm{d}f \quad 简记为 F^{-1}[X(f)] \quad (2\text{-}4\text{-}63)$$

和

$$X(f) = \int_{-\infty}^{+\infty} x(t) \mathrm{e}^{-\mathrm{j}2\pi ft} \mathrm{d}t \quad 简记为 F[x(t)] \quad (2\text{-}4\text{-}64)$$

可看出,$X(f)$是互谱密度函数,包含幅值和相位信息,f的变化范围是$-\infty \sim +\infty$,因此称$X(f)$为$X(t)$的连续频谱,实质上为频谱密度,量纲为幅值/Hz。

(2)傅立叶变换的主要性质

了解并熟练掌握傅立叶变换的性质可使我们加深理解傅立叶变换对的物理概念,并为简化分析提供极大的帮助。这里用 FT 表示傅立叶变换。

①线性特性。

若 $x_1(t) \xleftrightarrow{\text{FT}} X_1(f), \quad x_2(t) \xleftrightarrow{\text{FT}} X_2(f)$

则 $[a_1 x_1(t) + a_2 x_2(t)] \xleftrightarrow{\text{FT}} [a_1 X_1(f) + a_2 X_2(f)] \quad (2\text{-}4\text{-}65)$

式中,a_1、a_2为常数,式(2-4-65)说明一个信号的幅值扩大若干倍,其对应的频谱函数幅值也扩大若干倍,这种性质即为傅立叶变换的线性特性。线性特性还表明了任意数量信号的线性叠加性质:若干信号的时域叠加对应它们频域内频谱的矢量叠加。该性质可将一些复杂信号的傅立叶变换简化为参与叠加的简单信号的傅立叶变换,使求解简化。

②时移特性。

若 $x(t) \xleftrightarrow{\text{FT}} X(f)$

则信号$x(t)$在时间上延时或超前t_0形成的信号$x(t \pm t_0)$频谱和原$x(t)$的频谱有如下关系:

$$x(t \pm t_0) \xleftrightarrow{\text{FT}} \mathrm{e}^{\pm \mathrm{j}2\pi ft_0} X(f) \quad (2\text{-}4\text{-}66)$$

式(2-4-66)说明,信号的时时移对其幅值谱密度无影响,而相位谱密度则叠加了一个与频率呈线性关系的附加量,即时域中的时移对应频域中的相移。

③频移特性。

时域中的时移和频域中的相移相对应,那么频域中的频移会在时域中引起什么变化呢?经推导,有以下关系:

若
$$x(t) \xleftrightarrow{\text{FT}} X(f)$$
则
$$x(t)\mathrm{e}^{\pm \mathrm{j}2\pi f_0 t} \xleftrightarrow{\text{FT}} X(f \mp f_0) \tag{2-4-67}$$

式(2-4-67)说明,信号 $x(t)$ 乘复指数 $\mathrm{e}^{\pm \mathrm{j}2\pi f_0 t}$(复调制)后,其时域描述已大大改变,但其频谱的形状却无变化,只在频域做了一个位移。

④时间比例性。

若
$$x(t) \xleftrightarrow{\text{FT}} X(f)$$
则
$$x(at) \xleftrightarrow{\text{FT}} \frac{1}{|a|} X\left(\frac{f}{a}\right) \tag{2-4-68}$$

式中,a 为非零实数。

傅立叶变换的性质详见表2-4-1。

傅立叶变换的性质 表2-4-1

性　质	非周期信号 $x(t)$ $x_1(t)$ $x_2(t)$	傅立叶变换 $X(f)$ $X_1(f)$ $X_2(f)$
线性特性	$a_1 x_1(t) + a_2 x_2(t)$	$a_1 X_1(f) + a_2 X_2(f)$
时移特性	$x(t \pm t_0)$	$\mathrm{e}^{\pm \mathrm{j}2\pi f t_0} X(f)$
频移特性	$x(t)\mathrm{e}^{\pm \mathrm{j}2\pi f_0 t}$	$X(f \mp f_0)$
时间比例性	$x(at)$	$\dfrac{1}{|a|} X\left(\dfrac{f}{a}\right)$
共轭性	$\overline{x(t)}$	$\overline{X(-f)}$
互易性	$X(t)$	$x(-f)$
微分性	$\dfrac{\mathrm{d}^n x(t)}{\mathrm{d}t^n}$	$(\mathrm{j}2\pi f)^n X(f)$
积分性	$\displaystyle\int_{-\infty}^{t} x(\tau)\mathrm{d}\tau$	$\dfrac{1}{\mathrm{j}2\pi f} X(f) + \pi X(0)\delta(f)$
卷积性	$x(t) * y(t)$ $x(t) y(t)$	$X(f) Y(f)$ $X(f) * Y(f)$

通常情况下,$x(t)$ 的傅立叶变换为 $X(f)$,是复数,可表示为
$$X(f) = A(f)\mathrm{e}^{\mathrm{j}\varphi(f)} \tag{2-4-69}$$

式中,$A(f) = |X(f)|$ 称为 $x(t)$ 的幅值谱密度;$\varphi(f) = \angle X(f)$ 称为 $x(t)$ 的相位谱密度;而将 $|X(f)|^2$ 称为能量谱密度。也可将 $X(f)$ 分解为实部、虚部两部分:
$$X(f) = \mathrm{Re}\{X(f)\} + \mathrm{jIm}\{X(f)\} \tag{2-4-70}$$

实部 $\mathrm{Re}\{X(f)\}$ 称为实谱密度,虚部 $\mathrm{Im}\{X(f)\}$ 称为虚谱密度。下面通过几个例子来说明非周期信号的频谱分析。

例 2-4-3 已知单位阶跃函数 $u(t) = \begin{cases} 1 & t > 0 \\ 0 & t \leq 0 \end{cases}$,信号 $x(t) = \mathrm{e}^{-at}u(t)$,$a > 0$,求 $x(t)$ 的频谱密度。

解: $$X(f) = \int_{-\infty}^{+\infty} \mathrm{e}^{-at} \mathrm{e}^{-\mathrm{j}2\pi ft} \mathrm{d}t = -\frac{1}{a+\mathrm{j}2\pi f} \mathrm{e}^{-(a+\mathrm{j}2\pi f)t} \Big|_0^{\infty} = \frac{1}{a+\mathrm{j}2\pi f}$$

幅值谱密度和相位谱密度分别为

$$A(f) = |X(f)| = \frac{1}{\sqrt{a^2 + (2\pi f)^2}}, \quad \varphi(f) = \angle X(f) = -\arctan\frac{2\pi f}{a}$$

$x(t)$ 的频谱密度如图 2-4-7 所示。

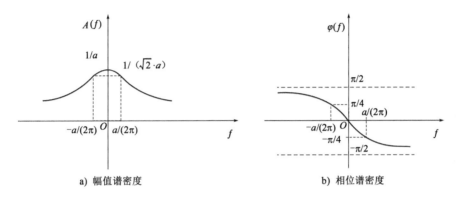

a) 幅值谱密度   b) 相位谱密度

图 2-4-7　$x(t)$ 的频谱密度

例 2-4-4　求图 2-4-8a) 所示矩形脉冲信号 $x(t)$ 的频谱密度,已知 $u(t) = \begin{cases} 1 & |t| < T_1 \\ 0 & |t| \geqslant T_1 \end{cases}$。

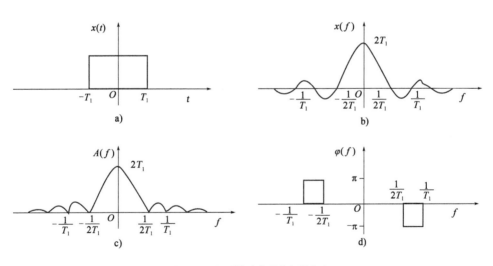

图 2-4-8　矩形脉冲信号的频谱密度

解: 信号 $x(t)$ 的傅立叶变换为

$$X(f) = \int_{-\infty}^{+\infty} x(t) \mathrm{e}^{-\mathrm{j}2\pi ft} \mathrm{d}t = \int_{-T_1}^{T_1} \mathrm{e}^{-\mathrm{j}2\pi ft} \mathrm{d}t$$

$$= -\frac{1}{\mathrm{j}2\pi f} \mathrm{e}^{-\mathrm{j}2\pi ft} \Big|_{-T_1}^{T_1} = 2\frac{\sin(2\pi fT_1)}{2\pi f} = 2T_1 \frac{\sin(2\pi fT_1)}{2\pi fT_1}$$

$$X(f) = 2T_1 \mathrm{sinc}(2\pi fT_1), \quad A(f) = |X(f)| = 2T_1 |\mathrm{sinc}(2\pi fT_1)|$$

$$\varphi(f) = \begin{cases} 0 & \left(\dfrac{n}{T_1} < |f| < \dfrac{n+\dfrac{1}{2}}{T_1}\right) \\ \pi & \left(\dfrac{n+\dfrac{1}{2}}{T_1} < |f| < \dfrac{n+1}{T_1}\right) \end{cases} \quad n = 0,1,2,\cdots$$

该矩形脉冲信号的频谱密度如图 2-4-8d)所示,它是一个 $\mathrm{sinc}(t)$ 型函数,并且是连续谱,包含了无穷多个频率成分,在 $f = \pm\dfrac{1}{2T_1}$, $\pm\dfrac{1}{T_1}$, $\cdots$ 处,幅值谱密度为零,与此相应,相位出现转折。这表明了幅值谱密度与相位谱密度之间的内在关系,在正频率处为负相位($-\pi$),在负频率处为正相位(π)。

4.2.3 随机信号的频谱

随机信号是按时间随机变化而不可预测的信号。它与确定性信号有着很大的不同,其瞬时值是一个随机变量,具有各种可能的取值,不能用确定的时间函数描述。由于工程实际中直接通过传感器得到的信号大多数可视为随机信号,因此对随机信号进行研究具有更普遍的意义。上一节在讨论傅立叶变换的应用时,其对象是确定性信号,那么傅立叶变换能否用于研究随机信号? 随机信号的频谱特征又是什么? 简单的回答是:在研究随机信号时,仍然可以应用傅立叶变换,但必须根据随机信号的特点对它做某些限制。

(1)随机信号的自功率谱密度函数

对于随机信号 $x(t)$ 来说,由于它的持续期为无限长,傅立叶变换不存在。但是,随机信号的平均功率是有限的,因此,研究随机信号的功率谱是有意义的。

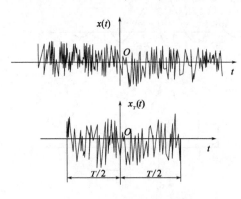

图 2-4-9 随机信号及其截断

为了将傅立叶变换方法应用于随机信号,必须对随机信号做某些限制,最简单的一种方法是先对随机信号进行截断,再进行傅立叶变换,这种方法称为随机信号的有限傅立叶变换。设 $x(t)$ 为任一随机信号,如图 2-4-9 所示。现任意截取其中长度为 T(T 为有限值)的一段信号,记为 $x_T(t)$,称作 $x(t)$ 的截取信号,即

$$x_T(t) = \begin{cases} x(t) & |t| < \dfrac{T}{2} \\ 0 & |t| \geq \dfrac{T}{2} \end{cases} \quad (2\text{-}4\text{-}71)$$

显然,随机信号 $x(t)$ 的截取信号 $x_T(t)$ 满足绝对可积条件,$x_T(t)$ 的傅立叶变换存在,有

$$X_T(f) = \int_{-\infty}^{+\infty} x_T(t) \mathrm{e}^{-\mathrm{j}2\pi ft} \mathrm{d}t = \int_{-\frac{T}{2}}^{\frac{T}{2}} x_T(t) \mathrm{e}^{-\mathrm{j}2\pi ft} \mathrm{d}t \quad (2\text{-}4\text{-}72)$$

和

$$x_T(t) = \int_{-\infty}^{+\infty} X_T(f) \mathrm{e}^{\mathrm{j}2\pi ft} \mathrm{d}f \quad (2\text{-}4\text{-}73)$$

随机信号 $x(t)$ 在时间区间 $(-T/2, T/2)$ 内的平均功率为

$$\frac{1}{T}\int_{-\frac{T}{2}}^{\frac{T}{2}} x^2(t)\,dt = \frac{1}{T}\int_{-\frac{T}{2}}^{\frac{T}{2}} x_T^2(t)\,dt = \frac{1}{T}\int_{-\frac{T}{2}}^{\frac{T}{2}} x_T(t) \left[\int_{-\infty}^{+\infty} X_T(f) e^{j2\pi ft}\,df\right] dt$$

$$= \frac{1}{T}\int_{-\infty}^{+\infty} X_T(f) \left[\int_{-\frac{T}{2}}^{\frac{T}{2}} x_T(t) e^{j2\pi ft}\,dt\right] df$$

$$= \frac{1}{T}\int_{-\infty}^{+\infty} X_T(f) \cdot X_T(-f)\,df \tag{2-4-74}$$

因为 $x(t)$ 为实函数,则 $X_T(-f) = \overline{X_T(f)}$,所以

$$\frac{1}{T}\int_{-\frac{T}{2}}^{\frac{T}{2}} x^2(t)\,dt = \frac{1}{T}\int_{-\infty}^{+\infty} X_T(f) \cdot \overline{X_T(f)}\,df = \frac{1}{T}\int_{-\infty}^{+\infty} |X_T(f)|^2\,df \tag{2-4-75}$$

令 $T \to \infty$,对式(2-4-75)两边取极限,便可得到随机信号的平均功率

$$P_x = \lim_{T\to\infty}\frac{1}{T}\int_{-\infty}^{+\infty} x^2(t)\,dt = \lim_{T\to\infty}\frac{1}{T}\int_{-\infty}^{+\infty} |X_T(f)|^2\,df \tag{2-4-76}$$

令

$$S_x(f) = \lim_{T\to\infty}\frac{1}{T}|X_T(f)|^2 \tag{2-4-77}$$

则

$$P_x = \int_{-\infty}^{+\infty} S_x(f)\,df \tag{2-4-78}$$

由式(2-4-78)可看出,$S_x(f)$ 描述了随机信号的平均功率在各个不同频率上的分布,称为随机信号 $x(t)$ 的自功率谱密度函数,简称自谱密度。其量纲为 EU^2/Hz,EU 为随机信号的工程单位。随机信号的功率估计式是

$$\hat{S}_x(f) = \frac{1}{T}|X_T(f)|^2 \tag{2-4-79}$$

式(2-4-77)中自谱密度 $S_x(f)$ 定义在所有频率域上,一般称作双边谱。在实际中,使用定义在非负频率上的谱更为方便,这种谱称为单边自功率谱密度函数 $G_x(f)$,如图2-4-10所示,其定义为

$$G_x(f) = \begin{cases} 2S_x(f) & f \geq 0 \\ 0 & f < 0 \end{cases} \tag{2-4-80}$$

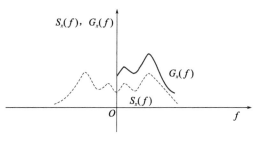

图2-4-10 单边与双边自功率谱密度

(2)两随机信号的互谱密度函数

和定义自功率谱密度函数一样,也可用两个随机信号 $x(t)$ 和 $y(t)$ 的有限傅立叶变换来定义 $x(t)$ 和 $y(t)$ 互谱密度函数 $S_{xy}(f)$。

$$S_{xy}(f) = \lim_{T\to\infty}\frac{1}{T}\overline{X_T(f)} \cdot Y_T(f) \tag{2-4-81}$$

实际分析中是采用估计式

$$\hat{S}_{xy}(f) = \frac{1}{T}\overline{X_T(f)} \cdot Y_T(f) \tag{2-4-82}$$

进行近似计算。

$S_{xy}(f)$ 为双边谱,其对应的单边谱 $G_{xy}(f)$ 定义如下:

$$G_{xy}(f) = \begin{cases} 2S_{xy}(f) & f \geq 0 \\ 0 & f < 0 \end{cases} \quad (2\text{-}4\text{-}83)$$

互谱密度函数是一个复数,常用实部和虚部来表示。

$$G_{xy}(f) = C_{xy}(f) - jQ_{xy}(f) \quad (2\text{-}4\text{-}84)$$

在工程实际中常用互谱密度函数的幅值和相位来表示,即

$$G_{xy}(f) = |G_{xy}(f)| e^{-j\theta_{xy}(f)} \quad (2\text{-}4\text{-}85)$$

$$|G_{xy}(f)| = \sqrt{C_{xy}^2(f) + Q_{xy}^2(f)} \quad (2\text{-}4\text{-}86)$$

$$\theta_{xy}(f) = \arctan \frac{Q_{xy}(f)}{C_{xy}(f)} \quad (2\text{-}4\text{-}87)$$

显然,互谱密度函数表示出了两信号之间的幅值和相位关系。需要指出,互谱密度函数不像自功率谱密度函数那样具有功率的物理含义,引入互谱密度函数这个概念是为了能在频率域描述两个平稳随机过程的相关性。在工程实际中常利用测定线性系统的输出与输入的互谱密度函数来识别系统的动态特性。

(3) 相干函数与频率响应函数

利用互谱密度函数可以定义相干函数 $\gamma_{xy}^2(f)$ 及系统的频率响应函数 $H(f)$,即

$$\gamma_{xy}^2(f) = \frac{|G_{xy}(f)|^2}{G_x(f)G_y(f)} \quad (2\text{-}4\text{-}88)$$

$$H(f) = \frac{G_{xy}(f)}{G_x(f)} \quad (2\text{-}4\text{-}89)$$

相干函数又称凝聚函数,是谱相关分析的重要参数。特别是在系统辨识中,相干函数可以判明输出 $y(t)$ 与输入 $x(t)$ 的关系,即输出信号的功率谱中有多少是由输入信号引起的响应。当 $\gamma_{xy}^2(f) = 0$ 时,表明 $y(t)$ 与 $x(t)$ 不相干,即输出 $y(t)$ 不是由输入 $x(t)$ 引起的。当 $\gamma_{xy}^2(f) = 1$ 时,说明 $y(t)$ 与 $x(t)$ 完全相关。当 $0 < \gamma_{xy}^2(f) < 1$ 时,有如下三种可能:①测试中有外界噪声干扰;②输出 $y(t)$ 是输入 $x(t)$ 和其他输入的综合输出;③联系 $x(t)$ 和 $y(t)$ 的系统是非线性的。

频率响应函数 $H(f)$ 是由互谱密度函数与自谱密度函数的单边谱的比值求得的。它是一个复矢量,保留了幅值与相位信息,描述了系统的频域特性。对 $H(f)$ 作逆傅立叶变换,即可求得系统时域特性的单位脉冲响应函数 $h(t)$。

4.3 小波(包)分析法

小波变换是一个时间和频率的局域变换,它适用于处理局部或暂态信号,因而能有效地从信号中提取信息。小波变换通过伸缩和平移等运算功能对函数或信号进行多尺度细化分析(Multiscale Analysis),解决了傅立叶变换不能解决的许多难题,从而被誉为"数学显微镜"。近年来,大量的数学家、物理学家、各学科工程技术人员投入了极大的精力研究小波分析,由此将小波分析的理论发展与实际应用推向了一个高潮。

利用窗口傅立叶变换对信号进行分析,相当于用一个形状、大小和放大倍数相同的"放大镜"在时-频平面上移动,观察某固定长度时间内的频率特性,但是这种做法有时因信号本身的规律而不适用。实际中信号的规律是:对信号的低频分量(波形较宽)必须用较长的时间段才能得

到完整的信息;而对信号的高频分量(波形较窄)必须用较短的时间段以得到较好的精度。由此分析可知,更合适的做法是"放大镜"的长、宽是可以变化的,它在时-频平面的分布应如图 2-4-11 所示的那样。引进了小波变换的概念后,就可以达到上述目的。

4.3.1 小波函数及小波基函数

小波分析主要研究在特定的函数空间,用某种方法构造一种称为小波的基函数(小波基函数),对给定的信号(函数)进行展开与逼近,根据展开式研究信号的某些特性及逼近的效果。

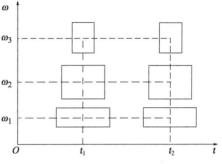

图 2-4-11 较理想的时-频平面

(1) 小波函数

设 $\psi(t)$ 满足条件:

① $\psi(t)$ 为一平方可积函数,即 $\psi(t) \in L^2(\mathbf{R})$;

② $0 < \int_0^{+\infty} \frac{|\psi(\omega)|^2}{\omega} \mathrm{d}\omega < +\infty$ \hfill (2-4-90)

其中,$\psi(\omega)$ 为 $\psi(t)$ 的傅立叶变换,则称 $\psi(t)$ 为一个小波母函数(mother wavelet)或小波函数,式(2-4-90)为小波函数的可容许性条件。

由小波函数的定义知,小波函数一般具有以下特点:

① 小。小波函数在时域都具有紧支集或近似紧支集。原则上讲,任何满足可容许性条件式(2-4-90)的 $L^2(\mathbf{R})$ 空间的函数都可作为小波母函数(包括实数函数或复数函数、紧支集或非紧支集函数、正则或非正则函数等)。但一般情况下,常常选取紧支集或近似紧支集的(具有时域的局部性)具有正则性的(具有频域的局部性)实数或复数函数作为小波母函数,以使小波母函数在时域、频域都具有较好的局部特性,如图 2-4-12 所示。

图 2-4-12 小波函数

② 波动性。由于小波母函数满足可容许性条件式(2-4-90),则必有 $\psi(\omega)|_{\omega=0}=0$,即直流分量为零,由此可以断定小波函数具有正负交替的波动性。如图 2-4-12 所示。

(2) 小波基函数

将小波函数 $\psi(t)$ 进行伸缩和平移有

$$\psi_{a,\tau}(t) = a^{-\frac{1}{2}} \psi\left(\frac{t-\tau}{a}\right) \quad (a>0, \tau \in \mathbf{R}) \tag{2-4-91}$$

式中,a 为伸缩因子(或尺度因子);τ 为平移因子;$\psi_{a,\tau}(t)$ 为依赖于 a,τ 的小波基函数。

由于 a,τ 是连续变化的,因此称 $\{\psi_{a,\tau}(t)\}$ 为连续小波基函数,它们是由同一小波母函数 $\psi(t)$ 经伸缩和平移后得到的一组函数序列。可见,小波函数一定是具有带通性质的窗函数。图 2-4-13 给出一个小波函数 $\psi(t)$ 及其伸缩与平移的例子。图 2-4-14 中给出了小波函数 $\psi(t)$ 的频谱 $|\psi(\omega)|$。

由式(2-4-91)可知:函数 $\psi_{a,\tau}(t)$ 是通过在小波母函数 $\psi(t)$ 中引入参数 a 和 τ 演变而来的。图 2-4-13 也画出了小波函数在 $a<1,\tau<0$ 和 $a>1,\tau>0$ 两种情况下的 $\psi_{a,\tau}(t)$ 的波形。从中可直观看出:参数 τ 确定了小波函数的"中心"位置;参数 a 确定了小波函数的时域宽度。

具体地说,如果 $\psi(t)$ 的时域宽度为 Δt,时域中心为 $t^* = 0$,那么 $\psi_{a,\tau}(t)$ 的时域宽度为

$$(\Delta t)_{a,\tau} = a\Delta t \qquad (2-4-92)$$

时域中心为

$$(t^*)_{a,\tau} = \tau \qquad (2-4-93)$$

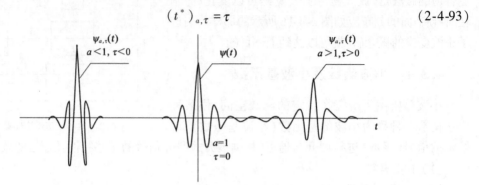

图 2-4-13 小波函数及其伸缩与平移

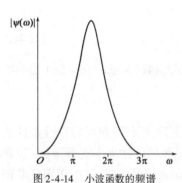

图 2-4-14 小波函数的频谱

现在来考查参数 a 对 $\psi_{a,\tau}(t)$ 频域特性的影响。由傅立叶变换的伸缩性质可知,如果 $\psi(t)$ 的中心频率为 ω^*,频率窗宽度为 $\Delta\omega$,则 $\psi_{a,\tau}(\omega)$ 的频宽为

$$\Delta\omega_{a,\tau} = \frac{\Delta\omega}{a} \qquad (2-4-94)$$

中心频率为

$$(\omega^*)_{a,\tau} = \frac{\omega^*}{a} \qquad (2-4-95)$$

可见,平移因子 τ 仅仅影响窗口在时间轴上的位置,而伸缩因子 a 不仅影响窗口在频率轴上的位置,也影响窗口的形状。

当 a 增大时,时窗中心位置变大,频窗中心位置变小,时频窗往低频移动,对应于低频分析;当 a 减小时,时窗中心位置变小,频窗中心位置变大,时频窗往高频移动,对应于高频分析。

同时,当 a 增大时,小波基函数 $\psi_{a,\tau}(t)$ 被拉伸,函数的时窗变宽,其频域波形 $\psi_{a,\tau}(\omega)$ 被压缩,频窗变窄;当 a 减小时,$\psi_{a,\tau}(t)$ 被压缩,时窗变窄,频窗变宽。

(3) 常用小波函数

与标准傅立叶变换相比,小波分析中用到的小波函数具有不唯一性,即小波函数 $\psi(t)$ 具有多样性。许多函数在满足有关条件下都可以用作小波函数,下面介绍常用的几个小波函数。

① Haar 小波。

Haar 小波是数学家 Haar 于 1910 年提出的,是已知小波中最早被提出的小波,也是最简单的小波。Haar 函数是一组互相正交归一的函数集,Haar 小波是由 Haar 函数衍生而来,是支撑区域在 $t \in [0,1]$ 范围内的单个矩形波。Haar 小波波形如图 2-4-15 所示。其数学表达式为

$$\psi(t) = \begin{cases} 0 & 0 \leq t < \dfrac{1}{10} \\ 1 & \dfrac{1}{10} \leq t < \dfrac{1}{2} \\ -1 & \dfrac{1}{2} \leq t \leq 1 \end{cases} \qquad (2-4-96)$$

其频域形式为

$$\psi(\omega) = \mathrm{i}\frac{4}{\omega}\sin^2\left(\frac{\omega}{4}\right)\mathrm{e}^{-\frac{\mathrm{j}\omega}{2}} \qquad (2-4-97)$$

由于 $\int \psi(t)dt = 0$,但 $\int t\psi(t)dt \neq 0$,因此 $\psi(\omega)$ 在 $\omega = 0$ 处只有一阶零点。

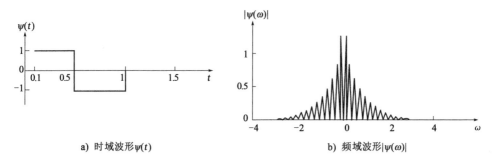

a) 时域波形 $\psi(t)$ b) 频域波形 $|\psi(\omega)|$

图 2-4-15 Haar 小波

从式(2-4-96)可以看出,Haar 小波在时域上是不连续的,所以作为基本小波性能不是很好,但它的主要优点是:

a. 计算简单。

b. 满足正交条件:

$$\langle \psi(t), \psi(2^{jt}) \rangle = 0 \tag{2-4-98}$$

而且与自己的整数位移正交,即 $\langle \psi(t), \psi(t-k) \rangle = 0$。

因此,在 $a = 2^{jt}$ 的分辨率系统中,Haar 小波可以构成一组最简单的正交归一的小波族。

② Morlet 小波。

Morlet 小波是以法国地球物理学家 Morlet 命名的。1984 年前后,Morlet 在分析地震波的局部性质时,发现传统的傅立叶变换难以达到其要求,故引入了小波概念。该小波是高斯包络下的单频率复正弦函数。其数学表达式为

$$\psi(t) = \pi^{-\frac{1}{4}} (e^{j\omega_0 t} - e^{-\omega_0^2/2}) e^{-t^2/2} \tag{2-4-99}$$

其满足小波允许条件 $\int_{-\infty}^{+\infty} \psi(t)dt = 0$。

Morlet 小波的傅立叶变换为

$$\psi(\omega) = (4\pi)^{1/4} [e^{-(\omega-\omega_0)^2/2} - e^{-\omega_0^2/2} e^{-\omega^2/2}] \tag{2-4-100}$$

Morlet 小波波形如图 2-4-16 所示。

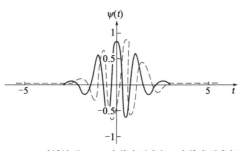 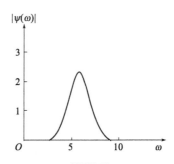

a) 时域波形 $\psi(t)$(实线表示实部,虚线表示虚部)   b) 频域波形 $|\psi(\omega)|$

图 2-4-16 Morlet 小波

从式(2-4-100)可以看出,当 $\omega = 0$ 时,$\psi(\omega) \neq 0$,但当 $\omega_0 \geq 5$ 时,$e^{-\omega_0^2/2} \approx 0$,它近似满足小

波可容许条件,并且它的一阶导数、二阶导数在 $\omega = 0$ 处近似为零。因此,Morlet 小波通常可近似表示为

$$\psi(t) = \pi^{-\frac{1}{4}} (e^{j\omega_0 t}) e^{-t^2/2} \tag{2-4-101}$$

其相应的傅立叶变换为

$$\psi(\omega) = (4\pi)^{1/4} [e^{-(\omega - \omega_0)^2/2}] \tag{2-4-102}$$

在实际应用中,为了处理方便,常采用式(2-4-101)所表示的 Morlet 小波。Morlet 小波是复值小波,能提取被分析的时间过程或信号的幅值与相位信息,在时域、频域都有很好的局部性,常用于复数信号的分解及时域、频域分析中。

③Marr 小波。

Marr 小波的形状像一个墨西哥草帽,因此有时也被称为墨西哥草帽小波(Mexican hat function),如图 2-4-17 所示。其时域、频域形式分别如下:

$$\psi(t) = \frac{2}{\sqrt{3}} \pi^{-1/4} (1 - x)^2 e^{-t^2/2} \tag{2-4-103}$$

$$\psi(\omega) = \frac{2\sqrt{2\pi}}{\sqrt{3}} \pi^{1/4} \omega^2 e^{-\omega^2/2} \tag{2-4-104}$$

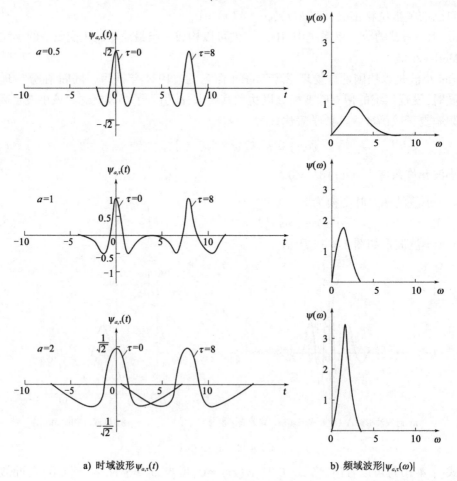

a) 时域波形 $\psi_{a,\tau}(t)$ b) 频域波形 $|\psi_{a,\tau}(\omega)|$

图 2-4-17 Marr 小波(墨西哥草帽小波)

在 $\omega=0$ 处，$\psi(\omega)$ 有二阶零点，所以满足小波可容许条件，而且小波系数随 $|\omega|\to\infty$ 衰减较快，比较接近人眼视觉的空间响应特性。

④DOG 小波。

DOG（Difference of Gaussian）小波是两个高斯函数之差，它近似于墨西哥草帽小波，其波形如图 2-4-18 所示，其时域、频域形式分别为

$$\psi(t) = e^{-t^2/2} - \frac{1}{2}e^{-t^2/8} \qquad (2\text{-}4\text{-}105)$$

$$\psi(\omega) = \sqrt{2\pi}(e^{-\omega^2/2} - e^{-2\omega^2}) \qquad (2\text{-}4\text{-}106)$$

在 $\omega=0$ 处，它的傅立叶变换具有二阶零点，即满足 $\psi(0)=0$ 及 $\psi'(0)=0$。

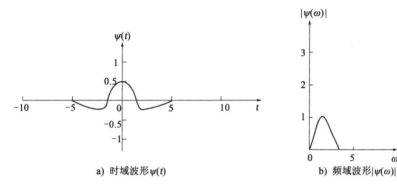

图 2-4-18　DOG 小波

⑤B 样条小波。

B 样条小波建立在中心 B 样条的基础上。一阶基数 B 样条 $B_1(t)$ 是单位区间 $[0,1]$ 的特征函数：

$$B_1(t) = \begin{cases} 1 & 0 \leq t < 1 \\ 0 & t = 1 \end{cases} \qquad (2\text{-}4\text{-}107)$$

而对 $n \geq 2$，n 阶基数 B 样条 $B_n(t)$ 用卷积递推定义：

$$B_n(t) = B_1(t) * B_{n-1}(t) = \int_0^1 B_{n-1}(t-\tau)\mathrm{d}\tau \qquad (2\text{-}4\text{-}108)$$

由 $B_n(t)$ 再构造小波。

二阶、三阶 B 样条小波和频谱分别如图 2-4-19、图 2-4-20 所示。

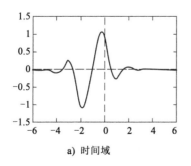
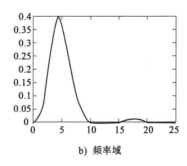

a) 时间域　　　　　　　　　　　b) 频率域

图 2-4-19　二阶 B 样条小波和它的频谱

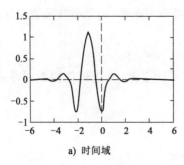 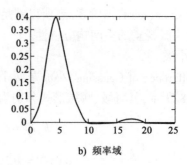

a) 时间域　　　　　　　　　b) 频率域

图 2-4-20　三阶 B 样条小波和它的频谱

4.3.2　小波基函数的选择

小波分析在工程应用中,一个十分重要的问题就是最优小波基函数的选择问题,小波基函数决定了小波变换的效果和效率,用不同的小波基函数分析同一个问题会产生不同的结果。目前主要用小波分析方法处理信号的结果与理论结果的误差来判断小波基函数的好坏,由此选定合适的小波基函数。有些情况下,也可以根据需要解决的具体问题构造小波基函数。总的来说,小波基函数的选择可以从以下 5 个方面考虑。

(1) 复值与实值小波的选择

利用复值小波对信号进行分析不仅可以得到信号的幅值信息,也可以得到信号相位信息,所以复值小波适合分析计算信号的正常特性。而实值小波最好用来做峰值或者不连续性的检测。

(2) 连续小波基函数的有效支撑区域的选择

$\psi(t)$、$\psi(\omega)$ 的支撑区域,是指当时间或频率趋向无穷大时,$\psi(t)$、$\psi(\omega)$ 从一个有限的值收敛到 0 的长度。支撑长度越大,一般需要耗费越多的计算时间,且产生越多高幅值的小波系数。连续小波基函数都是在有效支撑区域之外快速衰减,有效支撑区域越长,频率分辨率越好;有效支撑区域越短,时间分辨率越好。

(3) 正则性

正则性一般用来反映函数的光滑程度,正则性越高,函数的光滑性越好。通常用 Lipschitz 指数 k 来表征函数的正则性。小波基函数的正则性主要影响着小波系数重构的稳定性,正则性好的小波,能在信号或图像的重构中获得较好的平滑效果,减小量化或舍入误差的视觉影响。但在一般情况下,正则性好,支撑长度就大,计算时间也就越长。因此,在二者之间要进行权衡。

(4) 对称性

具有对称性的小波,在图像处理中可以有效地避免相位畸变器具有线性相位的特点。因为该类小波对应的滤波器具有线性相位的特点。

(5) 相似性

如果进行信号检测,则应尽量选择与信号波形相似的小波。这里的相似不是绝对的相等或非常接近,只是表示一种趋势。傅立叶系数代表了各次谐波分量在函数中的权重,这一权重实质上表明了各次谐波和这一函数的相似性;而小波分析是利用小波的周函数来分段逼近,小波系数的大小也反映了小波和函数某段的相似程度。同时函数和小波的规则性均表示各自的可微性和平滑程度,这样,按相似性可以用平滑的小波,即正则性系数大的小波来表示平滑的函数;用不平滑的小波,即正则性系数小的小波来表示非平滑的函数。

4.3.3 连续小波变换及其性质

(1) 连续小波变换

将任意 $L^2(\mathbf{R})$ 空间中的函数 $f(t)$ 在小波基下进行展开,则称这种展开为函数 $f(t)$ 的连续小波变换(Continue Wavelet Transform,CWT),其表达式为

$$\mathrm{CWT}_f(a,\tau) = (f(t),\psi_{a,\tau}(t)) = \frac{1}{\sqrt{a}}\int_{\mathbf{R}} f(t)\overline{\psi}\left(\frac{t-\tau}{a}\right)\mathrm{d}t \qquad (2\text{-}4\text{-}109)$$

由 CWT 的定义可知,小波变换同傅立叶变换一样,都是一种积分变换。同傅立叶变换相似,我们称 $\mathrm{CWT}_f(a,\tau)$ 为小波变换系数。由于小波基不同于傅立叶基,因此小波变换与傅立叶变换有许多不同之处。其中最重要的是,小波基具有尺度因子 a、平移因子 τ 两个参数,因此,将函数在小波基下展开,就意味着将一个时间函数投影到二维的时间-尺度相平面上。并且,由于小波基本身所具有的特点,将函数投影到小波变换域后,有利于提取函数的某些本质特征。从时域分析的角度来看,连续小波变换具有如下特点:

将 CWT 的表达式(2-4-109)同窗口傅立叶变换相比较,若令

$$\frac{1}{\sqrt{a}}\psi\left(\frac{t-\tau}{a}\right) = \psi_{a,\tau}(t) = g(t-\tau)\mathrm{e}^{-\mathrm{j}\omega t} \qquad (2\text{-}4\text{-}110)$$

则 CWT 可看成一个窗口傅立叶变换。任意函数在某一尺度因子 a、平移因子 τ 上的小波变换系数,实质上表征的是时间段 $a\Delta t$ 上包含在中心频率为 $\frac{\omega_0}{a}$、带宽为 $\frac{\Delta\omega}{a}$ 频窗内的频率分量大小。根据式(2-4-94)、式(2-4-95),随着尺度因子 a 的变化,对应窗口中心频率 $\frac{\omega_0}{a}$ 及窗口宽度 $\frac{\Delta\omega}{a}$ 也发生变化。而窗口傅立叶变换的窗口是固定不变的(即不随 ω 的变化而变化)。因此,与窗口傅立叶变换本质不同的是,小波变换是一种变分辨率的时频联合分析方法,它对不同的频率在时域上的取样步长是自适应调节的,即在低频时小波变换的时间分辨率较低,而频率分辨率较高;在高频时小波变换的时间分辨率较高,而频率分辨率较低,这正符合低频信号变化缓慢而高频信号变化迅速的特点。当分析低频(对应大尺度)信号时,其时间窗很大;而当分析高频(对应小尺度)信号时,其时间窗减小。这恰恰符合实际问题中高频信号的持续时间短、低频信号持续时间较长的规律。因此,从总体上来说,小波变换比窗口傅立叶变换具有更好的时频窗口特性。

计算机的普及,使得离散小波变换的应用更加广泛,而连续小波变换可以深入、透彻地理解小波变换的基本性质和分析信号的基本方法。

(2) 连续小波变换的性质

连续小波变换除了具有可变的时频窗以外,与傅立叶变换一样,还具有很多其他的性质。

① 线性性质。

连续小波变换是线性变换,也就是说,一个函数的连续小波变换等价于该函数各分量的连续小波变换。利用连续小波变换的定义可直接证明该性质。

设 $f(t)$、$g(t) \in L^2(\mathbf{R})$，k_1、k_2 是任意常数，则
$$\mathrm{CWT}_{k_1 f + k_2 g}(a,\tau) = k_1 \mathrm{CWT}_f(a,\tau) + k_2 \mathrm{CWT}_g(a,\tau) \tag{2-4-111}$$

证明

$$\begin{aligned}
\mathrm{CWT}_{k_1 f + k_2 g}(a,\tau) &= \frac{1}{\sqrt{a}} \int_{\mathbf{R}} [k_1 f(t) + k_2 g(t)] \overline{\psi}\left(\frac{t-\tau}{a}\right) \mathrm{d}t \\
&= \frac{k_1}{\sqrt{a}} \int_{\mathbf{R}} f(t) \overline{\psi}\left(\frac{t-\tau}{a}\right) \mathrm{d}t + \frac{k_2}{\sqrt{a}} \int_{\mathbf{R}} g(t) \overline{\psi}\left(\frac{t-\tau}{a}\right) \mathrm{d}t \\
&= k_1 \mathrm{CWT}_f(a,\tau) + k_2 \mathrm{CWT}_g(a,\tau)
\end{aligned}$$

② 平移不变性性质。

设 $f(t)$ 的连续小波变换为 $\mathrm{CWT}_f(a,\tau)$，则 $f(t-t_0)$ 的连续小波变换为 $\mathrm{CWT}_f(a,\tau-t_0)$。即
$$\mathrm{CWT}_{f(t-t_0)}(a-\tau) = \mathrm{CWT}_{f(t)}(a,\tau-t_0) \tag{2-4-112}$$

证明 令 $t - t_0 = u$，则

$$\begin{aligned}
\mathrm{CWT}_{f(t-t_0)}(a-\tau) &= \frac{1}{\sqrt{a}} \int_{\mathbf{R}} f(t-t_0) \overline{\psi}\left(\frac{t-\tau}{a}\right) \mathrm{d}t \\
&= \frac{1}{\sqrt{a}} \int_{\mathbf{R}} f(u) \overline{\psi}\left[\frac{u-(\tau-t_0)}{a}\right] \mathrm{d}u = \mathrm{CWT}_{f(t)}(a,\tau-t_0)
\end{aligned}$$

该性质表明，延时后的信号 $f(t-t_0)$ 的连续小波变换系数可由原信号 $f(t)$ 的小波系数在 t 轴上进行同样的平移得到。

③ 尺度变换性质。

设 $f(t) \in L^2(\mathbf{R})$，则
$$\mathrm{CWT}_{f(\lambda t)}(a,\tau) = \frac{1}{\sqrt{\lambda}} \mathrm{CWT}_{f(t)}(\lambda a, \lambda \tau) \quad (\lambda > 0) \tag{2-4-113}$$

证明

$$\begin{aligned}
\mathrm{CWT}_{f(\lambda t)}(a,\tau) &= \frac{1}{\sqrt{a}} \int_{\mathbf{R}} f(\lambda t) \overline{\psi}\left(\frac{t-\tau}{a}\right) \mathrm{d}t, \quad \lambda t = u \\
&= \frac{1}{\sqrt{a}} \int_{\mathbf{R}} f(u) \overline{\psi}\left(\frac{u - \tau \lambda}{\lambda a}\right) \cdot \frac{1}{\lambda} \mathrm{d}u \\
&= \frac{1}{\sqrt{\lambda}} \frac{1}{\sqrt{\lambda a}} \int_{\mathbf{R}} f(u) \cdot \overline{\psi}\left(\frac{u - \tau \lambda}{\lambda a}\right) \mathrm{d}u \\
&= \frac{1}{\sqrt{\lambda}} \mathrm{CWT}_{f(t)}(\lambda a, \lambda \tau)
\end{aligned}$$

此定理表明，当信号 $f(t)$ 作某一倍数伸缩时，其连续小波变换将在 a、τ 两轴上做同一比例的伸缩，但是不发生失真变形。这是连续小波变换成为"数学显微镜"的重要依据。

④ 内积定理。

设 $f(t)$、$g(t) \in L^2(\mathbf{R})$，以基本小波 $\psi_{a,\tau}(t)$ 分别对 $f(t)$、$g(t)$ 作连续小波变换：
$$f(t) \longleftrightarrow \mathrm{CWT}_f(a,\tau), \quad g(t) \longleftrightarrow \mathrm{CWT}_g(a,\tau)$$

则
$$\langle f(t), g(t) \rangle = \frac{1}{C_\psi} \langle \mathrm{CWT}_f(a,\tau), \mathrm{CWT}_g(a,\tau) \rangle \tag{2-4-114}$$

其中
$$C_\psi = \int_0^{+\infty} \frac{|\psi(\omega)|^2}{\omega} d\omega \qquad (2\text{-}4\text{-}115)$$

这就是连续小波变换的内积定理，也叫 Moyal 定理。右边的内积是对 a 和 τ 的双重积分，而且由于连续小波变换定义式中 a 以倒数形式出现，所以微分为 $\dfrac{da}{a^2}$。这样便可写出内积定理更具体的形式为

$$\int_{\mathbf{R}} f(t)\overline{g(t)} dt = \frac{1}{C_\psi} \int_0^{+\infty} \frac{da}{a^2} \int_{-\infty}^{+\infty} \mathrm{CWT}_f(a,\tau) \overline{\mathrm{CWT}_g(a,\tau)} d\tau \qquad (2\text{-}4\text{-}116)$$

⑤微分性质。

根据平移不变性性质可以得出连续小波变换的微分运算具有可交换性，即

如果 $f(t) \in L^2(\mathbf{R})$，$f(t)$ 的连续小波变换是 $\mathrm{CWT}_f(a,\tau)$。令 $y(t) = \dfrac{\partial f(t)}{\partial t}$，则有

$$\mathrm{CWT}_y(a,\tau) = \frac{\partial}{\partial t}\mathrm{CWT}_f(a,\tau) \qquad (2\text{-}4\text{-}117)$$

⑥能量性质。

在式(2-4-116)中，取 $f(t) = g(t)$，可得出与傅立叶变换中的 Parseval 等式类似的等式

$$\int_0^{+\infty} \int_{-\infty}^{+\infty} \frac{1}{a^2} |\mathrm{CWT}_f(a,\tau)|^2 d\tau da = C_\psi \int_{-\infty}^{+\infty} |f(t)|^2 dt \qquad (2\text{-}4\text{-}118)$$

它描述了函数的连续小波变换与原函数之间的能量关系，即连续小波变换幅度平方的积分和信号的能量成正比。该性质说明信号 $f(t)$ 的连续小波变换并没有损失信号的任何信息。

4.3.4 小波包分析

小波包分析是小波分析的延伸，其基本思想是让信息能量集中，在细节中寻找有序性，把其中的规律筛选出来，为信号提供一种更加精细的分析方法。它将频带进行多层次划分，对多分辨率分析没有细分的高频部分进一步分解，小波包分析不仅对尺度空间 V_j 进行分解，而且对小波空间 W_j 进行进一步的分解，并能够根据被分析信号的特征自适应地选择相应频带，使之与信号频谱相匹配，从而提高时-频分辨率。

我们以一个三层的分解为例，对小波包分析进行说明，其小波包分解树如图 2-4-21 所示。

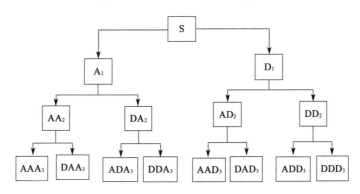

图 2-4-21 三层小波包分解树

图 2-4-21 中，A 表示低频，D 表示高频，末尾的序号数表示小波包分解的层数(也即尺度数)。分解具有关系：

$$S = AAA_3 + DAA_3 + ADA_3 + DDA_3 + AAD_3 + DAD_3 + ADD_3 + DDD_3 \quad (2\text{-}4\text{-}119)$$

在多分辨分析中，$L^2(\mathbf{R}) = \bigoplus\limits_{j \in \mathbf{Z}} W_j$，表明多分辨分析是按照不同的尺度因子 j 把 Hilbert 空间 $L^2(\mathbf{R})$ 分解为所有子空间 $W_j (j \in \mathbf{Z})$ 的正交和。其中，W_j 为小波函数 $\psi(t)$ 的闭包（小波空间）。现在我们希望进一步对小波子空间 W_j 按照二进制分式进行频率的细分，以达到提高频率分解率的目的。

一种自然的做法是将尺度子空间 V_j 和小波子空间 W_j 用一个新的子空间 U_j^n 统一起来表征，若令

$$\begin{cases} U_j^0 = V_j, \\ U_j^1 = W_j, \end{cases} j \in \mathbf{Z} \quad (2\text{-}4\text{-}120)$$

则 Hilbert 空间的正交分解 $V_j = V_{j+1} \oplus W_{j+1}$ 即可用 U_j^n 的分解统一为

$$U_j^0 = U_{j+1}^0 \oplus U_{j+1}^1, \quad j \in \mathbf{Z} \quad (2\text{-}4\text{-}121)$$

定义子空间 U_j^n 是函数 $u_n(t)$ 的闭包空间，而 U_j^{2n} 是函数 $u_{2n}(t)$ 的闭包空间，并令 $u_n(t)$ 满足下面的双尺度方程：

$$\begin{cases} u_{2n}(t) = \sqrt{2} \sum\limits_{k \in \mathbf{Z}} h[k] u_n(2t - k) \\ u_{2n+1}(t) = \sqrt{2} \sum\limits_{k \in \mathbf{Z}} g[k] u_n(2t - k) \end{cases} \quad (2\text{-}4\text{-}122)$$

式中，$g(k) = (-1)^k h(1-k)$，即两系数也具有正交关系。当 $n = 0$ 时，式(2-4-122)直接给出

$$\begin{cases} u_0(t) = \sqrt{2} \sum\limits_{k \in \mathbf{Z}} h[k] u_0(2t - k) \\ u_1(t) = \sqrt{2} \sum\limits_{k \in \mathbf{Z}} g[k] u_0(2t - k) \end{cases} \quad (2\text{-}4\text{-}123)$$

与在多分辨率分析中，$\varphi(t)$ 和 $\psi(t)$ 满足双尺度方程

$$\begin{cases} \varphi(t) = \sum\limits_{k \in \mathbf{Z}} h[k] \varphi(2t - k), & \{h[k]\}_{k \in \mathbf{Z}} \in l^2 \\ \psi(t) = \sum\limits_{k \in \mathbf{Z}} g[k] \varphi(2t - k), & \{g[k]\}_{k \in \mathbf{Z}} \in l^2 \end{cases} \quad (2\text{-}4\text{-}124)$$

相比较，$u_0(t)$ 和 $u_1(t)$ 分别退化为尺度函数 $\varphi(t)$ 和小波基函数 $\psi(t)$。式(2-4-124)是式(2-4-123)的等价表示。把这种等价表示推广到 $n \in \mathbf{Z}_+$（非负整数）的情况，即得到式(2-4-121)的等价表示为

$$U_j^n = U_{j+1}^n \oplus U_{j+1}^{2n+1} \quad j \in \mathbf{Z}; n \in \mathbf{Z}_+ \quad (2\text{-}4\text{-}125)$$

由式(2-4-122)构造的序列 $\{u_n(t)\}$（其中 $n \in \mathbf{Z}_+$）称为由基函数 $u_0(t) = \varphi(t)$ 确定的正交小波包。当 $n = 0$ 时，即为式(2-4-123)的情况。

由于 $\varphi(t)$ 由 $h[k]$ 唯一确定，所以又称 $\{u_n(t) | n \in \mathbf{Z}_+\}$ 为关于序列 $\{h[k]\}$ 的正交小波包。对于任意非负整数 n，若它的二进制表示为

$$n = \sum_{j=1}^{\infty} \varepsilon_j 2^j, \quad \varepsilon_j = 0 \text{ 或 } 1 \quad (2\text{-}4\text{-}126)$$

则小波包 u_n 的傅立叶变换为

$$u_n(\omega) = \prod_{j=1}^{\infty} m_{\varepsilon_j} \left(\frac{\omega}{2^j} \right) \quad (2\text{-}4\text{-}127)$$

其中

$$\begin{cases} m_0(\omega) = \dfrac{1}{\sqrt{2}} \sum_k h[k] \mathrm{e}^{-jk\omega} \\ m_1(\omega) = \dfrac{1}{\sqrt{2}} \sum_k g[k] \mathrm{e}^{-jk\omega} \end{cases} \tag{2-4-128}$$

由于式(2-4-126)中的和是有限和,所以式(2-4-127)中的积为有限积。当 h 为有限滤波器时,式(2-4-128)中 $m_0(\omega)$,$m_1(\omega)$ 都是有限和。性质1表明,u_n 的傅立叶变换可以由 $m_0(\omega)$,$m_1(\omega)$ 表示。

对于任意非负整数 n,u_n 具有平移正交性,即

$$\langle u_n(t-j), u_n(t-k) \rangle = \delta_{j,k} \quad j,k \in \mathbf{Z} \tag{2-4-129}$$

式中,u_n 保持了尺度函数 φ 的正交性。

对于任意非负整数 n,u_{2n} 具有正交性,即

$$\langle u_{2n}(t-j), u_{2n}(t-k) \rangle = \delta_{j,k} \quad j,k \in \mathbf{Z} \tag{2-4-130}$$

式(2-4-130)表明,尺度函数 $u_0 = \varphi$ 与小波函数 $u_1 = \psi$ 之间的正交性可以推广到 u_{2n}。

小波包的平移系 $\{u_0(t-k), n \in \mathbf{Z}_+, k \in \mathbf{Z}\}$ 构成 $L^2(\mathbf{R})$ 的一组规范正交基。

本章复习思考题

1. 求正弦信号 $x(t) = A\sin\omega t$ 的均方值 ψ_x^2。
2. 求正弦信号 $x(t) = A\sin(\omega t + \varphi)$ 的概率密度函数 $p(x)$。
3. 求指数衰减振荡信号 $x(t) = \mathrm{e}^{-at}\sin\omega_0 t$ 的傅立叶变换。
4. 常见的小波基函数有哪些?写出其表达式。

本章主要参考文献

[1] 杨述斌. 信号分析与处理[M]. 北京:电子工业出版社,2014.
[2] 吴朝霞,齐世清. 现代检测技术[M]. 4版. 北京:北京邮电大学出版社,2018.
[3] 周传德. 机械工程测试技术[M]. 重庆:重庆大学出版社,2014.
[4] 王慧琴. 小波分析与应用[M]. 北京:北京邮电大学出版社,2011.
[5] 蔡萍,赵辉. 现代检测技术与系统[M]. 北京:高等教育出版社,2005.
[6] 马秀红,曹继平,董晟飞. 小波分析及其应用[J]. 微机发展,2003,13(8):93-94,100.
[7] 朱明早,王文虎,肖运昌."信号与系统"与"数字信号处理"的知识点整合[J]. 湖南文理学院学报(自然科学版),2016,28(3):88-91.
[8] 章浙涛. 小波分析理论及其在变形监测中的应用研究[D]. 长沙:中南大学,2014.

第 5 章
压电传感监测技术应用研究

在结构健康监测过程中,可根据需要,选择将压电陶瓷粘贴在结构表面或者埋入结构内部进行监测。"Smart Aggregate"(智能集料,SA)的概念是由美国休斯敦大学的教授 Song 最先提出的,主要针对压电陶瓷片质地较脆问题,需对其采取保护措施才能将其嵌入混凝土结构中使用。采取的保护措施通常是在压电陶瓷外面设置保护层,通过保护层保护压电陶瓷片,由于砂浆块或大理石块的大小与混凝土结构中实际的粗集料尺寸相似,因此智能集料能够和实际的混凝土集料一样工作,起到与真实集料相类似的作用,同时由于集料具有较高的强度,可以避免内部的压电陶瓷片直接受到外界的剪切、疲劳、侵蚀等作用。由于压电陶瓷被认为是一种智能材料,因此该类集料具有"智能",将其称为"智能集料",智能集料主要由 PZT 片、混凝土外包层或大理石保护层、屏蔽导线、屏蔽导线接头以及环氧树脂组成。

5.1 预应力混凝土梁的锈胀监测

全世界有数百万座混凝土结构在锈蚀性环境下使用。为了应对锈蚀问题,部分桥梁从材料角度考虑采用粉煤灰基无机聚合物混凝土进行设计,但是混凝土中的钢筋也会受到锈蚀作用的侵害。混凝土中钢材的锈蚀问题被认为是全球性问题,从混凝土开裂、剥落到最终结构破裂,锈蚀对混凝土结构造成了严重的破坏。据估计,在全世界范围内每年花费约1000亿美元进行锈蚀相关的维护和混凝土基础设施的修复。显然,为了确保锈蚀混凝土结构在其使用寿命期间的安全性和经济性,并且确定锈蚀裂缝如何延展以及由其产生的结构劣化是非常重要的问题,在桥梁上部结构中使用预应力混凝土(PC)梁是常见的做法,因为采用PC梁可大大增加桥梁的跨度。但近年来,在一些现有的预应力混凝土结构中也发现了由钢筋锈蚀引起的结构劣化。同时又因为预应力钢绞线比普通钢筋承受更大的应力,所以预应力钢筋的锈蚀比普通钢筋锈蚀更加值得关注。

基于压电陶瓷波动法的PC梁锈蚀膨胀裂缝监测的研究,其原理是在监测区域预先埋设两个压电智能集料,其中一个SA作为驱动器,利用压电材料的逆压电效应,在外加电信号的作用下产生应力波,用于在结构中激励导波。另一个SA作为传感器,利用压电材料的正压电效应,在接收到应力波后产生相应的电信号,再将电信号输出到信号采集装置上。在此研究中,使用连续扫描正弦应力波进行传播。在应力波的传播过程中,应力波的性质(幅值、相位、频率等)高度依赖于传输介质的状态(密度、均匀度等)。因此混凝土锈蚀膨胀造成梁体的任何微小变化都会影响SA传感器接收的应力波的特性。

当应力波在混凝土内传播时,介质与质点之间内摩擦、材料不均匀性、传播距离以及传播过程裂缝等造成波的吸收衰减、散射衰减等,这些衰减都会造成应力波能量的损失。对于混凝土结构而言,当结构中产生裂缝或者损伤时,应力波在传播过程中遇到裂缝或损伤部位时将发生衰减,应力波能量的衰减随着损伤的不断累积而呈现出增大的趋势。驱动器产生入射波,在经过损伤界面时一部分穿过界面形成透射波,可以被传感器接收到,一部分在界面被反射回来,形成反射波。假设E_I、E_R、E_T分别表示入射波、反射波、透射波的能量,E_H为由质点间的内摩擦及材料的不均匀性等造成的能量损失,根据能量守恒有:

$$E_I = E_H + E_R + E_T \tag{2-5-1}$$

假定入射波的能量E_I在监测过程中保持不变,混凝土结构中产生的损伤越严重,则应力波被反射的概率就越大,即E_R不断增大。又因为E_H在产生过程中具有不可逆性,所以在激励源能量保持恒定的情况下,E_T会随着结构损伤的加剧而不断减小。

试验仪器可分为两个主要的部分:数据采集系统和加速锈蚀系统。如图2-5-1所示。数据采集系统主要由数据采集卡(NI USB-6363)、笔记本电脑和嵌入试件的SA组成。数据采集卡不仅激励SA驱动器以产生应力波信号,而且可以收集SA传感器接收的信号。信号的驱动采用扫频的正弦波,扫描正弦波的频率范围为100Hz~150kHz。扫描正弦波的幅度和周期分别为10V和1μs。每个通道的采样频率为2MHz。信号的激发和接收由自编程LabVIEW程序控制。

钢筋混凝土在自然环境中的锈蚀是比较慢的,所以通常采用加速锈蚀的方法,以期在短时间内获得较大的锈蚀量,通常有通电锈蚀或者采用酸腐的方法,在本试验中采用电化学方法加速锈蚀。在该试验中,加速锈蚀系统由稳压直流(DC)电源和不锈钢板组成。在锈蚀槽中加入10%氯化钠(NaCl)溶液,要求该溶液液面没过梁体的上表面,以防止水对信号传播产生影响,且在对电极进行通电之前需要将梁体浸入溶液中2天,使锈蚀溶液完全进入梁体。将稳压直流电源的阳极与钢绞线预留在外面的部分连接并用电胶布包裹保护,作为系统的阳极,将一块不锈钢板放到锈蚀槽中作为系统的阴极。直流电从直流电源的正极流向钢绞线,然后通过混凝土和10% Nacl 溶液到达不锈钢板,最后返回直流电源的负极端子。锈蚀采用分步锈蚀,在第1阶段先进行锈蚀槽A和锈蚀槽C的通电锈蚀,通电电流控制在恒定的0.20A,在锈蚀槽A、C锈蚀完成后再进行第2阶段锈蚀,即对锈蚀槽B和锈蚀槽D进行通电锈蚀,通电电流控制在恒定的0.40A。在本试验中每一个锈蚀阶段的锈蚀时间为14天。在锈蚀期间,数据采集卡每天采集数据。由于锈蚀槽D中的SA传感器在混凝土浇筑过程中被破坏,其结果将不在下面的分析中讨论。数据采集系统如图2-5-2所示,加速锈蚀系统如图2-5-3所示。

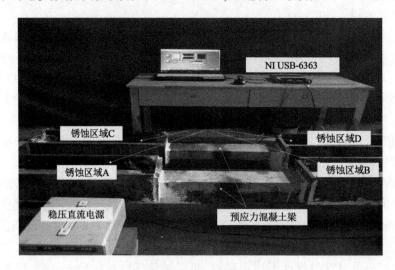

图 2-5-1　锈蚀试验现场照片

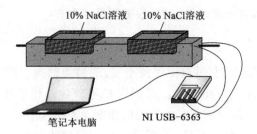

图 2-5-2　数据采集系统示意图

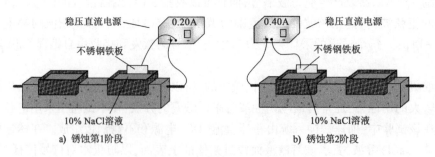

图 2-5-3　加速锈蚀系统示意图

预应力筋的锈蚀膨胀过程可分为四个不同的阶段:未发生锈蚀阶段、锈蚀产物的自由膨胀阶段、混凝土的内部开裂阶段和混凝土的裂缝延展至表面阶段。如图2-5-4所示。最初是锈蚀未发生的原始状态,如图 2-5-4a)所示;在预应力钢绞线发生锈蚀之后,锈蚀产物开始填充混凝土的内部间隙,这是锈蚀产物的自由膨胀阶段,如图 2-5-4b)所示,由于混凝土的间隙被锈蚀产物填充,结构变密实有利于信号的传播,因此 SA 传感器将接收由 SA 驱动器产生的一系列增强信号;当锈蚀产物将混凝土内部间隙填充满时,随着锈蚀产物继续生成,混凝土受到锈蚀膨胀应力的作用,在锈蚀产物膨胀应力的作用下,当某一时间混凝土的应力大于混凝土的抗拉强度时,与钢绞线相连的混凝土内部开始破裂,该阶段为混凝土的内部开裂阶段,如图 2-5-4c)所示,此时 SA 传感器接收的信号开始减少。随着锈蚀产物的增加,混凝土的内部裂缝延展到混凝土表面,混凝土的裂缝延展至外部,然后 SA 传感器接收的信号继续减少直到锈蚀停止,如图 2-5-4d)所示。信号时域分析结果如图 2-5-5 所示,频域分析结果如图 2-5-6 所示,小波包能量分析结果如图 2-5-7 所示。

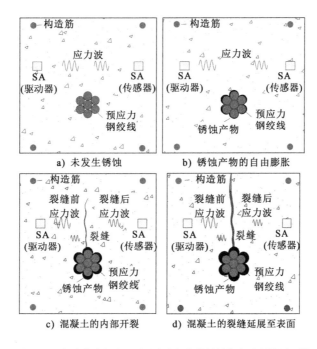

图 2-5-4 主动传感方法监测预应力钢绞线锈蚀膨胀过程的原理图

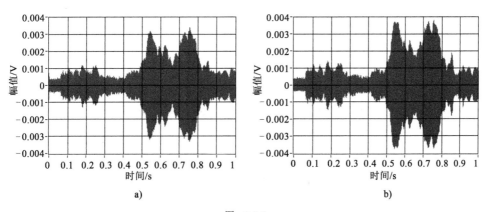

图 2-5-5

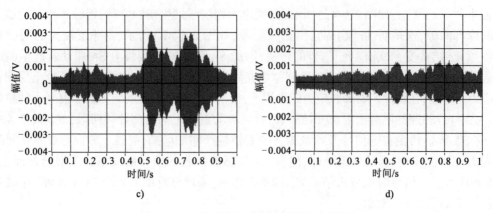

图 2-5-5 SA 传感器在不同锈蚀时间的时域信号

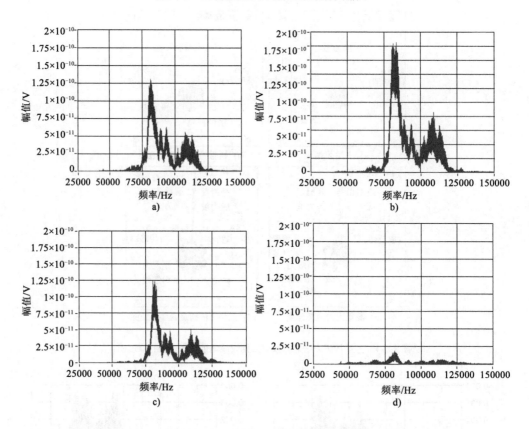

图 2-5-6 SA 传感器在不同锈蚀时间的频域信号

其中图 2-5-5a)、图 2-5-6a)为锈蚀未开始的时域信号和频域信号;图 2-5-5b)、图 2-5-6b)为锈蚀产物的自由膨胀完成的时域信号和频域信号;图 2-5-5c)、图 2-5-6c)为混凝土表面出现第一条可见裂缝时的时域信号和频域信号;图 2-5-5d)、图 2-5-6d)为裂缝扩展到试验结束时的时域信号和频域信号。

试验结果表明,在钢绞线锈蚀自由膨胀阶段,SA 传感器接收到的信号幅值增加,小波包能量增强。随着锈蚀的继续,混凝土内部发生开裂,SA 传感器接收到的信号出现衰减,信号持续减小直到通电锈蚀结束。锈蚀区域的最高能量水平出现在第 7 天,该时间节点表示锈蚀自由膨胀阶段的完成。小波包能量在出现最大值后,能量水平逐渐递减。锈蚀区域在第10天的能量出现突变减小,同时在该时间点,在各锈蚀区域表面发现可见裂缝,为裂缝延展至混凝土表面阶段。

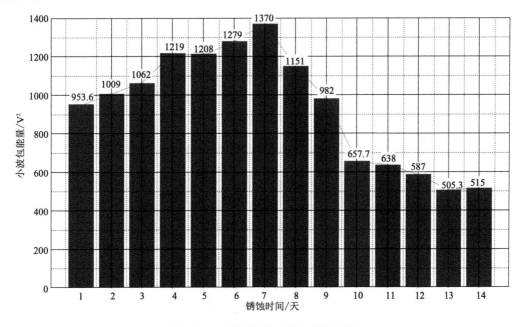

图 2-5-7　SA 传感器基于小波包的能量分析

本试验表明,通过观察传感器响应和相关的小波包能量水平,可以实现对混凝土结构中预应力筋的锈蚀膨胀过程实时监测。

5.2　FRP 筋与混凝土界面损伤监测

纤维增强复合材料(Fiber Reinforced Polymer,FRP)以其强度高、质量轻、耐腐蚀性好、抗疲劳性能好等优异的性能而被广泛用于混凝土结构的加固工程。FRP 筋与混凝土的界面黏结性能是 FRP 加固混凝土结构技术的关键问题,黏结性能的退化以及所导致的界面损伤将影响该组合结构的性能。本节以 FRP 筋与混凝土试件作为研究对象,利用基于压电陶瓷波动法的主动健康监测技术对界面损伤进行监测研究。通过对健康状态和损伤状态下信号特征参量进行比较分析,并且提出相应的损伤指标对界面损伤程度进行判定,以验证基于压电陶瓷波动法的 FRP 筋与混凝土界面损伤监测方法的可行性。

试验在 FRP 筋表面粘贴 PZT 片,在混凝土内部埋设智能集料,对试件进行拉拔试验,模拟不同程度的界面损伤情况。利用信号发生器激励压电陶瓷 PZT 片产生激励信号,在结构中形成应力波,应力波将在 FRP 筋及混凝土内部的各界面传播,而埋在混凝土内部的智能集料传感器将接收到信号,通过数据采集系统将其记录并保存下来。对压电传感器接收到的信号进行时域分析,将试件健康与损伤状态下信号特征参量进行对比就可识别 FRP 筋混凝土界面的损伤情况,并引入基于小波包能量的损伤指标,能较好地判别 FRP 筋混凝土界面的损伤程度。

基于压电陶瓷波动法的 FRP 筋混凝土界面损伤监测原理如图 2-5-8 所示。FRP 筋混凝土试件实物图和试件示意图分别如图 2-5-9、图 2-5-10 所示。

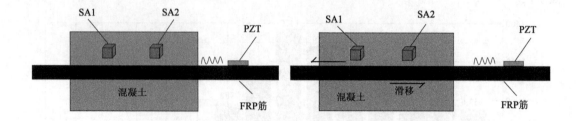

图 2-5-8　基于压电陶瓷波动法的 FRP 筋混凝土界面损伤监测原理图

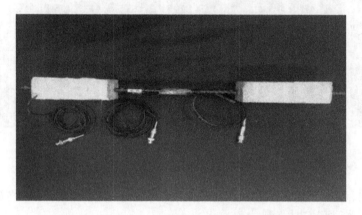

图 2-5-9　FRP 筋混凝土试件实物图

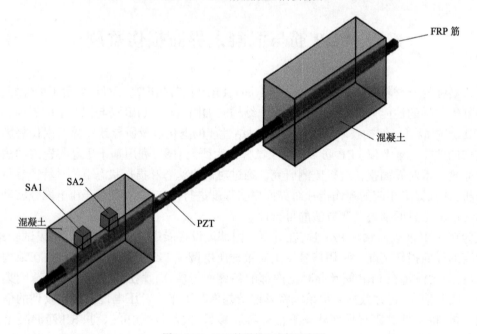

图 2-5-10　FRP 筋混凝土试件示意图

试验用到的主要设备包括 Instron 4482 万能材料试验机、NI USB-6363（数据采集卡）以及装有 LabVIEW 软件的笔记本电脑。Instron 4482 万能材料试验机主要对试件进行拉拔试验。NI USB-6363 数据采集卡既可以作为信号生成设备，也可以作为信号采集设备。根据压电陶瓷波动法的基本原理，数据采集卡的一个通道口连接压电陶瓷 PZT 片，而其他通道口分别与混凝土内部的智能集料 SA1 和 SA2 相连，同时用数据线将笔记本电脑和数据采集卡连接起来，通过 LabVIEW 软件对信号进行控制和采集。试验加载装置如图 2-5-11 所示。

图 2-5-11 试验加载装置图

FRP 筋与混凝土的界面损伤缺陷在通常情况下很难被发现，因此本试验利用压电陶瓷波动法来对试件的界面损伤进行监测。为了更好地达到试验目的，本试验通过拉拔试验来对 FRP 筋与混凝土黏结界面损伤发展情况进行研究，试验中混凝土试件的张拉力和拉伸量主要是通过万能材料试验机加载控制系统来实现的。本试验采用先荷载控制后位移控制的加载过程，加载方案由 28 个加载工况组成。在每次加载间歇时间内，荷载将会持续一段时间，直到监测信号采集完成。试验持续时间为 2~3h。试件加载前，首先对压电传感器接收到的响应信号进行测量，并将其作为判定结构损伤程度的基本参考值。监测采用一发多收的形式，压电陶瓷 PZT 片作为驱动器发射信号，而埋在混凝土内部的 SA1、SA2 作为传感器接收信号，通过分析信号的衰减情况可以实现 FRP 筋与混凝土界面损伤的监测和识别。

幅值作为信号能量的一种体现，FRP 筋与混凝土界面开裂和滑移的出现都会导致信号幅值发生变化，并且随着界面损伤程度的加深，信号幅值的衰减幅度增大。本试验采用的激励信号使用电压幅值为 10V，频率范围从 100Hz~35kHz 的正弦扫频信号，采样时间为 1s，对各工况下压电传感器接收的信号选用'db2'小波进行 3 层小波包分解。通过分析智能集料传感器接收到的时域响应信号的衰减情况，就可以对 FRP 筋与混凝土试件在不同加载级下的损伤发展情况进行监测。图 2-5-12 和图 2-5-13 分别为扫频激励信号下 SA1 和 SA2 传感器接收到的信号时域波形。（PZT-SA2 信号表示 PZT 产生激励信号，SA2 传感器接收信号，类似信号含义不一一标注，以此类推。）

为了更直观地进行比较，图 2-5-14 和图 2-5-15 给出了试验过程中不同加载工况下压电传感器接收到的小波包能量变化图。

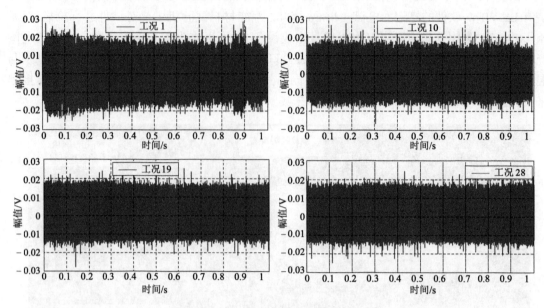

图 2-5-12　不同工况下 PZT-SA1 信号时域分析

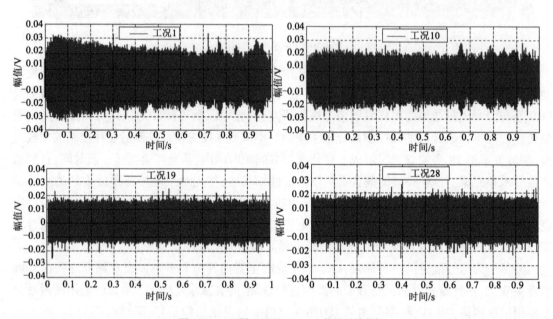

图 2-5-13　不同工况下 PZT-SA2 信号时域分析

从图 2-5-14、图 2-5-15 中可以看出，小波包能量从工况 1 开始就出现了明显的衰减，说明此时黏结界面发生了损伤。出现这种现象的主要原因是应力波在通过 FRP 筋与混凝土界面传播到嵌入式压电功能元时，因界面损伤而使得应力波产生散射或者绕射，从而造成接收到的信号能量发生变化。从总体上来说，随着加载位移的不断增大，压电传感器接收到的小波包能量也呈现出衰减的趋势。

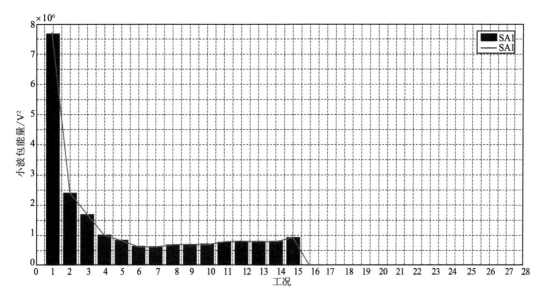

图 2-5-14　PZT-SA1 信号小波包能量变化图

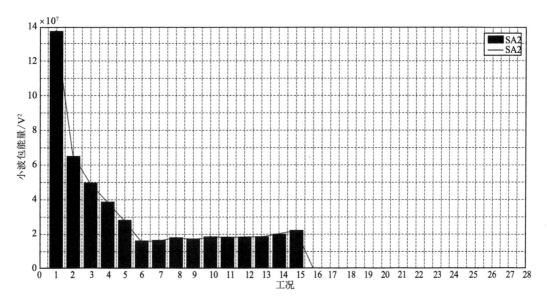

图 2-5-15　PZT-SA2 信号小波包能量变化图

5.3　波纹管密实性监测

近年来,随着预应力混凝土结构的推广,预应力管道灌浆质量的监测也引起了业内人士的广泛关注。波纹管作为预应力体系中的一种重要组成部分,不仅能保护预应力钢筋以避免被腐蚀,还能使钢筋与混凝土结合成一个整体,提高结构的承载能力。管道的灌浆质量直接或间接影响着桥梁的耐久性,甚至会导致桥梁的坍塌。1985 年,英国威尔士的 Ynys-y-Gwas 大桥发生了垮塌,经调查主要是该桥预应力管道灌浆不饱满,从而造成了预应力筋的锈蚀、断裂。工程实例的事故充分揭示了预应力管道灌浆不饱满的危害性。目前,中国有40%~60%的连续梁或者连续刚构桥预应力管道存在灌浆缺陷问题。因此,为了保证预应力混凝土结构的耐久性,必须对预应力管道进行完全填充,以防止空气和水分进入而造成钢筋锈蚀。但在实际灌浆过程中,由于导管堵塞且灌浆方式不适当,管道中可能会产生空洞。由于预应力管道具有隐秘性,利用现有的技术很难对其进行缺陷检测,因此如何采取有效的方法检查出预应力管道压浆质量缺陷,对评价结构的质量状况具有重大意义。本节提出了基于压电阻抗法和基于波动法的结构健康监测方法,对预应力波纹管的压浆密实性进行监测。

5.3.1 基于压电阻抗法的波纹管密实性监测

压电陶瓷的正、逆压电效应和机电耦合特性是压电阻抗法在结构健康监测中应用的基础。当压电陶瓷 PZT 片粘贴在结构表面或者埋入结构内部时,在 PZT 片上施加一个电流信号,由于逆压电效应 PZT 片会产生形变,从而引起结构振动;而结构的振动反作用于 PZT 片时,由于正压电效应 PZT 片将产生振动电阻抗。PZT 片的电阻抗与主体结构的机械阻抗相耦合,电阻抗信号中包含了结构机械阻抗的相关信息,即结构的损伤状况,通过测量 PZT 片电阻抗信号的变化,就可以诊断出结构的损伤情况。

实际工程中,由于预应力管道压浆不密实情况通常出现在预应力管道的顶部位置,所以选择在预应力波纹管管道内部预埋一个嵌入式压电传感器,而在其外壁的顶部和底部位置粘贴多个压电陶瓷片,以此形成压电智能结构系统。本节特设计加工了一个混凝土试件来对波纹管密实性进行监测,如图 2-5-16 所示。混凝土试件的基本尺寸为 254mm × 254mm × 254mm。预应力管道内波纹管采用的是外径 70mm、内径 60mm 的塑料波纹管。为了便于对波纹管进行灌浆,模型中还设计了一根 PVC 管作为灌注孔,PVC 管的内径为 20mm。在浇筑混凝土之前,将 1 个嵌入式压电传感器用环氧树脂胶固定在预应力筋上,将 3 个压电陶瓷 PZT 片分别粘贴在波纹管外壁的顶部和底部位置。嵌入式压电传感器和 PZT 片的布置详图如图 2-5-17 所示。PZT 的编号为 PZT 1 ~ PZT 3,其中 PZT 1 粘贴在波纹管外壁的底部位置,而 PZT 2、PZT 3 粘贴在波纹管外壁的顶部位置。

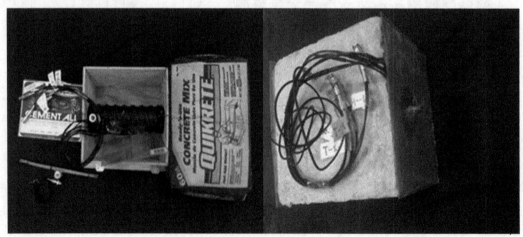

图 2-5-16　混凝土试件模型图和实物图

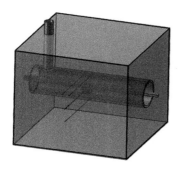 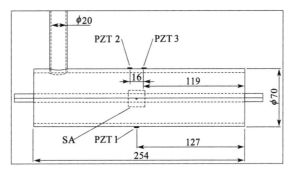

图 2-5-17　嵌入式压电传感器和 PZT 片的布置详图(单位:mm)

由于压电陶瓷片质地较脆,因此必须采取保护措施才能将其嵌入混凝土结构中。智能集料主要由 PZT 片、混凝土外包层、屏蔽导线、屏蔽导线接头以及环氧树脂组成,如图 2-5-18、图 2-5-19 所示。本试验采用的智能集料的尺寸为 25mm × 25mm × 25mm。采用这种形式的压电传感器不仅能延长 PZT 片的使用寿命,而且能够与结构内部混凝土凝固后成为一体,不会对结构造成影响。同时它还可以在浇筑混凝土前安装到指定的位置。

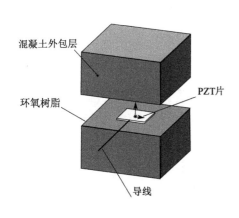 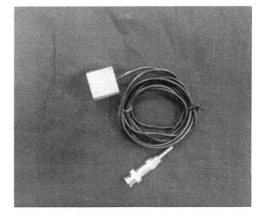

图 2-5-18　智能集料示意图　　　　　图 2-5-19　智能集料实物图

为了使试验效果更加明显,本试验对预应力波纹管进行不同程度的灌浆来模拟波纹管中的灌浆缺陷。预应力波纹管灌浆设计为空置(灌浆 0%)、灌浆 50%、灌浆 90% 以及灌浆饱满(灌浆 100%),四种程度的灌浆分别对应工况 1、工况 2、工况 3 和工况 4。各工况之间灌浆的间隔期为 5 天。

各个工况下混凝土试件的实物图如图 2-5-20 所示。

本节预应力波纹管密实性的监测试验方法如下:

首先,将 Agilent 4294A 精密阻抗分析仪与笔记本电脑相连,组成压电陶瓷机电耦合阻抗法监测系统,如图 2-5-21 所示。用监测系统采集不同灌浆工况下粘贴式压电陶瓷 PZT 传感器和智能集料的电阻抗信息。

其次,对采集的电阻抗信息进行数据分析。选择波纹管灌浆饱满时压电传感器的阻抗值测量结果为参考值,比较在不同灌浆程度时各传感器的电阻抗值测量结果,并将之处理成以频率为横坐标,电导纳值为纵坐标的阻抗频谱曲线。通过分析电阻抗曲线的变化规律,就能对波纹管的灌浆质量进行初步的定性判断。

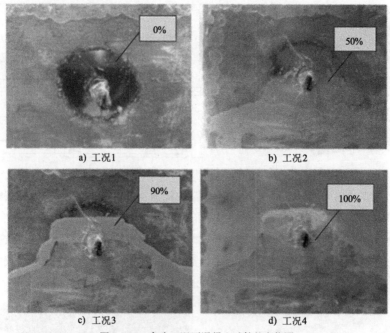

图 2-5-20　各个工况下混凝土试件的实物图

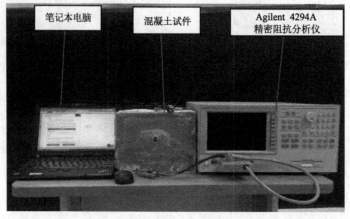

图 2-5-21　试验监测系统

最后,选用 RMSD 作为损伤指标对波纹管灌浆质量进行评定。计算出压电传感器在不同灌浆程度下 RMSD 的大小,对波纹管的密实性情况进行监测与识别,进而对压浆密实性进行更深层次的判断。

基于压电阻抗法的健康监测技术与测量时频率范围的选择密切相关,试验中为了保证测量结果的准确性和有效性,分别选取合适的频率范围对各压电传感器进行阻抗测量。下面仅给出在频段 60~90kHz 范围内不同灌浆程度下的 SA 电阻抗实部和虚部频谱曲线图。

图 2-5-22~图 2-5-24 描述了 SA 传感器在不同灌浆程度下的电阻抗实部和虚部频谱曲线变化。由上述图可以发现,在频段 60~90kHz 范围内,与实部频谱曲线相比,虚部频谱曲线的峰值基本呈现出更明显的变化规律,即对于波纹管密实性的监测,SA 电阻抗虚部的变化更加稳定。SA 在波纹管灌浆率从 0% 增加到 100% 的过程中,电阻抗虚部曲线的峰值呈现出向右漂移的趋势。换句话说,随着灌浆程度的增加,SA 传感器电阻抗虚部曲线的漂移增大,并且电

阻抗峰值增加。因此，根据 SA 电阻抗频谱图对波纹管的密实性能做大致判断。

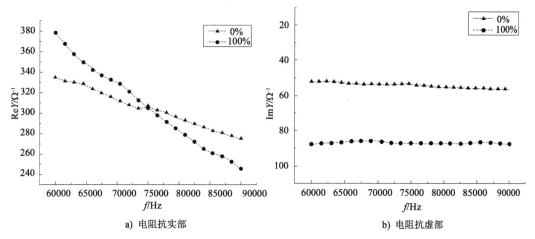

a) 电阻抗实部　　　　　　　　　b) 电阻抗虚部

图 2-5-22　灌浆 0% 与灌浆 100% SA 电阻抗实部和虚部的频谱曲线对比（f 为 60～90kHz）

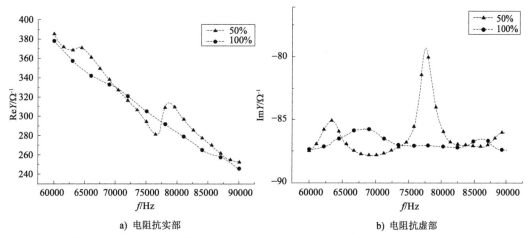

a) 电阻抗实部　　　　　　　　　b) 电阻抗虚部

图 2-5-23　灌浆 50% 与灌浆 100% SA 电阻抗实部和虚部的频谱曲线对比（f 为 60～90kHz）

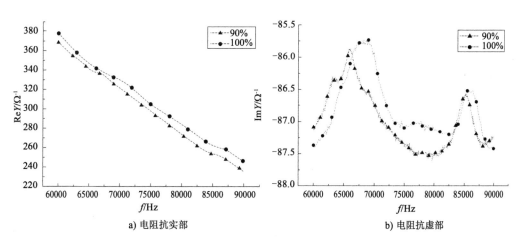

a) 电阻抗实部　　　　　　　　　b) 电阻抗虚部

图 2-5-24　灌浆 90% 与灌浆 100% SA 电阻抗实部和虚部频谱曲线的对比（f 为 60～90kHz）

通过分析压电陶瓷 PZT 片和智能集料传感器测得的电阻抗数据,并且绘出各个传感器在试验前后的电阻抗频谱曲线,通过比较识别出结构损伤,可以得出 PZT 型传感器对波纹管的密实性监测具有较好的适用性。

在用压电阻抗法对波纹管进行密实性监测时,通常还会用到损伤指标 RMSD 对灌浆质量进行判定。将预应力波纹管灌浆饱满时的阻抗信息作为基准,将其他工况下的阻抗信息与这个基准作定量比较,最后得出波纹管密实性的判定结果。得出不同工况下 SA 的损伤指标值,如图 2-5-25 所示。

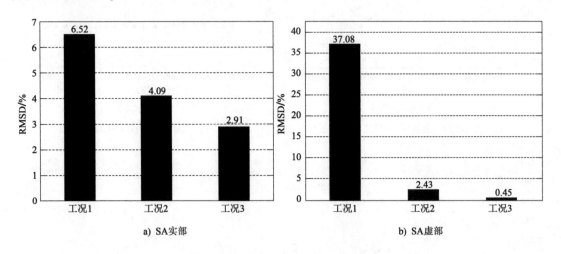

图 2-5-25 嵌入式智能集料的损伤指标变化图

从图 2-5-25 中压电传感器 SA 实部和虚部损伤指标来看,虚部呈现出较好的规律性,并且在工况 2 时产生较大的突变,说明压电传感器电阻抗虚部对波纹管密实性监测表现出较好的敏感性。从总体上看,随着灌浆程度的不断增加,嵌入式压电传感器和表面粘贴压电传感器的损伤指标均呈现减小的趋势。损伤指标的计算结果再一次证明了压电阻抗法对波纹管进行密实性监测的有效性。

5.3.2 基于波动法的波纹管密实性监测

本节试验采用的混凝土试件与 5.3.1 节相同,在波纹管外表面粘贴 PZT 片,在波纹管内部埋入智能集料,并通过对波纹管进行不同程度的灌浆来模拟波纹管中的灌浆缺陷,混凝土试件如图 2-5-16 所示。由于应力波在混凝土及预应力筋材两种介质中及预应力管道界面的传播过程比较复杂,当预应力管道压浆不密实出现空洞后传播过程更加复杂,因此试验中通过对智能集料施加外部激励信号而产生高频应力波,该应力波在混凝土内部传播时在损伤界面将发生反射、折射等现象,导致应力波在通过损伤界面时信号发生变化,从而表现出压电陶瓷传感器输出的电信号的变化。而试验中所采集信号的幅值是信号能量的一种体现,通过比较压电陶瓷传感器输出信号之间的差异来实现波纹管压浆密实性状况的识别,为实际工程中波纹管密实性的监测技术提供试验数据。

基于波动法的波纹管密实性监测试验的主动监测系统由三个部分组成:信号产生系统、信号采集系统以及信号分析系统。图 2-5-26 为监测系统示意图。

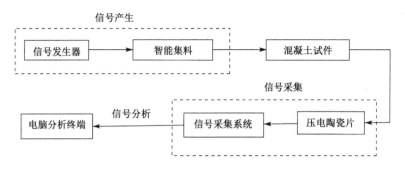

图 2-5-26　基于波动法的波纹管密实性监测系统示意图

本节试验用到的主要仪器为美国国家仪器公司生产的 NI USB-6363。它是一种多功能数据采集设备，能与 LabVIEW 图形化编程语言无缝结合。试验中采用的 NI USB-6363 数据采集卡既可以作为信号生成设备，也可以作为信号采集设备。该仪器具有 64 个通道口，自带信号发射功能，能够产生高频激励信号，并且各通道间能完全独立进行高频采样。通过 LabVIEW 编写程序，产生激励信号可用于直接驱动智能集料，在波纹管内部形成应力波。同时，该仪器还具有稳定、高效的采样能力，能有效采集到波纹管表面压电陶瓷片接收到的监测信号。根据波动法的基本原理，数据采集卡的一个通道口连接波纹管中的智能集料驱动器，而其他通道口分别与波纹管表面的压电陶瓷片相连，同时用数据线将笔记本电脑和数据采集卡连接起来，通过 LabVIEW 软件对信号进行控制和采集。试验监测系统实物图如图 2-5-27 所示。

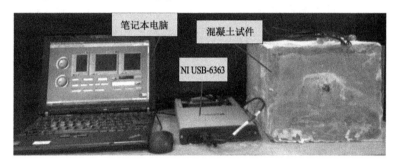

图 2-5-27　试验监测系统实物图

本节试验重点考察波纹管在各种灌浆不密实状况下传感器接收到的信号与灌浆密实状态下接收到的信号差异，并且根据监测信号的不同特征参量对波纹管的密实性进行有效识别。试验中对波纹管的灌浆设计了四种不同的工况，即灌浆 0%、灌浆 50%、灌浆 90% 以及灌浆饱满（灌浆 100%）。压电智能集料 SA 作为驱动器发射激励信号，而压电陶瓷 PZT 1～PZT 3 作为传感器接收信号，通过在各种灌浆状态下 PZT 传感器接收到的监测信号的变化，对波纹管密实性进行判定。基于波动法的波纹管密实性监测原理如图 2-5-28 所示。

当波纹管灌浆 0% 时，由于没有传播介质，因此 PZT 片接收到由智能集料发射的信号较小，几乎为零。当灌浆达到 50% 时，智能集料与波纹管底部之间的空隙被浆液填满，此时位于波纹管底部的 PZT 1 能接收到智能集料发出的应力波信号，而位于波纹管顶部的 PZT 2 和 PZT 3 接收到的由管壁传来的信号可忽略不计。随着波纹管中浆液的不断增加，波纹管顶部的 PZT 2 和 PZT 3 接收到的信号强度也逐渐增加，而当浆液充满整个预应力波纹管时，顶部的 PZT 传感器就能接收到由智能集料发射的信号。

当只有波纹管底部的 PZT 传感器接收到信号时,表明波纹管的灌浆率达到了 50%;而当波纹管底部和顶部的 PZT 传感器都能接收到信号时,表明波纹管的灌浆达到了饱满状态。因此,通过分析 PZT 传感器接收到的监测信号的特征变化就能大致判断出波纹管的灌浆质量。

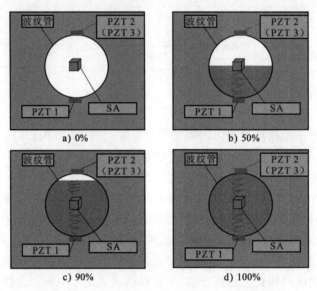

图 2-5-28　基于波动法的波纹管密实性监测原理

信号的幅值作为表征信号能量的参数之一,预应力波纹管灌浆不密实将会使信号幅值发生变化,并且随着灌浆缺陷程度的增加,信号的幅值衰减更明显。本节对正弦扫频信号下压电传感器所接收到的时域响应信号进行小波包能量分析,通过能量衰减的情况对波纹管在不同灌浆程度下的密实性情况进行监测。利用 MATLAB 编写程序对压电传感器接收到的信号进行小波包能量的计算。

试验选用的正弦扫频激励信号的电压幅值为 10V,周期为 1s,采样信号的频率为 100Hz～150kHz。图 2-5-29～图 2-5-31 为试验中压电传感器在不同灌浆程度下的时域波形图。

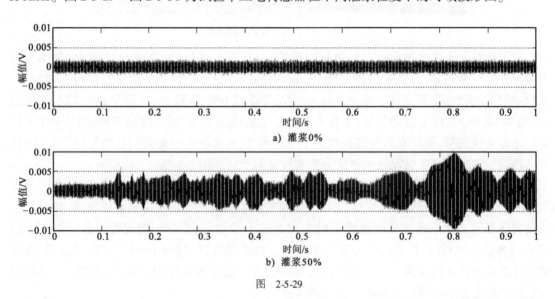

图　2-5-29

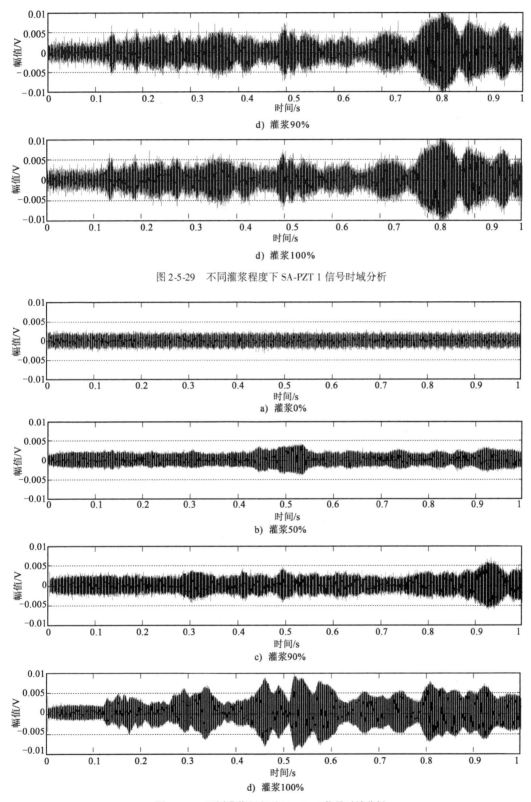

d) 灌浆90%

d) 灌浆100%

图 2-5-29 不同灌浆程度下 SA-PZT 1 信号时域分析

a) 灌浆0%

b) 灌浆50%

c) 灌浆90%

d) 灌浆100%

图 2-5-30 不同灌浆程度下 SA-PZT 2 信号时域分析

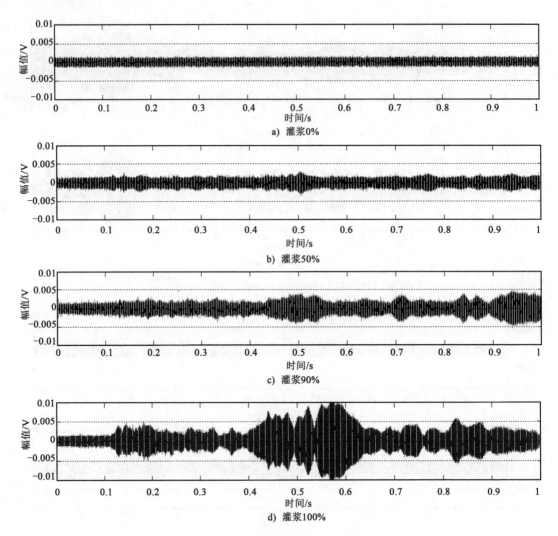

图 2-5-31　不同灌浆程度下 SA-PZT 3 信号时域分析

从图 2-5-29 我们可以看出,随着预应力波纹管灌浆程度的不断增加,PZT 1 传感器接收到的信号幅值也在不断增大。由于 PZT 1 位于波纹管的底部,在灌浆从 0% 到 50% 这个过程中,接收到的信号幅值变化比较明显,在灌浆从 50% 到 100% 这个过程中,由于波纹管下部混凝土已经密实,此时压电传感器接收到的信号幅值变化不明显。

对图 2-5-30 和图 2-5-31 所测得的时域信号进行分析也能得出相似的结论。试验过程中 PZT 2 和 PZT 3 位于波纹管的顶部,因此在灌浆从 0% 到 90% 这个过程中,信号幅值的增加程度较小,当波纹管灌浆达到饱满状态时,PZT 2 和 PZT 3 接收到的信号幅值产生较大的突变。由此可见,信号幅值对预应力波纹管密实性的监测表现出较好的敏感性。

图 2-5-32 ~ 图 2-5-34 是由试验过程中采集到的监测信号而计算出的各压电传感器在不同灌浆程度下接收到的小波包能量变化图。由上述图可以看出,压电传感器接收到的小波包能量与灌浆程度之间存在密切的关系,灌浆程度越大,接收到的小波包能量越大。出现这种现象的主要原因是应力波在波纹管不密实处会因介质的变化而产生散射或者绕射现象,使应力传

播路径发生改变,从而导致接收到的信号能量发生变化。

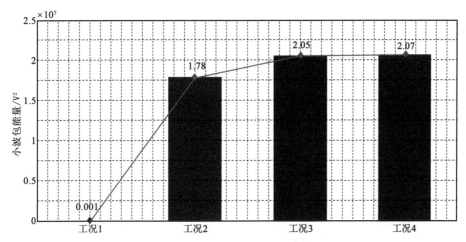

图 2-5-32　SA-PZT 1 小波包能量变化图

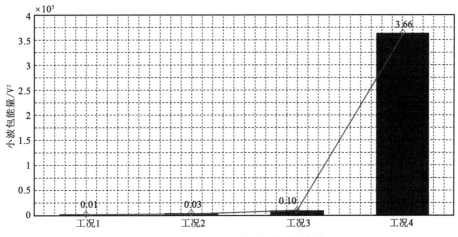

图 2-5-33　SA-PZT 2 小波包能量变化图

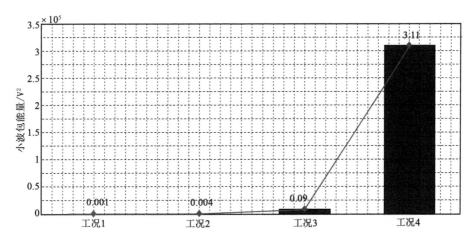

图 2-5-34　SA-PZT 3 小波包能量变化图

为了更加直观地反映波纹管密实性与小波包能量之间的关系,需要对试验过程中接收到的信号做归一化处理,可以用损伤指标来对波纹管的灌浆质量进行评定。

图 2-5-35 ~ 图 2-5-37 是压电传感器各工况下的损伤指标变化图。

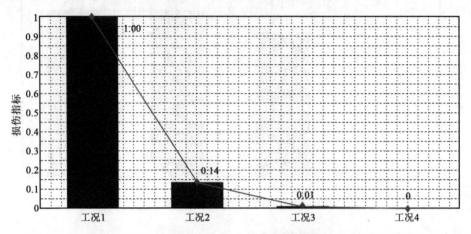

图 2-5-35　SA-PZT 1 损伤指标变化图

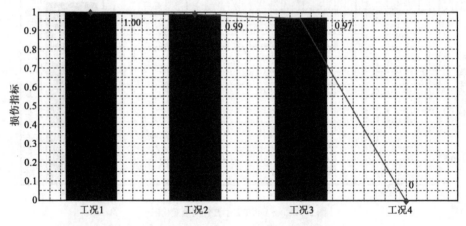

图 2-5-36　SA-PZT 2 损伤指标变化图

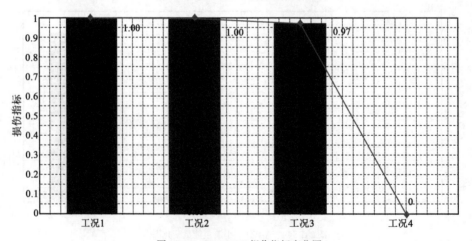

图 2-5-37　SA-PZT 3 损伤指标变化图

从图 2-5-35 中我们可以看出,损伤指标值在工况 2 时明显降低,说明此时波纹管下半部分混凝土已密实;从图 2-5-36 和图 2-5-37 中我们可以看出,损伤指标值在工况 4 时才会明显降低,说明此时波纹管上半部分混凝土已密实。因此,从总体上看,损伤指标值随着灌浆程度的增加而不断降低,且能对波纹管内灌浆缺陷的位置进行识别,此结果也进一步说明了该损伤指标对波纹管密实性进行评价的有效性。

5.3.3 基于波动法三维空间下波纹管密实性监测

上一节基于波动法的波纹管密实性监测试验将波纹管设计成了直线状态,提出了一种二维有限元模型用于模拟应力波在波纹管内部的传播原理,且只研究了波纹管的某一截面。本试验提出了一种弯曲状态的预应力波纹管试件,并在纵断面和横断面上布置了若干个压电传感器,采用压电波动法对波纹管纵向与横向的灌浆密实性进行监测,以此验证该方法监测三维空间下的波纹管密实缺陷的可行性。

本试验重点探究三维空间下的预应力波纹管在压浆不密实状态下传感器接收到的信号与健康状态下传感器接收到的信号的差异,并且通过检测信号的特征参量(响应信号及其相应的小波包能量)变化对波纹管的灌浆密实缺陷进行有效判别。此试验设计了不同的灌浆工况,以此来模拟灌浆不密实缺陷,图 2-5-38 给出了沿波纹管横向的压浆密实性监测原理图。图 2-5-39 给出了沿波纹管纵向的压浆密实性监测原理图。

沿波纹管横向的压浆密实性监测原理:由于预应力波纹管的不密实缺陷常由灌浆料的不饱满等引起,因此本试验在波纹管的外表面粘贴了若干个压电陶瓷传感器。如图 2-5-38 所示,PZT 1 和 PZT 6 分别粘贴在波纹管外表面的底部与顶部,PZT 2 和 PZT 3 分别粘贴在波纹管外表面 1/2 高度处的两端,PZT 4 和 PZT 5 分别粘贴在波纹管外表面 3/4 高度处的两端。其中,压电陶瓷片(PZT 1)作为激励器产生激励信号,其他压电陶瓷片(PZT 2 ~ PZT 6)作为传感器接收信号。

当波纹管内完全没灌浆(灌浆 0%)时,由于压电陶瓷片之间存在着大量空隙,传感器无法直接接收来自激励器的信号,即传感器(PZT 2 ~ PZT 6)只能接收到极少部分通过管壁传播过来的信号,因此在后面的分析中将这部分信号忽略不计。当波纹管灌浆 50% 时,灌浆料的顶面刚好与传感器 PZT 2、PZT 3 处于同一表面,即传感器 PZT 2、PZT 3 与激励器 PZT 1 之间的空隙被浆液填满,因此传感器 PZT 2、PZT 3 能够接收到位于波纹管底部的激励器 PZT 1 发出的应力波信号,如图 2-5-38a)所示。同理,当灌浆到 75% 时,传感器 PZT 4、PZT 5 能够接收到激励器 PZT 1 发出的信号,如图 2-5-38b)所示。如图 2-5-38c)所示,当灌浆至 90% 时,由于波纹管顶部存在一定的空隙,因此传感器 PZT 6 不能直接接收到由激励器 PZT 1 发出的信号,但其他传感器能接收到由激励器 PZT 1 发出的信号。当浆体充满整个预应力波纹管内部(即灌浆饱满)时,顶部的传感器 PZT 6 就可以直接接收到由激励器 PZT 1 发出的信号,如图 2-5-38d)所示。

沿波纹管纵向的压浆密实性监测原理:沿波纹管纵向的压浆密实性监测原理,与横向的监测原理基本相同,即只有当激励器与传感器之间灌浆密实时,传感器才能接收到由激励器发出的应力波信号。

如图 2-5-39 所示,PZT 1 布置于波纹管底部,作为驱动器;PZT 6 ~ PZT 8 作为传感器,布置于波纹管的顶部。在灌浆 0% 到 90% 过程中,由于波纹管灌浆不饱满,传感器 PZT 6 ~ PZT 8 接收不到由激励器 PZT 1 产生的激励信号,如图 2-5-39a)所示。当传感器 PZT 6 ~ PZT 8 与激励器 PZT 1

之间的灌浆饱满时,激励信号能够通过灌浆料传播到传感器处并被其接收,如图2-5-39b)所示。

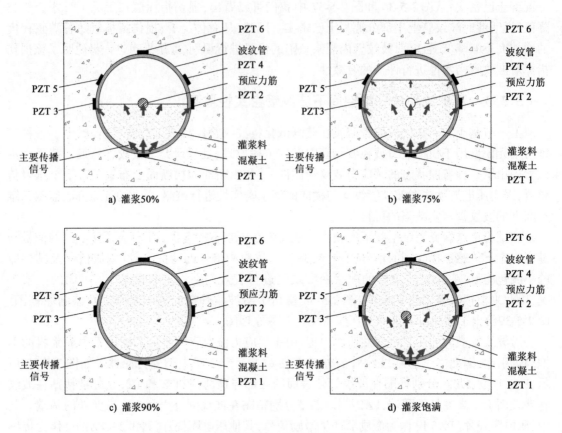

图2-5-38　沿波纹管横向的压浆密实性监测原理图

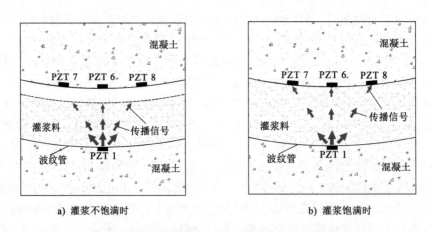

图2-5-39　沿波纹管纵向的压浆密实性监测原理图

本试验设计了一个混凝土试件来对波纹管密实性进行监测,该混凝土试件的尺寸为254mm×254mm×254mm,采用外径为85mm、内径为75mm的塑料波纹管。同时,为了方便对波纹管进行灌浆,以一根PVC管作为灌注管,该PVC管的内径为20mm。通过波纹管内部的浆体体积不同,来模拟实际工程中波纹管的不密实缺陷。在试件的两侧安装透明的塑料薄板,以保证能够实时监控灌浆比例。该试件的模具图和实物图如图 2-5-40 所示，试件的三维效果图如图 2-5-41 所示，试件的尺寸图及压电陶瓷布置图如图 2-5-42 所示。

图 2-5-40　混凝土试件模具图和实物图

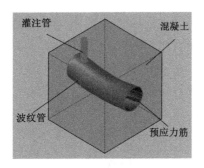

图 2-5-41　混凝土试件三维效果图

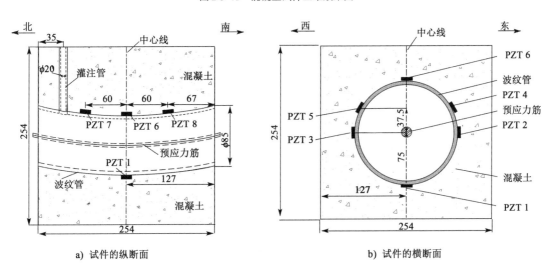

a) 试件的纵断面　　　　　　　　　　b) 试件的横断面

图 2-5-42　混凝土试件尺寸图及压电陶瓷布置图（单位：mm）

本试验采用的监测仪器和监测系统与 5.3.2 节中波纹管密实性试验相同，在此不予介绍。监测系统的实物图如图 2-5-43 所示。

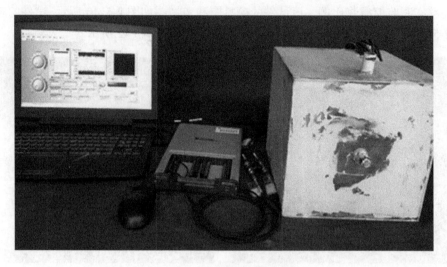

图 2-5-43 监测系统的实物图

为了贴近实际情况,本试验对波纹管进行不同程度灌浆来模拟波纹管的不密实缺陷。对此,设计了五个工况:无灌浆(灌浆 0%)、灌浆 50%、灌浆 75%、灌浆 90% 及灌浆饱满(灌浆 100%)。试验现场照片如图 2-5-44 所示。

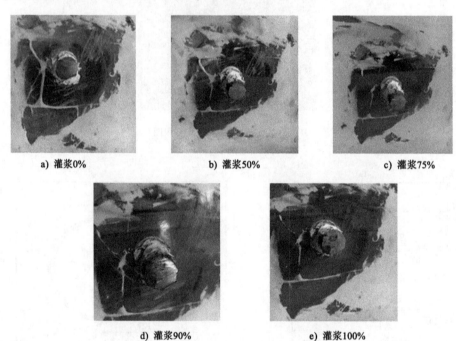

图 2-5-44 混凝土试件灌浆的试验现场照片

本节采用时域分析、频域分析、小波包能量分析等方法对采集到的信号加以分析验证。采用正弦扫频激励信号对压电传感器接收到的时域响应信号进行分析,电压幅值为 10V,周期为 1s,采样信号的频率为 100Hz~150kHz。压电传感器在不同工况下接收到的信号,经傅立叶变换后得到的时域波形图,如图 2-5-45、图 2-5-46、图 2-5-48~图 2-5-52 所示。

1) 时域分析
(1) PZT 1-PZT 2 与 PZT 1-PZT 3 不同灌浆程度下的时域分析
不同工况下的 PZT 1-PZT 2 时域波形图如图 2-5-45 所示。

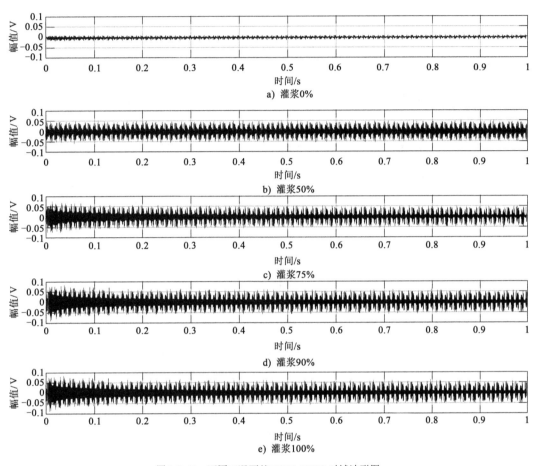

图 2-5-45　不同工况下的 PZT 1-PZT 2 时域波形图

不同工况下的 PZT 1-PZT 3 时域波形图如图 2-5-46 所示。

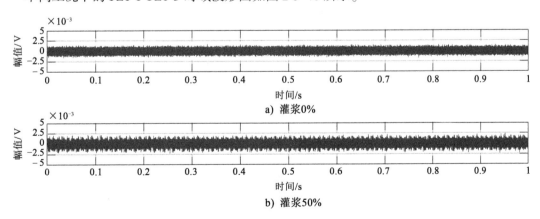

图　2-5-46

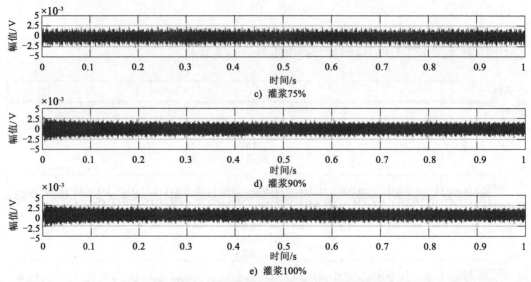

图 2-5-46　不同工况下的 PZT 1-PZT 3 时域波形图

从图 2-5-45 和图 2-5-46 可以看出，随着灌浆比例不断增加，PZT 2 和 PZT 3 接收到的信号幅值也不断增加。在灌浆 0% 时，PZT 2 和 PZT 3 基本没接收到信号，所以信号幅值比较小。由于 PZT 2 和 PZT 3 粘贴在波纹管的 1/2 高度处，因此当灌浆到 50% 时，PZT 2 和 PZT 3 便能接收到由 PZT 1 发出的激励信号。由此，在灌浆从 0% 到 50% 变化的过程中，接收到的信号幅值变化比较明显。

之后，随着灌浆量的增加，在灌浆从 50% 到 75% 过程中，PZT 2 与 PZT 3 接收到的信号幅值也增加了，但是增加程度不如前一阶段明显。其原因可能是波纹管内部的空隙界面反射应力波造成传感器接收信号的增强，进而发生信号幅值的增大。如图 2-5-47 所示，当灌浆不充分时，在波纹管的上部会产生空隙，由此灌浆料与空气产生了反射边界。由 PZT 1 发出的应力波 w-1 在此界面发生反射，反射波 w-f 与入射波 w-1 方向不同，反射波 w-f 和 PZT 1 发出的应力波 w-1 叠加，加强了压电传感器 PZT 3 和 PZT 4 接收的应力波信号。

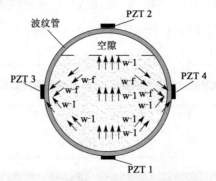

图 2-5-47　灌浆过程中应力波传播的示意图

在灌浆 75% 到 100% 的过程中，信号幅值变化不大。这是因为波纹管的下部灌浆料已经密实，压电传感器 PZT 2 和 PZT 3 接收到的信号也趋于稳定，所以信号幅值保持稳定。

（2）PZT 1-PZT 4 与 PZT 1-PZT 5 不同灌浆程度下的时域分析

不同工况下的 PZT 1-PZT 4 时域波形图如图 2-5-48 所示。

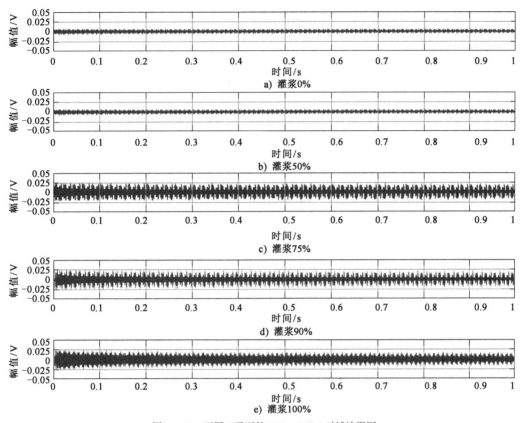

图 2-5-48 不同工况下的 PZT 1-PZT 4 时域波形图

不同工况下的 PZT 1-PZT 5 时域波形图如图 2-5-49 所示。

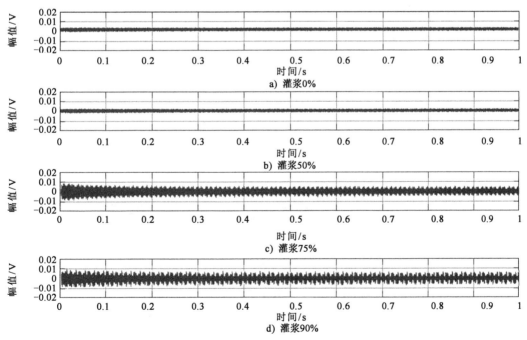

图 2-5-49

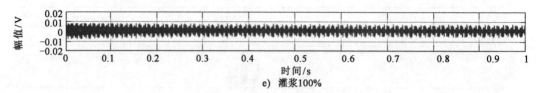

图 2-5-49 不同工况下的 PZT 1-PZT 5 时域波形图

对图 2-5-48 和图 2-5-49 进行时域分析,可以看出:随着波纹管灌浆量的增加,压电传感器 PZT 4 和 PZT 5 接收到的信号幅值也在逐渐增大。在灌浆 0% 到 50% 这个过程中,信号幅值变化不大;在灌浆 50% 到 75% 过程中,信号幅值增加程度最为明显;在灌浆 75% 到 100% 过程中,信号幅值也有部分增长,但是增长量较少。这是因为 PZT 4 和 PZT 5 粘贴在波纹管的 3/4 高度处,所以当灌浆 75% 时,PZT 4 和 PZT 5 能够接收到由 PZT 1 发出的激励信号,此时,信号幅值发生突变。而后,灌浆继续直到灌浆饱满,信号幅值虽有增长,但是幅度较小,这说明波纹管的 3/4 部分已经灌浆密实,因此传感器 PZT 4 和 PZT 5 接收到的信号变化不大。

(3) PZT 1-PZT 6 不同灌浆程度下的时域分析

不同工况下的 PZT 1-PZT 6 时域波形图如图 2-5-50 所示。

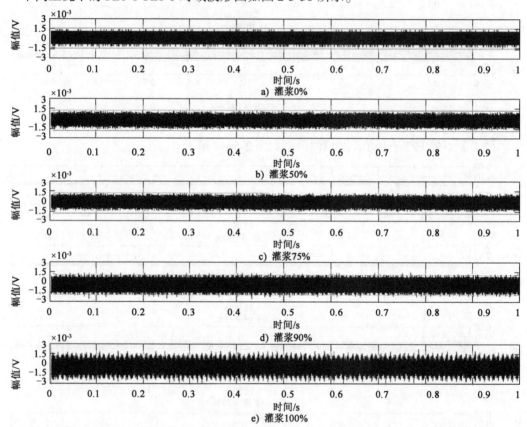

图 2-5-50 不同工况下的 PZT 1-PZT 6 时域波形图

图 2-5-50 也表现出了与上文相似的规律,即随着灌浆量的增加,信号的幅值也在逐渐增加。但不同的是,在灌浆 0% 到 90% 过程中,信号幅值增加非常少,突变发生在灌浆 90% 到 100% 的过程中,这是因为 PZT 6 布置在波纹管的顶部,只有当灌浆饱满时,压电传感器才能接

收到 PZT 1 发出的激励信号。

（4）PZT 1-PZT 7 与 PZT 1-PZT 8 不同灌浆程度下的时域分析

不同工况下的 PZT 1-PZT 7 时域波形图如图 2-5-51 所示。

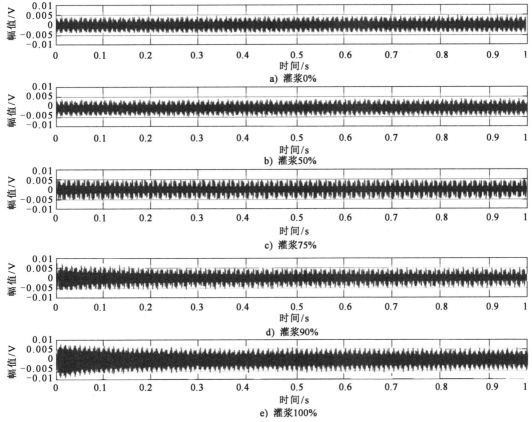

图 2-5-51　不同工况下的 PZT 1-PZT 7 时域波形图

不同工况下的 PZT 1-PZT 8 时域波形图如图 2-5-52 所示。

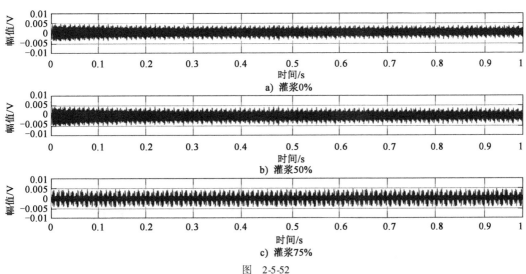

图 2-5-52

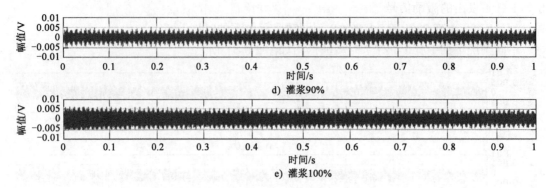

图 2-5-52　不同工况下的 PZT 1-PZT 8 时域波形图

从图 2-5-51 和图 2-5-52 可以发现，在灌浆 0% 到 100% 这个过程中，传感器 PZT 7 和 PZT 8 接收到的信号幅值逐渐增大。其中，在灌浆 0% 到 90% 之间时，信号幅值增长保持匀速，但是在灌浆 90% 到 100% 时，PZT 7 和 PZT 8 接收到的信号幅值突然增大，这是因为 PZT 7 和 PZT 8 对称粘贴在波纹管顶部，只有当灌浆饱满时，由 PZT 1 发出的激励信号才能传播到 PZT 7 和 PZT 8。这与 PZT 6 接收到的信号幅值变化具有相似的规律。

2）频域分析

桥梁结构的损伤往往会使信号的频率、幅值、相位等特征发生改变，频域分析便是通过信号在不同频率下的衰减程度来对结构的损伤进行分析和判定。由于频域分析主要利用傅立叶变换将时域信号转换为频域信号，因此频域分析法可以看作时域分析法的一种补充。鉴于文章的篇幅，本节仅对 PZT 6 接收到的频域信号进行分析，如图 2-5-53 所示。

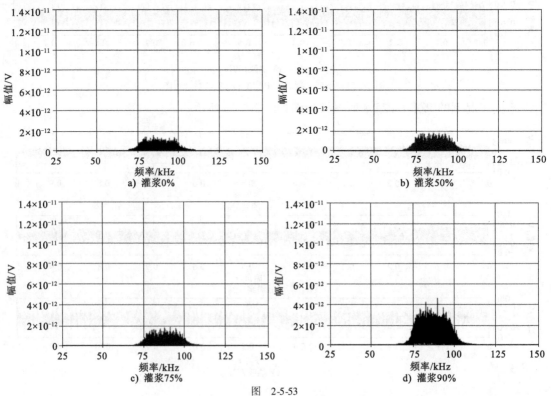

图 2-5-53

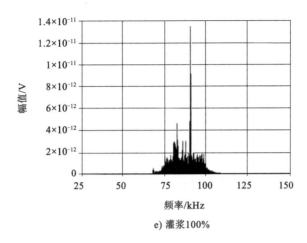

e) 灌浆100%

图 2-5-53　不同灌浆程度下 PZT 1-PZT 6 的频域信号

本节利用快速傅立叶变换将传感器 PZT 6 采集到的各工况下时域信号转换成频域信号。从图 2-5-53 可以发现,各工况下的响应频率主要集中在 75~100kHz 的范围内;随着灌浆程度不断提高,频域信号也随之增强。各工况的频域信号与时域信号增强规律基本上保持一致,由图 2-5-53 可知,在前四个阶段中(灌浆 0%~90%)频域信号的幅值只有少量增长;在灌浆 90% 至 100% 的过程中,频域信号的幅值急剧增长;对比图 2-5-50,频域信号与时域信号具有相同的变化规律,并且频域信号与时域信号相比,前者的峰值变化规律更加明显。这说明,当采用时域分析法对结构损伤难以判定时,可以将时域信号转换成频域信号进行分析。

3) 小波包能量分析

前文对本试验数据已经进行了时域与频域分析,不难发现,时域与频域分析都存在损伤程度判别不明显的问题。为了解决该问题,进一步表征信号的变化,本小节将采用小波包能量对信号进行分析。

(1) 沿波纹管横向

在不同灌浆程度下传感器接收的小波包能量变化图如图 2-5-54 所示。从图 2-5-54 可以发现,随着预应力波纹管灌浆量的增加,各传感器的小波包能量值也随之增大。在图 2-5-54a)、b)中,小波包能量值在灌浆 0%~50% 过程中急剧增加;在灌浆 50%~75% 的过程中,小波包能量值也有一定的增加,但不如前一阶段增加明显;之后,灌浆量继续增加直至饱满,小波包能量值几乎没有多少变化。这是因为压电传感器 PZT 2 和 PZT 3 布置在波纹管的 1/2 高度处,当灌浆达到 50% 时,这两片压电传感器必然能够接收到由 PZT 1 产生的激励信号,由此,在灌浆到 50% 时,传感器接收到的小波包能量值急剧增加,进而能量值发生突变。波纹管内的灌浆料继续增加,当灌浆达到 75% 时,小波包能量值也有一定的增加,这可能是波纹管内部的空隙界面反射应力波造成传感器接收信号的增强所导致的。此后,由于波纹管下部的灌浆料已经密实,故小波包能量值并没有发生较大变化。

在图 2-5-54c)、d)中,也有着与图 2-5-54a)、b)相似的规律。在灌浆 0% 至 50% 的过程中,传感器 PZT 4 和 PZT 5 接收到的小波包能量几乎没有;灌浆处于 50% 至 75% 阶段内,小波包能量值急剧增加;灌浆从 75% 到 90% 过程中,小波包能量值发生了一定的增长;之后,灌浆量继续增加,但小波包能量值并没有发生明显变化。不同的是,PZT 4 和 PZT 5 粘贴在波纹管的 3/4 高度处,所以小波包能量值的突变发生在灌浆 50% 到 75% 的过程中。

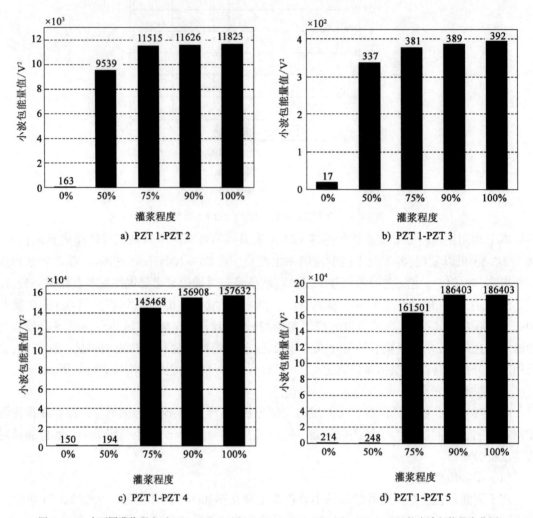

图 2-5-54 在不同灌浆程度下 PZT 1-PZT 2、PZT 1-PZT 3、PZT 1-PZT 4、PZT 1-PZT 5 的小波包能量变化图

(2) 沿波纹管纵向

在不同灌浆程度下,各传感器接收到的小波包能量变化图如图 2-5-55 所示。在图 2-5-55a)中,灌浆 0% 至 90% 的过程中,传感器 PZT 6 接收到的小波包能量值基本上变化不大,而在灌浆 90% 到灌浆饱满的过程中,小波包能量值急剧增加,这是因为 PZT 6 布置在波纹管的顶部,只有当灌浆饱满时,传感器 PZT 6 才能接收到底部 PZT 1 发出的小波包能量。

在图 2-5-55b)、c)中,也表现出了相似的变化趋势。在前四个灌浆阶段,传感器 PZT 7 和 PZT 8 接收到的小波包能量值变化不大,而在灌浆 90% 至饱满的过程中,小波包能量值快速增加。但由表 2-5-1 可以看出,在灌浆 0% 至 90% 的过程中,传感器 PZT 6 增加值的占比率大于传感器 PZT 7 与 PZT 8 增加值的占比率,而占比率是表征能量增加的速率,因此,不难看出,PZT 6 接收到的小波包能量比 PZT 7 与 PZT 8 接收到的能量增长速率更快。

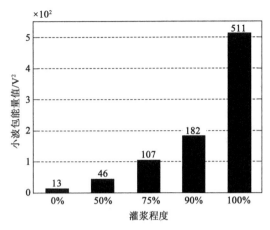

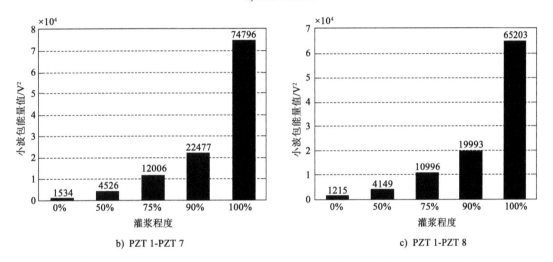

图 2-5-55 在不同灌浆程度下 PZT 1-PZT 6、PZT 1-PZT 7、PZT 1-PZT 8 的小波包能量变化图

传感器 PZT 6 ~ PZT 8 的小波包能量值变化表　　　　表 2-5-1

传感器		工　况				
		灌浆 0%	灌浆 50%	灌浆 75%	灌浆 90%	灌浆 100%
PZT 6	能量值/V^2	13	46	107	182	511
	能量增加值/V^2	—	33	61	75	329
	增加值的占比率/%	—	6.5	11.9	14.7	64.4
PZT 7	能量值/V^2	1534	4526	12006	22477	74796
	能量增加值/V^2	—	2992	7480	10471	52319
	增加值的占比率/%	—	4.0	10.0	14.0	69.9
PZT 8	能量值/V^2	1215	4149	10996	19993	65203
	能量增加值/V^2	—	2934	6847	8997	45210
	增加值的占比率/%	—	4.5	10.5	13.8	69.3

注：能量增加值 = 某一灌浆工况的能量值 – 其上一个灌浆工况的能量值；
　　增加值的占比率 =（能量增加值/灌浆 100% 时的能量值）×100%。

这是因为波纹管的弯曲造成了纵向上的灌浆程度有所不同,如图2-5-56所示。在试验过程中,波纹管的弯曲造成理论灌浆量比实际灌浆量更多,但判别灌浆程度仍按照理论灌浆量,这使得传感器PZT 6与驱动器PZT 1之间的灌浆量达到了预设的试验灌浆量,而传感器PZT 7、PZT 8与驱动器PZT 1之间的灌浆量却没有达到预设的试验灌浆量(如图2-5-56中的阴影部分),即PZT 6与PZT 1之间的灌浆量大于PZT 7、PZT 8与PZT 1之间的灌浆量,所以,PZT 6比PZT 7、PZT 8接收到的能量更多,进而造成了PZT 6接收到的小波包能量比PZT 7与PZT 8接收到的能量增长速率更快。

由以上小波包能量分析不难发现,时域、频域的幅值变化与小波包能量的变化密切相关,但是时域、

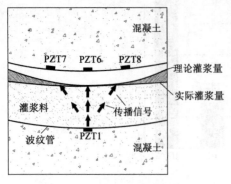

图2-5-56　试件纵向的信号传播图

频域等分析手段难以对缺陷进行量化分析,因此本书引入小波包能量分析不仅能够很好地解决这一问题,而且对损伤程度的评估更直观、具体。

5.4　高强度螺栓松动损伤监测

随着当前钢结构桥梁的蓬勃发展,钢结构节点间的连接问题也需要加以重视。在实际钢结构桥梁中,常见的连接方式主要有铆接、栓接及焊接,其中栓接(螺栓连接)是实践中应用最为广泛的连接方式之一,该连接方式中的螺栓由最初的普通螺栓发展至现在的高强度螺栓。由于高强度螺栓具备高强度、耐疲劳等优异的性能,制作和安装简便等显著的优点,其快速替代了原有的普通螺栓而被广泛地运用于钢结构桥梁中。在钢结构桥梁中,高强度螺栓往往受疲劳荷载、振动冲击、强迫振动、恶劣环境等不利因素影响而出现松动损伤或锈蚀现象,给桥梁结构的运营带来了极大的安全隐患,高强度螺栓一旦失效,将导致灾难性的后果和重大的经济损失。对于钢结构桥梁上的高强度螺栓,其健康状态往往不便直接判断,也常常不被重视,为及时发现存在安全隐患的高强度螺栓并提前进行更换,确保桥梁的安全运营及健康状态,对高强度螺栓进行实时损伤识别和健康监测就显得十分必要。

5.4.1　基于压电阻抗法的高强度螺栓松动损伤监测

本节利用压电陶瓷的阻抗特性,对钢结构桥梁中高强度螺栓松动问题开展试验研究。试验中试件的设计是以实际钢结构桥梁工程中高强度螺栓的连接方式为参考的,试件共分两组,各组试件所采用高强度螺栓型号不同。试验时采用扭力扳手对不同的高强度螺栓施加预紧力来模拟不同的螺栓松动损伤,并利用阻抗分析仪测量粘贴于试件表面PZT片的电导纳的变化,以此对高强度螺栓松动损伤情况做出大致的分析、判断。在此基础上,引入压电阻抗法损伤指标,对试件的损伤情况进行量化分析,从而进一步对高强度螺栓松动损伤做出更加准确的判断。以此验证压电阻抗法应用于钢结构桥梁中高强度螺栓松动损伤监测的可行性。

本试验采用德科技Keysight公司生产的Keysight E4890AL精密LCR表和一套TH26011AS

夹具来测量粘贴于试件表面的PZT片的电导纳。仪器和夹具分别如图2-5-57和图2-5-58所示。

图2-5-57 Keysight E4890AL 精密 LCR 表

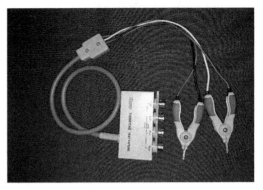

图2-5-58 TH26011AS 夹具

对于压电陶瓷片,根据其应用领域的不同,有不同的种类选择。当前,常见的压电陶瓷片主要有PZT-4、PZT-5及PZT-8这几大类,其中各类压电陶瓷片又分各种型号。根据本试验的特点,选取接收型压电陶瓷片PZT-5H,该压电陶瓷片为秦皇岛市××有限公司生产,其尺寸为13mm×13mm×0.3mm,主要性能参数见表2-5-2。

压电陶瓷主要性能参数表 表2-5-2

具体性能	性 能 值	具体性能	性 能 值
压电常数/(V·m/N)	275	居里温度/℃	200
密度/(g/cm³)	7.5	介电损耗	2
介电常数/(F/m)	3200	机械品质因数	70
泊松比	0.36	机电耦合系数	0.68

本试验中,根据实际桥梁工程高强度螺栓的应用,选用等级为8.8级的M12和M16大六角头高强度螺栓,公称直径分别为12mm和16mm,长度均为60mm,如图2-5-59和图2-5-60所示。

图2-5-59 M12 大六角头高强度螺栓

图2-5-60 M16 大六角头高强度螺栓

本试验中,钢结构的设计以实际钢结构桥梁的连接方式为基础,简化设计得到如图2-5-61所示的阵列式连接钢结构模型示意图,试件实物图如图2-5-62所示。

图 2-5-61 阵列式连接钢结构模型示意图

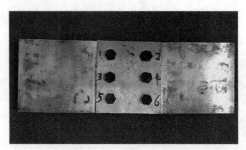
图 2-5-62 试件实物图

压电陶瓷 PZT 片的布置采用四片一列对中布置的方式,试件具体尺寸及压电陶瓷片具体位置如图 2-5-63 所示,试件实物图如图 2-5-64 所示。PZT 片的布置是考虑了本试验的具体要求,并结合了前人所做的相关研究中的布置方式来拟定的。

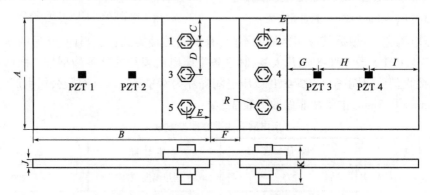
图 2-5-63 试件具体尺寸及 PZT 片布置示意图

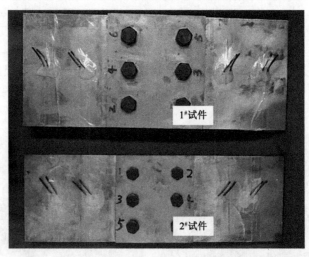
图 2-5-64 1#试件和 2#试件实物图

图 2-5-63 中字母代表试件的尺寸和 PZT 片的尺寸;A 表示试件的宽度;B 表示钢板的长度;C 表示试件的边缘螺栓中心处到钢板长边边缘的距离;D 表示相邻两螺栓中心处之间的距离;E 表示螺栓中心处到钢板短边边缘的距离;F 表示两块钢板之间的距离;G 表示 PZT 片到上部钢板的距离;H 表示 PZT 片之间的距离;I 表示 PZT 片到下层钢板边缘的距离;J 表示钢板厚度;K 表示螺栓高度。

本试验所进行的损伤监测系统主要由 Keysight E4890AL 精密 LCR 表、TH26011AS 夹具、笔记本电脑以及钢结构试件四部分组成,如图 2-5-65 所示。

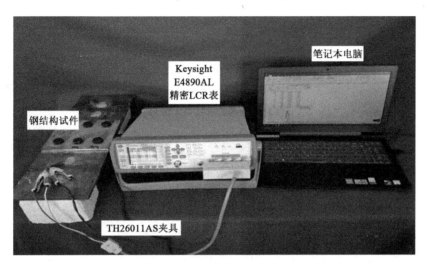

图 2-5-65　高强度螺栓松动损伤监测系统

从图 2-5-65 可以看出,仪器通过数据线与笔记本电脑相连,钢结构试件上测试点的传感器通过 TH26011AS 夹具与 Keysight E4890AL 精密 LCR 表相连接,试验采用泡沫方块作为钢结构试件的支撑,采用支撑的目的在于控制每次数据采集时试件的边界条件,以尽量减少外界物体对试件机械阻抗的影响。

高强度螺栓损伤监测系统的工作原理是通过 Keysight E4890AL 精密 LCR 表在所确定的频率区间对压电陶瓷传感器发出激励信号。在某个频率点下,反馈对应的机电耦合阻抗信号,然后被仪器采集。通过仪器和电脑连接,被采集的数据可以直接由电脑安装好的程序导出得到阻抗曲线图。

本试验针对钢结构桥梁中高强度螺栓阵列可能发生的松动损伤来拟定不同的工况,通过将松动损伤状态下的试件机电耦合阻抗曲线与健康状态下的阻抗曲线进行对比,对结构健康状态进行初步判断。而后引入损伤指标,通过数据处理分析,量化各工况下的损伤情况。根据试验设计,试件上的高强度螺栓共六个,因此共拟定七个试验工况。具体如表 2-5-3 所示。

试验工况拟定表　　　　　　　　　　表 2-5-3

工　况	工况描述	工　况	工况描述
工况 0	0 个高强度螺栓松动	工况 4	4 个高强度螺栓松动
工况 1	1 个高强度螺栓松动	工况 5	5 个高强度螺栓松动
工况 2	2 个高强度螺栓松动	工况 6	6 个高强度螺栓松动
工况 3	3 个高强度螺栓松动		

各工况中,螺栓紧固状态下的预紧力由扭力扳手控制,其扭矩值的大小根据《钢结构高强度螺栓连接技术规程》(JGJ 82—2011)的要求确定,具体如表 2-5-4 所示。螺栓松动状态下扭矩值定为零,但螺栓仍然连挂着钢结构,各部分钢板并未完全分隔开来。在各个工况下,按照试件上 PZT 片的编号依次测量试件的机电耦合阻抗,具体编号如图 2-5-63 所示,即 PZT 1 ~ PZT 4。

螺栓施工预紧力及相应扭矩值表　　　　　表2-5-4

螺栓型号	施工预紧力/kN	紧固扭矩值/(N·m)
M12	45	71
M16	75	156

　　基于压电阻抗法的高强度螺栓松动试验结果是否准确有效与试验过程中所选取的频率范围密切相关。对于不同材料的结构或者不同形式的构件,其机电耦合导纳值的敏感性不同。因此,试验所选用的频率范围应尽量为结构敏感频率段,除此之外,为了更好地对比电导纳曲线的偏移或者峰值的变化情况,应该尽量选取带波峰的频率段。根据所用仪器的频率范围,在本试验开展之前,分别采集了在不同工况下1#试件和2#试件在20Hz～2MHz频率范围内的电导纳值。结合上述两个选取原则并对比宽频范围内的电导纳曲线,确定本试验的1#试件选取120～150kHz和250～280kHz作为试验采集频率范围,2#试件选取120～150kHz和230～260kHz作为试验采集频率范围。图2-5-66～图2-5-73为在不同工况下不同试件PZT 1传感器在试验频率范围内的电导纳曲线图。

①不同工况下1#试件PZT 1在120～150kHz范围内的电导纳曲线图,如图2-5-66、图2-5-67所示。

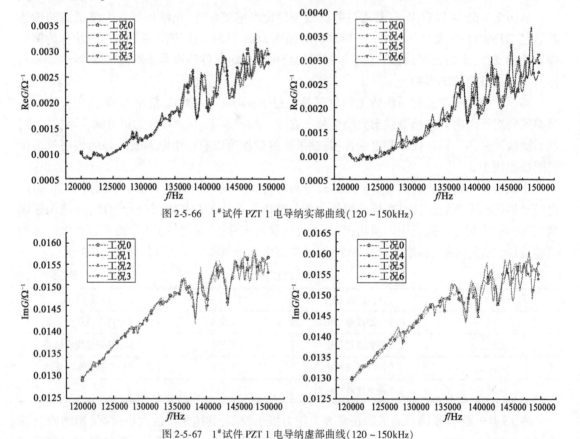

图2-5-66　1#试件PZT 1电导纳实部曲线(120～150kHz)

图2-5-67　1#试件PZT 1电导纳虚部曲线(120～150kHz)

②不同工况下1#试件PZT 1在250～280kHz范围内的电导纳曲线图,如图2-5-68、图2-5-69所示。

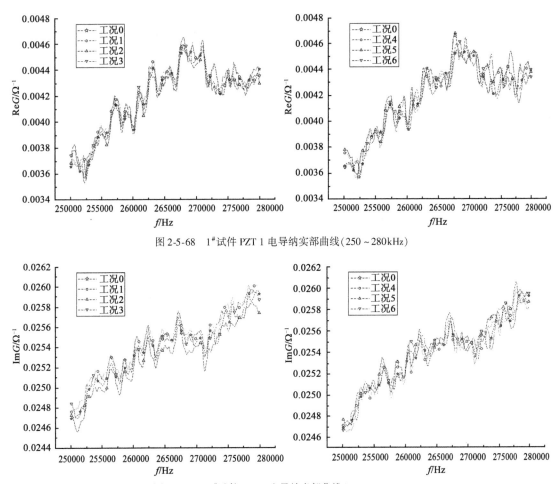

图 2-5-68　1#试件 PZT 1 电导纳实部曲线(250~280kHz)

图 2-5-69　1#试件 PZT 1 电导纳虚部曲线(250~280kHz)

③不同工况下 2#试件 PZT 1 在 120~150kHz 范围内的电导纳曲线图,如图 2-5-70、图 2-5-71 所示。

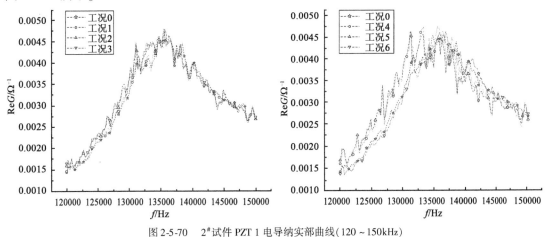

图 2-5-70　2#试件 PZT 1 电导纳实部曲线(120~150kHz)

④不同工况下 2#试件 PZT 1 在 230~260kHz 范围内的电导纳曲线图,如图 2-5-72、图 2-5-73 所示。

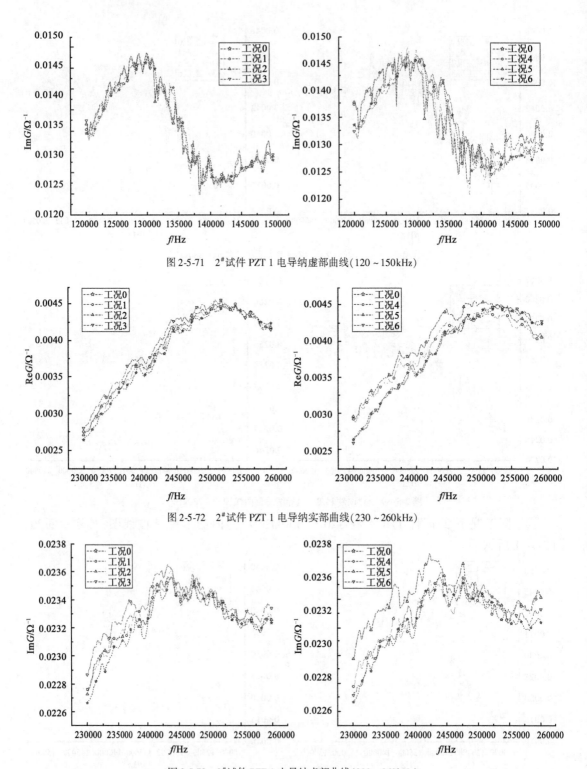

图 2-5-71 2#试件 PZT 1 电导纳虚部曲线(120～150kHz)

图 2-5-72 2#试件 PZT 1 电导纳实部曲线(230～260kHz)

图 2-5-73 2#试件 PZT 1 电导纳虚部曲线(230～260kHz)

通过观察图 2-5-66～图 2-5-69，不难发现，1#试件无论是在 120～150kHz 还是在 250～280kHz 的频率范围内，电导纳曲线均呈现出相同的规律。即试件上 PZT 1 传感器电导纳的实部和虚部曲线与健康状态下的电导纳的实部与虚部曲线相比往左偏移,且随着高强度螺栓松动个数的增加,偏移幅度越来越明显,直至工况 6(螺栓全松)出现最大偏移。同样地,通过观察图 2-5-70 ~ 图 2-5-73,可以看出 2#试件上 PZT 1 传感器采集得到的不同频率范围机电耦合电导纳曲线所呈现的变化规律与 1#试件相同。曲线发生左偏的原因是随着高强度螺栓松动个数的增加,结构的刚度逐渐减小,使得所测得的机电耦合阻抗值发生变化。

由此可以根据与结构耦合的 PZT 传感器的电导纳曲线变化情况对结构的损伤做出初步的识别和判断,以上两试件所呈现的规律也充分说明压电阻抗法应用于钢结构桥梁高强度螺栓的松动损伤识别的可行性和有效性。

由损伤指标计算公式可得到 1#试件和 2#试件上各 PZT 传感器在各个工况下电导纳实部和虚部的损伤指标,其中以健康状态下(工况 0)的损伤指标 0% 为基准。

①不同工况下 1#试件各 PZT 所测电导纳在 120 ~ 150kHz 范围内的损伤指标,具体数值如表 2-5-5 所示,具体变化趋势如图 2-5-74 所示。

1#试件在 120 ~ 150kHz 的损伤指标   表 2-5-5

工况	PZT 1		PZT 2		PZT 3		PZT 4	
	实部	虚部	实部	虚部	实部	虚部	实部	虚部
工况 0	0%	0%	0%	0%	0%	0%	0%	0%
工况 1	3.84%	0.79%	5.93%	0.56%	2.22%	0.43%	1.52%	0.65%
工况 2	5.89%	1.17%	9.24%	0.69%	5.63%	1.00%	3.54%	1.05%
工况 3	6.84%	1.90%	14.47%	1.29%	7.62%	1.29%	3.58%	1.64%
工况 4	8.27%	2.07%	15.35%	1.56%	9.36%	1.45%	5.17%	2.20%
工况 5	9.21%	2.55%	17.66%	1.94%	11.04%	1.88%	6.97%	2.74%
工况 6	10.29%	2.59%	22.58%	2.31%	11.74%	2.06%	7.84%	3.61%

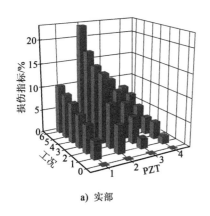 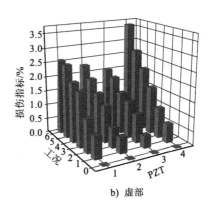

a) 实部　　　　　　　　　　　　　　b) 虚部

图 2-5-74　1#试件在 120 ~ 150kHz 的损伤指标变化图

②不同工况下 1#试件各 PZT 所测电导纳在 250 ~ 280kHz 范围内的损伤指标,具体数值如表 2-5-6 所示,具体变化趋势如图 2-5-75 所示。

$1^{\#}$ 试件在 250~280kHz 的损伤指标　　　　　　　　　　表 2-5-6

工况	PZT 1		PZT 2		PZT 3		PZT 4	
	实部	虚部	实部	虚部	实部	虚部	实部	虚部
工况 0	0%	0%	0%	0%	0%	0%	0%	0%
工况 1	1.47%	0.25%	1.12%	0.15%	0.58%	0.17%	0.39%	0.13%
工况 2	2.01%	0.36%	1.88%	0.52%	1.03%	0.18%	1.02%	0.26%
工况 3	2.96%	0.65%	3.11%	0.67%	1.44%	0.21%	1.41%	0.26%
工况 4	3.17%	0.65%	3.89%	0.97%	2.41%	0.33%	1.79%	0.41%
工况 5	3.61%	0.82%	4.25%	1.02%	2.91%	0.42%	2.58%	0.63%
工况 6	3.62%	0.74%	4.82%	1.08%	3.49%	0.53%	2.80%	0.74%

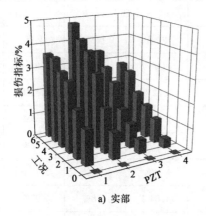 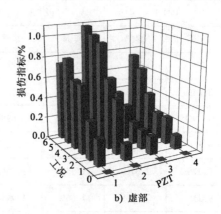

a) 实部　　　　　　　　　　　　b) 虚部

图 2-5-75　$1^{\#}$ 试件在 250~280kHz 的损伤指标变化图

③不同工况下 $2^{\#}$ 试件各 PZT 所测电导纳在 120~150kHz 范围内的损伤指标,具体数值如表 2-5-7 所示,具体变化趋势如图 2-5-76 所示。

$2^{\#}$ 试件在 120~250kHz 的损伤指标　　　　　　　　　　表 2-5-7

工况	PZT 1		PZT 2		PZT 3		PZT 4	
	实部	虚部	实部	虚部	实部	虚部	实部	虚部
工况 0	0%	0%	0%	0%	0%	0%	0%	0%
工况 1	4.33%	0.99%	4.76%	0.56%	5.12%	0.66%	4.71%	0.99%
工况 2	5.42%	1.17%	6.18%	0.70%	7.51%	0.97%	7.43%	1.54%
工况 3	7.98%	1.61%	10.51%	1.21%	11.15%	1.33%	9.95%	2.02%
工况 4	9.00%	1.80%	11.56%	1.32%	13.37%	1.61%	11.62%	2.33%
工况 5	12.84%	2.58%	16.48%	1.92%	15.16%	1.77%	12.75%	2.62%
工况 6	14.63%	2.95%	17.57%	2.02%	15.85%	1.93%	14.04%	2.94%

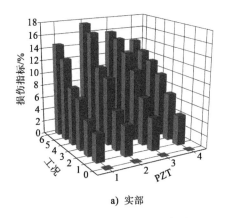
a) 实部

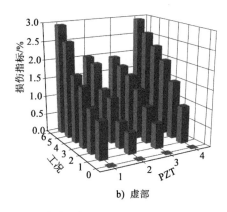
b) 虚部

图 2-5-76 2#试件在 120~150kHz 的损伤指标变化图

④不同工况下 2#试件各 PZT 所测电导纳在 230~260kHz 范围内的损伤指标,具体数值如表 2-5-8 所示,具体变化趋势如图 2-5-77 所示。

2#试件在 230~260kHz 的损伤指标　　　　表 2-5-8

工况	PZT 1		PZT 2		PZT 3		PZT 4	
	实部	虚部	实部	虚部	实部	虚部	实部	虚部
工况 0	0%	0%	0%	0%	0%	0%	0%	0%
工况 1	1.12%	0.27%	1.30%	0.13%	1.06%	0.23%	0.85%	0.16%
工况 2	1.33%	0.26%	2.94%	0.26%	2.17%	0.44%	1.93%	0.28%
工况 3	1.73%	0.31%	4.11%	0.45%	2.46%	0.62%	2.49%	0.40%
工况 4	2.22%	0.37%	5.39%	0.82%	4.24%	1.16%	4.22%	0.65%
工况 5	2.58%	0.49%	5.52%	0.96%	4.70%	1.22%	4.27%	0.67%
工况 6	3.09%	0.77%	6.17%	1.23%	6.37%	1.33%	4.68%	0.72%

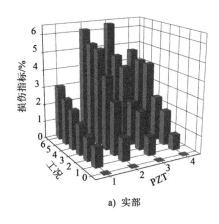
a) 实部

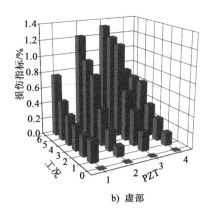
b) 虚部

图 2-5-77 2#试件在 230~260kHz 的损伤指标变化图

从以上各图及表中数据来看,1#试件和 2#试件上各 PZT 传感器所测得的机电耦合导纳损伤指标呈现良好的规律性。随着高强度螺栓松动个数的增加,损伤指标也基本相应递增。从电导纳实部的损伤指标来看，无论在哪个频率范围，两试件上 PZT 2 和 PZT 3 所测得的损伤指标都明显大于相同工况下 PZT 1 和 PZT 4 所测得的值，这说明压电阻抗法中传感器距离结构损伤位置越近，其对损伤的敏感性越强。从电导纳虚部的损伤指标来看，在相同工况下各 PZT 传感器横向对比并无明显的规律可循，且得到的数值相对实部而言较小。这说明压电传感器的电导纳实部对钢结构桥梁高强度螺栓松动损伤具有更可靠的识别能力，损伤指标的计算分析结果也再次表明压电阻抗法对钢结构桥梁高强度螺栓松动损伤监测的可行性和有效性。

5.4.2 基于波动法的高强度螺栓松动损伤监测

本试验充分利用压电陶瓷传感器响应速度快、频响区域宽、功耗小、操作简单等优势，采用的钢结构试验模型与 5.4.1 节相同，利用压电陶瓷波动法监测技术对高强度螺栓的松动损伤进行试验研究。通过拟定不同的损伤程度与结构健康状态下的响应信号进行对比分析，基于信号时域幅值、小波包能量、能量谱判断高强度螺栓松动损伤，同时提出损伤指标参数对高强度螺栓松动损伤程度进行判断，进一步验证基于压电陶瓷的波动法对高强度螺栓松动损伤进行监测的可行性。

由 PZT 驱动器对钢结构发射一个应力波激励信号，再通过试件另一端钢板上的 PZT 传感器接收响应信号，钢结构螺栓出现松动损伤，会影响应力波在试件中的传播，增大应力波的散射、能量衰减并改变应力波的折射、衍射以及反射情况，使接收到的响应信号发生变化，最后基于小波包能量理论通过 MATLAB 对接收到的信号进行处理，通过比较结构在健康状态和损伤状态下响应信号之间的差异来识别高强度螺栓的松动损伤情况。

在基于压电陶瓷波动法的高强度螺栓松动损伤检测试验中，需要的仪器和设备主要如下：

①信号发生、接收器：NI USB-6363。

②预制式扭矩扳手。本试验采用中国台湾西特公司生产的预制式扭矩扳手来控制螺栓的扭矩大小以模拟螺栓的松动损伤程度，量程为 20~800N·m，最小刻度达 1N·m。

③安装有 LabVIEW 和 MATLAB 程序的笔记本电脑。通过 LabVIEW 程序构建虚拟试验平台，经过反复试验挑选合适的激励信号波，以及对应的波动频率，实现高效的信号发射和信号接收以提高试验精度，再基于 MATLAB 程序对响应信号进行分析计算，实现对结构螺栓松动损伤的判断。

基于上述仪器设备和待测结构模型，搭建试验监测系统，具体试验监测系统实物图见图 2-5-78。

本试验主要研究高强度螺栓连接下的钢结构在螺栓遭受不同程度松动损伤情况下 PZT 传感器接收到的响应信号及其相应的小波包能量，与螺栓处于完全紧固健康状态下的情况对比，以判断结构的螺栓松动损伤程度。本试验中的钢结构试件由 6 枚螺栓紧固，因此，本试验共设置 7 种不同工况。PZT 1、PZT 3、PZT 5 作为驱动器工作，发射激励信号；PZT 2、PZT 4、PZT 6 作为对应传感器工作，接收响应信号，每组试件共三对 PZT 1-PZT 2、PZT 3-PZT 4、PZT 5-PZT 6 单发单收的监测系统，通过对比分析不同工况下的响应信号及能量，对螺栓的松动损伤程度进行判断。工况具体信息如表 2-5-9 所示。

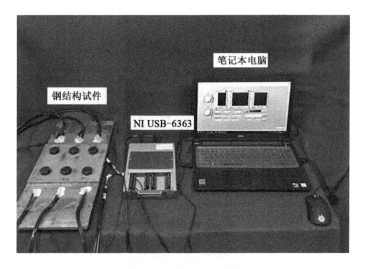

图 2-5-78　试验监测系统实物图

试验工况的具体信息　　　　　　　　　　　　　　　　表 2-5-9

工　况	详　细　信　息	备　　注
工况 1	待测结构螺栓处于完全紧固状态	螺栓松动状态是指螺栓的扭矩值定为零,但螺栓仍然连挂着钢结构,各部分钢板并未完全分隔开来
工况 2	螺栓 1 出现松动	
工况 3	螺栓 1、2 出现松动	
工况 4	螺栓 1、2、3 出现松动	
工况 5	螺栓 1、2、3、4 出现松动	
工况 6	螺栓 1、2、3、4、5 出现松动	
工况 7	6 个螺栓都处于松动状态	

通过一系列探索性试验,并考虑实际监测工程中未知损伤的不确定性,最终本试验确定选用正弦扫频信号作为激励发射信号,信号最低频率是 100Hz,鉴于试验经验以及钢结构的良好传导性能,信号最高频率确定为 300kHz,扫频信号范围即为 100Hz~300kHz;电压幅值为 10V,信号周期为 1s。并且基于试验经验和对本试验的分析,本试验选取'db2'小波包基函数,对响应信号进行滤波、三层小波包分解分析。

高强度螺栓出现松动损伤后,会导致钢结构的连接不再完全紧密,进而影响应力波的传播,增大波信号的散射和能量的损失,使接收信号的幅值发生衰减。并且当产生松动情况的螺栓数量增加,即整体结构螺栓松动损伤加剧时,将进一步影响应力波的传播,使接收信号幅值的衰减问题更加明显。本节利用 MATLAB 程序对接收到的响应信号进行处理,得出钢结构试件在螺栓不同松动损伤程度下的时域波形变化图。PZT 1-PZT 2 的时域分析结果如图 2-5-79 所示。

从图 2-5-79 中可以看出,监测系统 PZT 1-PZT 2 所得信号反映,在不同的工况下随着松动螺栓数量的增加,PZT2 接收到响应信号的时域幅值有少量下降趋势,从工况 6 到工况 7,响应信号幅值的下降程度比较明显。原因可能是此阶段为试验结构连接件螺栓完全松动骤变阶段,所以响应信号幅值变化比较明显。由工况 1 到工况 7 的过程中,PZT 片接收到响应信号的时域幅值呈不同程度的递减趋势,表明 PZT 传感器对螺栓松动损伤的检测体现出较好的敏感性。

本试验根据小波包能量理论,对 PZT 传感器接收到的响应信号进行分析计算,并以小波包能量值作为评价指标,来分析结构螺栓松动损伤的情况。图2-5-80~图2-5-82为钢结构试件所得的小波包能量值变化图。

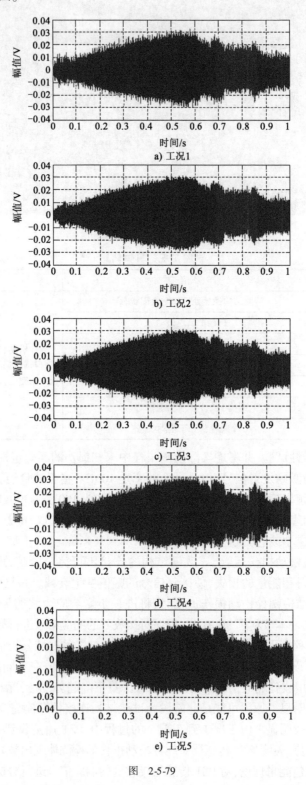

图 2-5-79

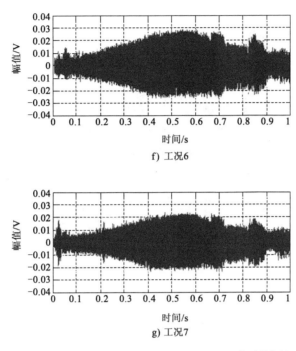

图 2-5-79 钢结构试件上不同工况下 PZT 1-PZT 2 的时域分析

图 2-5-80~图 2-5-82 是钢结构试件上三组 PZT 监测系统接收到的响应信号在不同工况下的能量变化,可以看到随着螺栓松动损伤的加剧,小波包能量值都在不断减小,尤其是监测系统 PZT 1-PZT 2 和 PZT 3-PZT 4 能较好地反映螺栓松动导致的小波包能量值变化。这说明压电波动法对钢结构桥梁高强度螺栓松动损伤具有可靠的监测能力,小波包能量的计算分析结果也再次表明压电波动法对钢结构桥梁高强度螺栓松动损伤监测的可行性和有效性。

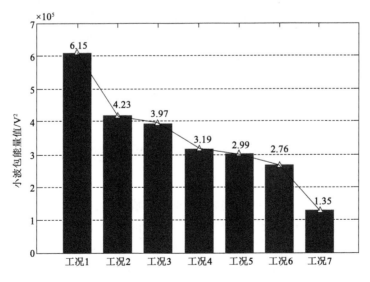

图 2-5-80 钢结构试件上不同工况下 PZT 1-PZT 2 的小波包能量变化图

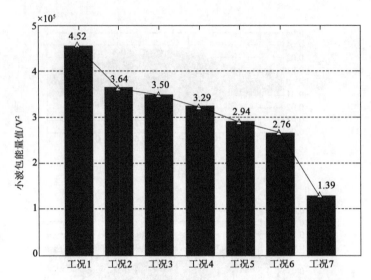

图 2-5-81　钢结构试件上不同工况下 PZT 3-PZT 4 的小波包能量变化图

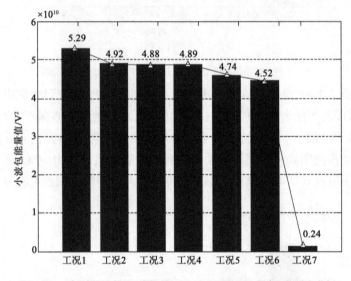

图 2-5-82　钢结构试件上不同工况下 PZT 5-PZT 6 的小波包能量变化图

5.5　基于压电陶瓷的桥梁伸缩缝疲劳损伤监测

桥梁伸缩缝是桥梁上部结构中不可或缺的重要组成部分,其不仅能够抵抗由于温度次内力、混凝土的收缩徐变、基础的不均匀沉降等问题造成的桥梁伸缩位移,还能承受车辆荷载的作用,为车辆平稳行驶提供有利条件。并且,模数式桥梁伸缩缝因其优良的密封防潮性能,极大地保护了桥梁下部结构,使其不被雨水侵蚀。在实际工程中,桥梁伸缩缝常置于桥面的"不连续处",所以车辆驶过伸缩缝处会出现"跳车"现象,这往往会对伸缩缝整体结构产生非常大的局部冲击作用,这种局部冲击作用对伸缩缝装置会造成极大损坏。这种循环往复的局部冲击常常会使伸缩缝结构产生疲劳破坏,进而使其无法达到设计寿命或实现预期的功能,这必将增加桥梁结构的后期运营与维护成本。因此,为了对桥梁伸缩缝的疲劳损伤进行实时监测,确保结构的安全运营,对其进行损伤识别和监测就显得尤为重要。

本节特意设计了一个利用压电波动法来对桥梁伸缩缝疲劳损伤进行监测的试验。为了模拟实际工程中的桥梁伸缩缝,试验采用了全尺寸伸缩缝模型,如图2-5-83所示,其包括主梁(Center Beam,CB)、横梁(Support Bar,SB)、位移箱等部件。在接下来的疲劳试验中,为了能够直观地观察结构的疲劳状态,仅保留了结构的主要受力部分(CB/SB全尺寸组装件)作为试验试件。

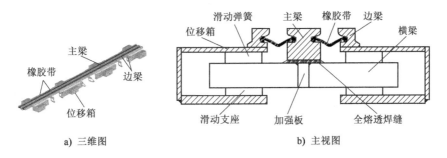

图2-5-83 主梁全尺寸伸缩缝模型

试验将PZT传感器在不同结构状态下接收到的响应信号及其相应的小波包能量与结构健康状态进行比较,以此判断结构的疲劳损伤情况。图2-5-84给出了桥梁伸缩缝试件疲劳损伤的监测原理图。

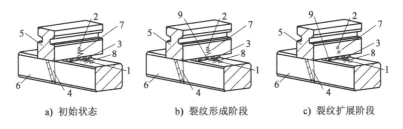

图2-5-84 桥梁伸缩缝试件疲劳损伤的监测原理图

1-PZT 1(驱动器);2-PZT 2(传感器);3-全熔透焊缝;4-加强板;5-主梁;6-横梁;7-接收波;8-激励波;9-疲劳裂纹

主梁与横梁之间的焊缝疲劳常常引起桥梁伸缩缝的疲劳损伤,因此本试验在桥梁伸缩缝的焊缝周围布置了若干个压电传感器。以一组压电传感器为例,如图2-5-84所示,一个PZT片粘贴在横梁上作为驱动器产生应力波,另一个PZT片粘贴在主梁上作为传感器接收应力波。全熔透焊缝不可避免地存在一些缺陷,包括倒角、搭接、凹陷、填充不完全、表面裂纹等,这些缺陷会导致接收到的应力波减少。初始状态下传感器接收信号,如图2-5-84a)所示。桥梁伸缩缝试件在疲劳荷载作用下,这些缺陷往往会产生应力集中,从而导致疲劳损伤。随着疲劳循环次数的增加,焊缝喉部的疲劳损伤逐渐扩大,直至形成疲劳裂纹,传感器接收到的信号逐渐减少,如图2-5-84b)所示。随着疲劳加载时间的进一步增加,焊缝喉部的疲劳应力将会加速疲劳裂纹的扩展,接收到的信号将不断减少,直至疲劳加载过程结束,如图2-5-84c)所示。

本试验采用了实际工程中常用的CB/SB全尺寸组装件,如图2-5-85所示。在装配过程中,采用全熔透焊接作为主梁与横梁之间的连接,沿横梁纵向安装补强板对焊缝进行补强。

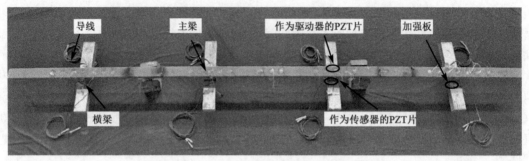

图 2-5-85　CB/SB 全尺寸桥梁伸缩缝装配件模型

试件的具体尺寸,如图 2-5-86 所示。试件中长度为 4000 mm 的主梁通过长度为 540 mm 的横梁连接。支撑杆之间的距离为 980 mm。主梁为带槽矩形截面,用于安装橡胶带密封。其宽度和高度分别为 65 mm 和 75 mm。横梁也是一个矩形截面,宽度为 90 mm,高度为 60 mm。

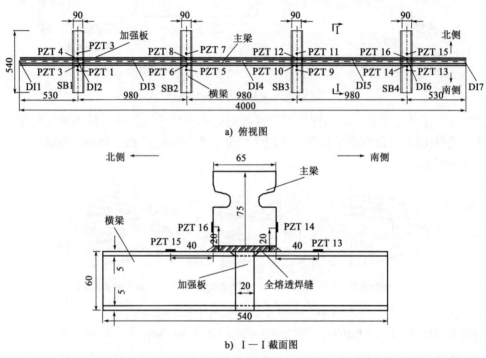

a) 俯视图

b) Ⅰ—Ⅰ 截面图

图 2-5-86　试件的尺寸图(单位:mm)

注:DI1~DI7 为测量点。

为了研究 CB/SB 全尺寸装配试件的疲劳损伤,在每个焊缝的两侧沿 CB 纵轴安装两个压缩模式的 PZT 片,如图 2-5-86 所示。将安装在横梁上的 PZT 片作为驱动器产生应力波,将安装在主梁上的 PZT 片作为传感器接收应力波。

本试验参考 NCHRP Report 402(国家合作公路研究计划的 402 报告),对试件同时施加竖向和水平荷载,其比值为 5∶1。为此,支撑装置的上表面被设计为 11.3°的倾斜角,从而使得竖向和水平荷载控制在 5∶1 的比值范围内,如图 2-5-87b)所示。荷载由疲劳试验机产生,再由荷载分配梁传递到试件上。荷载分配梁的加载点位于试件两边跨的中心,两钢板中心之间的距离为 4×490mm,如图 2-5-87c)所示。同时,为了保证良好的接触性能,本试验在疲劳试验机与荷载分配梁之间设置钢板和硬橡胶垫片,并在荷载分配梁与主梁之间安装两块钢板。

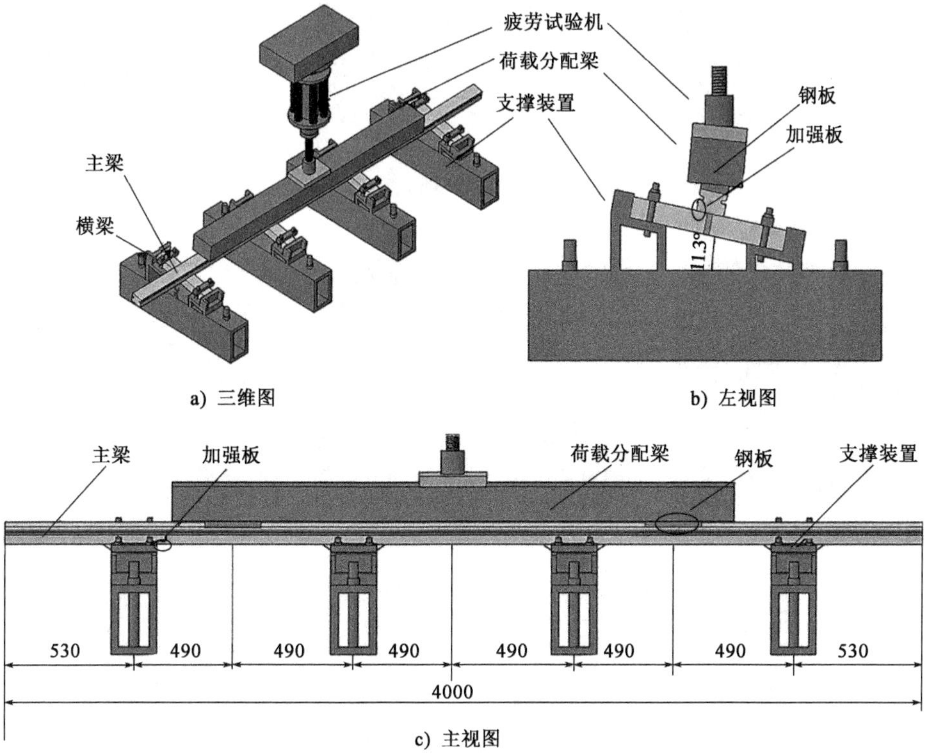

图 2-5-87 试件的加载装置(单位:mm)

采用设计的扫频正弦波信号(稳态信号)作为粘贴在横梁上的驱动器的激励信号,该信号扫频范围为100Hz~150kHz,扫频正弦波的电压幅值和信号周期分别为10V 和 1s。在测试中,将预先确定的输入信号(激励信号)由 NI USB-6363 发送到驱动器。由于数据采集器 NI USB-6363 具有同时发射和接收信号的功能,因此本试验可以使用其记录粘贴在主梁上的 PZT 片接收到的输出信号。在静载试验中,为了监测疲劳损伤对试件刚度的影响,采用安装在试件上的百分表来测量主梁的竖向位移。

此试验进行了两组,首先是静力加载试验,其次是试件的疲劳试验。静力加载试验被分为12级加载,初始加载为0,最大加载为120kN,每级加载的增量为10kN,采用百分表对静载下不同荷载水平下试件的竖向位移进行监测。疲劳试验按照400万次疲劳循环次数,将试件分为第 0 次循环(初始状态)、第 80 万次循环、第 160 万次循环、第 240 万次循环、第 320 万次循环、第 400 万次循环等 6 个试验工况。

试件初始状态时的缺陷如图 2-5-88 所示。在整个疲劳试验中,除 CB/SB3 焊缝的南侧缺陷发展为疲劳裂纹外,其他焊缝缺陷未见明显的扩展,外观基本无变化。

CB/SB3 焊缝南侧在疲劳试验前如图 2-5-88e)所示,当疲劳荷载达到 320 万次循环时如图 2-5-89a)所示,当疲劳荷载达到 400 万次循环时如图 2-5-89b)所示。对比三幅图可知,当疲劳荷载达到 320 万次循环时,典型焊缝缺陷发展为明显的疲劳裂纹。在疲劳荷载作用下,可以看到疲劳裂纹一次又一次地张开、闭合、张开。疲劳裂纹起源于 CB/SB3 焊缝的喉部中间,裂纹沿主梁纵轴方向扩展。

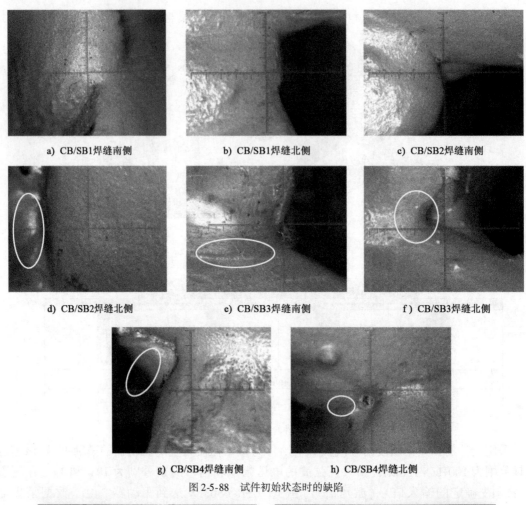

a) CB/SB1焊缝南侧　　b) CB/SB1焊缝北侧　　c) CB/SB2焊缝南侧

d) CB/SB2焊缝北侧　　e) CB/SB3焊缝南侧　　f) CB/SB3焊缝北侧

g) CB/SB4焊缝南侧　　h) CB/SB4焊缝北侧

图 2-5-88　试件初始状态时的缺陷

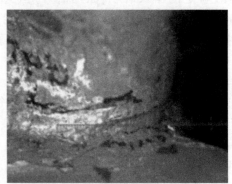

a) 第320万次循环　　b) 第400万次循环

图 2-5-89　CB/SB3 焊缝南侧疲劳裂纹

　　为了得到试件的刚度变化，设置了三个垂直向上的位移测量点，分别为主梁两端的测量点 DI1、DI7 和跨中测量点 DI4。边跨测量点 DI3、DI5 作为加载位置，位移为向下。疲劳循环对测量点静力荷载位移曲线的影响如图 2-5-90 所示。可以看出，随着疲劳循环次数的增加，焊缝的疲劳损伤逐渐累积。这使得横梁对主梁的约束减小，试件整体刚度减小，在相同静力荷载作用下主梁位移增大。

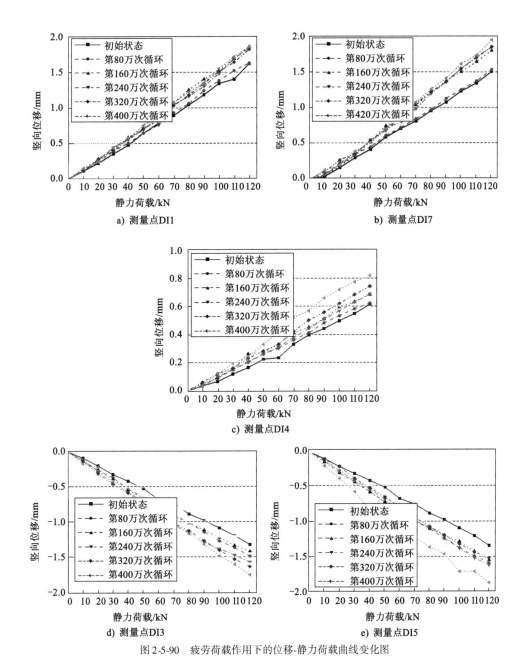

图 2-5-90 疲劳荷载作用下的位移-静力荷载曲线变化图

为了得到试件的时域特征,下面以 CB/SB2 焊缝为例进行分析。粘贴在 CB/SB2 焊缝南侧的 PZT 6 接收到的时域信号,如图 2-5-91 所示;粘贴在 CB/SB2 焊缝北侧的 PZT 8 接收到的时域信号,如图 2-5-92 所示。

从图 2-5-91 和图 2-5-92 可以看出,随着试件疲劳循环次数的增加,信号的幅值逐渐减小。这主要是因为存在焊缝缺陷,这些缺陷容易产生应力集中,导致试件产生疲劳损伤。因此,疲劳损伤会随着疲劳循环次数的增加而不断累积,使得传感器接收到的信号逐渐减少。

为了量化疲劳试验过程中 PZT 信号的能量,采用小波包能量分析法对信号能量值进行了计算。疲劳试验过程中试件的小波包能量分析结果如图 2-5-93 所示。(CB/SB1 焊缝北侧传感器在试验中损坏,无数据。)

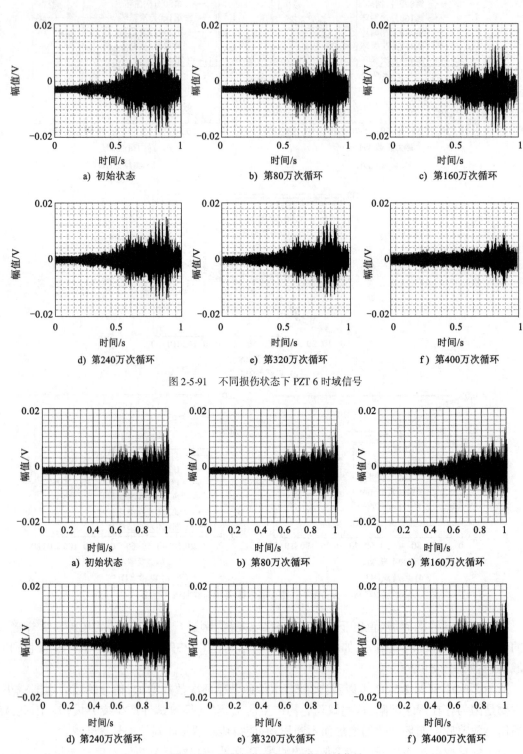

图 2-5-91　不同损伤状态下 PZT 6 时域信号

图 2-5-92　不同损伤状态下 PZT 8 时域信号

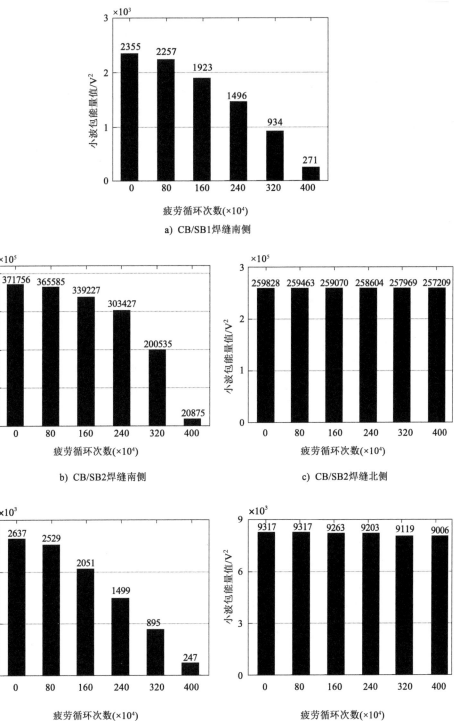

图 2-5-93

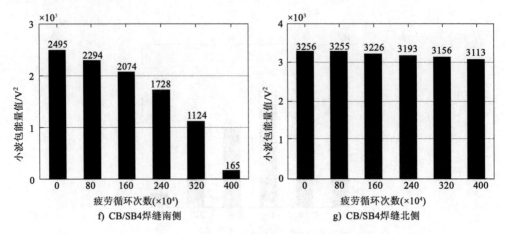

图 2-5-93 不同损伤状态下的试件小波包能量值变化图

从图 2-5-93 可以看出,计算所得到的小波包能量值基本会随着疲劳循环次数的增加而减小。这主要是因为试件在疲劳试验过程中疲劳损伤逐渐增大,导致 PZT 传感器接收到的信号减少。从图 2-5-93 可以看出,在疲劳试验过程中,小波包能量值在前 80 万次疲劳循环中变化不大,说明试件的损伤很小。在 80 万～320 万次循环时,小波包能量值随着疲劳循环次数的增加而逐渐减小,说明疲劳损伤随着疲劳循环次数的增加而逐渐增大。其中,CB/SB3 焊缝南侧的小波包能量衰减最快,这与只有 CB/SB3 焊缝南侧最终发展为疲劳裂纹的现象一致。在 320 万～400 万次疲劳循环时,小波包能量下降的速率随着疲劳循环次数的增加而迅速增加,这表明试件的疲劳损伤急剧增长。由此说明,采用压电波动法监测桥梁伸缩缝的疲劳损伤是非常可行的。

本章复习思考题

1. 简述基于压电陶瓷的预应力混凝土梁的锈胀监测机理。
2. 简述基于压电陶瓷的 FRP 筋混凝土界面损伤监测机理。
3. 简述基于压电陶瓷的波纹管密实性监测机理。
4. 简述基于压电陶瓷的高强度螺栓松动损伤监测机理。
5. 简述基于压电陶瓷的桥梁伸缩缝疲劳损伤监测机理。

本章主要参考文献

[1] 彭中. 基于压电陶瓷的预应力混凝土梁锈蚀监测试验研究 [D]. 长沙:长沙理工大

学,2017.
[2] 罗舟滔.基于压电陶瓷的结构健康监测试验研究[D].长沙:长沙理工大学,2016.
[3] 李毅.基于压电陶瓷的钢结构桥梁的高强度螺栓松动损伤的主动监测研究[D].长沙:长沙理工大学,2016.
[4] 唐超.基于PZT阻抗法的钢结构桥梁高强度螺栓损伤监测试验研究[D].长沙:长沙理工大学,2017.
[5] 李洪泉,董亮,吕西林.基于小波变换的结构损伤识别与试验分析[J].土木工程学报,2003,36(5):52-57,75.
[6] 余璟.基于PZT阻抗技术的结构损伤识别研究[D].武汉:华中科技大学,2011.
[7] 蒙彦宇.压电智能骨料力学模型与试验研究[D].大连:大连理工大学,2013.
[8] 许斌,李冰,宋刚兵,等.基于压电陶瓷的钢管混凝土柱剥离损伤识别研究[J].土木工程学报,2012,45(7):86-96.
[9] JIANG TIANYONG, ZHENG JUNBO, HUO LINSHENG, et al. Finite element analysis of grouting compactness monitoring in a post-tensioning tendon duct using piezoceramic transducers[J]. Sensors,2017,17(10):2239.
[10] 张耀文.基于压电陶瓷的桥梁伸缩缝疲劳损伤监测及波纹管密实性检测研究[D].长沙:长沙理工大学,2019.

PART3 | 第3篇

光纤光栅传感监测技术

第1章
概述

1.1 引　言

重大工程结构的健康监测与诊断越来越受到社会各界的广泛重视,对灾害的提前预警或在灾害发生后评估结构的损伤程度及剩余寿命已成为当前各国学者们研究的热点。智能结构控制成为防灾减灾的一个新兴学科,它把人复杂的感知、信息处理和响应的机能外推映射到工程结构中去,从而使结构能够对内部状态的变化和外部环境的刺激做出适当的反应,使其能够像人一样具有自我感知、自我诊断和自我调节并适应环境的功能,这也是未来工程结构的发展方向。

无论是结构的健康监测还是智能结构控制,对结构当前状态的实时监测都是其中必不可少的关键一环,光纤传感器因其突出的优点而成为智能系统的首选传感器。光纤传感器最早的应用是1979年美国国家航空航天局将光纤传感器尝试性地埋入复合材料内部,监测其应变和温度,之后光纤传感器在飞行器领域获得了越来越多的应用,并逐渐向其他领域扩展,呈现出蓬勃发展的态势。但是,由于光纤传感器的价格高昂且它的研究历史较短等,故光纤传感器在土木工程结构中应用还不多见。不过,由于它固有的优点,其势必在很多场合取代传统传感器。

1.2　光纤传感器健康监测研究和应用现状

国际上将光纤传感器用于大型工程结构的健康监测时间不长，目前正处于从萌芽到发展的过渡期。1989 年，Mendez 等人首先提出了把光纤传感器用于混凝土结构的健康监测。之后，日本、英国、美国、德国等国家的研究人员先后对光纤传感系统在土木工程中的应用进行了研究。日本、美国和瑞士的光纤传感器在土木工程中的应用领域相对较广泛，已经从混凝土的浇筑过程扩展到桩柱、地基、桥梁、大坝、隧道、大楼、地震、山体滑坡等复杂系统的测量或监测。

Idriss 等联合美国联邦公路局在新墨西哥州的 Rio Puerco 桥上安装了 40 个 SOFO 位移光纤传感器和 24 个温度传感器。这些光纤传感器在浇筑前埋入结构中，用于检测预制梁的预应力损失，结果表明，浇筑温度对早期混凝土的预应力损失影响非常大，浇筑温度越低，其预应力损失越严重。Kronenberg 和 Glisic 等在瑞士和法国边界一个发电站水库的大坝（Emosson Dam）上安装了光纤传感器。由于一些原有的传感器操作不方便，对温度、湿度、电磁场等敏感，安装困难，所以用光纤传感器取代传统的传感器来测量坝体的裂纹和基础的位移，安装了两根超长位移计，一根长 30m，另一根长 60m。测试结果表明，光纤传感器与原来的杆式伸长计测量非常吻合，测量结果更精确、更灵敏，唯一的缺点是需要 60 天左右的传感器校正时间，用于调整光纤传感器涂覆层在运输过程中的变形。Inaudi 等在一个现存的隧道旁 30m 距离处修建的另一个隧道壁上安装了 8 个距离不等的光纤伸长计，安装位置为从已存的隧道通向新隧道的小孔洞中，用于监测修建新隧道时土石的受压情况。测量结果表明，距离隧道钻孔机（即新隧道位置）较近的光纤伸长计有较大的应变，光纤伸长计的变形量和测点与新隧道的垂直距离呈指数下降趋势。Inaudi 小组到 2001 年为止在约 9 年时间内共在桥梁、水坝、隧道、发电站等 70 多个不同场合成功安装了约 1500 个光纤传感器，用于监测结构的应力、应变、振动、损伤、裂缝等或者进行大型结构的健康监测，其中 95%～100% 光纤传感器都达到了预期的设计功能。Pietro 等详细探讨了光纤光栅传感器（Fiber Bragg Grating Sensor）的原理、监测方法、应变与温度信号分离的各种解决办法，并指出光纤地震检波器、光纤地震仪等可以用于测量岩石变形、隧道监测和地震测量。Udd 等在一座桥上安装了光纤光栅传感器，测试结果表明，该传感器不仅可以监测车辆的行驶速度，而且可以测量行驶中的车辆的质量，灵敏度高。

光纤传感器是一个新兴蓬勃发展起来的产品，许多公司都在致力于研制并开发新类型、具有新功能或更加物美价廉的光纤传感器产品，几乎每天都有新型光纤传感器在申报或者获得专利。美国已有专利利用光纤传感器测量地下钻孔时孔表面的竖向地震响应，利用测量动应变来测量一点处的三向加速度等。欧洲有公司采用光纤传感器利用基站与测量站之间的距离变化来测量 20km 以内的山体滑坡或者地面运动，此种光纤传感器在全球定位系统中也将起到积极的作用。目前，各种新型的光纤传感器层出不穷，从结构的静应力、振动的测量到结构应变的健康监测等。1998 年，欧盟几个发达国家的 3 家公司联合发起了一个混凝土结构性能评估集成监测系统项目。根据该项目的研究结果，光纤健康监测可使系统的运行费用降低 10%～20%，而且其模型对未来新建项目具有启发意义，可使其整个使用期总费用额外节省约 10%。如果光纤传感器在土木工程中成功应用，不仅会节省很多测量监测费用，有着巨大的经济效益,还会使测量精度进一步提高,能够测量许多过去很难或者根本无法测量的量。大型桥梁、水坝等基础设施的监测水平也会有很大程度的提高,从而更加可靠地保证人民群众的生命安全,产生巨大的社会效益。

我国近几年才开展这方面的研究工作。刘雄分析和比较了光纤传感器与普通传感器的优缺点,研制了光纤钢环位移计和光纤测力计等并将其应用在实际测量中。哈尔滨工业大学智能材料系统和结构中心的冷劲松等人成功研制了端口耦合式光纤振动传感器和基于多模光纤模斑监测的光纤振动传感器并测试了其性能。梁磊和姜德生等讨论了光纤传感器与混凝土结构的相容性问题,并据此研制出一种新型的光纤传感器。潘树新和刘耀炜总结了地震科学发展的历史,指出观测技术的革新和进步可能是地震科学焕发青春的途径之一,光纤传感器在地震前兆观测中具有广泛的应用前景。赵廷超、黄尚廉等讨论和分析了在机敏土建结构中埋入光纤传感器,对结构内部的状态参数如应力、应变、温度等的无损检测,以及对结构整体性、安全性评估的原理和方法。李辰砂等阐述了光纤传感器监测复合材料固化成型过程的原理和可行性,研制了两种分别依据相位调制和强度调制的光纤传感器,用于监测复合材料固化成型过程中的内部变化历程。查开德成功研制了用于大型结构应变测量的光纤传感器,并介绍了这种光纤传感器的原理、结构和实验研究结果。

1.3　光纤智能健康监测系统的组成

光纤智能健康监测系统主要由以下三个部分构成:光纤传感器系统、信号传输与采集系统、数据处理与监测系统。其中,对于光纤传感器系统,首先需考虑光纤传感器的选型,然后考虑光纤传感器的拓扑方式,最后考虑传感器的安装是外表粘贴式还是内部埋入式。对于信号传输与采集系统,需考虑光纤传感器的校正、采样模块以及海量实时数据的存储结构和方式。数据处理与监测系统是光纤智能健康监测系统的核心部分,需考虑数据的有效性分析、结构健康性能指标的选择、结构运行状态的可视化、相应的灾害提前预警功能等。光纤智能健康监测系统的各部分之间是相互联系、缺一不可的,每一部分都是整个系统的有机组成部分。由于目前光纤传感器的标准化程度还不高,不同类型的传感器一般都需要特定的解码系统,因此一旦传感器确定,相应的信号传输与采集系统也随之确定。光纤传感器的优化布置方法和实时信号的分析监测便成为光纤智能健康监测系统应用的关键所在。

进行监测时,光纤传感器测量到的结构实时状态信号经过信号传输与采集系统送到监测中心,进行相应的处理和判断,从而对结构的健康状态进行评估。若监测到的关键健康参数超过设定的阈值,则通过短信息服务(Short Message Service,SMS)、E-mail 等方式及时通知相关的管理机构,以便采取相应的应急措施,避免造成重大的人员伤亡和财产损失。

1.4　光纤传感器

光纤传感器所用光纤与普通通信用光纤基本相同,都由纤芯、包层和涂覆层组成。光纤纤芯的主要成分为二氧化硅,其中含有极微量的掺杂剂,一般为二氧化锗,用以提高纤芯的折射率,形成全内反射条件的弱导光纤,以便将光限制在纤芯中。纤芯的直径在 5~50μm 之间,其中单模光纤直径为 9μm,多模光纤直径为 50μm。包层主要成分也为二氧化硅,直径为 125μm。涂覆层一般为环氧树脂、硅橡胶等高分子材料,外径为 250μm,用于增强光纤的柔韧性、机械强度和耐老化特性。而有些类型的光纤传感器由于使用的场合不同需要对普通光纤做些加工处理,使其对特定的信号更加敏感。

光纤传感器按照是否对所测量的信号进行调制一般可分为两类:非本征型和本征型。非本征型光纤传感器中的光纤,只起信号传输作用,由另外的探测装置对载波光进行调制以获取信号,检测原理及所能测量的信号比较简单。因为非本征型光纤传感器中的光纤只起信号传输作用,与普通传感器中的导线作用相当,所以其还不能称为严格意义上的光纤传感器。本征型光纤传感器不仅传输信号,也起传感作用,即通过光纤自身的光敏效应、光弹效应、双折射效应、法拉第效应、荧光效应等把待测量调制为光的强度、相位、偏振或者波长的变化。本征型光纤传感器又称为功能型光纤传感器或内调制型光纤传感器、全光纤传感器。通常所说的光纤传感器均指本征型光纤传感器。光纤传感器按照测量的空间分布情况可以分为点传感器、准分布式传感器和分布式传感器。其中,后两种传感器是光纤传感器所特有的功能,即能够用一根光纤测量结构上空间多点或者无限多自由度的参数分布,这可以说是传感器技术的根本变革。

光纤传感器系统示意图如图 3-1-1 所示。

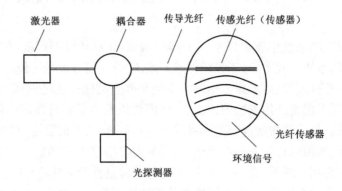

图 3-1-1　光纤传感器系统示意图

激光器发出的光在传感区域受环境信号的调制后经耦合器进入光探测器,解调后得出环境信号。图 3-1-1 为射式传感器系统的示意图,若射式光纤传感器为透射式,则光探测器置于传感光纤的末端。图 3-1-1 中传导光纤与传感光纤为一根光纤,但一般传感光纤部分都需经过特别处理以便使光纤只对一种或者几种信号敏感,例如,光纤微弯应变传感器通过齿形槽或者两根光纤绞绕使传感光纤部分有一个预变形使其对应变敏感,而布拉格光栅光纤传感器则在传感光纤部分形成了一个或数个芯内体光栅使其对某一个或者几个特定波长的光敏感。因为光纤传感器的调制原理种类非常繁多,特定的传感器必须与相应的光源和解调设备一起使用,所以下文所说的光纤传感器均指光纤传感器系统。

光纤传感器与传统传感器相比有许多优点:①质量轻、体积小。普通光纤外径为 250μm,最细的传感光纤直径仅为 35~40μm,光纤传感器可在结构表面安装或者埋入结构体内部,对被测结构的影响小,测量的结果是结构参数更加真实的反映。埋入安装时可监测传统传感器很难或者根本无法监测的信号,如:复合材料或者混凝土的内部应力或者温度场分布、电力变压器的绝缘监测、山体滑坡的监测等。②灵敏度高。光纤传感器采用光测量的技术手段,一般为微米量级。采用波长调制技术,分辨率可达到波长尺度的纳米量级。③耐腐蚀能力强。由于光纤表面的涂覆层是由高分子材料做成的,耐环境或者结构中酸碱等化学成分腐蚀的能力强,适用于智能结构的长期健康监测。④抗电磁干扰能力强。当光信息在光纤中传输时,它不会与电磁场产生作用,因而信息在传输过程中抗电磁干扰能力很强。⑤传输频带较宽。通常光纤传感器系统的调制带宽为载波频率的百分之几,光波的频率较传统的位于射频段或者微波段的频率高几个数量级,因而其带宽有巨大的提高。便于实现时分或者频分多路复用,可进行大容量信息的实时测量,使大型结构的健康监测成为可能。⑥可以进行分布式或者准分布式测量。光纤传感器能够用一根光纤测量结构上空间多点或者无限多自由度的参数分布,是传统的机械类、电子类、微电子类等分立型器件无法实现的功能,也是传感器技术的新发展。⑦使用期限内维护费用低。

本章复习思考题

1. 光纤智能健康监测系统的组成及其各自的功效是什么?
2. 光纤传感器按是否对所测量的信号进行调制可分为哪几类?各自的特点有哪些?

本章主要参考文献

[1] 李宏男,任亮. 结构健康监测光纤光栅传感技术[M]. 北京:中国建筑工业出版社,2008.
[2] 李宏男,阎石,林皋. 智能结构控制发展综述[J]. 地震工程与工程振动,1999,19(2):29-36.
[3] UDD E. Overview of fiber optic sensors[R]. Blue Road Research,2002.
[4] MENDEZ A,MORSE T F,MENDZE F. Applications of embedded optical fiber sensors in reinforced concrete buildings and structures[C]//Proceedings of SPIE,Fiber Optic Smart Structures and Skins Ⅱ,1990,1170:60-69.
[5] IDRISS R L. Monitoring of a smart bridge with embedded sensors during manufacturing, construction and service[C]//Proceedings of the 3rd International Workshop on Structural Health Monitoring. Standford University,2001:604-613.
[6] IDRISS R L. Monitoring of a high performance prestressed concrete bridge with embedded optical fiber sensors during fabrication,construction and service[C]//Structural Faults and Repair Conference,2001.

［7］ KRONENBERG P,CASANOVA N,INAUDI D,et al. Dam monitoring with fiber optic deformation sensors［C］// SPIE Conference on,Smart Structures and Materials,1997,3043:2-11.

［8］ GLISIC B,INAUDI D,KRONENBERG P,et al. Dam monitoring using long SOFO$_®$ sensor［C］// Hydropower into the Next Century, Gmunden, Germany, Aqua Media International, 1999: 709-717.

［9］ INAUDI D. Application of Optical Fiber Sensor in Civil Structural Monitoring［C］// Proceedings of SPIE,4328:1-10.

［10］ CASANOVA N. Structural monitoring with embedded and surface mounted fiber optic sensors ［R］. ISMES,International Colloquium Seriate,1997:325-332.

［11］ FERRARO P,De NATALE G. On the possible use of optical fiber Bragg gratings as strain sensors for geodynamical monitoring［J］. Optics and lasers in engineering,2002,37(2-3):115-130.

［12］ UDD E,KUNZLER M,LAYLOR H M,et al. Fiber grating systems for traffic monitoring［C］// Proceedings of SPIE,4337:510-514.

［13］ GAFSI R,MALKI A,AHDAD F,et al. Static stress optic-fiber sensor［J］. Sensors and actuators A:physical,1997,62(1-3):501-505.

［14］ LENG J S,ASUNDI A. NDE of smart structures using multimode fiber optic vibration sensor ［J］. NDT and E international,2002,35(1):45-51.

［15］ LUO F,LIU J Y,MA N B,et al. A fiber optic microbend sensor for distributed sensing application in the structural strain monitoring［J］. Sensors and actuators A:physical,1999,75(1): 41-44.

［16］ HAMPSHIRE T A,ADELI H. Monitoring the behavior of steel structures using distributed optical fiber sensors［J］. Journal of constructional steel research,2000,53(3):267-281.

［17］ 刘雄.光纤传感技术在岩土力学与工程中的应用研究［J］.岩石力学与工程学报,1999, 18(5):588-591.

［18］ 杜善义,冷劲松,王殿富.智能材料系统和结构［M］.北京:科学出版社,2001.

［19］ 梁磊,姜德生,孙东亚.光纤传感器在混凝土结构中的相容性研究［J］.武汉工业大学学报,2000,22(2):11-14.

［20］ 潘树新,刘耀炜.光纤传感器在水文地球化学地震前兆观测中的应用及其前景［J］.国际地震动态,2001(12):9-14.

［21］ 赵廷超,黄尚廉,陈伟民.机敏土建结构中光纤传感技术的研究综述［J］.重庆大学学报(自然科学版),1997,20(5):104-109.

［22］ 李辰砂,梁吉,张博明,等.光纤传感器监测复合材料固化成型过程［J］.清华大学学报(自然科学版),2002,42(2):161-164.

［23］ 查开德.用于大型结构应变测量的光纤传感器［J］.中国激光,1995,22(10):761-765.

［24］ 陈根祥.光波技术基础［M］.北京:中国铁道出版社,2000.

［25］ 王惠文.光纤传感技术与应用［M］.北京:国防工业出版社,2001.

［26］ HILL K O,FUJII Y,JOHNSON D C,et al. Photosensitivity in optical fiber waveguides:application to reflection filter fabrication［J］. Applied physics letters,1978,32(10):647-649.

［27］ MELTZ G,MOREY W W,GLENN W H. Formation of Bragg gratings in optical fibers by a transverse holographic method[J]. Optics letters,1989,14(15):823-825.

[28] 廖延彪. 光纤光学[M]. 北京:清华大学出版社,2000.

[29] FRIEBELE E J. Fiber Bragg grating strain sensors:present and future applications in smart structures[J]. Optics and photonics news,1998,9(8):33-37.

第 2 章
光纤光栅的光学特性及基本原理

2.1 引 言

1978 年,K. O. HiLL 等人发现了光纤的光敏性,从而促进了光纤光栅的新型光纤无源器件的出现,其中,在光纤光栅中衍射的光满足布拉格衍射条件。

光纤材料光敏效应在微观上可能与众多的物理因素有关,是一个非常复杂的物理过程,目前还不能给出完全定量化的描述。本章简单介绍了光纤光栅的光敏性及光学特性。

光纤光栅可以广泛应用于应变、温度、压力以及磁场强度等的测量。测量的基本原理是光纤光栅的中心波长随着外界环境参数的变化而变化。本章介绍了光纤光栅的传输传感原理。

研究光在光纤光栅中的传输规律,对正确理解光纤光栅的传光机理和光纤光栅的性质,从而合理地应用光纤光栅的独特功能是十分重要的。研究光波在光纤光栅中传输规律的方法有许多种,包括耦合模式法、包络函数法、多层介质薄膜法、光程法等。其中作为研究光波导的理论工具,耦合模理论因其直观性和可明确地描述模场的特性而得到广泛应用。本章重点对光纤光栅的耦合模理论做了介绍。耦合模理论作为用于光模场描述的方法通常有局域模展开和理想模展开两种形式,局域模展开对研究几何形状不完整的波导非常有用;而理想模展开特别适用于几何形状完整而折射率不均匀的波导,例如光纤光栅,并且其耦合系数具有简单的普遍形式。

光纤光栅的折射率分布反映了光纤光栅的周期和折射率调制度等结构参数,这些参数决定了光纤光栅的布拉格波长、带宽、反射特性等,从而使不同的折射率调制度及不同结构的光纤光栅具有了不同的功能,形成不同的光纤光栅器件。光纤光栅的形成基于光纤的光敏性、不同的曝光条件,不同类型的光纤产生多种不同折射率分布的光纤光栅。

当设计传感器测量方法时,应该认真考虑光纤光栅的特征。一些指标是通用的,几乎针对所有应用;另外一些指标可能是为满足一些特殊应用而定制的。本章针对应变、温度测量,详细介绍了光纤光栅的一些必要的技术指标。

如何提高物理量变化引起的光纤光栅波长移动量的测量精度是设计性能优良的传感系统的关键之一。近年来,如何实现光纤光栅传感系统的高分辨率探测是学者们研究的一个热点。关于光纤光栅波长解调探测方法已有很多报道,根据波长漂移量探测器件的工作原理,这些探测方法大致可以分为边缘滤波器法、可调滤波器法、干涉扫描法。

2.2 光纤光栅的光敏性及光学特性

2.2.1 光纤光栅的光敏性

光纤光栅是利用光纤材料的光敏性制成的。所谓光敏性,是指激光通过掺杂光纤时,光纤的折射率随光强的空间分布发生相应的变化,变化的大小与光强呈线性关系并可以永久地保存下来。利用这一特性可以制作许多性能独特的光纤无源器件。研究表明,光纤光敏性的峰值位于 240nm 的紫外(UV)区。

根据在掺锗石英玻璃、光纤预制棒及光纤上所进行的光敏性实验,在 240nm 波段的紫外光照射下,掺锗石英材料的光敏性主要表现在以下几个方面:

①折射率的永久性改变,这种光致折射率改变是可饱和的,是用 240nm 波段的紫外光在光纤中形成光纤光栅的基础。

②240nm 吸收带永久性降低或消失,同时造成 193nm 吸收带永久性增加。

③掺锗石英材料的光敏性与光纤的制作过程有关。

④光纤材料的光敏性与光纤材料中的掺锗浓度基本上成正比,并与所使用的紫外线光源的类型,以及照射到光纤材料上的能量密度有关。在相同的曝光量下,使用脉冲型光源可以在光纤中获得比连续型光源更大的光敏变化,使用较高的能量密度的光源也具有相似的效果。

⑤光敏性与光纤材料有很大关系。例如,对光纤材料进行高压低温 H2 扩散可以极大地提高光纤材料的光敏性。

⑥在采用高能量密度光源对高掺锗光纤材料进行长时间曝光的过程中,开始时,折射率随曝光量增加而逐渐增加,并达到某一最大值;之后,折射率随曝光量增加而逐渐减小。

虽然光纤光敏效应的发现距今已有 40 余年,但它的物理起因和微观机理还不是十分清楚。根据已有的实验结果，人们已经对掺锗石英光纤光敏性的微观机理提出了多种不同的解释模型。就目前而言，普遍认为掺杂光纤的光敏性来源于掺杂物质与SiO_2混合形成的结构缺陷。一般认为强紫外光照射后，密度发生了变化，从而导致折射率变化。图3-2-1为典型的掺锗光纤紫外吸收光谱。

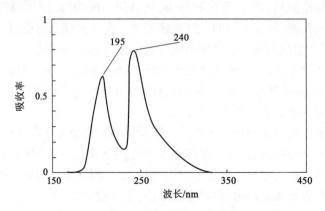

图3-2-1　掺锗光纤紫外吸收光谱

掺杂质的光纤具有折射率的紫外(UV)光敏性，即UV光辐照引起光纤的晶格缺陷，从而引起折射率的变化。若没有对光纤进行处理，直接用UV光照射，光纤的折射率增加仅为10^{-4}数量级便已经饱和，所以制作优质的光纤光栅就需要提高光纤的光敏性。提高光敏性的关键是增加光纤GODC(Germanium Oxygen Deficiency Centre,锗缺氧中心)的浓度。增敏方法主要有掺入光敏性杂质(如锗、锡、硼等)或多种掺杂剂(如锗、硼共掺等)。近年来，增敏技术主要有以下几种：

①采用高压氢载技术或在制作预制棒时进行氢处理将氢扩散到光纤中，使光纤在242nm波长处的吸收强度比通常条件下的光纤提高一个数量级。

1993年，Atkins和Lemaire等发现高压低温氢载能大幅度提高光纤的光敏性。氢载温度通常在21~75℃之间，压力在20×10^5~750×10^5Pa范围内。Lemaire将标准通信光纤在21℃下氢载12天，然后用工作波长为241nm、工作频率为30Hz的紫外光辐射，得到5.9×10^{-3}的折射率改变量。事实上，氢载后再进行紫外光辐射，光纤折射率改变量可达10^{-2}量级。Lemaire还证实折射率的改变量不受制作过程中产生的细微缺陷的影响，而主要受所掺锗和氢载浓度的影响，且在通常的情况下，折射率的改变可保持较好的热稳定性。

②在光纤中掺入Sn^{4+}、Er^{3+}、Ge^{4+}、Sb^{3+}、Pr^{3+}等具有较强光敏性的离子以加强在240nm波长附近的光纤吸收峰值。

Dong等的研究表明，掺Sn^{4+}的光纤经紫外光辐射后，折射率改变量可达114×10^{-3}，而且不会对重要的通信窗口1155μm处的吸收损耗产生大的影响，形成的光纤光栅的热稳定性也优于硼锗共掺的光纤。研究还表明，Sb/Ge共掺光纤有较好的光敏性和很高的温度稳定性，当温度高达900℃时光纤光栅的性能仍然稳定，特别适合制作对温度干扰不敏感的传感器。

近UV光增敏掺锗光纤纤芯对244nm的光波敏感，故常用244nm的激光作为写入光波，但包层对该波长也有较强的吸收能力，制作光纤光栅时，需要除去包层，这既费时又损伤光纤光栅的机械强度。为此，J.L.Blows等人采用对包层透明的近UV光作为写入光波，同时在纤芯掺入具有光敏性的稀土离子 Ho^{3+} 或 Tm^{3+}。实验表明，掺 Ho^{3+} 或 Tm^{3+} 的纤芯对 355nm 的近 UV 光敏感，同时对 1250～1650nm 的通信波长吸收能力很弱，极具实用价值。

2.2.2 光纤光栅的光学特性

光纤光栅是一种参数周期变化的光波导，其纵向折射率的变化将引起不同光波模式之间的耦合，并且可以通过将一个光纤模式的功率部分或完全地转移到另一个光纤模式中去改变入射光的频谱。在一根单模光纤中，纤芯中的入射基模既可以被耦合成向前传输模式，也可被耦合成向后传输模式，这要依赖于光栅以及不同传播常数决定的相位条件，即：

$$\beta_1 - \beta_2 = \frac{2\pi}{\Lambda} \tag{3-2-1}$$

式中，Λ 是光栅周期；β_1 和 β_2 分别是模式 1 和模式 2 的传播常数。为了将一个向前传输模式耦合成一个向后传输基模，应满足如下条件：

$$\frac{2\pi}{\Lambda} = \beta_1 - \beta_2 = \beta_{01} - (-\beta_{01}) = 2\beta_{01} \tag{3-2-2}$$

式中，β_{01} 是单模光纤传输模式中的传播常数。

在这种情况下得到的光栅周期较小（$\Lambda < 1\mu m$），把这种短周期光栅称为布拉格光栅，其基本特性表现为一个反射式的光学滤波器，反射峰值波长称为布拉格波长，记为 λ_B。

$$\lambda_B = 2n_{eff}\Lambda \tag{3-2-3}$$

式中，n_{eff} 是光纤的有效折射率。

另一种情况，即将一个向前传输模式耦合成一个向后包层模，此时 β_1 与 β_2 同号，因此 Λ 较大，这样所得到的光栅称为长周期光纤光栅（LPG），Λ 一般为数百微米，LPG 的基本特性表现为一个带阻滤波器，阻带宽度一般为十几到几十纳米。

光纤光栅的反射率可由以下公式确定：

$$R = \tanh^2\Omega \tag{3-2-4}$$

式中，R 为光纤光栅的反射率；$\Omega = \pi n(L/\lambda_B)(\Delta n/n)\eta(v)$。

参数 $\eta(v) \approx 1 - 1/V^2$，$V$ 为光纤的归一化频率，$V \geq 2.4$。由式（3-2-4）可以看出，光纤光栅的反射率与光栅长度 L 以及栅区折射率差（$\Delta n/n$）成正比。对于特定的光纤，折射率差（$\Delta n/n$）由紫外照射光强度及照射时间决定。

光纤光栅反射光的半幅值全宽 $\Delta\lambda$ 由下式确定：

$$\Delta\lambda = \lambda_B s \sqrt{\left(\frac{\Delta n}{2n}\right)^2 + \left(\frac{1}{N}\right)^2} \tag{3-2-5}$$

式中，参数 $s \approx 1$ 时，光纤光栅为高反射率光栅；$s = 0.5$ 时，光纤光栅为弱反射率光栅；N 为光栅面数量。由于光纤纤芯内折射率变化很小，因此对于光纤光栅反射光的半幅值全宽 $\Delta\lambda$ 的影响主要来自折射率差调制深度的变化量。

图 3-2-2 为光纤光栅的示意图，由于光纤包层一般由非掺杂的纯 SiO_2 构成，其本征吸收峰位于 160nm，对 240nmUV 写入波长几乎是完全透明的，因此在光纤写入过程中光纤包层的折

射率不发生变化,每一光栅条纹均通过菲涅耳(Fresnel)反射对入射光提供一定的反射作用,当入射光波长使得来自各光栅条纹的反射满足谐振加强条件时,光栅对入射光的反射率达到最大值。

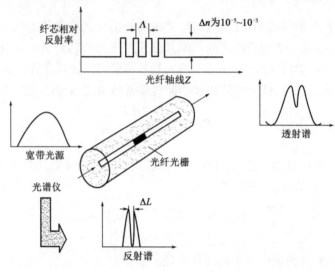

图 3-2-2　光纤光栅示意图

因此,均匀 FBG 光栅的基本特性是以共振波长为中心的窄带光学滤波器,该共振波长称为布拉格波长,记为 λ_B。一个光纤折射率周期变化的光栅可以反射以布拉格波长为中心,带宽以内的一切波长,根据需要它既可以做成小于 0.1nm 的窄带滤波器,也可以作为几十纳米的宽带滤波器。此外,它还具有体积小、插入损耗低以及与普通光纤匹配良好的优点。而折射率被线性调制的啁啾光纤光栅可以做成宽带滤波器。

2.3　光纤光栅的传输传感原理

2.3.1　光纤基本结构与传输原理

光纤是光导纤维的简称。它是工作在光波波段的一种介质波导,通常是圆柱形。它把以光的形式出现的电磁波能量利用全反射的原理约束在其界面内,并引导光波沿着光纤轴线的方向前进。光纤的传输特性由其结构和材料决定。

如图 3-2-3 所示,光纤的基本结构是两层圆柱状媒质,内层为纤芯,外层为包层;纤芯的折射率 n_1 比包层的折射率 n_2 稍大。当满足一定的入射条件时,光波就能沿着纤芯向前传播。实际的光纤在包层外面还有一层光纤涂覆层,其用途是保护光纤免受环境污染和机械损伤。

光波在光纤中传输时,受纤芯边界限制,其电磁场解是不连续的。这种不连续的场解称为模式。光纤分类的方法有多种,按传输的模式数量可分为单模光纤和多模光纤;按纤芯折射率分布分为阶跃型光纤和梯度型光纤;按偏振态分为保偏光纤和非保偏光纤;按制造材料分为高纯度熔石英光纤、多组分玻璃光纤、塑料光纤、红外光纤、液芯光纤、晶体光纤等。

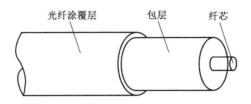

图 3-2-3　光纤基本结构示意图

光纤工作的基本原理基于光的全反射现象,即由于纤芯折射率 n_1 大于包层折射率 n_2,当满足孔径 $NA = n_0\sin\varphi_0 = (n_1^2 - n_2^2)^{1/2}$ (n_0 为空气折射率)要求的光线传播到光纤界面时,根据菲涅耳折射定律可知,当折射角度 $\varphi > \varphi_0$ 时,入射光将不发生折射,全部沿着纤芯反射向前传播,如图 3-2-4 所示。因此,光纤能将以光形式出现的电磁波能量利用全反射的原理约束在其纤芯内,并引导光波沿着光纤轴线的方向前进。

图 3-2-4　光波在光纤中的传播

2.3.2　光纤光栅传感基本原理

光纤光栅就是一段光纤,其纤芯中具有折射率周期性变化的结构。根据耦合模理论,波长 λ_B 为 $2n\Lambda$ 的光波易被光纤光栅所反射(其中 λ_B 为光纤光栅反射光中心波长,Λ 为光栅周期,n 为纤芯的有效折射率)。

光纤光栅反射光中心波长 λ_B,与光栅周期 Λ、纤芯的有效折射率 n 有关,所以当外界的被测量引起光纤光栅温度、应力或磁场改变时光纤光栅反射光中心波长都会发生变化。也就是说,光纤光栅反射光中心波长的变化反映了外界被测信号的变化情况。

光纤光栅传感器的原理如图 3-2-5 所示。宽谱光源(如 SLED 或 ASE)将有一定带宽的光通过环形器入射到光纤光栅中,光纤光栅的波长选择性作用,使符合条件的光被反射回来,再通过环形器送入解调装置测出光纤光栅的反射波长变化。当用光纤光栅做探头测量外界的温度、应力或磁场时,光栅自身的栅距发生变化,从而引起反射波长的变化,解调装置即通过检测波长的变化推导出外界温度、应力或磁场。

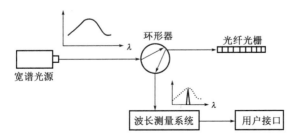

图 3-2-5　光纤光栅(FBG)传感器原理图

(1) 应变

光纤光栅的中心波长变化 $\Delta\lambda_B/\lambda_B$ 和纵向应变 $\Delta\varepsilon$ 的关系为

$$\frac{\Delta\lambda_B}{\lambda_B} = (1 - P_e)\Delta\varepsilon \tag{3-2-6}$$

式中,P_e 为光纤材料的弹光系数,$P_e = -\frac{1}{n}\cdot\frac{dn}{d\varepsilon}$。

对于在硅光纤中写入的光纤光栅的测量灵敏度,1989 年 Moery 等人实验测得波长为 800nm 的光纤光栅应变系数为 $0.64\text{pm}/\mu\varepsilon$,波长为 1550nm 的光纤光栅应变系数为 $1.209\text{pm}/\mu\varepsilon$。

(2) 温度

设温度变化为 ΔT,与之相对应的光纤光栅中心波长的变化 $\Delta\lambda_B/\lambda_B$ 为

$$\frac{\Delta\lambda_B}{\lambda_B} = (a_f + \xi)\Delta T \tag{3-2-7}$$

式中,a_f 为光纤材料的热膨胀系数,$a_f = \frac{1}{\Lambda}\cdot\frac{d\Lambda}{dT}$;$\xi$ 为光纤材料的热光系数,$\xi = \frac{1}{n}\cdot\frac{dn}{dT}$。

表 3-2-1 给出了不同波长的光纤光栅的应变和温度灵敏度。

不同波长的光纤光栅的应变和温度灵敏度　　　　表 3-2-1

波 长	应变灵敏度	温度灵敏度
$0.83\mu m$	$0.64\text{pm}/\mu\varepsilon$	$6.8\text{pm}/℃$
$1.3\mu m$	$1\text{pm}/\mu\varepsilon$	$10\text{pm}/℃$
$1.55\mu m$	$1.2\text{pm}/\mu\varepsilon$	$10.3\text{pm}/℃$

(3) 压力

设压力的变化为 ΔP,则与之相对应的光纤光栅中心波长的变化 $\Delta\lambda/\lambda$ 由下式给出。

$$\frac{\Delta\lambda}{\lambda} = \frac{\Delta(n\Lambda)}{n\Lambda} = \left(\frac{1}{\Lambda}\cdot\frac{\partial\Lambda}{\partial P} + \frac{1}{n}\cdot\frac{\partial n}{\partial P}\right)\Delta P \tag{3-2-8}$$

光纤受压会使光纤直径发生微量变化,这种变化又会使得光传输延迟发生微量变化,但这种变化相比于光纤折射率和物理长度的变化常常是可以忽略的。1979 年,Hocker 等人给出了光纤长度变化的计算关系式(式 3-2-9)。1992 年,Morey 等人给出了计算折射率变化的计算关系式(式 3-2-10)。

$$\frac{\Delta L}{L} = -\frac{(1-2v)P}{E} \tag{3-2-9}$$

$$\frac{\Delta n}{n} = \frac{n^2 P}{2E}(1-2v)(2\rho_{12} + \rho_{11}) \tag{3-2-10}$$

式中,E 为光纤的弹性模量;v 为泊松比;ρ_{11},ρ_{12} 为光纤的光学应力张量分量。考虑到 $\Delta L/L = \Delta\Lambda/\Lambda$,平均周期-压力关系和折射率-压力关系分别由式(3-2-11)和式(3-2-12)给出,即

$$\frac{1}{\Lambda}\cdot\frac{\partial\Lambda}{\partial P} = -\frac{1-2v}{E} \tag{3-2-11}$$

$$\frac{1}{n}\cdot\frac{\partial n}{\partial P} = \frac{n^2}{2E}(1-2v)(2\rho_{12} + \rho_{11}) \tag{3-2-12}$$

将式(3-2-11)和式(3-2-12)代入式(3-2-8),可以得到波长-压力灵敏度关系为

$$\Delta\lambda = \lambda\left[-\frac{1-2v}{E} + \frac{n^2}{2E}(1-2v)(2\rho_{12}+\rho_{11})\right]\Delta P \qquad (3\text{-}2\text{-}13)$$

1993 年，Xu 等人在 70MPa 的压力范围内，对于波长 1.55μm 的掺锗光纤光栅，测得其 $\Delta\lambda/\Delta P$ 约为 -3×10^{-3} nm/MPa。

（4）动态磁场

1994 年，Kersey 和 Marrone 报道了基于法兰第效应的光纤光栅磁场探测传感器。法兰第效应表明在磁场作用下通过光纤光栅的左旋和右旋偏振光的折射率大小会发生微弱的变化。假定沿光纤光栅轴向的折射率变化状况可以表示为

$$B_+ = 2n_+$$
$$B_- = 2n_- \qquad (3\text{-}2\text{-}14)$$

式中，下标"+"和"-"分别代表光纤光栅中右旋和左旋的偏振光。对于硅光纤，由于决定法拉第效应灵敏度的是硅光纤固有的维尔德（偏振光磁旋）常数，而这个常数很小，在 1.3μm 附近，其值约为 8×10^{-1} rad·T^{-1}·m^{-1}，所以，光纤光栅的灵敏度很小，折射率的变化可以确定为

$$n_+ - n_- = \frac{V_d H\lambda}{2\pi} \qquad (3\text{-}2\text{-}15)$$

式中，V_d 为维尔德常数；λ 为光纤光栅中心波长；H 为磁场强度。由折射率变化导致了光纤光栅反射波长变化，由于磁场而导致的双折射环引起了布拉格谐振峰的分裂，如图 3-2-6 所示。Kersey 和 Marrone 报道的法拉第效应产生的波长漂移很小，需要通过干涉探测等方法来提高灵敏度。在他们工作的基础上，可以开展关于大电流和大电压等物理量动态测量的研究。

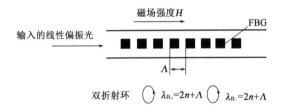

图 3-2-6　由于磁场而导致的双折射环引起了布拉格谐振峰的分裂

2.3.3　光纤光栅的调制函数

光纤光栅的原理是光纤芯区折射率周期变化造成光纤波导条件的改变，导致一定波长的光波发生相应的模式耦合，使得其透射光谱和反射光谱对该波长出现奇异，图 3-2-7 表示了其折射率分布示意图。

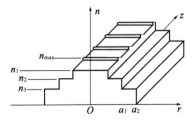

图 3-2-7　光纤光栅折射率分布示意图

这只是一个简化图形,实际上光致折射率改变的分布将由照射光的光强分布决定。对于整个光纤的曝光区域,可以由下列表达式给出折射率分布较为一般的描述。

$$n(r,\varphi,z) = \begin{cases} n_1[1 + F(r,\varphi,z)] & |r| \leqslant a_1 \\ n_2 & a_1 \leqslant |r| \leqslant a_2 \\ n_3 & |r| \leqslant a_2 \end{cases} \quad (3\text{-}2\text{-}16)$$

式中,a_1 为光纤纤芯半径;a_2 为光纤包层半径;n_1 为纤芯初始折射率;n_2 为包层折射率;$F(r,\varphi,z)$ 为光致折射率函数,具有如下特性:

$$F(r,\varphi,z) = \frac{\Delta n(r,\varphi,z)}{n_1} \quad (3\text{-}2\text{-}17)$$

$$|F(r,\varphi,z)| = \frac{\Delta n_{\max}}{n_1} \quad (0 < z < L) \quad (3\text{-}2\text{-}18)$$

$$F(r,\varphi,z) = 0 \quad (z > L) \quad (3\text{-}2\text{-}19)$$

式中,$\Delta n(r,\varphi,z)$ 为光致折射率变化;$\Delta n_{\max}$ 为折射率最大变化量。

因为制作光纤光栅时需要去掉包层,所以这里的 n_3 一般指空气折射率。式中之所以出现 r 和 φ 坐标项,是为了更精确描述折射率的分布在横截面上的精细结构。在式(3-2-16)中隐含了如下两点假设:

①光纤为理想的阶跃型光纤,并且折射率沿轴向均匀分布;
②光纤包层为纯石英,由紫外光引起的折射率变化极其微弱,可以忽略不计。

这两点假设有实际意义,因为目前实际用于制作光纤光栅的光纤,多数是采用改进化学气相沉积法(Modified Chemical Vapor Deposition,MCVD)制成,且使纤芯重掺锗以提高光纤的紫外光敏性。这就使得实际的折射率分布接近理想阶跃型光纤的折射率分布,因此采用理想阶跃型光纤模型不会引入与实际情况相差很大的误差。此外,光纤包层一般为纯石英,虽然它对紫外光波也有一定的吸收作用,但很难引起折射率的变化,而且即使折射率有微弱变化,也可调整 Δn 的相对值来获得补偿,因此完全可以忽略包层的影响。

为了给出 $F(r,\varphi,z)$ 的一般形式,必须对引起这种折射率变化的光波场进行详尽分析。目前采用的各类写入方法中,紫外光波在光纤芯区轴线 z 向的光场能量分布大致可分为如下几类:均匀正弦型、非均匀正弦型、均匀方波型和非均匀方波型。从目前的实际应用来看,非均匀型主要包括光栅周期及折射率调制沿 z 轴的渐变性、折射率调制在横截面上的非均匀分布等,它们分别可以修正光栅传播常数 k_g 与 z 相关的渐变函数 $\varphi(z)$,以及采用 $\Delta n(r)$ 代表折射率调制来描述。为了更全面地描述光致折射率的变化函数,可以直接采用傅立叶级数的形式对折射率周期变化向准周期变化进行分解。基于这些考虑,可以用下列一般性函数来描述光致折射率变化。

$$F(r,\varphi,z) = \frac{\Delta n_{\max}}{n_1} F_0(r,\varphi,z) \sum_{q=-\infty}^{+\infty} a_q \cos\{[k_g q + \varphi(z)]z\} \quad (3\text{-}2\text{-}20)$$

式中,$F(r,\varphi,z)$ 表示由于纤芯对紫外光的吸收作用而造成的光纤横向截面曝光非均匀性,或其他因素造成的光栅轴向折射率调制非均匀性,并有 $|F(r,\varphi,z)|_{\max} = 1$,这些非均匀性将会影响传输光波的偏振及色散特性;$k_g = 2\pi/\Lambda$ 为光栅的传播常数,Λ 为光栅周期;q 为非正弦分布(如方波分布)时进行傅立叶展开得到的谐波阶数,它将导致高阶布拉格波长的反向耦合;a_q 为展开系数;$\varphi(z)$ 为周期非均匀性的渐变函数。正因为 $\varphi(z)$ 具有渐变性,我们可以将它

看作一"准周期"函数,对包含 $\varphi(z)$ 的非正弦分布也进行了类似于周期函数的傅立叶展开结合式,可以得到光栅区的实际折射率分布为

$$n(r,\varphi,z) = n_1 + \Delta n_{max} F_0(r,\varphi,z) \sum_{q=-\infty}^{+\infty} a_q \cos\{[k_g q + \varphi(z)]z\} \quad (3\text{-}2\text{-}21)$$

该式即为光纤布拉格光栅的折射率调制函数。它给出了光纤光栅的理论模型,是分析光纤光栅特性的基础。

2.3.4 光纤光栅的光谱特性分析

由于光纤光栅的形成是基于光纤的光敏性,不同的曝光条件、不同类型的光纤可产生多种不同的折射率分布的光纤光栅。光纤光栅的光谱特性分析可采用两种方法:一种是耦合模理论,另一种是麦氏(Maxwell)方程。两种分析方法有相同的结果,但麦氏方程更适合非均匀光纤光栅,因为耦合模理论需要把相互耦合的两种模式作为显示分开处理,不仅计算烦琐,而且涉及众多参数,而麦氏方程只需简单的分层,使用边界连续条件就可得到相应的反射光谱响应。

(1) 利用耦合模理论和传输矩阵法分析光纤光栅的反射光谱特性

耦合模理论主要考虑向前传输模式与向后传输模式的耦合。光纤光栅区域的光场满足模式耦合,其耦合方程如下:

$$\begin{cases} \dfrac{dA(z)}{dz} = k(z)B(z)e^{-i\int_0^z q(z)dz} \\ \dfrac{dA(z)}{dz} = k(z)A(z)e^{i\int_0^z q(z)dz} \end{cases} \quad (3\text{-}2\text{-}22)$$

式中,$A(z)$、$B(z)$ 分别为光纤光栅区域的前向波和后向波的复振幅;$k(z)$ 为耦合系数;$q(z)$ 与光栅周期(Λ)和传播常数(β)有关。利用此方程式和光纤光栅的折射率分布、结构参数和边界条件,并借助耦合模理论以及边界条件就可求出光纤光栅的光谱特性。光纤光栅的不同光谱特性呈现出不同的传输和调制特性,因而可构成不同功能的光纤器件。

对于普通单模光纤光栅(均匀光栅),耦合发生在传输方向相反的模式间,设正、反传输模的复振幅分别为 $A(z)$ 和 $B(z)$,利用耦合模理论和边界条件[$z=0$ 时,$A(0)=A_0$;$z=L$ 时,$R(L)=0$],就可以得到如下传输矩阵:

$$\begin{pmatrix} A(0) \\ R(0) \end{pmatrix} = \boldsymbol{F} \begin{pmatrix} A(L) \\ R(L) \end{pmatrix} \quad (3\text{-}2\text{-}23)$$

式中,$\boldsymbol{F}$ 为传输矩阵,是二维矩阵,所包含元素为

$$\begin{cases} F_{11} = \cosh(sL) + j(\Delta\beta'/2s)\sinh(sL) \\ F_{12} = j\dfrac{k}{s}\sinh(sL) \\ F_{21} = -j\dfrac{k}{s}\sinh(sL) \\ F_{22} = \cosh(sL) - j(\Delta\beta'/2s)\sinh(sL) \end{cases} \quad (3\text{-}2\text{-}24)$$

式中,k 为模间耦合系数;$k = k^{\#} = \pi v \Delta n_{max}/\lambda$;$\Delta\beta'$ 是矢谐量;$\Delta\beta = 2\beta - 2\pi/\Lambda - 4\pi\overline{\delta n}/\lambda$;$s = \sqrt{k^{\#}k(\Delta\beta/2)^2}$。光纤光栅的反射谱可利用反射率函数 $R(L,\lambda)$ 求得。由于 $R(L)=0$,所以反

射率为

$$R = |R(0)/A(0)|^2 = |(F_{21}/F_{11})|^2 \tag{3-2-25}$$

对于折射率非均匀变化的光栅,可将其分成有限多个区域,把整个区域近似看作多个均匀光栅的级联叠加,满足的分段条件是 $\Delta z \gg \Lambda$,即所分的区域数 $N \ll 2n_{\text{eff}}/\lambda_B$。

设入射模在第 i 段的纵向复振幅为 A_i 和 B_i,变化矩阵为 $\boldsymbol{F}_i$,则不难推导出

$$\begin{pmatrix} A_{i-1} \\ B_{i-1} \end{pmatrix} = \boldsymbol{F}_i \begin{pmatrix} A_i \\ B_i \end{pmatrix} \tag{3-2-26}$$

式中,$\boldsymbol{F}_i$ 为二维矩阵。矩阵元形式同均匀光栅的传输矩阵元,由此推导出经过整个光纤光栅,最终的输出与输入模式的关系为

$$\begin{pmatrix} A_{\text{in}} \\ B_{\text{in}} \end{pmatrix} = \boldsymbol{F} \begin{pmatrix} A_{\text{out}} \\ B_{\text{out}} \end{pmatrix} \tag{3-2-27}$$

式中,$\boldsymbol{F} = (F_1, F_2, \cdots, F_{N-1}, F_N)$ 为最终变换矩阵。同样,利用边界条件 $B_{\text{out}} = 0$,可得到光纤光栅的复反射指数 $r = B_{\text{in}}/A_{\text{in}} = F_{21}/F_{11}$,反射率 $R = |r|^2$。

(2) 利用麦氏方程求解光纤光栅的反射光谱特性

除利用耦合模理论求解光纤光栅的光谱特性外,还可直接用麦氏方程推导出光纤光栅的反射光谱的 2×2 矩阵计算模型,并用该矩阵计算模型计算出光纤光栅的反射光谱特性。该方法与耦合模理论相比,无须计算两个模之间的耦合系数,因而十分简便。

2×2 矩阵计算模型是直接从介质中麦氏方程与弱波导的物理结构出发,导出适合反射式光纤光栅的反射光谱特性。对于光纤光栅芯层中的光场,由介质的麦氏方程可得

$$\begin{cases} \nabla \times \boldsymbol{E} = -\mu_0 \dfrac{\partial \boldsymbol{H}}{\partial t} \\ \nabla \times \boldsymbol{H} = \varepsilon_0 n(z)^2 \dfrac{\partial \boldsymbol{E}}{\partial t} \end{cases} \tag{3-2-28}$$

式中,$n(z) = \sqrt{\varepsilon_r(z)}$ 是沿 z 轴变化的介电常量。如把方程中各矢量用横、纵向分量来表示,则

$$\begin{cases} \boldsymbol{E} = (E_t, E_z) \\ \boldsymbol{H} = (H_t, H_z) \\ \nabla = \nabla_t, \dfrac{\partial}{\partial t} \end{cases} \tag{3-2-29}$$

则分量形式的麦氏方程为

$$\begin{cases} \nabla_t \times E_t = j\omega\mu_0 H_z \\ \nabla_t \times H_t = j\omega\mu\varepsilon_0 n^2(z) E_z \\ \nabla_t \times E_z + z \times \dfrac{\partial E_t}{\partial z} = j\omega\mu_0 H_t \\ \nabla_t \times H_z + z \times \dfrac{\partial H_t}{\partial z} = -j\omega\mu\varepsilon_0 n^2(z) E_t \end{cases} \tag{3-2-30}$$

考虑弱导入近似 $\Delta \ll 1$,则电磁场分量可以展开为 Δ 的级数,如

$$\begin{cases} E_t = E_t^{(0)} + E_t^{(1)}\Delta + E_t^{(2)}\Delta^2 + \cdots \\ H_t = H_t^{(0)} + H_t^{(1)}\Delta + H_t^{(2)}\Delta^2 + \cdots \end{cases} \tag{3-2-31}$$

而对于电磁场的纵向分量 E_z 和 H_z,当 $\Delta \to 0$ 时,$E_z \to 0$,$H_z \to 0$(TEM 模式),即 $E_z^{(0)} = H_z^{(0)} = 0$。虽然在实际的光纤光栅中,$\Delta$ 并不为 0,但是当 Δ 很小时,TEM 模式是很好的近似。故 E_z 和 H_z 模式展开可表示为

$$\begin{cases} E_z = E_z^{(1)}\Delta + E_z^{(2)}\Delta^2 + \cdots \\ H_z = H_z^{(1)}\Delta + H_z^{(2)}\Delta^2 + \cdots \end{cases} \tag{3-2-32}$$

将方程(3-2-31)和方程(3-2-32)代入方程(3-2-30)求取零阶解,则可以得到不考虑偏振效应的方程组:

$$\begin{cases} \dfrac{\partial E_t}{\partial z} = \mathrm{i}k_0 H_t(z) \\ \dfrac{\partial H_t}{\partial z} = \mathrm{i}k_0 n^2(z) E_t(z) \end{cases} \tag{3-2-33}$$

为方便起见,用 H 替代 H_t,E 替代 E_t,方程(3-2-33)可改写为

$$\frac{\partial}{\partial z}\begin{pmatrix} E \\ H \end{pmatrix} = \mathrm{i}k_0 \begin{pmatrix} 0 & 1 \\ n^2 & 0 \end{pmatrix} \cdot \begin{pmatrix} E \\ H \end{pmatrix} \equiv \mathrm{i}k_0 D \begin{pmatrix} E \\ H \end{pmatrix} \tag{3-2-34}$$

$$\begin{pmatrix} E \\ H \end{pmatrix}_{z+\Delta z} = \boldsymbol{P} \begin{pmatrix} E \\ H \end{pmatrix}_z \tag{3-2-35}$$

由电磁场边界的连续条件 $E(z^+) = E(z^-)$ 和 $H(z^+) = H(z^-)$,可以得到对于整段光纤光栅入射光,出射光和反射光的关系为

$$\begin{pmatrix} E \\ H \end{pmatrix}_{\text{out}} = P_N \cdot P_{N-1} \cdot \cdots \cdot P_2 \cdot P_1 \cdot \begin{pmatrix} E \\ H \end{pmatrix}_{\text{in}} \tag{3-2-36}$$

在弱导入光纤中,光纤传播波的相对波阻抗 $|\rho| = 1$,有效折射率 $N = n_{\text{core}}\cos\theta \approx n_{\text{core}}$,所以电磁场关系 $H \approx n \cdot E$。对于入射端,$\begin{pmatrix} E_0 \\ H_0 \end{pmatrix} = \begin{pmatrix} E_{\text{in}} + E_{\text{re}} \\ n_{\text{in}} E_{\text{in}} - n_{\text{in}} E_{\text{re}} \end{pmatrix}$;出射端 $\begin{pmatrix} E \\ H \end{pmatrix}_{\text{out}} = \begin{pmatrix} T \\ n_{\text{out}} T \end{pmatrix}_{\text{out}}$。式中,$n_{\text{in}}$ 和 n_{out} 分别为入射端和出射端的折射率。改写方程(3-2-36)为

$$\begin{pmatrix} E_{\text{in}} + E_{\text{re}} \\ n_{\text{in}}(E_{\text{in}} - E_{\text{re}}) \end{pmatrix} = \boldsymbol{P}^{-1}\begin{pmatrix} T \\ n_{\text{out}} T \end{pmatrix} = \boldsymbol{F}\begin{pmatrix} T \\ n_{\text{out}} T \end{pmatrix} \tag{3-2-37}$$

反射率为

$$R = 1 - \frac{4}{\left| F_{11} + F_{12}n_{\text{out}} + \dfrac{1}{n_{\text{in}}F_{21}} + \dfrac{n_{\text{out}}}{n_{\text{in}}}F_{22} \right|^2} \tag{3-2-38}$$

在这种计算过程中,关键是对传输矩阵 $\boldsymbol{P}$ 的计算。对于均匀周期光栅,可以在解得一个周期传输矩阵 $\boldsymbol{P}_0$ 的基础上直接得到总的传输矩阵 $\boldsymbol{P} = \boldsymbol{P}_0^N$,其中 N 表示有 N 个周期。对于非均匀周期光栅,可以将包络函数分段处理,把每一段作为均匀周期光栅处理,得到单段传输矩阵为 $\boldsymbol{P}_{Mi}$,则总的传输矩阵 $\boldsymbol{P} = \boldsymbol{P}_{M1}\boldsymbol{P}_{M2}\boldsymbol{P}_{M3}$。

2.3.5 光纤光栅的折射率分布

光纤光栅沿轴向折射率分布可写为

$$n(z) = n_{\text{core}} + \Delta n_g(z)\left[1 + \cos\left(\frac{2\pi}{\Lambda}z\right) + \varphi(z)\right] \tag{3-2-39}$$

式中,Λ 为光栅周期;n_{core} 为纤芯折射率;$\Delta n_g(z)$ 为包络函数,如果 $\Delta n_g(z)$ 是常数,则是均匀周期光纤光栅,否则是非均匀周期光纤光栅;$\varphi(z)$ 为光栅啁啾,对于均匀光纤光栅,$\varphi(z)=0$。

(1) 均匀周期光纤光栅

均匀周期光纤光栅沿轴向折射率分布可写为

$$n(z) = n_0 + \delta_n + \Delta n_{max} \cdot v \cdot \cos\left(\frac{2\pi}{\Lambda}z\right) \tag{3-2-40}$$

式中,n_0 为纤芯折射率;δ_n 为纤芯折射率的平均增加值;Δn_{max} 为纤芯的最大折射率变化量;v 为折射率的调制幅度;Λ 为均匀光栅周期。

图 3-2-8 为均匀周期光纤光栅的折射率分布和反射谱示意图。由图 3-2-8b)所示的光谱特性说明一定带宽 $\Delta\lambda$ 的谐振峰两边有一些旁瓣,这是由于光纤光栅的两端折射率突变引起 Fabry-Perot 效应。这些旁瓣分散了光能量,不利于光纤光栅应用,所以均匀周期光纤光栅的旁瓣抑制是表征其性能的主要指标之一。

均匀周期光纤光栅可作为激光器外腔反射镜,制成光纤光栅外腔半导体激光器。也可以作为 Fabry-Perot 谐振腔制成性能优良的光纤(DFB 或 MOPA 结构)激光器,主动锁模或可调谐光纤激光器、DWDM(Dense Wavelength Division Multiplexing,密集波分复用)中的复用/解复用器、插分复用器及波长转换器、光栅路由器等;利用均匀周期光纤光栅的温度、应力特性还可制成不同的光纤传感器。

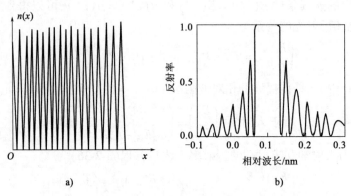

图 3-2-8 均匀周期光纤光栅的折射率分布和反射谱示意图

(2) 线性啁啾光纤光栅

所谓线性啁啾光纤光栅,是指折射率调制幅度不变,而周期沿光栅轴向变化的光栅。其光栅周期可表示为

$$\Lambda(z) = \Lambda(1 + cz) \tag{3-2-41}$$

式中,Λ 为光栅周期;c 为周期的线性变化斜率。其折射率分布可表示为

$$n(z) = n_0 + \Delta n(z)\left\{1 + \cos\left[\frac{2\pi}{\Lambda} + \varphi(z)\right]\right\} \tag{3-2-42}$$

图 3-2-9 为一个线性啁啾光纤光栅的折射率分布和反射谱示意图。从反射谱可见,线性啁啾光纤光栅的反射谱明显增宽,且反射谱具有波动性。这种波动性的产生原因与均匀周期光纤光栅一样,也不利于应用。适当的修正折射率分布 $n(z)$,即使光纤光栅两端折射率调制度逐渐递减,也可以改善这种波动性。

在这种光栅中,光栅节距的线性变化,使通路中的各个波长在光栅的不同深度处反射回来,补偿了通路内各波长渡越时间的变化,从而对谱宽展宽做出补偿。所以,利用线性啁啾光纤光栅的较宽反射带的特点可构成宽带滤波器,用于色散补偿和产生超短脉冲。

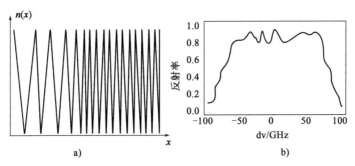

图 3-2-9 线性啁啾光纤光栅的折射率分布和反射谱示意图

(3) Taper 型光纤光栅

Taper 型光纤光栅是一种切趾光纤光栅,它的周期是均匀的,折射率呈一定的函数关系变化,其折射率分布可表示为

$$n(z) = n_0 + \Delta n(0) \cos^2\left(\frac{2\pi}{l}z\right)\cos\left(\frac{2\pi}{\Lambda}\right) \quad \left(-\frac{l}{2} \leq z \leq \frac{l}{2}\right) \quad (3\text{-}2\text{-}43)$$

图 3-2-10 为 Taper 型光纤光栅的折射率分布和反射谱示意图。从图可见,这种光栅的两端折射率分布函数逐渐减至零,消除了折射率突变,从而使它的反射谱不存在旁瓣,改善了光谱特性。Taper 型光纤光栅可构成各种滤波器、波长变换器和光插/分复用器。多个 Taper 型光栅的复合还可制成特殊性能滤波器,如 Michelson 光纤滤波器、Mach-Zehnder 滤波器等。

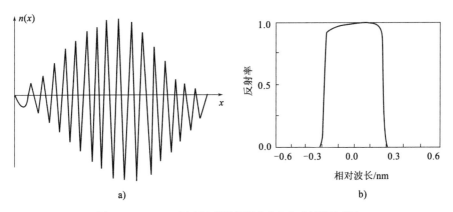

图 3-2-10 Taper 型光纤光栅的折射率分布和反射谱示意图

(4) Moire 光纤光栅

Moire 光纤光栅是一种相移光栅,有其特有的性质,深受关注。Moire 光栅的折射率分布是一种具有慢包络的快变结构,这种结构不仅可以有效抑制布拉格光纤光栅反射谱中的旁瓣效应,而且可以在反射阻带中打开一个或多个透射窗口。其折射率分布可表示为

$$n(z) = n_0 + \Delta n_0 \sin^2\left(\frac{2\pi}{l^2}\right)\cos\left(\frac{2\pi}{\Lambda}\right) \quad \left(-\frac{l}{2} \leq z \leq \frac{l}{2}\right) \quad (3\text{-}2\text{-}44)$$

由于其折射率的变化受到一个正弦因子调制,因此其反射谱具有带通性。图 3-2-11 为 Moire 光纤光栅的折射率分布和反射谱示意图。对于一般 Moire 光纤光栅,Λ 是一个常数,不随 z 变化。对于啁啾 Moire 光纤光栅,Λ 是 z 的作用函数。Moire 光纤光栅可用作光纤通信新

型的滤波器/色散补偿器和信道选择器等。

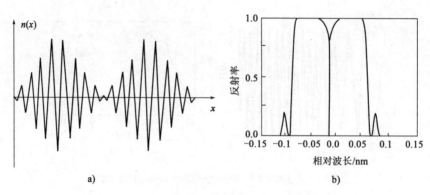

图 3-2-11　Morie 光纤光栅的折射率分布和反射谱示意图

(5) Blazed 型光纤光栅

Blazed 型光纤光栅的折射率分布可表示为

$$n(z) = n_0 + \Delta n \left[1 + \cos\left(\frac{2\pi}{\Lambda_0}z\right)\cos\theta \right] \tag{3-2-45}$$

式中, Λ_0 为折射率变化所形成的栅面垂直距离; θ 为其栅面法线 z' 与光纤轴向 z 的夹角, 如图 3-2-12a) 所示。图 3-2-12c) 为 Blazed 型光纤光栅的反射谱示意图, 从反射谱图中可以看出它的反射谱类似于均匀周期光纤光栅情况, 也有旁瓣。

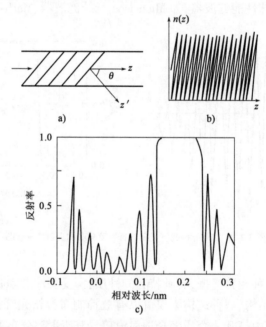

图 3-2-12　Blazed 型光纤光栅的角度、折射率分布和反射谱示意图

利用 Blazed 型光纤光栅可对一定带宽范围内的光功率进行衰减, 从而可实现光放大器的增益平坦化。通过使用复合的 Blazed 型光纤光栅还可实现对残余泵浦光反射等。

(6) 短周期光纤光栅和长周期光纤光栅

根据光纤光栅周期的长短, 通常把周期小于 $1\mu m$ 的光纤光栅称为短周期光纤光栅, 而把周期为几十至几百微米的光纤光栅称为长周期光纤光栅。短周期光纤光栅的特点是传输方向相反的模式之间发生耦合，属于反射型带通滤波器。长周期光纤光栅的特点是同向传输的纤芯基模和包层模之间发生耦合，无后向反射，属于透射型带阻滤波器。

短周期光纤光栅反射谱如图 3-2-13 所示。

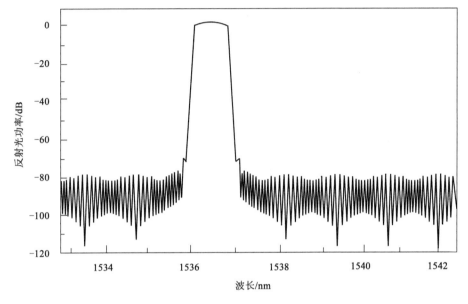

图 3-2-13　短周期光纤光栅反射谱

长周期光纤光栅在光纤通信方面有着广泛用途，如用于 EDFA 增益谱平坦化、光纤模式变换器、偏振模式变换器、滤波器，同时作为一种带阻滤波器应用到 OADM（Optical Add-Drop Multiplexer，光分插复用器）或 OXC（Optical Cross-Connect，光交叉连接）等波长路由器件。长周期光纤光栅透射谱如图 3-2-14 所示。

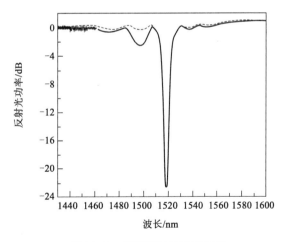

图 3-2-14　长周期光纤光栅透射谱

长周期光纤光栅的光谱特性与光栅的周期、纤芯和包层的有效折射率有关，利用长周期光纤光栅的导模与多个包层模之间产生能量交换，形成多个损耗峰，实现单个光栅的多参量传感；通过调整包层和纤芯材料的不同掺杂，或者通过选择合适的光栅参数，纤芯的导模与设定阶次的包层模产生耦合,可以制作对某些参数增敏或者去敏的长周期光纤光栅。由于长周期光纤光栅无须去包层,比光纤光栅制成器件寿命更长、承受力更强,因此,长周期光纤光栅在温度、应变、弯曲、振动、横向负载以及气体和液体浓度等方面的光纤传感领域也得到了广泛的研究。

本章复习思考题

1. 光纤光栅传感器的测量原理及研究光纤光栅的传输传感的基本原理分为哪几种?
2. 简述光纤光栅反射光谱特性的求解方式及其原理。
3. 简述光纤光栅的分类及其各自的特点。

本章主要参考文献

[1] HILL K O,FUJII Y,JOHNSON D C,et al. Photosensitivity in optical fiber waveguides:application to reflection filter fabrication[J]. Applied physics letters,1978,32(10):647-649.

[2] KAWASAKI B S,HILL K O,JOHNSON D C,et al. Narrow-band Bragg reflectors in optical fibers[J]. Optics letters,1978,3(2):66-68.

[3] KIRKENDALL C K,DANDRIDGE A. Overview of high performance fibre-optic sensing[J]. Journal of physics D:applier physics,2004,37(18):R197-R216.

[4] 干福熹.信息材料[M].天津:天津大学出版社,2000.

[5] 孙明武,陈国能,戴康勤.掺锗紫外光敏光纤制备及特性研究[J].中国建材科技,2000(1):32-34.

[6] ATKINS R M,LEMAIRE P J. Mechanisms of enhanced UV photosensitivity via hydrogen loading in germanosilicate glasses[J]. Electronics letters,1993,29(14):1234-1235.

[7] LEMAIRE P J,ATKINS R M,MIZRAHI V,et al. High pressure H_2 loading as a technique for achieving ultrahigh UV photosensitivity and thermal sensitivity in GeO_2 doped optical fibers[J]. Electronics letters,1993,29(13):1191-1193.

[8] DONG L,CRUZ J L,REEKIE L,et al. Enhanced photosensitivity in tin-codoped germanosilicate optical fibers[J]. IEEE photonics technology letters,1995,7(9):1048-1050.

[9] BLOWS J L,HAMBLEY P,POLADIAN L. Increasing fiber photosensitivity to near-UV radiation by rare earth doping[J]. IEEE photonics technology letters,2002,14(7):938-940.

[10] LAM D K,GARSIDE B K. Characterization of single-mode optical fiber filters[J]. Applied optics,1981,20(3):440-445.

[11] MOREY W W, MELTZ G, GLENN W H. Fiber optic Bragg grating sensors[C] // Proceedings of SPIE, 1989, 1169:98-107.

[12] RAO Y J, JACKSON D A. Prototype multiplexing system for use with a large number of fiber-optic-based extrinsic Fabry-Perot sensors exploiting low-coherence interrogation [C] // Proceedings of SPIE, 1995, 2507:90-98.

[13] HOCKER G B. Fiber-optic sensing of pressure and temperature[J]. Applied optics, 1979, 18(9):1445-1448.

[14] XU M G, REEKIE L. Optical in-fibre grating high pressure sensor[J]. Electronics letters, 1993, 29(4):398-399.

[15] KERSEY A D, MARRONE M J. Fiber Bragg high-magnetic-field probe[C] // Tenth International Conference on Optical Fibre Sensors, Proceedings of SPIE, 1994, 2360:53-56.

[16] 廖延彪. 光纤光学[M]. 北京:清华大学出版社, 2000.

[17] OKAMOTO K, TAKIGUCHI K. 16-channel optical add/drop multiplexer suing silica-based arrayed-waveguide gratings[J]. Electronics letters, 1995, 31(9):723-724.

[18] BROOKS C J, VOSSLER G L, WINICK K A. Intergrated-optic dispersion compensator that uses chirped gratings[J]. Optics letters, 1995, 20(4):368-370.

第 3 章
光纤光栅传感器

3.1 光纤光栅传感器概述

光纤布拉格光栅(Fiber Bragg Grating,FBG)传感器属于波长调制型非线性作用的光纤传感器。Bragg 这个名字起源于 X 射线结晶学的先驱布拉格父子,他们发现准单色射线源从某一个特定角度入射晶体中,所有的反射光会集中在一个特定的方向上,在光纤中也有类似的效果。通过待测量调制入射光束的波长,测量反射光的波长变化进行监测。由于波长是一个绝对参数,不受总体光强水平、连接光纤及耦合器处的损耗或光源能量的影响,因此此种方式比其他光调制方式更加稳定。

光纤光栅是将通信用光纤的一部分利用掺锗光纤非线性吸收效应的紫外全息曝光法而制成的一种称为布拉格光栅的纤芯折射率周期性变化光栅。

通常的光会全部穿过布拉格光栅而不受影响,只有特定波长的光(波长为 λ_B)在布拉格光栅处反射后会再返回到原来的方向(参照图 3-3-1)。在布拉格光栅处施加外力,光栅的间隔发生变化后,反射回来的光的波长也会相应发生变化。布拉格波长 λ_B 同时受布拉格光栅周期和纤芯有效折射率扰动的影响,因而通过监测布拉格波长的变化即可测出应变和温度扰动。

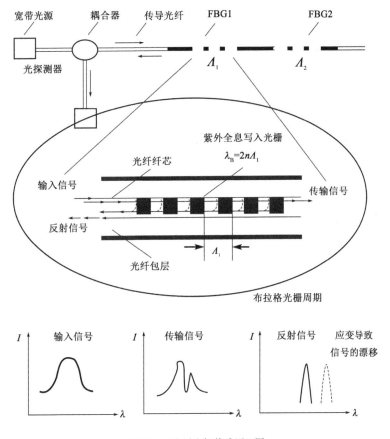

图 3-3-1　光纤光栅传感原理图

1978 年，Hill 等人发现了光纤的光敏性，制作出世界上第一支光纤布拉格光栅。Melzt 等人于 1989 年采用横向侧面曝光技术制作光纤光栅，光纤光栅技术引起了人们的重视。之后各种新的制作方法和各种新型光纤光栅相继被提出，例如：啁啾光纤光栅（Chirped Fiber Grating，CFG）和长周期光纤光栅（Long-period Fiber Grating，LPG）等。随着光纤光栅制造技术的不断完善，应用成果的日益增多，光纤光栅成为目前最有发展前途、最具有代表性的光纤无源器件之一。光纤光栅的应用大大提高了光纤器件的性能，在光纤通信和光纤传感领域有着广泛的应用前景。光纤光栅的出现，使许多复杂的全光纤通信和传感网成为可能，极大地拓宽了光纤技术的应用范围。

在光纤通信方面，光纤光栅为光纤光栅激光器、波分复用器、光放大器、波长变换器、光交叉连接器、光分插复用器、色散补偿器等关键器件提供了很好的解决方案。例如，利用光纤光栅的窄带高反射率特性构成光纤反馈腔，依靠掺铒光纤等为增益介质即可制成光纤激光器，用光纤光栅作为激光二极管的外腔反射器，可以构成外腔可调谐激光二极管；利用光纤光栅可构成 Michelson 干涉型、Mach-Zehnder 干涉型和 Fabry-Perot 干涉型的光纤滤波器；利用非均匀光纤光栅滤波器可以制成光纤色散补偿器。基于光纤光栅的光通信器件特点见表 3-3-1。

基于光纤光栅的光通信器件特点　　　　　　　　　　　　　　　表 3-3-1

器件名称	特　点
光源 — DFB(Distributed Feedback,分布反馈)光纤光栅激光器	边模抑制比和频率稳定性均优于 DBR(Distributed Bragg Reflector,分布布拉格反射器);稳定的功率输出;可以构成多波长激光器
DBR 光纤光栅激光器	可获得比 DFB 更高的模式选择性,便于严格控制波长,获得稳定的单模运行;输出功率高;功率输出稳定;是商用化最好的可调谐激光器
光纤光栅外腔激光器	极低的温度依赖性;极低的阈值电流;很高的边模抑制比;极低的啁啾量;可获得窄线宽的稳定激光输出
波分复用器	与输入光的偏振态无关;插入损耗低;中心反射波长可得到精确控制;光栅反射宽带可任意选择;易进行温度补偿,对外界温度不敏感
光放大器	稳定泵浦光源的输出激光波长;使 EDFA(Erbium-Doped Fiber Amplifier,掺铒光纤放大器)的增益平坦化;抑制 EDFA 的 ASE(Amplified Spontaneous Emission,放大自发辐射)噪声;能够提高 EDFA 的泵浦效率
波长变换器	结构简单;波长稳定性好;波长变换无啁啾;便于光电子集成;可获得宽的波长变换范围,实现灵活的"虚波长"路由
光交叉连接器	单个宽调谐范围的光纤光栅可覆盖整个 EDFA 波段;串扰低;结构比较简单,成本低
光分插复用器	插入损耗小;偏振不敏感;良好的热稳定性和力学性能;易实现多波长插分复用;通道间泄漏低,串扰低
色散补偿器	体积小,结构简单,非线性啁啾光栅可产生非线性的时延曲线,实现高速通信系统上的 PMD(Polarization Mode Dispersion,偏振模色散)补偿;可同时补偿波分复用器所有信道的色散;色散斜率补偿理想

在光纤传感方面,光纤光栅为光纤传感技术开辟了一个新的应用研究领域,利用光纤光栅可以制作应力和温度等物理量的光纤光栅传感器和传感网络。目前,已报道的光纤光栅传感器可以检测的物理量有温度、应变、压力、位移、压强、扭角、扭矩(扭应力)、加速度、电流、电压、频率、浓度、热膨胀系数等,其中,一部分光纤光栅传感系统已经投入实际应用。世界著名的油田设备服务商 Schlumberger 和 Weatherford 曾分别投资超过 1 亿美元购买光纤光栅传感器技术,广泛应用于陆地油井和海上石油平台监控。同时,美国国家航空航天局专门立项用光纤光栅传感器对飞行器材料和结构进行优化。美国海军用光纤光栅传感器对舰船、潜艇结构进行监控,并在此基础上研究开发超灵敏的光纤光栅的声呐系统。

光纤光栅在民用工程领域的应用情况如表 3-3-2 所示。

光纤光栅在民用工程领域的应用情况　　　　　　　　　　　　　　表 3-3-2

国家或单位	研究成果	功　能	应用情况或潜在的应用领域
加拿大	应力光纤传感器	对桥梁结构进行长期的应力监测	加拿大的 Beddington Trail 大桥上安装了这种装置,16 个光纤光栅贴附在钢增强杆和碳纤维复合材料上

续上表

国家或单位	研究成果	功　能	应用情况或潜在的应用领域
美国	分布式光纤光栅测量系统	监测动态荷载引起的结构响应、退化和损坏	新墨西哥 Las Cruces 10 号洲际高速公路的钢结构桥梁的监测，桥梁上安装了 120 个光纤光栅
Blue Road Research（美国）	温度、应力光纤光栅传感器，以及相关技术的专利	对桥梁结构等进行健康监测，并对生产过程进行监控	在俄勒冈州哥伦比亚河峡谷上的 Horsetail Falls 桥上安装了这种装置，28 个光纤光栅对桥梁结构进行健康监测
欧洲的 STABILOS 计划	光纤光栅传感系统	测量地下建筑的荷载和静态位移	地下矿井、隧道监测，大坝、桥梁及其他建筑物都是潜在的应用对象
荷兰	光纤光栅传感系统	监测动态荷载	将被应用于钢板的振动测量，外界环境引起的振动波监测
南洋理工大学的校产公司（新加坡）	各种参量的光纤光栅传感器	民用结构的应力、荷载和温度监测，混凝土固化监测，结构内部裂缝情况的监测	各种民用结构的健康监测，一根光纤上最多复用 30 个光纤光栅

光纤和光纤光栅传感技术已在通信领域中得到了广泛的应用，并在这些应用领域中显示了它的优越性、不可替代性和在各个领域的极大应用前景。从 1992 年至 2010 年的市场销售额和专利申报情况可以看出光纤光栅传感技术的发展速度，图 3-3-2 给出了自 1992 年至 2010 年专利申报个数和市场销售额的统计。从图中可以看出，1992 年的市场销售额仅为 1.9×10^8 美元，1997 年为 3.05×10^8 美元，到 2010 年增长为 50 亿美元，增长迅速。

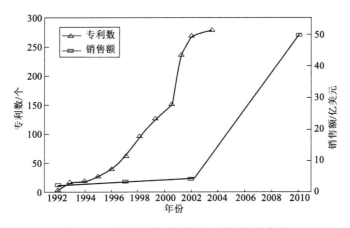

图 3-3-2　光纤光栅传感器专利和市场销售额统计

综上所述，基于光纤光栅的传感技术近年来层出不穷，充分地显示了它的优势，而且光纤光栅传感技术仍然处在迅速发展的阶段。可以预见，随着光纤光栅传感器的商品化和性能的不断提高，光纤光栅必将在传感领域呈现出巨大的活力，在国防和国民经济建设中发挥重要的、不可替代的作用。

光纤光栅传感器可以埋入结构中对其内部的应变等参数进行实时的高分辨率和大范围监测，是未来智能结构的集成光学神经，也是目前健康监测首选的传感器。由于光纤光栅具有不受电磁场干扰和光路光强波动影响、具有绝对测量和易于实现波分复用的准分布式传感等突出优点，自 Meltz 等提出侧向全息写入技术以来，其得到迅猛发展。目前，光纤光栅传感器研究热点主要有以下几个方面：

①光纤光栅传感器设计及技术研究。针对工程测量的参量类型、性质、分布等不同要求，需要对光纤光栅传感器的结构进行特殊设计，以保证感测结果的精确性和可重复性。利用光纤光栅的优点，开发一系列高灵敏度、高分辨率的传感器成为光纤光栅传感技术发展的热点。

②信号解调系统研究。高精度、低成本的波长检测技术是信号解调的应用基础，目前光纤光栅解调设备普遍存在分辨率不高、采样频率低、复用性不够以及成本过高的缺点，开发低成本、小型化、可靠及灵敏的检测技术是光纤光栅传感技术的一个重要方向。

③光纤光栅传感器封装技术的研究。工业施工现场环境比较恶劣，光纤纤细易断，采用先进的封装工艺使得光纤光栅传感器在恶劣的环境中正常工作尤为重要。封装主要考虑如何保护纤细的光纤光栅，并将其集成在结构中进行准确的测量。同时，有效的封装还能在一定程度上提高光纤光栅传感器的测量灵敏度。此外，对于不同的测量要求，需要开发相应的封装方式以适应不同的基体结构。

④光纤光栅传感器的应变传递机制和实用的应变传递计算方法。黄国君等将 FBG 分别粘贴于铜、不锈钢、聚合物等材料的基体上，在拉伸试样上测得其应变传递系数分别 0.891、0.891 和 0.583，实验证明了不同的材料和封装方式对光纤光栅传感器应变传递有很大的影响。

⑤应变、温度交叉敏感问题的解决直接影响光纤光栅传感器的实用化，而且，多参量同时传感是发展方向。

⑥光纤光栅传感器稳定性和耐久性问题。大型工程结构的设计使用寿命一般为几十年甚至更长，所以光纤光栅的长期稳定性和耐久性直接影响光纤光栅传感器在结构长期健康监测的应用。影响光纤光栅稳定性和耐久性的因素很多，如环境温度、湿度、化学腐蚀等。人们发现光纤光栅的中心波长、折射率、反射率会随着时间和温度的变化而变化，虽然变化量很小，但也影响了传感器的长期稳定性和耐久性。

⑦光纤光栅传感网络的研究。分布式、多参量、多功能感测的传感网络系统是实现大型结构体实时监测的希望所在。由于光纤光栅可以灵活地串、并接，并且能够对压力、温度等实时感测，因此，借鉴光复用通信技术，利用光波复用和空间分制，可以构建多维度(线阵、面阵、体阵及其复合)、多参数(力学量、热学量、几何量等)、多功能、分布式(多点准分布式、连续分布式)、智能型(机敏、蒙皮等)传感系统。

⑧损伤定位及评估技术研究。对于大规模光纤光栅传感网络而言，为保证结构健康监测的实时性，还必须提高传感信号的处理效率，快速、有效地区分被测量信号与外部干扰信号，确定传感数据与真值之间的关系，进而确定损伤发生的部位和程度。由于智能材料结构中光纤传感网络分布范围很大，传感网络输出信号可能是大面积的分布信号，且常常呈非线性关系，计算与分析工作量很大。因此，必须研究针对大规模分布式传感网络的快速信号分析和处理算法。

3.2　光纤光栅传感器设计原则

与一般传感器的设计类似,光纤光栅传感器的设计也要遵循以下基本原则:
(1) 相容性
将光纤光栅传感器成功应用于工程结构领域,其最重要的技术难点之一就是传感器与被测结构之间的相容性问题,即传感器与被测结构的变形匹配问题。传感器与被测结构材料基质的性质越相近越好,尽量减少或避免对被测结构物理特性的影响。其设计必须从以下几个方面考虑:
①强度相容:埋设或粘贴的传感器不能影响被测结构的强度或者影响很小。
②界面相容:传感器的材料外表面与被测结构材料要有相容性。
③尺寸相容:传感器与被测结构构件相比体积应尽量小,保证传感器与被测结构变形相匹配。
④场分布相容:传感器材料不能影响被测结构的各种场分布特性,如应力场。
(2) 传感特性
裸光纤光栅是优良的传感元件,在封装后要尽量保持其固有的优良特性,而其传感特性与封装结构、封装材料和封装工艺密切相关。
(3) 工艺性
传感器的设计要尽量简单、便于加工。
(4) 使用性
传感器的安装、保护和调试要简单、方便,最好可重复使用,并满足大型工程结构现场的施工要求。

光纤光栅传感器的设计最终是为了在实际工程中应用。因此,在光纤光栅传感器的设计过程中,除了需要考虑光纤光栅传感的基本原理外,还应当考虑实际工程应用过程中的复杂情况。归纳起来,实际工程对光纤光栅传感器的设计工作提出了以下要求:
①性能指标要求。即传感器的感测物理量与传感器中心波长之间的函数关系要准确,产品一致性、量程和测量精度满足工程要求。
②稳定性和重复性要求。要求传感器的稳定性高,尤其是长时间测量的稳定性与重复性的误差保证在满量程的 1% 以内。
③工程适应性。要求传感器便于工程安装,安装过程和正常工程施工活动不会对传感器和连接光缆造成损坏。
④寿命要求。传感器产品寿命与建筑结构的使用寿命相关,一般建筑设计使用寿命 30 年,大型桥梁 50 年,大坝 100 年。传感器产品寿命目前没有国家标准要求,一般根据测试需要确定。
⑤符合标准和使用习惯。产品符合国家标准和工程的使用习惯,对尚没有国家标准的新产品,应尽可能参照传统产品的标准和尺寸。

虽然光纤光栅传感器是一种新型传感器,但在设计产品时应尽可能地参考传统传感器。如此,一方面可以吸收传统传感器在设计上的优点,另一方面在性能和外观上可使客户容易接受。

工程化光纤光栅传感器的设计主要从三个方面着手：

（1）结构设计

传感器的结构设计的目的，是使传感器对被测物理量敏感，同时尽量对其他物理量减敏，并使传感器的结构具有良好的稳定性，易于加工和生产。针对不同的被测物理量，需要采用不同的结构设计方法。

（2）材料选择

由于不同材料的物理性质和化学性质不同，如弹性模量不同（即受力不同），因此需要针对具体应用场合选择合适的材料。若应用在高温环境中，则需要采用耐高温材料对光纤光栅进行封装。

（3）工艺选择

在确定了传感器的结构并选定了使用材料后，封装工艺的选择就成为决定光纤光栅传感器质量的重点。为此，必须进行大量的技术探索和工艺实验，以便获得工程化光纤光栅传感器的实际研制经验。

3.3 光纤光栅应变传感器

作为传感用的光纤光栅最初应用于航空、航天等军事领域。它能测量多种物理量，如应变、应力、温度、压力等。其中，应变是反映材料和结构力学特征的重要参数之一，从材料和结构的应变分布情况能够得到构件的强度储备信息，确定构件局部位置的应力集中以及构件所受实际载荷状况。在对钢筋混凝土结构的监测中，通常是利用电阻应变计进行应变监测。但是由于电阻应变计具有诸多缺点，如易受电磁信号干扰、易受外界环境腐蚀、埋入工艺复杂、寿命短、导线埋入数量多等，所以其无法满足实时、在线的结构监测要求。近年来，人们进行了大量的研究工作，利用光纤光栅（FBG）替代电阻应变计，将之埋入混凝土结构中来监测应变。加拿大多伦多大学的 Measures 等人于 1993 年在卡尔加里的世界首座预应力碳纤维高速公路桥上埋入了光纤布拉格光栅，并对其内部的应变变化状况进行了监测。中国香港理工大学的 Chan 等人利用光纤布拉格光栅测量了被复合材料包裹的矩形截面混凝土梁的应变。

由于裸光纤光栅非常纤细，直径只有 $125\mu m$，其抗剪能力很差，在混凝土浇筑过程中难以存活，将之单独埋入混凝土中非常困难，所以一般是将裸光纤光栅粘贴在受力筋、结构表面或者采用特殊方式封装光纤光栅后埋入混凝土；在表面粘贴测量时，裸光纤光栅安装工序比较烦琐，而且需要在现场进行光纤焊接工作，在粗放式的施工条件下，安装工作很难进行。

目前，国际上光纤光栅传感器主流的封装方式为表面粘贴式和细径管保护式。表面粘贴式是指将光纤光栅首先粘贴在胶基基片或者刻有凹槽的刚性基板上，做成传感器并保护好接头后使用。有时也将光纤光栅直接粘贴在待测结构表面，但因粘贴工艺复杂而较难在实际工程中大范围应用。细径管保护式是指通过将裸光纤光栅放入直径较小的钢管中，中间灌满环氧树脂等胶加以保护。由于具体的实际封装工艺和措施一般是各公司的保密技术，文献中鲜有介绍。英国的 Smart Fibers 公司将 FBG 粘在胶基板上；而瑞士的 Smartec 公司通过管式封装以补偿温度的影响；Whelan 等将 FBG 封装在钢管中两端固定在大理石板上，监测意大利 Como 湖畔的大教堂。国内，周智等开发了不锈钢毛细管式封装的光栅光纤传感器，李东升等将光纤光栅封装在有机玻璃板上,对同样是有机玻璃材料的单立柱导管架海洋平台模型进行了测试。

应变直接影响光纤光栅的波长漂移,在工作环境较好或待测结构要求传感器几何尺寸小的情况下,人们将裸光纤光栅作为应变传感器直接粘贴在待测结构的表面或者埋设在结构的内部。由于光纤光栅比较脆弱,在恶劣工作环境中容易被破坏,因此需要对其进行封装后才能使用。

3.3.1 基片式封装

基片式封装包括树脂基片封装和金属基片封装。如图3-3-3所示,封装结构主要由金属薄片(或树脂薄片)、胶黏剂、护套、尾纤、传输光缆组成。该封装结构的基本原理是将光纤光栅封装在刻有小槽的基片上,通过基片将被测结构的应变传到光栅上。小槽的主要作用是增大光纤光栅与基片的接触面积,使其形成有机的整体,同时保护光栅。

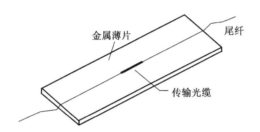

图3-3-3 基片式封装的光纤光栅应变传感器示意图

这种传感器结构简单,易于安装,但容易产生应变传递损耗,使得测量精度有所降低。另外,光纤的保护也是这类型传感器需要注意的问题。

(1)树脂基片封装

MOI公司推出了一种采用树脂薄片封装的光纤光栅应变传感器。该封装结构的基本思路是将光纤光栅封装于树脂薄片内部。树脂薄片粘贴于被测物体表面。当被测物体发生形变时,应变传递到树脂薄片上,再传递到光纤光栅上,使其波长发生变化。

(2)钢片封装

赵雪峰等人提出了一种基于钢片封装的光纤光栅应变传感器。封装结构如图3-3-4所示。厚度为2mm的工字形钢片,中部钢片宽5mm,长100mm。两侧钢片宽20mm,长30mm。在中部钢片的两侧各焊接厚度5mm、直径20mm的圆形钢片以增加封装结构与基体混凝土材料的锚固。在圆形钢片上预留3mm×3mm方孔以方便布设光纤。他们将封装结构用金属丝固定在试验梁跨中混凝土截面中,这样就避免了振捣棒与之接触。实验证明,这种封装结构的传感器应变变化与波长变化的线性度好,但测量点应变的传递损耗为21%,这与封装结构所选的衬底、黏结层以及固定方法都有关系。

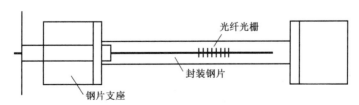

图3-3-4 钢片封装的光纤光栅应变传感器示意图

(3) 钛合金片封装

于秀娟等人开发了一种基于钛合金片封装的光纤光栅应变传感器。传感器的钛合金片封装工艺如图 3-3-5 所示。将 FBG 用双组分的 M-Bond 610 胶封装在刻有细槽的钛合金片内部，钛合金的编号为 TC4。封装时，保证 FBG(光纤布拉格)平直并位于细槽的地面中轴线上。用注射器向槽内注入 M-Bond 610 胶时，要适当加热以增加胶的流动性，保证槽内充满且密实，并减少形成气泡的可能性，还要保证胶不溢出槽外。为了保护两端的光纤，分别在两端加上保护套，而保护套可以固定在钛合金片两端预先加工的开孔内。

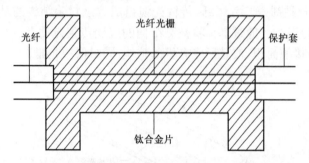

图 3-3-5　钛合金片封装的光纤光栅应变传感器示意图

为了研究钛合金片封装后的 FBG 传感器的应变传感特性，把封装好的 2 个 FBG 传感器（λ_B 分别为 1550.4nm 和 1550.6nm）和裸 FBG（λ_B 为 1546.5nm）用 502 胶粘贴于经过抛光处理的等强度梁上，同时在相应的位置布设高精度的电阻应变片，通过砝码加载，得到的波长应变曲线如图 3-3-6 所示。从图中可以看出，2 个钛合金片封装的 FBG 传感器应变传感的线性度很好，经过线性拟合得到波长和应变的相关系数分别为 0.99987、0.99990。与裸 FBG 的波长和应变相关系数 1.0000 相比，说明钛合金片封装 FBG 传感器具有良好的应变传感性能。

为了研究钛合金片封装 FBG 传感器的温度传感特性，把封装好的 FBG 传感器放入温控箱中，温控箱的温度分辨率为 0.1℃。从室温开始加热，加温间隔为 5℃，一直加热到 70℃。为了减小由温度不平衡带来的误差，均在恒温后 1h 记录数据，实验结果如图 3-3-7 所示。测得的钛合金片封装 FBG 传感器的温度灵敏度系数为 19.7pm/℃。

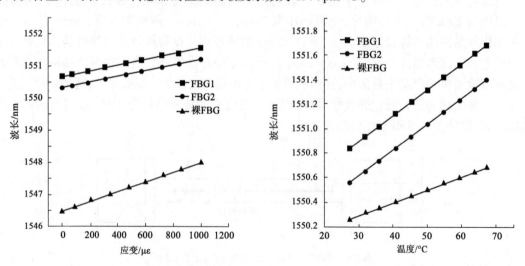

图 3-3-6　钛合金片封装的光纤光栅传感器波长-应变曲线　图 3-3-7　钛合金片封装的光纤光栅传感器波长-温度曲线

这种钛合金片封装FBG传感器结构简单,而且很容易安装到被测物的表面,通过复用可以监测大范围空间内的应变情况,在航空航天结构、飞机蒙皮、海洋平台和大型建筑结构的健康监测中有着很好的应用前景。

3.3.2 嵌入式封装

(1)碳纤维材料

Moyoa等人开发了一种以碳纤维材料为基体的光纤光栅应变传感器,结构图如图3-3-8所示。

传感器长度为50mm,厚度为5mm。光纤光栅嵌入碳纤维材料中,由于存在应变传递损耗,改变了光纤光栅的应变灵敏度,因此需要对该应变传感器进行标定实验。将光纤光栅应变传感器和电阻应变片相互紧贴地安装在钢筋上,使用万能试验机对钢筋进行拉伸试验,同时记录光纤光栅应变传感器和电阻应变片的响应。图3-3-9为该传感器的应变标定结果图。这两种传感器的相关系数为0.99,光纤光栅应变传感器的应变灵敏度系数为$1.06pm/\mu\varepsilon$。

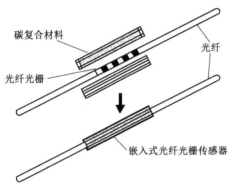

图3-3-8 嵌入式光纤光栅应变传感器

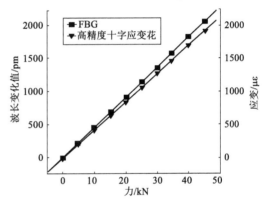

图3-3-9 嵌入式光纤光栅应变传感器标定结果

(2)FRP-OFBG智能复合筋

FRP筋是连续纤维(玻璃纤维、碳纤维等)浸入聚合物热固性树脂(如聚酯树脂、乙烯基脂或热塑性树脂等)基体中,并在基体中掺入适量外加剂,如引发剂、促进剂、填料、颜料等,经过挤拉工艺,在表面缠绕纤维束形成物或黏砂增强与混凝土黏结的结构材料。FRP筋具有耐腐蚀、高强度、非磁性、轻质量、高疲劳限值、加工方便、低导热性等优点,在土木工程中得到了广泛的应用。

加拿大的Kalamkarov等人提出将光纤传感器在FRP筋加工过程中埋入其内部,并对这种含有光纤传感器的FRP筋进行了传感特性、疲劳特性、抗腐蚀特性等研究。结果表明,FRP筋中埋入光纤传感器是一种理想的传感手段。在我国,欧进萍等人将FRP筋和光纤光栅传感器相融合,在FRP筋的加工过程中将光纤光栅埋入其内部,研制出了FRP-OFBG(Fiber Reinforced Polymer-Optical Fiber Bragg Grating,纤维增强聚合物-光纤布拉格光栅)智能复合筋,分为CFRP-OFBG(Carbon Fiber Reinforced Polymer-Optical Fiber Bragg Grating,碳纤维增强聚合物-光纤布拉格光栅)和GFRP-OFBG(Glass Fiber Reinforced Polymer-Optical Fiber Bragg Grating,玻璃纤维增强聚合物-光纤布拉格光栅)两种。

(3)FRP-OFBG智能复合筋的制作

在FRP筋的生产过程中将写入分布式光栅的光纤放入合束盘正中孔,随纤维束一起与树脂固化,就得到 FRP-OFBG 智能复合筋,其制备生产工艺如图 3-3-10 所示。为增强 FRP 筋与混凝土的黏结性能,在 FRP-OFBG 传感筋表面进行了螺旋缠绕纤维束或黏砂处理。FRP-OFBG 中的光栅能否正确反映 FRP 的变形,主要取决于光纤光栅与 FRP 的界面结合程度。

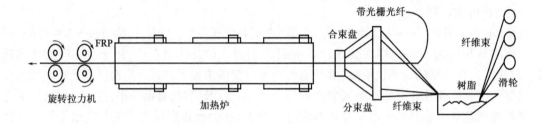

图 3-3-10　FRP-OFBG 智能复合筋制备生产工艺

由于 FBG 和裸光纤的外径非常小,按 FRP 筋 $\phi 6$ 计算,面积比为 0.02%,因此 FBG 的存在基本不影响 FRP 筋原有的力学特性。为了验证此结论,我们将同样尺寸规格的 FRP-OFBG 智能复合筋和 FRP 普通筋在万能试验机上进行张拉试验,得到图 3-3-11 和图 3-3-12 的对比结果。可以看出,FRP-OFBG 几乎没有改变 FRP 筋的力学特性。

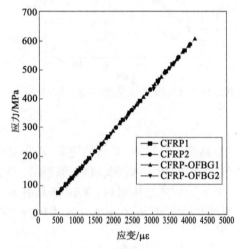

图 3-3-11　CFRP-OFBG 与 CFRP 筋张拉对比

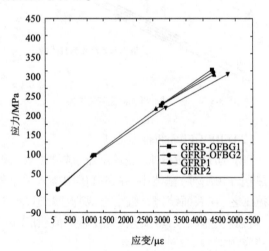

图 3-3-12　GFRP-OFBG 与 GFRP 筋张拉对比

(4) FRP-OFBG 应变传感特性试验

FRP-OFBG 的应变传感特性试验在材料试验机上完成,应变测试采用高精度电子引伸计。将 FRP-OFBG 复合筋在试验机上进行拉伸,记录引伸计的应变值和光纤光栅的波长值,得到的结果如图 3-3-13 和图 3-3-14 所示(图中 λ 为波长;ε 为应变值;R 为线性拟合系数)。从图可以看出,CFRP-OFBG 和 GFRP-OFBG 的应变传感灵敏度分别为 $1.21 \text{pm}/\mu\varepsilon$ 与 $1.19 \text{pm}/\mu\varepsilon$,基本没有改变光纤光栅的应变传感特性,即应变传感灵敏度保持在 $1.2 \text{pm}/\mu\varepsilon$ 左右。由于采用的光纤光栅和制作工艺具有差异性,实际工程应用时,需对 FRP-OFBG 智能复合筋进行标定。为了验证传感特性的重复性,对 FRP-OFBG 进行反复加载试验,得到图 3-3-15 和图 3-3-16 的结果。从图可以看出,FRP-OFBG 筋具有很好的重复性,这是因为 FRP 筋工作在弹性范围内。

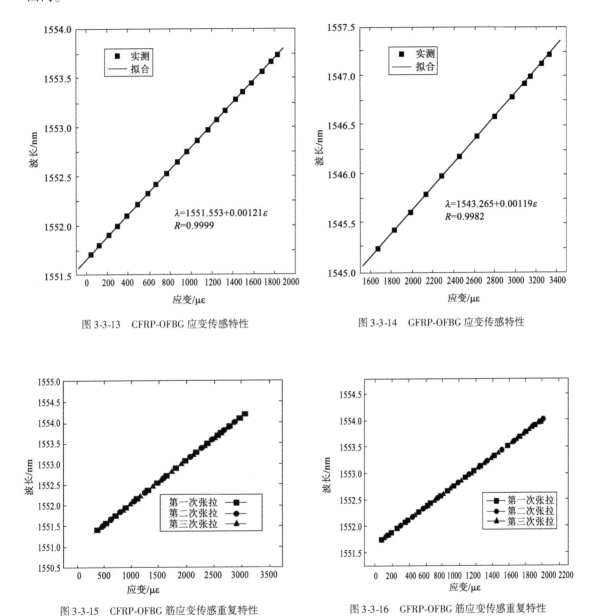

图 3-3-13　CFRP-OFBG 应变传感特性

图 3-3-14　GFRP-OFBG 应变传感特性

图 3-3-15　CFRP-OFBG 筋应变传感重复特性

图 3-3-16　GFRP-OFBG 筋应变传感重复特性

(5)FRP-OFBG 温度传感特性试验

将 FRP-OFBG 置于 TYC1-低温检定无水乙醇槽和水槽中进行试验,温度范围为 0~80℃,温度场精度为 0.01℃。记录温度计的温度值和光纤光栅的波长值,得到的结果如图 3-3-17 所示,其中,GFRP-OFBG 的温度传感灵敏系数为 17.24pm/℃,约为裸光纤光栅温度传感灵敏系数(10pm/℃)的 1.7 倍;CFRP-OFBG 的温度传感灵敏系数为 8.68pm/℃,约为裸光纤光栅温度传感灵敏系数的 86.8%。

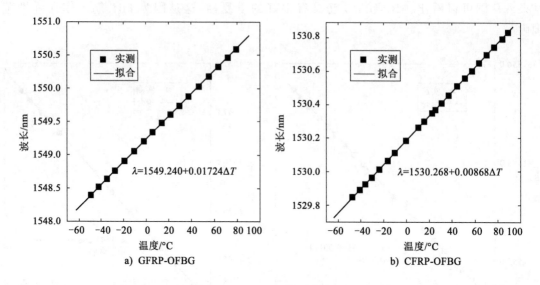

a) GFRP-OFBG　　　　　　　　　　b) CFRP-OFBG

图 3-3-17　FRP-OFBG 温度传感特性

3.3.3　金属管式封装

金属管式封装应变传感器主要由封装管、光纤光栅、传输光缆、尾纤、胶黏剂组成。有的传感器设计者考虑到传感器埋入结构中使用的便利性，还在钢管两端设置限位金属环。有人设计了一种带定位环的半金属套管用以封装光纤光栅，这里的定位环起固定光纤光栅的作用。当用丙酮溶解特种胶分离光纤光栅时，光纤光栅与半金属套管粘贴处的特种胶会被溶解，由于光纤光栅本身有一定的弹性和强度，光纤光栅会弹起并移动位置，而定位环使半金属套管取下后光纤光栅与半金属套管仍然固定在一起，因而再次粘贴光纤光栅过程中需要移动光纤光栅时只需移动与光纤光栅固定在一起的半金属套管即可。图 3-3-18 给出用于封装光纤光栅的半金属套管。

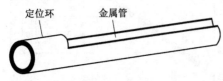

图 3-3-18　用于封装光纤光栅的半金属套管

金属管式封装工艺应注意以下问题：①光纤光栅金属套管封装时必须保证光纤光栅准确平直地在金属套管的正中间，若光栅不在金属套管的正中间，传感器本身与待测结构之间就会存在一个夹角，从而不能准确地传递应变。②传感器外部的管式材料必须具有耐腐蚀、疲劳特性好、弹性范围宽、与基体材料黏结性能好等特点。考虑到管式材料与土木工程中常用的混凝土或钢材等材料应有很好的黏结性，其温度膨胀系数也应基本一致，推荐采用不锈钢材料。③胶黏剂的选择也必须考虑结构应变传递率和长期监测需要，因此胶黏剂必须适用于光纤和不锈钢的黏结性能，需要具有较高的抗剪强度和耐久性，能够保证封装过程的顺利进行，而且需要具有一定的耐高温性能。④采用注胶法封装光纤光栅时，应避免胶黏剂内产生微气泡，否则当胶黏剂固化时，光纤光栅会产生不均匀变形，从而产生反射波长多峰值现象。⑤封装工艺必须具有可重复性，保证封装传感器传感特性的一致性。在这里采用了光纤精密调整架作为封装平台，可以高精度地调整光纤光栅位置，极大地提高了光纤光栅在封装过程中的准直度。

这种管式封装光纤光栅应变传感器封装工艺不仅可以充分保证光纤光栅准确地处于毛细钢管的正中央,而且可以保证胶黏剂完全充满毛细钢管。这种封装工艺简单易行,重复性好,可以使同批生产的光纤光栅应变传感器基本上具有相同的传感特性,只需部分标定就可以用于实际应变测量工作。该封装工艺具有加工方便、成品率高、成本低廉等优点,可以满足工业化大批量生产需要。

(1) 传感器结构

任亮、李宏男等人开发了一种钢管封装的光纤光栅应变传感器,既可以粘贴于被测物体表面,也可以埋入结构内部测量其应变变化情况。

金属管式封装的光纤光栅应变传感器的基本外形如图 3-3-19 所示。这种传感器主要由毛细钢管、光纤光栅、传输光纤、光纤套管以及胶黏剂组成。

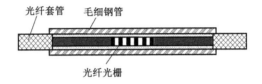

图 3-3-19　金属管式封装的光纤光栅应变传感器外形

(2) 粘贴于被测物体表面的应变传感器性能试验

①粘贴于金属钢板上的应变传感试验采用的钢管外径为 1.2mm,内径为 0.8mm,长度为 40mm。胶黏剂采用普通环氧树脂胶。将封装好的金属管式光纤光栅应变传感器使用环氧树脂胶粘贴于经过抛光处理的弹簧钢板上,同时在相应位置布置裸光纤光栅,然后将钢板在万能试验机上进行拉伸,钢板从 $0\mu\varepsilon$ 逐点拉伸至 $500\mu\varepsilon$,然后逐点卸载至 $0\mu\varepsilon$。万能试验机如图 3-3-20 所示。在线弹性范围内,金属管式封装光纤光栅传感器与裸光纤光栅可以视为相同的应变值。试验结果如图 3-3-21 所示。从金属管式封装光纤光栅传感器的波长-应变关系曲线可以看出,金属管式封装光纤光栅传感器具有良好的线性关系,相关系数为 0.999 以上。与裸光纤光栅对比,灵敏度存在一定的差异。

图 3-3-20　万能试验机

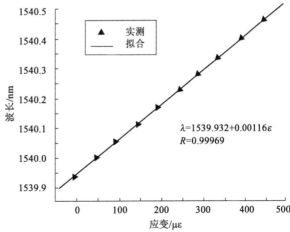

图 3-3-21　金属管式封装光纤光栅传感器应变特性

②粘贴于有机玻璃板上的应变传感试验。为了研究不同基体材料对光纤光栅传感器应变传递率的影响,将一只金属管式光纤光栅应变传感器粘贴于有机玻璃板上对其应变特性进行研究。所采用的钢管外径为 1.2mm,内径为 0.8mm,长度为 40mm。胶黏剂采用普通环氧树脂胶。将封装好的管式光纤光栅应变传感器使用环氧树脂胶粘贴于有机玻璃板上,在相应位置布置裸光纤光栅,然后将有机玻璃板在万能试验机上进行拉伸,有机玻璃板从 0με 逐点拉伸至 500με,然后逐点卸载至 0με。万能试验机如图 3-3-20 所示。在线弹性范围内,金属管式封装光纤光栅传感器与裸光纤光栅可以视为相同的应变值。试验结果如图 3-3-22 所示。

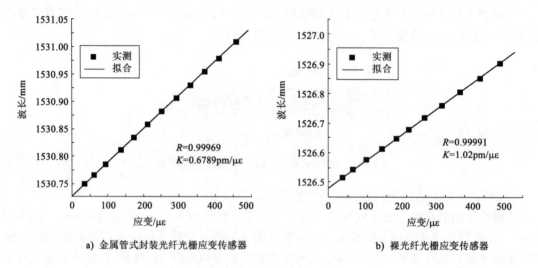

a) 金属管式封装光纤光栅应变传感器　　　　b) 裸光纤光栅应变传感器

图 3-3-22　金属管式封装光纤光栅传感器应变特性

在有机玻璃板的应变标定实验中,金属管式光纤光栅和裸光纤光栅的应变灵敏系数均显著降低。这说明对于不同的基体材料,光纤光栅传感器具有不同的应变灵敏系数 a_ε。相对于裸光纤光栅,金属管式光纤光栅传感器的应变灵敏系数降低得更为明显。这是因为金属管式光纤光栅的芯径比较大,在传感器的位置形成了一个加强区域,使得应变传递滞后,降低了传感器的应变灵敏系数。

(3)埋入混凝土内部的应变传感试验

混凝土试验梁为素混凝土梁,设计抗压强度为 400MPa,经标准搅拌制成。钢管封装的传感器以及应变片的布置见图 3-3-23。试验梁等弯段(跨中 200mm)内各截面弯矩相等,将应变片贴于梁的底面。传感器布置在混凝土截面时,必须采取一定措施,将其位置固定。为确保在混凝土浇筑时传感器不会移位,先将混凝土振捣至 90mm 位置,然后将金属管式封装的光纤光栅应变传感器按指定的几何位置固定在混凝土上,再将混凝土浇捣振实,直到达到要求的标准。该方法可以保证传感器正确布置在测点几何位置以及传感器的纵向平直。振捣时,应避免振捣工具与传感器接触,减少对传感器的冲击。

标定结果如图 3-3-24 所示,可以看出,封装后的光纤光栅应变传感线性度很好,相关系数为 0.9998 以上,说明管式光纤光栅传感器在混凝土内部工作良好,证明该封装工艺完全可以满足混凝土内部应变监测的需要。与被测基体材料为钢材相比,管式光纤光栅传感器应变灵敏度有所降低,在混凝土内部应变灵敏度为 1.18pm/με,在钢材表面为 1.2pm/με。

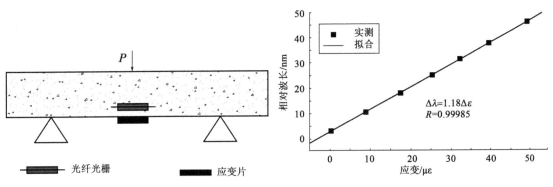

图 3-3-23　混凝土梁应变标定传感器布置图　　　图 3-3-24　金属管式封装光纤光栅传感器应变特性

3.3.4 夹持式封装

夹持式封装技术的主要原理是在钢管封装的光纤光栅传感器的两端安装夹持构件,待测结构的应变通过夹持构件传递给光纤光栅。图 3-3-25 为两种夹持式封装的光纤光栅应变传感器。该方式封装的传感器可根据实际需要改变标距长度。

用于粘贴光纤光栅传感器和基体材料的胶黏剂,其工作寿命很难与光纤光栅相比,在一些恶劣的工作环境,如海洋环境中,海水的侵蚀很容易使胶黏剂失效。与胶黏结技术相比,焊接是通过物理化学过程使两种材料产生原子或分子间的作用力而连接在一起,因而具有结合力强、耐久性好等特点。

图 3-3-25　夹持式封装光纤光栅应变传感器

采用夹持方式封装的传感器可直接粘贴或焊接在结构表面,也可采用预埋件焊接于构件上,或用铆钉铆到结构上。这种传感器具有布设简单、可拆换、耐久性好、布线方便等特点,可作为桥梁、建筑、水工等土木工程结构施工、竣工试验和运营监测的表面传感器。

光纤光栅夹持式封装工艺应注意以下几点:①选择适宜的基体材料并加工成夹持构件,关键技术在于光纤和夹持构件的协调以及光纤夹持的多级放大。②夹持构件在传感器应变传递机制中会造成应变延迟的问题。对此问题需要进行详细的实验标定和理论计算。③传感器的密封以及保护。由于夹持式封装光纤光栅应变传感器用于测量结构表面的应变变化,需要长期暴露在空气中,所以传感器的密封和保护值得注意。提出一种新型的光纤光栅传感器封装方式,综合利用细径管保护式和夹持式封装的思路,采用细径管封装光纤光栅两端,避免胶黏剂接触光纤光栅区域,消除了多峰值现象;使用细径管密封保护光纤光栅区域。这种传感器兼有细径管保护式和夹持式封装的优点,既可以埋入结构中,也可以通过辅助构件构成夹持式传感器。由于胶黏剂没有直接封装光纤光栅区域,消除了胶黏剂对传感器应变传递的影响。该传感器具有应变放大机制,测量精度超过了裸光纤光栅,而且通过调节封装工艺中的参数,可以改变传感器的应变灵敏度系数。

(1)传感器工作原理

两端夹持式光纤光栅应变传感器的原理如图3-3-26所示。它由光纤光栅、两个夹持部件以及两个固定支点组成。

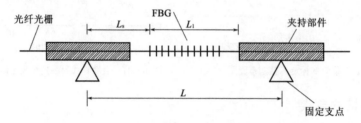

图3-3-26 两端夹持式光纤光栅应变传感器的原理图

采用胶接的方法将光纤光栅固定于夹持部件内;夹持部件为钢管,直径为d,设两端固定支点的距离为L,两端夹持部件之间的距离为L_f。假设两固定支点间发生长度为ΔL的轴向变形,相应的夹持部件和光纤光栅的变形分别为ΔL_s和ΔL_f。忽略钢管内胶层和光纤的影响,由材料力学基本原理可得

$$\Delta L_s = \frac{P_s L_s}{E_s A_s} \tag{3-3-1}$$

$$\Delta L_f = \frac{P_f L_f}{E_f A_f} \tag{3-3-2}$$

式中,E_s和E_f分别为钢管和光纤的弹性模量(Pa);A_s和A_f分别为钢管和光纤的截面面积(mm^2);P_s和P_f分别为钢管和光纤的内力(N)。结构内部内力处处相等,由此可得

$$\frac{\frac{\Delta L_s}{L_s}}{\frac{\Delta L_f}{L_f}} = \frac{E_f A_f}{E_s A_s} \tag{3-3-3}$$

$$\frac{\varepsilon_s}{\varepsilon_f} = \frac{E_f A_f}{E_s A_s} \tag{3-3-4}$$

传感器的各项参数如表3-3-3所示。

传感器的各项参数　　　　表3-3-3

材料参量	符号	数　值	单　位
光纤的弹性模量	E_f	7.2×10^{10}	Pa
夹持部件(钢管)的弹性模量	E_s	210×10^9	Pa
夹持部件(钢管)的直径	d_s	0.8	mm
光纤的直径	d_f	0.125	mm

将表中的参数代入式(3-3-4)中,可得

$$\frac{\varepsilon_s}{\varepsilon_f} = 0.0084 \qquad (3-3-5)$$

可以得出,在整个传感器的结构中,夹持部件的应变可以忽略。对于中心波长处于1550nm 波段的光纤光栅,传感器中心波长变化与外界应变的关系为

$$\varepsilon = \frac{L_f}{L}\varepsilon_f = \frac{L_f \Delta\lambda_{FBG}}{1.2L} \qquad (3-3-6)$$

由式(3-3-6)可以看出,通过调整 L_f 与 L 的比值,可以改变传感器的应变测量灵敏度。

(2)传感器外形图

短标距和长标距光纤光栅应变传感器外形分别如图 3-3-27、图 3-3-28 所示。

图 3-3-27　短标距光纤光栅应变传感器　　　　图 3-3-28　长标距光纤光栅应变传感器

两端夹持式光纤光栅应变传感器参数见表 3-3-4。

两端夹持式光纤光栅应变传感器参数　　　　表 3-3-4

传感器	短标距光纤光栅应变传感器	长标距光纤光栅应变传感器
量程	±1500με	±1000με
分辨率	0.5με	0.25με
光栅中心波长	1510~1590nm	1510~1590nm
光栅反射率	≥80%	≥80%
工作温度范围	-30~+80℃	-30~+80℃
规格尺寸	直径1.5mm,标距25mm,有效测量距离15mm	直径4mm,标距100mm,有效测量距离65mm
安装方式	表面粘贴(502胶、AB胶或环氧树脂胶)或埋入被测材料中	与支座连接后表面粘贴或直接焊接或埋入被测材料中
传感器连接方式	熔接或连接器连接	熔接或连接器连接
应用范围	模型试验等小尺度测量	大型工程结构

(3)传感器标定实验结果

①短标距光纤光栅应变传感器标定实验结果如图 3-3-29 所示。

所采用的短标距光纤光栅应变传感器有效测量距离为 15mm,光栅长度为 9mm,由式(3-3-6)可得理论应变传递率为 0.5με/pm。为了考察基体材料对传感器应变传递率的影响,采用了钢和有机玻璃这两种弹性模量差异较大的材料作为基体材料。利用黏结剂将短标距光纤光栅应变传感器粘贴于钢板及有机玻璃板上,并在相应位置布设高精度电阻应变片,然后将钢板和有机玻璃板在万能试验机上进行连续拉伸。在线弹性范围内,光纤光栅传感器与

电阻应变片可以视为相同的应变值。利用自行开发的光纤光栅和应变仪同步采集系统对光纤光栅传感器和电阻应变片进行同时采集。

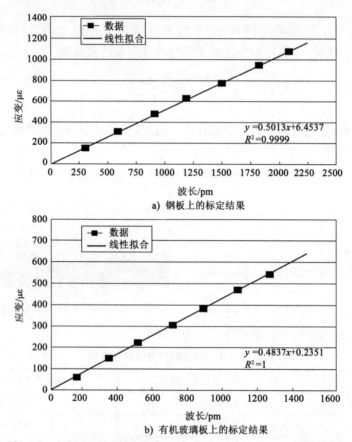

图 3-3-29　短标距光纤光栅传感器在钢板及有机玻璃板上的应变标定实验结果

从短标距光纤光栅传感器在钢板及有机玻璃板的应变标定实验所得的光纤光栅传感器的应变-波长关系曲线可以看出，短标距光纤光栅应变传感器的波长和应变具有良好的线性关系，相关系数为 0.999 以上。钢板和有机玻璃板的标定系数分别为 $0.501\mu\varepsilon/pm$ 和 $0.484\mu\varepsilon/pm$，与理论计算结果 $0.5\mu\varepsilon/pm$ 非常接近。这表明这种两端夹持式短标距光纤光栅应变传感器应变传递损耗很小，传感器对被测结构的影响很小。

②长标距光纤光栅应变传感器标定实验结果如图 3-3-30 所示。

所采用的长标距光纤光栅应变传感器有效测量距离为 60mm，光栅长度为 18mm，由式(3-3-6)可得理论应变传递率为 $0.25\mu\varepsilon/pm$。利用黏结剂将长标距光纤光栅应变传感器粘贴于钢板上，并在相应位置布设高精度电阻应变片，然后将钢板在万能试验机上进行连续拉伸。在线弹性范围内，光纤光栅传感器与电阻应变片可以视为相同的应变值。利用自行开发的光纤光栅和应变仪同步采集系统对光纤光栅传感器和电阻应变片进行同时采集。

从长标距光纤光栅传感器在钢板的应变标定实验所得的光纤光栅传感器的应变-波长关系曲线可以看出，长标距光纤光栅应变传感器的波长和应变具有良好的线性关系，相关系数为 0.999 以上。传感器的应变灵敏度系数为 $0.248\mu\varepsilon/pm$，与理论计算结果 $0.25\mu\varepsilon/pm$ 非常接近。

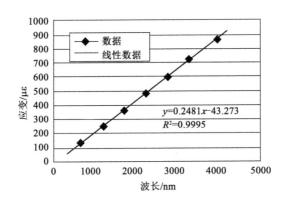

图 3-3-30　长标距光纤光栅传感器在钢板上的应变标定实验结果

3.3.5　金属化封装

金属材料具有可焊、耐久、性能相对稳定等特性，是理想的光纤光栅封装材料。但是，金属材料一般具有熔点高、硬度大、与非金属石英光纤表面浸润性不好等缺点，不能直接将金属材料用于熔焊封装光纤光栅。随着近代技术的发展，目前已经出现使非金属表面金属化的多种工艺方法，如真空蒸镀法、溅射法、离子镀法、离子束沉积法、电子束沉积法、准分子激光蒸镀法等物理的非金属表面金属化方法以及诸如化学还原法、化学气相沉积法（Chemical Vapor Deposition，CVD）、高温分解法（热喷涂法）、溶胶-凝胶法、电浮法、电化学沉积法、化学沉积法等化学的非金属表面金属化方法。

国外一些学者较早就开始研究光纤表面金属化处理。美国的 Bnbel 等人于1989年对用于密封处理的表面金属化光纤的力学性能的可靠性进行了研究，表明其结果可靠；1998年，美国的 Robert 等人开发出石英光纤表面金属化封装化学镀技术并进行了专利保护。国内对这方面的研究较国外晚，电子科技大学的迟兰洲、张声峰最早从事这方面的研究，初步提出了光纤表面金属化预处理的基本工艺流程及机理；南京航空航天大学的杨春等人研究了在光纤端面镀镍膜和银膜，并对镀后的镍膜和银膜进行了稳定的热处理，提高了镀膜与基体的结合强度；福州大学的旷戈研究了银活化、钯活化、银钯混合活化对光纤表面镀层质量的影响；李小甫等从通信光纤的保护角度对光纤表面的金属化工艺，如表面镀镍合金等工艺方法进行了有效的研究，并形成了较好的工艺方法。光纤表面金属化工艺改变了光纤保护、黏结必须依靠胶黏剂的被动局面。

针对工程化应用光纤光栅封装传感器的要求，光纤光栅的金属化封装工艺必须满足：低温（小于300℃）；生成的膜可导电，以满足后续的电镀加厚工艺要求；附着力高，疲劳性能好；镀层本身延展性好等要求。由于光纤光栅采用的光纤经过载氢和紫外光写入照射，其强度有所下降，因此其金属化工艺要求严格。利用目前已有的光纤金属化工艺技术，实现光纤光栅表面的金属化处理。

（1）光纤光栅的预处理

光纤是非导体，为了获得理想的镀层，需要对光纤进行预处理，这一步非常重要，因为预处理质量的好坏决定着后面镀层的好坏。预处理包括去保护层、除油、粗化、敏化和活化。

①去保护层（removing coating）。由于光纤表面包裹有一层硅烷树脂或环氧树脂之类的保

护层,为了保证以后的埋入效果,必须去除这层保护层。可以使用丙酮浸泡光纤25min左右除去这层保护层。

②除油(removing grease)。在粗化之前,必须清除裸光纤表面上的油污。经过除油的光纤表面能很快被水浸润,为化学粗化做好准备,这对提高镀层的结合力与维护粗化液的纯洁性是有很大好处的。本试验除油先用超声波酒精清洗,最后用超声波蒸馏水清洗。

③粗化(coarsening)。未经粗化的光纤表面很光滑、平整,镀层很难黏附,粗化的目的是增大光纤的表面微观粗糙度和接触面积,以及亲水能力,以此来提高光纤与镀层的结合力和湿润性。粗化有机械粗化、化学粗化等方法,光纤又细又脆,只能使用化学粗化的方法。一般来说,化学粗化有两个作用:第一是浸蚀作用。强酸、强氧化性的粗化溶液对光纤表面产生化学浸蚀,使光纤表面形成凹槽或多孔性结构,以增大表面微观粗糙度。第二是氧化作用。强酸、强氧化性的粗化液,还能使光纤表面的部分分子链断裂,促使光纤更具亲水性。可使用的粗化液配方为氢氟酸:氯硅酸:水 = 1:1:3(体积比)。粗化时间不宜长,否则会破坏光纤,一般10min左右,粗化后用超声波蒸馏水清洗。

④敏化(sensitization)。经粗化后的光纤,表面达到了亲水效果,敏化就是在经过粗化后的光纤表面上,吸附一层容易还原的物质,以便在活化处理时通过还原反应使光纤表面附着一层金属薄层,能承担化学镀的载荷电流。氯化亚锡($SnCl_2$)是普遍使用的一种敏化剂。配方和工艺条件如下:氯化亚锡10g/L,盐酸40mL,锡条一根,温度25~35℃,时间10min,pH1~2。光纤经过敏化处理,表面吸附的敏化液在清洗时发生水解反应,反应式为

$$SnCl_2 + H_2O \longrightarrow Sn(OH)Cl + HCl$$
$$SnCl_2 + 2H_2O \longrightarrow Sn(OH)_2 + 2HCl \qquad (3\text{-}3\text{-}7)$$
$$Sn(OH)Cl + Sn(OH)_2 \longrightarrow Sn_2(OH)_3Cl$$

这种产物沉积在光纤表面,形成一层几十埃到几千埃凝胶状物质。敏化后用蒸馏水清洗。

⑤活化(activation)。活化处理就是给光纤表面镀一层很薄而具有催化性的金属层。经过活化处理后的零件,表面吸附了还原剂,需要在含有氧化剂的溶液中进行反应,使贵金属离子(如钯离子)还原成金属,在光纤表面形成"催化中心",以便在化学沉积中加速反应。所以活化处理过程的实质是"播晶种"。常用氯化钯进行活化。

(2)光纤光栅化学镀镍

化学镀镍(electroless Ni-plating)技术是在不加外电流的情况下,溶液中的镍离子在具有催化活性的固体表面上被还原剂还原,生成的镍金属原子沉积在固体表面上,形成连续金属镀层的化学工艺技术。化学镀镍技术在材料表面改性领域具有极大的应用前景,是当今发展速度最快的表面处理工艺技术之一。

目前使用最多的镍盐是硫酸镍($NiSO_4 \cdot 7H_2O$),还原剂通常用次亚磷酸钠($NaH_2PO_2 \cdot 2H_2O$)。镀液中除了镍盐和还原剂外,通常还有络合剂、缓冲剂等。络合剂用于控制槽液中用于还原反应的游离镍,防止生成氢氧化镍沉淀。缓冲剂用于防止沉积过程中由于析氢所引起的槽液pH急剧变化。

光纤光栅化学镀镍后的光学显微镜图片和SEM图片分别如图3-3-31和图3-3-32所示。

 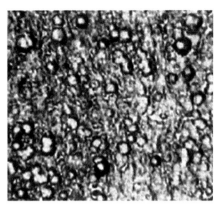

图 3-3-31 光纤光栅化学镀镍后的光学显微镜图片　　图 3-3-32 光纤光栅化学镀镍后的 SEM 图片

(3) 光纤光栅金属化后处理

化学镀镍层厚度比较小,仅为几个微米。因此有必要对镀镍层进行增厚。另外,镍在空气中容易氧化而失去光泽,通常在镍层上镀上一层金以防止氧化。张文禹等研究了光纤表面的电镀镍增厚技术,对电镀基本成分及工艺条件对镀层的影响、光亮剂对镀层光亮的影响、电流密度对镀层质量的影响、温度对镀层质量的影响进行了细致的实验分析。

(4) 镀层性能检测

结合力采用热震试验方法,将镀镍光纤放在 120℃ 的烘箱中热处理,镀层无开裂、无起皮或剥落现象。

电学性能用万用电表检测,其导电性能良好。

(5) 金属化光纤光栅的性能

张文禹等还测试了电镀镍后和化学镀镍后的光纤光栅封装后传感器在温度恒定情况下的光纤光栅波长与温度值,并与胶封装后的光纤光栅传感器进行比较,温度范围是 5～40℃,每隔5℃测量一次,试验结果如图 3-3-33 所示。裸光纤光栅的温度灵敏度系数为 10.4pm/℃,而化学镀镍后的光纤光栅温度灵敏度系数增加到 11.5pm/℃,电镀镍后的光纤光栅温度灵敏度系数增加到 13.6pm/℃。这是金属的热膨胀系数高于光纤的结果。

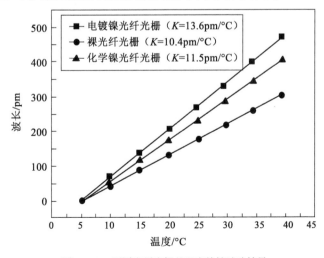

图 3-3-33 不同光纤光栅的温度特性试验结果

3.4 光纤光栅温度传感器

温度是国际单位制给出的基本物理量之一,它是工农业生产和科学实验中需要经常测量和控制的主要参数,也是与人们日常生活紧密相关的一个重要物理量。

目前,比较常用的电类温度传感器主要是热电偶温度传感器和热敏电阻温度传感器。热电偶温度传感器主要用来测量温度差,为了得到正确的温度值,必须用一种基准温度对接点进行修正,输出的信号比较小,因此在常温附近如不注意测量方式,则其测量精度较低。热敏电阻温度传感器的响应速度快,电阻随温度的变化能力强,但长期稳定性差。而且,传统的电类温度传感器易受电磁辐射干扰,精度低、长期稳定性差以及信号传输距离短,无法满足在如强电磁辐射等恶劣工作环境中的工作需要。

光纤温度传感器与传统的传感器相比具有很多优点,如灵敏度高,体积小,耐腐蚀,抗电磁辐射,光路可弯曲,便于实现遥测等。但在实际应用中,基于强度调制的光纤光栅温度传感器,由于易受光源功率变化、线路损耗等影响,其长期测量稳定性差。基于光纤光栅技术的光纤光栅温度传感器,采用波长编码技术,消除了光源功率波动及系统损耗的影响,适用于长期监测;而且多个光纤光栅组成的温度传感系统,采用一根光缆,可实现准分布式测量。

光纤光栅的温度传感特性是由光纤光栅的热光效应和热膨胀效应引起的,热光效应引起光纤光栅的有效折射率的变化,而热膨胀效应引起光纤光栅的栅格周期变化。当其所处的温度场变化时,温度与光纤布拉格光栅波长变化的关系为

$$\frac{\Delta \lambda_B}{\lambda_B} = (\xi + a)\Delta T \tag{3-3-8}$$

式中,a 为光纤的热膨胀系数,主要引起栅格周期的变化,通常取 $a = 5.5 \times 10^{-7} \mathrm{K}^{-1}$;$\xi$ 为光纤的热光系数,主要引起光纤折射率的变化,一般取 $\xi = 7.00 \times 10^{-6} \mathrm{K}^{-1}$;$\Delta T$ 为温度变化量。如果光纤布拉格光栅的波长 $\lambda_B = 1550\mathrm{nm}$,由式(3-3-8)可计算出光纤光栅的温度灵敏度系数为 $0.0117\mathrm{nm}/\mathrm{℃}$,一般取 $0.01\mathrm{nm}/\mathrm{℃}$。

温度是直接影响光纤光栅波长的因素,人们常常直接将裸光纤光栅作为温度传感器直接应用。同光纤光栅应变传感器一样,光纤光栅温度传感器也需要进行封装,封装的主要作用是保护和增敏,使光纤光栅具有较强的机械强度和较长的寿命,同时提高光纤光栅对温度的响应灵敏度。目前,常用的封装方式有基片式、聚合物、金属管式等。

3.4.1 基片式光纤光栅温度传感器

基片式光纤光栅温度传感器应用较少,采用基片封装的方案是将裸光纤光栅的两端分别固定在基底材料的表面,当温度变化时,通过基底材料的热膨胀来增大光纤光栅的纵向应变,从而增大光纤光栅的温度灵敏度。在实际应用中通常选择金属铝作为增敏材料。

詹亚歌等于 2005 年提出铝槽封装结构的光纤光栅温度传感器。光纤光栅铝槽封装示意图如图 3-3-34 所示,即将光纤光栅用环氧树脂封装在一个刻有一细槽的铝板(其横截面为长方形)内,槽与铝板中轴线平行,铝质为铸造铝合金。封装时,尽量保证光纤光栅平直并位于槽的底面轴线上。注入环氧树脂时,要适当加热,以增加其流动性,保证槽内充满且密实,并减

少形成气泡的可能性,确保树脂不溢出槽外,以便于加盖保护铝片。在铝板上有四个螺孔,左边的两个螺孔用来把铝板固定到被测物体上,而右边的两个螺孔兼有把铝板固定到被测物体上和把保护铝盖片固定到铝板上的双重作用,盖片和铝板的长度分别为5cm和4cm,铝槽宽和深分别为115mm和112mm。封装后光纤光栅很容易被固定到被测物体上,并且铝盖片不影响被测物体把应变和温度传递到光栅,便于测量使用。

封装后光纤光栅的温度响应特性如图3-3-35所示。图中两组实验结果直线拟合的斜率之比为3.59:1,即铝槽封装提高了光栅的温度灵敏系数,其温度灵敏系数增加了约3.16倍,其值为39.8。

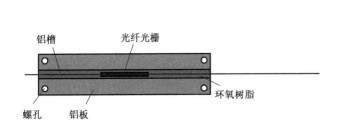

图3-3-34 光纤光栅铝槽封装示意图

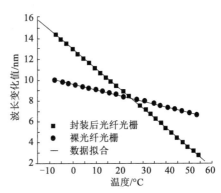

图3-3-35 裸光纤光栅和铝槽封装光纤光栅的温度响应特性对比

3.4.2 聚合物封装光纤光栅温度传感器

选用热膨胀系数较大的聚酰胺纤维(polyamide fiber)聚合物材料,当外界温度改变时,聚合物膨胀而带动光栅产生应变,相应的光纤布拉格光栅产生温度和应变的双重调制,提高温度响应灵敏度,根据计算温度响应灵敏度系数可达0.25nm/℃,是裸光纤光栅的25倍。

关柏欧等分别采用两种较大热膨胀系数的聚合物材料(1#聚合物和2#聚合物),通过特殊工艺对光栅进行了封装处理。为了便于比较,同时测量了裸光纤光栅的温度响应特性,并将其反射波长-温度曲线示于图3-3-36中。裸光纤光栅的温度灵敏度系数仅为0.01nm/℃,当温度从24℃升至88℃时,裸光纤光栅的中心反射波长仅移动了0.68nm,而1#聚合物包覆的光纤光栅的中心反射波长移动了14.5nm,2#聚合物包覆的光纤光栅的中心反射波长移动了3.9nm。两种聚合物包覆的光纤光栅的温度灵敏度系数分别为0.23nm/℃和0.06m/℃,分别是裸光纤光栅的23倍和6倍。1#聚合物和2#聚合物包覆的光纤光栅的温度响应曲线的线性度分别为$R_1=0.9985$和$R_2=0.9995$,均具有很好的线性。

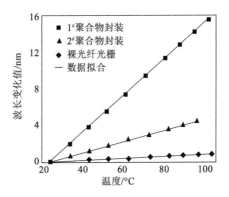

图3-3-36 两种聚合物材料封装的光纤光栅和裸光纤光栅的温度响应曲线

实验证明,利用具有较大热膨胀系数的聚合物材料对光纤光栅进行封装处理,可以有效提高光纤光栅的温度灵敏度。通过封装,还可以对光纤光栅起到很好的保护作用。

3.4.3 金属管式光纤光栅温度传感器

(1) 传感器结构

金属管式光纤光栅温度传感器分为增敏型封装与无增敏型封装两种结构,其结构形式分别如图 3-3-37 和图 3-3-38 所示。

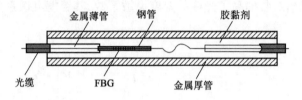

图 3-3-37 增敏型封装光纤光栅温度传感器

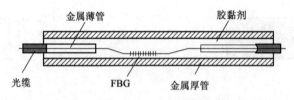

图 3-3-38 无增敏型封装光纤光栅温度传感器

增敏型封装光纤光栅温度传感器的封装结构主要由金属厚管、金属薄管、钢管、胶黏剂、光纤光栅以及光缆组成。考虑到传热效率,可以在金属厚管中充入银。金属厚管的主要作用是保护光纤光栅免受外界应力的冲击,同时也保证光纤光栅与封装结构处于相同的温度场。钢管的主要作用是封装裸光纤光栅,增强光纤光栅温度灵敏性。金属薄管的作用主要是悬空钢管,使光纤光栅免受外界应变影响。胶黏剂的主要作用是将金属厚管、金属薄管以及光纤光栅固结在一起,使其成为一个整体。从结构上看,该封装形式不仅提高了光纤光栅的温度灵敏度,能够自由地感应被测对象的温度变化,而且充分消除了外界应力的影响。

无增敏型光纤光栅温度传感器的温度灵敏度系数与裸光纤光栅一致,为 10.3pm/℃;而增敏型光纤光栅温度传感器与裸光纤光栅相比,其温度灵敏度系数提高了 1.7 倍,温度分辨率可达 0.05℃。

光纤光栅温度传感器封装主要考虑的问题是充分消除外界应力对光纤光栅的影响,同时保证光纤光栅能够与被测对象处于同一温度场。对于增敏型与无增敏型两种封装结构而言,金属厚管必须具有高强度和良好的热传导能力,还要具有良好的抗腐蚀能力,不锈钢是比较理想的材料,胶黏剂也必须满足高强度和耐久性的需要。

(2) 传感器性能实验

由以上论述可知,所设计的两种光纤光栅封装温度传感器的传感特性分别由裸光纤光栅和金属管式光纤光栅应变传感器封装结构决定。其中无增敏型光纤光栅温度传感器的传感特性与裸光纤光栅是一致的;而增敏型光纤光栅温度传感器的传感特性与金属管式光纤光栅应变传感器是一致的。

使用水浴法对两种光纤光栅温度传感器进行了标定。无增敏型光纤光栅温度传感器的温度传感特性试验结果如图 3-3-39 所示。

为了考查无增敏型光纤光栅温度传感器封装技术的一致性,同时标定了 3 个无增敏型光纤光栅温度传感器。由图 3-3-39 可以看出,3 个光纤光栅温度传感器的温度灵敏度系数分别为 0.00996nm/℃、0.01025nm/℃ 和 0.00996nm/℃。与裸光纤光栅温度灵敏度系数理论值 0.0105nm/℃ 非常符合。3 个光纤光栅温度传感器灵敏度系数误差非常小,说明该封装技术具有良好的一致性。

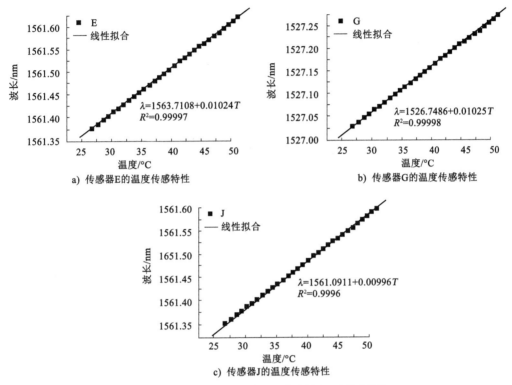

图 3-3-39　无增敏型光纤光栅温度传感器的温度传感特性

为了考查增敏型光纤光栅温度传感器封装技术的一致性,同时标定了 2 个增敏型光纤光栅温度传感器。增敏型光纤光栅温度传感器的温度传感特性如图 3-3-40 所示。由图 3-3-40 可以看出,2 个光纤光栅温度传感器的温度灵敏度系数分别为 0.0285nm/℃ 和 0.0281nm/℃,与裸光纤光栅温度灵敏度系数理论值 0.0105nm/℃ 相比,增敏型光纤光栅温度传感器灵敏度系数提高了 1.7 倍。这 2 个光纤光栅温度传感器灵敏度系数误差非常小,说明该封装技术具有良好的一致性。

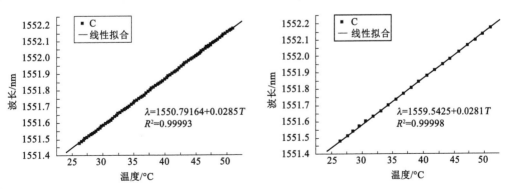

图 3-3-40　增敏型光纤光栅温度传感器的温度传感特性

3.5 光纤光栅位移传感器

在土木工程中,常用的位移传感器是应变式的位移传感器。它与二次仪表如应变仪、数字电压表配套使用,即可进行工程试验中的静态位移测量。由于其核心传感元件采用电类应变计,不可避免地具有易受电磁辐射干扰、长期稳定性差的缺点,无法满足在强电磁辐射等恶劣工作环境中的工作需要。

3.5.1 拉杆式位移传感器

图3-3-41为拉杆式光纤光栅位移传感器实物图,图3-3-42为该传感器的原理图。

图3-3-41 拉杆式光纤光栅位移传感器实物图

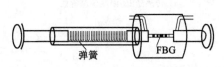

图3-3-42 拉杆式光纤光栅位移传感器原理图

金属管内的FBG的弹性系数为K_1,前部金属杆与一弹性系数为K_2的弹簧相连,则位移传感器的弹性系数K为

$$K = \frac{K_1 K_2}{K_1 + K_2} \quad (3\text{-}3\text{-}9)$$

当位移传感器受力为F时,伸长量dx为

$$dx = \frac{K_1 + K_2}{K_1 K_2} F \quad (3\text{-}3\text{-}10)$$

通过检测波长变化,即可求得位移,传感器的波长变化值与位移呈线性关系,如图3-3-43所示。此种位移传感器的本质还是通过将位移量转变成应变变化。

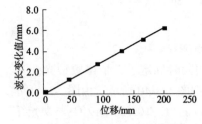

图3-3-43 波长-位移的变化曲线

图3-3-44是拉杆式光纤光栅位移传感器的标定结果图。这种传感器可以进行双向位移测量,既可以测量拉伸位移也可以测量压缩位移。位移测量精度为2.5mm/nm,测量范围为0~80mm。

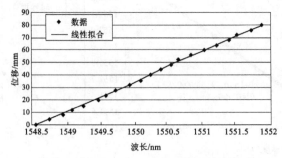

图3-3-44 拉杆式光纤光栅位移传感器标定结果

3.5.2 微位移传感器

任亮等开发了一种接触式光纤光栅形状记忆合金管微位移传感器,克服了传统电类位移传感器易受电磁干扰、长期稳定性差的缺点,能够实现在强电磁辐射等恶劣环境中的位移测量;利用形状记忆合金的弹性范围大的特点,大幅度提高了位移传感器的量程。弯管两端铜基片的相对位移变化会使形状记忆合金弯管发生形变,从而改变了光纤光栅的反射波长,通过测量光纤光栅反射波长的变化可以得出形状记忆合金弯管两端的相对位移变化。图 3-3-45 为该微位移传感器的标定结果图。从图中可以看出,位移与波长的关系是非线性的,为一个二次多项式关系,相关系数超过了 0.999,该传感器的测量精度达到了 0.001mm。

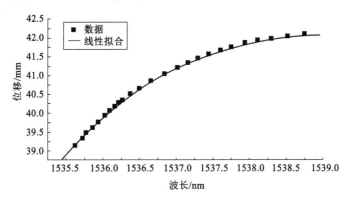

图 3-3-45　微位移传感器标定结果

3.6　光纤光栅压力传感器

3.6.1　光纤光栅边压力传感器

Sheng 等提出了一种基于光纤光栅技术的光纤光栅边压力传感器。该传感器的结构如图 3-3-46 所示。光纤光栅封装于两侧开孔的金属圆柱内,金属圆柱内部灌注硅橡胶聚合物;光纤光栅的尾部连接在一个圆盘的中心上;圆盘固定在硅橡胶聚合物表面;光纤光栅的另一端与金属圆柱粘接在一起。硅橡胶聚合物的弹性模量比光纤光栅低大约 4 个数量级。外界压力通过压缩金属圆柱两侧开孔的聚合物体,使其产生轴向应力,从而使光纤光栅产生轴向应变。该应变可以表示为

$$\varepsilon = \frac{vPA}{aE_{FBG} + \frac{L_{FBG}}{L_P}(A-a)E_{polymer}} \quad (3\text{-}3\text{-}11)$$

式中,A 为圆盘的面积;a 为光纤光栅的横截面面积;v 为聚合物的泊松比;L_{FBG} 为光纤光栅的长度;L_P 为聚合物的轴向长度;E_{FBG} 和 $E_{polymer}$ 分别为光纤光栅和聚合物的弹性模量;P 为外界压力。由此可得

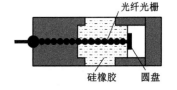

图 3-3-46　光纤光栅边压力传感器结构

$$\Delta\lambda = (1 - P_e)\frac{vPA}{aE_{FBG} + \frac{L_{FBG}}{L_P}(A-a)E_{polymer}} = k_p P\lambda \quad (3\text{-}3\text{-}12)$$

式中，k_p 为光纤光栅压力传感器的压力系数；P_e 为外界荷载。表 3-3-5 为这些系数的值。

系 数 值　　　　　　　　　　　　　　　　　　　　　　表 3-3-5

系 数	值	系 数	值
圆盘的面积 A	$5^2 \cdot \pi \text{mm}^2$	光纤光栅弹性模量 E_{FBG}	$7 \times 10^{10} \text{N/m}^2$
光纤光栅的横截面面积 a	$0.0625^2 \cdot \pi \text{mm}^2$	聚合物弹性模量 $E_{polymer}$	$1.8 \times 10^6 \text{N/m}^2$
聚合物的泊松比 v	0.4	光纤光栅中心波长 λ	1539.6nm
光纤光栅长度与聚合物轴向长度比 L_{FBG}/L_P	2		

将表 3-3-5 所示的系数值代入式(3-3-12)中，得到传感器的压力灵敏度系数理论值为 33.1014nm/MPa。传感器中光纤光栅的中心波长变化与外界压力的关系如图 3-3-47 所示。实验结果表明，外界压力从 0 到 0.2MPa，光纤光栅的中心波长变化与外界压力变化呈良好的线性关系。实验得到的传感器压力灵敏度系数为 33.876nm/MPa，测量结果与理论结果很符合。

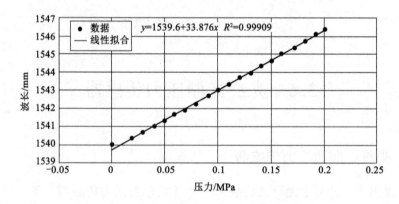

图 3-3-47　光纤光栅波长随压力的变化曲线

3.6.2　基于弹簧管悬臂梁的光纤光栅压力传感器的研究

邵军等设计了基于弹簧管悬臂梁的光纤光栅压力传感器。利用一个厚度相等、截面呈矩形的等腰三角状悬臂等强度梁，它既能保证对布拉格反射中心波长进行线性调谐，又可避免调谐过程中出现啁啾现象。悬臂梁的自由端和 C 形弹簧管的自由端刚性连接，利用 C 形弹簧管的力学放大作用调节自由端的挠度便可对粘贴其上的 FBG 进行线性无啁啾调制。弹簧管通常是一种弯成圆弧形的空心偏管，截面的短轴位于弯曲平面内。管子一端焊入接头，具有压力的流体由接头通入管子内腔。在压力 P 的作用下，弹簧管的曲率将发生改变，同时密封的自由端产生位移 W。由理论分析可知，W 与 P 的关系为

$$W = k_2 P \quad (3\text{-}3\text{-}13)$$

式中，k_2 与弹簧管的各项参数有关，当弹簧管选定后，k_2 为常数。

悬臂梁的一端刚性固定在从弹簧管固定端引出的支架上，另一端则与弹簧管自由端刚性连接，如图 3-3-48 所示，悬臂梁的法线方向与弹簧管自由端移动方向的切角为 6°。悬臂梁的弹性模量远小于弹簧管，悬臂管对弹簧管自由端位移的影响可以忽略不计，即悬臂梁自由端的位移等于弹簧管自由端的位移。当弹簧管自由端发生位移时，将对悬臂梁自由端施加集中载荷，从而带动悬臂梁自由端一起移动，梁的下表面应变 ε 与弹簧管自由端的位移 W 的关系为

$$\varepsilon = \frac{W h_2}{L^2} \quad (3\text{-}3\text{-}14)$$

式中，h_2 为悬臂梁的厚度；L 为悬臂梁的长度。

综上分析，基于弹簧管悬臂梁的 FBG 反射波长的变化量为

$$\frac{\Delta \lambda}{\lambda_B} = kP \quad (3\text{-}3\text{-}15)$$

式中，k 为压力灵敏度系数，$k = \eta k_1 k_2 k_3$，$k_1 = 1 - P_e$，$k_3 = h_2/L$；η 为与 FBG 粘贴性能有关的常数。

压力灵敏度系数与 k_1、k_2、k_3 有关，其中 k_1 与光纤的材料以及 λ_B 有关，当 FBG 选定后，k_1 的值即确定；k_2 与弹簧管的几何参数有关，增大弹簧管的曲率半径、管壁厚度和减小椭圆截面的短轴等都可以使 k_2 增大；加厚悬臂梁、缩短其长度可使 k_3 增大。因此，在使用时，可以根据所要求的压力灵敏度系数，适当选择各参数。

实验得到的压力 P 与 $\Delta \lambda_B / \lambda_B$ 之间关系如图 3-3-49 所示。压力灵敏度系数的实验值为 2.767×10^{-4} nm/MPa，是裸 FRG 压力灵敏度系数的 142 倍，增敏效果非常明显。实验数据的线性度为 0.9995。

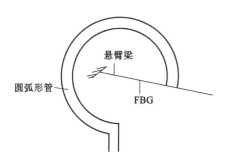

图 3-3-48　FBG 弹簧管压力传感器结构图

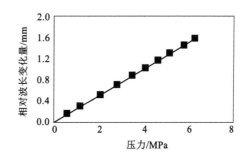

图 3-3-49　中心波长的相对偏移量与压力的关系曲线

3.6.3　基于正弦机构力放大原理的高灵敏度光纤光栅压力传感器

王俊杰、姜德生等采用正弦机构力放大原理设计了一种基于平面薄板、高灵敏度、结构上易于多路复用的新型光纤光栅压力传感器。

图 3-3-50 为传感器的结构示意图。圆柱形壳体为整个传感器的支撑体，在其两侧加工两个定位孔，两定位孔有同一水平轴线，它与圆柱形壳体的中心轴线垂直正交于同一平面内。薄

板用来承载外载荷,力传递杆用激光垂直焊接在薄板的中心。安装时,首先在传感光纤两端固定安装光纤用的不锈钢管,再将中空定位螺栓插入定位孔中,然后把带不锈钢管的传感光纤从定位螺栓中间孔穿过,这样,通过光纤两端的不锈钢管和圆柱体两侧的定位孔以及中空定位螺栓就将传感光纤固定在中空圆柱体的中央,当然,此时固定光纤用的不锈钢管与中空定位螺栓之间的螺钉应处于松弛状态。带力传递杆的薄板通过螺纹压紧(要保证边缘固定)的方法固定在圆柱形壳体的顶部,在压紧之前,力传递杆端部带弧度的"V"形槽应作用在传感光纤的中央,最后,通过微调架从两端同时拉紧传感光纤,随后,用螺钉将固定传感光纤用的不锈钢管紧紧锁在中空定位螺栓中。这样,力传递杆和传感光纤就构成一正弦的力放大机构,薄板受外载荷作用产生的集中力通过该正弦机构将从轴向拉伸传感光纤光栅。这就是此压力传感器结构的工作原理。

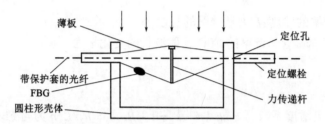

图 3-3-50　基于正弦机构力放大原理的光纤光栅压力传感器示意图

图 3-3-51 为传感器受力变形示意图。光纤的弹性模量为 E_f,截面面积为 A_f,薄板的密度为 ρ_p,弹性模量为 E_p,泊松比为 μ_p,半径为 R,厚度为 h,薄板的弯曲刚度为

$$D = \frac{E_p h^3}{12(1-\mu_p^2)} \quad (3\text{-}3\text{-}16)$$

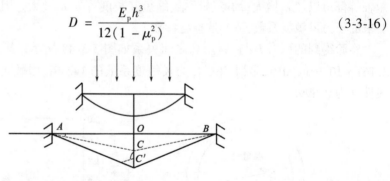

图 3-3-51　传感器受力变形示意图

正弦机构的特征参数为 $\sin\theta = OC/AC$,在传感器受微小载荷作用时,近似保持不变。加载荷 q 后,传感光纤由位置 ACB 到 $AC'B$,产生的应变为 ε,则得到传感器的静态灵敏度为

$$\frac{\varepsilon}{q} = \frac{1}{\dfrac{AC^2}{OC} \cdot \dfrac{64D}{R^4} + \dfrac{OC}{AC} \cdot \dfrac{8E_f A_f}{\pi R^2}} \quad (3\text{-}3\text{-}17)$$

可见,该传感器的静态灵敏度不仅取决于薄板的结构尺寸和材料特性,还取决于正弦机构的尺寸。

图 3-3-52 为光纤光栅压力传感探头测试的实验装置示意图。宽带光源发出的光射到压力传感探头中,由 FBG 传感器反射的光进入解调器。微压压力是利用液体自身重力产生的;将长度为 30cm 的透明玻璃管用环氧树脂垂直固化在一中空具有内螺纹的不锈钢圆环内,并

在传感探头圆柱形支撑体外围加工相应的外螺纹,二者利用螺纹装配、密封,并垂直放置。在垂直玻璃管中缓慢加入水,这样,水位每升高1cm,传感器所受的压力就增加100Pa,30cm长的玻璃管可产生的峰值压力为3kPa。在0~3kPa的压力范围内,每增加2cm水柱记录一个点,即每施加200Pa压力记录一个点,测得所研制传感器的压力响应曲线如图3-3-53所示。可见,在微压条件下,传感探头的压力响应曲线具有良好的线性度,由数据拟合知压力灵敏度系数为0.04711pm/Pa,对于光纤光栅纵向应变灵敏度为1.2pm/με,所以,传感探头的应变灵敏度为0.03926με/Pa。这种增敏封装结构特别适合FBG进行多路复用,组成传感器阵列。通过改变传感器的结构参数可以设计出满足不同需要的光纤光栅压力传感器。

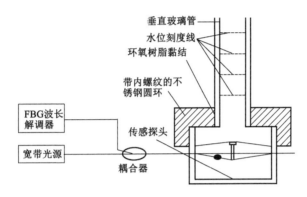

图3-3-52 FBG压力传感器标定实验装置原理框图

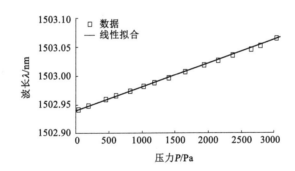

图3-3-53 FBG压力传感器的灵敏度特性曲线

3.6.4 高压力传感器

实时监测油气井下的压力和温度是海底石油开采中亟须解决的问题。对于油气井下的压力测量,传感器的测量精度应高于10kPa,测量范围为0~100MPa。油气井下的温度可达230℃。随着开采深度的不断增加,油气井下的温度、压力不断升高,目前广泛使用的电子类压力、温度传感器在高温环境中的长期工作漂移问题、无法复用以及长期可靠性问题摆在人们面前。光纤光栅传感器具有长期稳定性好、能够多点复用、测量精度高的优点,可以取代传统电子类压力、温度传感器应用于油气井下的压力、温度测量。

Nellen等提出了一种应用于测量高压力的光纤光栅压力传感器。传感器的结构图如图3-3-54所示。

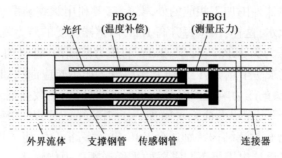

图 3-3-54　用于测量高压力的光纤光栅压力传感器

测量压力的光纤光栅由机械夹具固定在两个同心的钢管末端。内层传感钢管在压力作用下会伸长,外层支撑钢管不受压力影响。采用特殊的固定方式消除两个钢管之间的相对摩擦滑移。传感钢管在外界压力作用下的轴向应变为

$$\varepsilon_t = \left(\frac{1}{E}\right)[\sigma_\xi - \mu(\sigma_\varphi + \sigma_\rho)] \quad (3\text{-}3\text{-}18)$$

式中,σ_ξ、σ_φ、σ_ρ 分别为轴向、切向及径向应力;E 为钢管的弹性模量;μ 为钢管的泊松比。忽略钢管末端的变化,σ_ξ、σ_φ、σ_ρ 可以用钢管的内层与外层半径 R_1、R_2 及外部压力 P 的关系式来表示。由此,传感钢管在外界压力作用下的轴向应变可表示为

$$\varepsilon_t = \left(\frac{1}{E}\right)\left(\frac{PR_1^2}{R_2^2 - R_1^2}\right)(1 - 2\mu) \quad (3\text{-}3\text{-}19)$$

传感钢管的内层与外层半径 R_1、R_2 分别为 2.8mm 和 4mm,钢管长度为 153mm。该钢管在最大外界压力为 100MPa 下仍能保持在弹性范围内。在 P = 100MPa 下,由式(3-3-19)计算得到钢管轴向应变 ε_t = 0.205 × 10^{-3},相对应的光纤光栅中心波长的变化量为

$$\Delta \lambda = 1.2 \cdot \varepsilon_f = 1.2 \cdot \frac{L_t}{L_f} \varepsilon_t \quad (3\text{-}3\text{-}20)$$

式中,L_t 为钢管的长度;L_f 为光纤光栅的长度(15mm)。由此,光纤光栅中心波长的变化量 $\Delta \lambda$ 为 2.509nm,灵敏度系数为 0.02509nm/MPa。该压力传感器的灵敏度系数大约是裸光纤光栅(0.0031nm/MPa)的 8 倍。

3.7　光纤光栅传感器的可靠性

光纤光栅传感器在土木结构长期健康监测中有广泛应用。利用光纤光栅干涉型光纤传感技术开发了很多传感器,用于测量应力、变形、裂缝、温度及压力梯度。通过大量的光纤光栅传感器应用可靠性方面的文献发现,在土木结构中光纤的可靠性问题并没有被彻底解决。这并不难理解,因为光纤光栅传感器在土木工程中还是一项新技术,而且没有长期监测的数据。因此,如果在结构健康监测中想通过光纤光栅传感器提供结构维护及安全方面的信息,传感器可靠性将成为一个重要的问题。

桥梁、大坝等的下部结构非常庞大,并且几乎不可能用可视化的手段进行彻底的监测。这些土木结构的服务寿命都很长,桥梁的设计寿命一般是 50 年,有些桥梁经历了 100 多年仍在使用。

可靠性是一个体系或者构件在一定时期内以及特定的环境下达到要求功能的能力;稳定性是一种物质、设备或仪器的某种特性不随时间和外界因素而变化的特性。在某些方面,可靠性和稳定性是相互联系的,共同构成土木工程健康监测的基础。大体上来讲,光纤光栅传感器可靠性主要涉及以下几个方面:

①光纤光栅传感器在土木工程结构的服务期限内的"存活率";

②测量的单一性问题,即用于测量应变的传感器是否只接收应变变化引起的信号的变化,还是同时受其他因素,如温度等的影响;

③传感器的测量范围的确定是否合适;

④传感器在很长一段时间的使用后是否仍能保证零位偏移以及回程。

3.7.1 光纤性质对光纤光栅传感器可靠性的影响

在长标距干涉型光纤光栅传感器中,光纤是传感元件,相当于数据载体。不论什么原因,如果光纤被破坏,那么整个健康监测系统将不能工作。因此,光纤的可靠性或者寿命就是影响光纤光栅传感器的主要因素。

(1)光纤的强度分布

光纤是一种复合材料,主要由二氧化硅的纤芯和涂覆层组成,在外部包裹着一到两层的聚合材料,如图3-3-55所示。

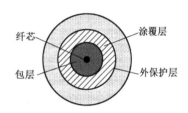

图3-3-55 标准光纤的横断面图

市场上光纤的种类很多。现在,大部分光纤光栅传感器都是用标准的通信光纤制造。实际上,光纤的强度是由光纤薄弱部位的强度决定的,因为光纤不可避免地含有一些缺陷,这种强度通过强度分布的方式来表达。强度分布可以通过 EIA/TIA-455-28 标准(光纤测试程序)获得。

当压力水平非常接近测试时的压力水平时,大尺度的光纤会存在罕见的随机性很强的缺陷,光纤测试程序并不能描述出这些缺陷的特性。标准测试所用样本的长度也不能很好地测量这种随机的缺陷。Glaesemann 等开发了一种测量大尺度光纤的低强度分布的方法。这个测试对 20m 连续长度的光纤进行测量直到它被破坏,然后记录下破坏荷载。通过这种方法,可以找到真正影响光纤可靠性的随机低强度段。康宁公司测试了 1000km 长的光纤用以建立一种全面而准确的强度分布。利用这种方法,制造商可以提供商用光纤的强度分布。

(2)光纤的疲劳特性

光纤对疲劳很敏感,尤其在高应力水平和潮湿的环境中。光纤的疲劳可以看作其在一个潮湿的环境中受拉应力的作用,缺陷随时间缓慢扩展的过程。在一个相当大的应力水平下,由于疲劳作用,光纤的强度将随着时间降级。这种应力可能以拉、弯或扭转的形式存在,也可能是它们的联合作用。因此,了解光纤的疲劳特性对光纤光栅传感器的设计是非常重要的。关于这方面的文章很多,提出了一些微裂缝生长模型。最常用的亚临界裂缝生长模型描述了光纤因疲劳而失效的过程。这个模型包括两个独立的子模型,第一个子模型描述了一个缺陷怎样引起了一个应力集中。

$$K_1 = \sigma Y c^{1/2} \quad (3\text{-}3\text{-}21)$$

式中,K_1 是应力强度系数;σ 是施加的应力;Y 是裂缝形状参数;c 是裂缝长度。一旦参数值 K_1 达到临界参数值 K_{1C},将发生裂缝不稳定扩展或不可控的破坏。当光纤处于干燥的环境中,裂缝长度将保持不变直到 $K_1 = K_{1C}$;如果在潮湿的环境中,尤其是当光纤暴露于水中或是非常潮湿的环境中时,即使 $K_1 < K_{1C}$,裂缝端部的应力集中也将破坏,裂缝开始生长。受裂缝端部的应力强度因子控制的化学反应决定了裂缝的生长率。第二个子模型描述了裂缝生长率 $\dot{c}$,是一个关于 K_1 的单调递增函数。

$$\dot{c} = e^{f(k)} \tag{3-3-22}$$

其中

$$k = \frac{K_1}{K_{1C}} \tag{3-3-23}$$

当光纤处在比临界应力低的应力水平下,第二个子模型描述了光纤的寿命。光纤寿命模型受应力和环境两方面因素影响。Mattewson 分析了在环境因素如温度、湿度和 pH 值下,熔接后光纤的强度和疲劳的相关性。用第二个子模型式(3-3-22)的数学计算值与实验值进行比较。但是,在高应力水平下光纤的疲劳问题目前还未见报道。

在光纤光栅传感器中,光纤通常是处于预应力状态下的。即使这个传感器最初是应力自由的,当它被粘贴或者埋入结构中时,结构的变形也会引起传感器的应力变化。这说明涂覆层同样处于受拉状态。当高分子材料的涂覆层暴露于紫外光或者高温下时,它将变得很脆弱。一个很小的拉应力就能导致涂覆层内微裂缝的扩展,导致潮湿空气渗入光纤纤芯,加速裂缝的生长。光纤光栅传感器的应力水平高于通信用光纤。表 3-3-6 列出了常用于制作光纤光栅传感器的光纤的材料特性。验证试验测得的应力水平是 670MPa,通信行业中各种长度光纤的容许应力设计指标列于表 3-3-7。

常用于制作光纤光栅传感器的光纤的材料特性 表 3-3-6

材 料 参 数	值	单 位
光纤的弹性模量	7.2×10^{10}	Pa
光纤涂覆层的弹性模量	2.55×10^6	Pa
光纤纤芯的泊松比	0.25	
光纤涂覆层的泊松比	0.499	
光纤涂覆层直径	205	μm
光纤纤芯直径	125	μm

各种长度光纤的设计容许应力 表 3-3-7

存活寿命	容许应力值($\sigma_p = 667\text{MPa}$)
40 年	$\sigma_p/5 = 133.4\text{MPa}$
4 年	$\sigma_p/3 = 222.3\text{MPa}$
1 年	$\sigma_p/2 = 333.5\text{MPa}$

注:σ_p 指试验最大应力。

对于结构健康监测中所用的光纤,满足下列方程。

$$\sigma = E\varepsilon \tag{3-3-24}$$

如果应变水平是2000με,那么通过方程可求出光纤中的应力是1440MPa。这远远超出了表 3-3-5 的应力容许值。即使是 200με 这样一个结构中很低的应变水平,光纤的应力也有 144MPa 左右,也超过了表 3-3-5 中存活寿命为 40 年时的应力容许值。通过这些可以看出,用于通信行业中的光纤的可靠性预测体系不能用于确定光纤光栅传感器的可靠性。因此,有必要建立一个适用于光纤光栅传感器的可靠性确定体系,通过这个体系根据需求应力或应变水平可以预测光纤光栅传感器的寿命。在一些光纤光栅传感器体系中,光纤长期处于预拉状态。在这种情况下,为了测量光纤的长期可靠性,应使预拉应力维持较长的一段时间。为了研究这个问题,在循环荷载作用下使用低相关双反射干涉仪系统来监测光纤的疲劳性。图 3-3-56 为测量系统的结构图。

试验光纤采用通信用光纤,标距长度大约为 1m。使用 OTDR(Optical Time-domain Reflectometer,光时域反射仪)测量光纤的精确长度。通过测量在同样环境下无载光纤的长度变化补偿温度和湿度的影响。为了消除夹具以及滑轮对光纤的影响,在张拉试验中采用金属箍连接器作为锚固端。图 3-3-57 为光纤样本的锚固端。

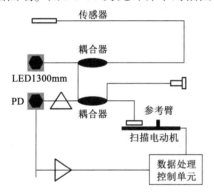

图 3-3-56 光纤光栅传感器测量系统

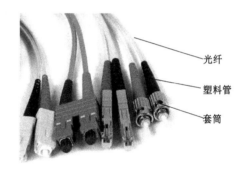

图 3-3-57 光纤样本锚固端示意图

给试验光纤施加循环的张拉力。每次加载 10000 次循环,用 DRIS 光时域反射仪 OTDR 系统测试光纤的长度。图 3-3-58 为两个经过循环加载后的光纤在荷载释放后的延长。试验光纤 1 的平均应变水平为 0.2%,试验光纤 2 的平均应变水平为 0.3%,应变的振荡幅度为 0.1%。从图 3-3-58 可以看出,光纤由疲劳引起的最大永久延长约为 250μm/m(250με)。在加载初期,光纤长度的延长率与加载次数有很大相关性。随着加载次数的增加,光纤的长度趋于稳定。光纤光栅传感器中的光纤采用类似的方法进行测试。每经历 20000 次的循环荷载记录一次光纤光栅传感器的中心波长。采用与前一个试验类似的方法,一个无荷载的光纤传感器用于补偿环境的影响。图 3-3-59 显示了经过 500000 次的循环加载中心波长的漂移结果。

正如之前所提到的,光纤由纤芯、包层和涂覆层三部分组成。纤芯和包层主要由二氧化硅构成,因此比较脆。涂覆层通常由一种具有黏弹性的聚合材料组成。生产过程中由于涂覆层和二氧化硅纤芯(包括光纤的纤芯和包层)具有不一致的变形能力,因此在光纤中就存在一些残余应力。光纤在循环加载的过程中,涂覆层开始蠕变。因此,残余应力被释放。最后,随着荷载循环次数的增加,涂覆层开始软化,只剩纤芯和包层还在承受循环荷载。因为裸光纤是一种脆性材料,并没有蠕变特性,如果循环荷载的次数足够大,光纤将产生永久变形,长度将趋于稳定。

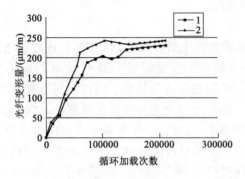

图 3-3-58 光纤光栅传感器在循环荷载下的疲劳特性

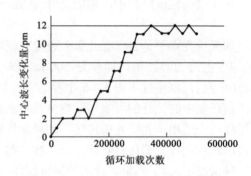

图 3-3-59 循环荷载下中心波长的漂移结果

对于光纤光栅传感器中的光纤,在刻光栅之前要先将涂覆层剥离。这个过程能够释放光纤光栅传感器附近的残余应力。从图 3-3-59 可以看出,在经过近 400000 次的循环加载后,光纤的变形趋于稳定。这与图 3-3-58 中的现象很类似。考虑光纤中残余应力的存在,有必要采用合适的方法设计长期使用的光纤光栅传感器。

3.7.2 加工过程对光纤光栅传感器可靠性的影响

与通信产业中的光纤相比,光纤光栅传感器中的光纤是非常短的。因此,沿着光纤的强度分布比较一致,较容易定位其中的薄弱环节。另外,在传感器的制作过程中,对光纤的加工将对光纤的强度产生不利的影响。例如,在传感器的加工过程中在光纤中刻光栅的前后分别要对涂覆层进行剥离和重涂覆。在这个过程中,光纤的强度水平将低于未被加工过的光纤。同样,在传感器的制造过程中,传感器的夹持产生了一种"收聚"。当一个光纤被夹持的时候将产生收聚破坏。此外,当光纤被一个锋利的物体切割的时候将产生磨损破坏。上述多种形式的破坏都将引起光纤强度的退化和疲劳破坏的加速。

Tarpery 等研究了光纤光栅传感器中光纤涂覆层的剥离和重新涂覆的机械稳定性。在他们的研究中,光纤被化学侵蚀或者激光切割,然后进行张拉直到光纤破坏来测试光纤的强度。采用 SEM(电子扫描显微镜)测定经过退火和重涂覆后光纤的缺陷。表 3-3-8 为一些实验结果。

光纤状态和断裂应力以及裂纹尺寸间的关系   表 3-3-8

光纤状态	中间值断裂应力 /GPa	均值断裂应力 /GPa	可观测裂纹尺寸 /μm	由失效应力可推断裂纹尺寸/μm
原始状态	6.27	5.91	无缺陷	0.15
化学侵蚀严重	5.95	5.71	无缺陷	0.2
化学侵蚀较轻	2.11	2.03	-1.5	2.5
激光切割	0.222	0.533	3.2	10 to 100
重涂覆层较薄	1.81	1.79	无缺陷	2.0
重涂覆层较厚	6.12	5.07	无缺陷	0.2

从统计学的角度来看,他们的研究指出了重涂覆光纤强度的综合结果。大体上讲,传感器的加工过程中的退火和重涂覆过程造成了光纤强度的退化,降低了光纤传感器的可靠性。

3.7.3 封装与安装对光纤光栅传感器可靠性的影响

(1) 光纤光栅传感器的封装及其对可靠性的影响

在大部分应用中,光纤光栅传感器在封装后安装到结构上或者埋入混凝土中。对于光纤光栅传感器有很多的封装方法。图 3-3-60 展示了封装后的光纤光栅传感器。一方面,光纤的封装工艺保护不受环境影响和外界因素破坏,增加了传感器在安装和使用过程中的"存活率"。另一方面,封装在一定程度上改变了传感器的传感性能。

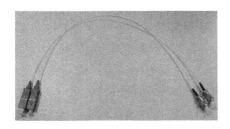 

图 3-3-60 封装后的光纤光栅传感器示意图

对于封装后的传感器,其灵敏度主要取决于测量结构与光纤纤芯之间的封装材料和应变传递能力。传感器的耐久性和使用寿命不仅取决于光纤本身,还受封装材料的影响。传感器封装引起的可靠性问题包括应力传递能力、封装材料及传感器的兼容性、纤芯的老化、热稳定性以及封装材料本身的特性如线弹性等问题。

传感器的感测单元是光纤的二氧化硅纤芯。应变从结构传到纤芯要经过封装层和涂覆层。在这个过程中,应力损失是不可避免的。Ansari 等分析了基质材料与光纤纤芯之间的应力传递。他们定义了一个应力传递参数用以确定应力传递在涂覆层中的损失,这种损失主要受标定长度、涂覆层的弹性性质和黏结材料影响。Trutzel 等则提出了一种光纤纤芯应变与标定长度之间的关系。对于标定长度(黏结长度)小于 10mm 的低弹性模量(100MPa 左右)涂覆层的光纤,应变并不能完全传到纤芯。相反,对于弹性模量在 3GPa 左右的典型聚合物涂覆层的光纤,在只有 2~3mm 的黏结长度下也有很好的应变传递。

(2) 安装工艺对光纤传感器可靠性的影响

对于恶劣工作环境下的短期监测,可以直接将光纤传感器粘贴在结构上。在黄河第二高速桥的缆索力监测中,光纤光栅传感器直接粘贴于索缆表面,所有传感器都被贴在索缆的锚固端,在传感器被安装之后,就被牢牢嵌入环氧和铸铁砂的混合物中。传感器被保护胶保护着。从测量结果来看,在预张拉过程中,粘贴于缆索表面的光纤光栅传感器所测结果与应变片所测结果是相等的。但是,在传感器粘贴的过程中,难以保证传感器的方向与主应力方向一致,传感器的"存活率"也不高。另外,还要防止潮湿空气的侵蚀。

通常来讲,对于表面粘贴式的传感器,在传感器的生命周期内,需要慎重考虑黏结剂和潮湿侵蚀的影响。对于普通传感器的安装,熔接技术是一种可行的方法。光纤光栅传感器首先被粘到一个薄的钢片上,然后钢片被熔接到被监测物的表面。这项技术被证明比其他的安装技术更可靠。

能够埋入结构中(如混凝土和 FRP)是光纤光栅传感器的一个主要优点。对于埋入式的光纤光栅传感器,需要对传感器光纤接头部位进行保护,同时保护工艺不能降低传感器的传感

图3-3-61 光纤光栅传感器安装后保护示意图

性能和长期可靠性。例如,可以在应用于测量大变形以及裂缝监测的长标距光纤光栅传感器的两端分别布置两个加固端子用于保护光纤以及连接防护铜管,如图3-3-61所示。

(3)传感器的标定与验证试验

以往的文献显示,关于裸光纤传感器的标定和灵敏度分析已经有充足的数据。因此,需要有更多关于传感器在特殊用途时的加固与封装方面的数据。正如前面所提到的,用于封装的额外材料改变了传感器的应变传递特性。所以需要对光纤光栅传感器做标定试验,尤其是在长期埋入式的监测中。为了提高光纤光栅传感器的可靠性,同样需要做验证试验。至今,光纤光栅传感器的标定已经是标准化的了。验证试验包括疲劳、老化以及防水测试等。

本章复习思考题

1. 光纤光栅传感器设计的基本原则有哪些?
2. 光纤光栅温度传感器的分类及各自的特点分别是什么?
3. 光纤性质对光纤光栅传感器可靠性有哪些影响?

本章主要参考文献

[1] IDRISS R L,KODINDOUMA M B,KERSEY A D,et al. Multiplexed Bragg grating optical fiber sensors for damage evaluation in highway bridges[J]. Smart materials and structures,1998,7(2):209-216.

[2] 南秋明. 光纤光栅应变传感器的研制及应用[D]. 武汉:武汉理工大学,2003.

[3] 梁磊,姜德生,孙东亚. 光纤传感器在混凝土结构中的相容性研究[J]. 武汉工业大学学报,2000,22(2):11-14.

[4] MEASURES R M et al. A structurally integrated Bragg grating laser sensing system for a carbon fiber prestressed concrete highway bridge[J]. Smart materials and structures,1995,4(1):20-30.

[5] CHAN P K C,JIN W,LAU A K,et al. Strain monitoring of composite-boned concrete specimen measurements by use of FMCW multiplexed fiber Bragg grating sensor array[C]//. Proceed-

ings of SPIE,2000,4077:56-59.

[6] INAUDI D. Application of optical fiber sensor in civil structural monitoring[C]//. Proceedings of SPIE:Sensory Phenomena and Measurement Instrumentation for Smart Structures and Materials,2001,4328:1-10.

[7] WHELAN M P,ALBRECHT D,CAPSONI A. Remote structural monitoring of the cathedral of Como using an optical fiber Bragg sensor system[C]//. Proceedings of SPIE:Smart Structures and Materials 2002:Smart Sensor Technology and Measurement Systems,2002,4694:242-252.

[8] 周智. 土木工程结构光纤光栅智能传感元件及其监测系统[D]. 哈尔滨:哈尔滨工业大学,2003.

[9] LI D S,LI H N,REN L,et al. Experiments on an offshore platform model by FBG sensors[C]//. Proceedings of SPIE:Smart Structures and Materials 2004:Sensors and Smart Structures Technologies for Civil,Mechanical,and Aerospace Systems,2004,5391:100-106.

[10] 赵雪峰,田石柱,周智,等. 钢片封装光纤光栅监测混凝土应变试验研究[J]. 光电子·激光,2003,14(2):171-174.

[11] 于秀娟,余有龙,张敏,等. 钛合金片封装光纤光栅传感器的应变和温度传感特性研究[J]. 光电子·激光,2006,17(5):564-567.

[12] MOYO P,BROWNJOHN J M W,SURESH R,et al. Development of fiber Bragg grating sensors for monitoring civil infrastructure[J]. Engineering structures,2005,27(12):1828-1834.

[13] 王勃,何政,张新越,等. 纤维聚合物筋在土木工程中的应用[J]. 建筑技术,2003,34(2):134-135.

[14] KALAMKAROV A L,MACDONALD D O,FITZGERALD S B,et al. Reliability assement of pultruded FRP reinforcements with embedded fiber optic sensors[J]. Composite structures,2000,50(1):69-78.

[15] 欧进萍,周智,王勃. FRP-OFBG智能复合筋及其在加筋混凝土梁中的应用[J]. 高技术通讯,2005,15(4):23-28.

[16] 廖帮全. 光纤光栅理论、传感应用及全光纤声光调制研究[D]. 天津:南开大学,2002.

[17] 安茂忠. 电镀理论与技术[M]. 哈尔滨:哈尔滨工业大学出版社,2004.

[18] 李宁. 化学镀实用技术[M]. 北京:化学工业出版社,2004.

[19] 李丽波,安茂忠,武高辉. 塑料化学镀[J]. 电镀与环保,2004,24(3):1-4.

[20] 李丽波,安茂忠,武高辉. 陶瓷表面的化学镀[J]. 电镀与环保,2004,24(5):19-22.

第 4 章
光纤光栅传感器的应用

4.1 混凝土固化期收缩应变监测试验

4.1.1 概述

钢筋混凝土结构在现代土建工程中占有重要的地位。对建筑结构而言,混凝土的任何缺陷都是一个潜在的危险,且可能给整个结构带来灾难性的危害。混凝土出现裂缝十分普遍,不少钢筋混凝土结构的破坏都是从裂缝开始的。

混凝土除了荷载作用造成的裂缝外,更多的是混凝土收缩和温度变形导致的开裂。混凝土固化期不均匀收缩应变是混凝土结构裂纹产生的主要原因之一,为减少混凝土固化过程中不均匀收缩应变对构件整体质量的不利影响,人们需要对收缩应变进行深入的研究。但由于混凝土的收缩应变与其配合比、浇筑的施工条件、固化养护环境、构件大小等都密切相关,因此仅进行精确的理论计算是不切实际的,还需要了解混凝土结构固化过程中的实际收缩应变。

混凝土固化期的收缩应变监测对改善养护过程,控制混凝土结构内部应变分布,保证整个建筑物的质量及安全都是非常有益的。但新浇筑的混凝土具有高温度、强碱性、大水化热、强腐蚀性、大收缩量等特点,使得绝大多数传感器难以胜任混凝土的收缩应变监测。与其他传感器相比,光纤光栅传感器具有灵敏度高、抗电磁干扰、耐腐蚀、长期稳定性好、结构简单、体积小、质量小,以及在一根光纤上可以实现分布式测量等优点,因此是混凝土结构固化期收缩应变监测的理想传感器。

封君和朱永等曾应用光纤法-珀传感器对混凝土固化期收缩应变进行了监测,但是并未考虑温度对应变监测结果的影响。Glisic等用迈克尔逊光纤干涉型传感器对混凝土早期固化变形进行了监测,也未考虑同时监测应变与温度,并有效地将其分离开来。

本节利用光纤光栅传感器监测了钢筋混凝土梁固化过程中内部和钢筋表面的收缩应变,并利用独立的光纤光栅温度传感器对温度进行了实时监测,有效地消除了温度变化对光纤光栅应变传感器的影响,实现了对温度和应变的同时测量。

4.1.2 传感器布设

钢筋混凝土梁各部分参数:试件尺寸120mm×150mm×80mm,混凝土强度等级为C20,底部纵向钢筋采用2根HPB300,ϕ10钢筋,上部采用2根HPB300,ϕ6.5钢筋。传感器的具体布设如图3-4-1所示,图中各传感器的相关信息见表3-4-1。

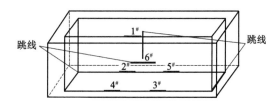

图 3-4-1 混凝土梁中各传感器布设示意图

混凝土梁中埋入的传感器相关信息　　表3-4-1

编号	传感器类型	中心波长/nm	梁上位置
1#	光纤光栅温度传感器	1525	混凝土内部
2#	管式封装光纤光栅应变传感器	1540	纵向钢筋
3#	裸光纤光栅应变传感器	1540	纵向钢筋
4#	电阻应变片	—	纵向钢筋
5#	电阻应变片	—	纵向钢筋
6#	管式封装光纤光栅应变传感器	1531	混凝土内部

注:1#传感器用于测量混凝土固化过程中温度变化,对光纤光栅应变传感器进行温度补偿;2#和3#分别为管式封装光纤光栅应变传感器和裸光纤光栅应变传感器,用于测定钢筋的应变,4#和5#为电阻应变片;6#为管式封装光纤光栅应变传感器,用于监测混凝土内部的应变。

为了抵抗混凝土的强碱性,以及浇筑、振捣过程中的冲击对光纤光栅造成的损坏,提高其"存活率",必须对埋入的传感器采取有效的保护措施。对于粘贴在钢筋表面的传感器,首先在纵向钢筋上打磨出一个面积适中的平面,用酒精清洗后,均匀涂上一层环氧树脂,将传感器粘贴于经过打磨处理的纵向钢筋上,确保传感器与钢筋轴向一致。待达到一定的粘贴强度后,在其表面涂覆环氧树脂进行保护,然后在外部缠几层纱布。对于埋置在混凝土中的光纤光栅传感器,在制作试件时,先浇筑一半混凝土,将光纤光栅传感器水平置于混凝土中,然后浇筑另一半混凝土,放在振动台上振动使其密实,因水灰比较小,在振动过程中,能保证传感器处于水平位置大致不变。光纤光栅温度传感器待混凝土振动密实后垂直插入混凝土内部,以避免受到纵向拉应力。

4.1.3 监测试验数据分析

混凝土浇筑后 4～15h,水泥水化反应剧烈,分子链逐渐形成,出现泌水和水分急剧蒸发现象,引起收缩,此收缩的量级很大,为 1% 左右。

(1)温度变化

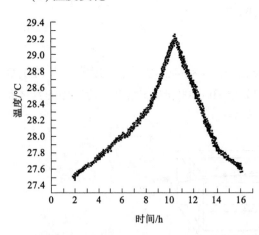

图 3-4-2 混凝土固化过程中温度变化曲线

因混凝土浇筑后 4～15h 水泥水化反应剧烈,故本试验监测时间为混凝土浇筑后 2～16h,为了避免环境温度对监测结果产生影响,混凝土梁放置于恒温恒湿的室内。在 14h 的测量时间内,每分钟采集并存储一次数据。由 1# 温度传感器测到的温度变化如图 3-4-2 所示。

从图中可以看出,受水泥水化热的影响,混凝土内部的温度是逐渐上升的,到浇筑后 10h,温度达到最高,这表明此段时间是水泥水化的一个高峰期,然后试件内部的温度开始缓慢下降,表明水泥的水化速度开始下降,温度变化接近 2℃。

(2)应变变化

梁钢筋上的 2# 和 3# 光纤光栅应变传感器,以及在混凝土内部 6# 光纤光栅应变传感器,监测到的波长随时间变化的曲线如图 3-4-3、图 3-4-4 和图 3-4-5 所示。混凝土在固化的过程中将产生水化热,引起混凝土温度升高,这个试件在 2～16h 内温度变化大约为 2℃,在监测混凝土内部和钢筋表面的收缩应变时必须考虑周围环境温度变化对光纤光栅应变传感器监测的影响。

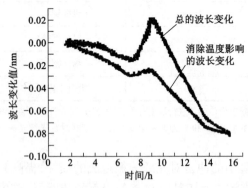

图 3-4-3 钢筋上 2# 管式封装光纤光栅应变传感器波长变化

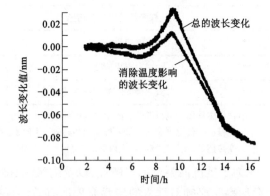

图 3-4-4 钢筋上 3# 裸光纤光栅应变传感器波长变化

图 3-4-3～图 3-4-5 中上部曲线为传感器受温度与应变共同影响下的波长变化曲线;下部曲线为消除温度影响后传感器受外部应变作用产生的波长变化曲线。如图 3-4-4 所示,对于裸光纤光栅应变传感器,温度变化造成最大 20pm 的波长变化系统误差;而对于图 3-4-3 和图 3-4-5 所示的金属管式封装光纤光栅应变传感器,温度变化造成的系统误差更大,约 55pm。可

以看出,传感器周围环境温度变化对应变监测的影响非常大,在应用光纤光栅传感器时必须对应变传感器进行温度补偿。

经过处理后得到钢筋和混凝土内部的应变变化如图3-4-6~图3-4-8所示。试验监测了混凝土梁在浇筑2~16h内的固化过程。从图3-4-6可以看出,梁内部的一侧纵向钢筋上所受的应力始终是收缩应力,最大收缩应变达83με;而在另一侧,如图3-4-7所示,纵向钢筋先受到了一定的收缩应变,然后又发生了一个受拉过程,大约9h后达最大拉应变,大约8με,这个拉应变是由于温度的升高,混凝土出现一定的热膨胀引起的,随后钢筋上拉应变向收缩应变变化,在浇筑16h后,收缩应变达69με。图3-4-8是混凝土内部的应变曲线,可以看出,混凝土浇筑后的9h内,由于混凝土水化热的影响,混凝土的温度升高,混凝土内部出现一定的热膨胀,产生拉应变,最大达10με。随后,拉应变向收缩应变变化,到浇筑16h后,在混凝土内部产生大约35με的收缩应变。

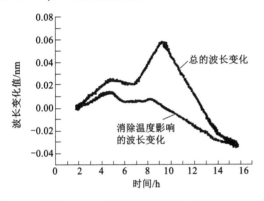

图3-4-5 混凝土内部6#管式封装光纤光栅应变传感器波长变化　　图3-4-6 2#光纤光栅应变传感器测得的钢筋上的应变

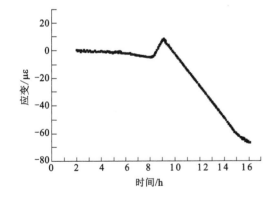
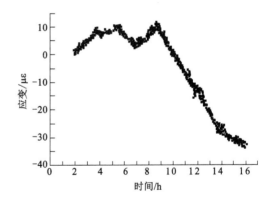

图3-4-7 3#裸光纤光栅应变传感器测到的钢筋上的应变　　图3-4-8 6#管式封装光纤光栅应变传感器测到的混凝土内部的应变

4.1.4 小结

光纤光栅传感器是近年来出现的一种新型光学传感器件,具有结构简单、灵敏度高、防水、耐腐蚀等优点。本试验监测到混凝土在2~16h的固化过程中,温度变化为2℃左右,混凝土内部最大的收缩应变为35με,钢筋上的最大收缩应变分别为83με和69με。对混凝土梁的固化过程中的温度和应变的监测试验表明,光纤光栅传感器能够实时监测混凝土固化过程中的收缩应变和温度变化。在实际应用中,需要对光纤光栅应变传感器进行温度补偿。对于一个比较稳定的温度场,只用一个光纤光栅温度传感器就可以实现对多个光纤光栅应变传感器的温度补偿。此种监测手段是在混凝土养护期恶劣环境条件下监测收缩应变的理想手段。如果进一步将多个光纤光栅传感器埋入混凝土结构内的关键部位组成多个光纤测量网络,就可以在大型混凝土结构施工中,实现结构内部收缩应变的分布状况实时监测,为改善施工工艺和固化养护方法、提高施工质量提供准确的参考数据。在混凝土结构完全固化后的长期使用过程中,光纤光栅传感器可以用于后续的结构长期实时健康监测。

虽然本试验方法是针对混凝土梁进行的,但这种方法可推广到任意尺寸的大体积混凝土固化期的温度应变监测中。

4.2 在桥梁监测中的应用

目前,光纤光栅传感器在土木工程中应用较多的领域是桥梁结构的安全监测。实践表明,对桥梁工程进行客观、准确、及时的监测,是保证在建桥梁工程质量的重要技术手段,有时甚至是施工中必不可少的步骤之一,同时也是了解成桥(特别是病害桥)的健康状况、查清病害程度与原因的重要手段。为了实现对桥梁结构的健康监测,传感系统应具有如下功能:评定荷载、检查预先的性能设计、标定异常状态或行为和制订维修预案。

4.2.1 Beddington Trail 大桥

1993年,加拿大卡尔加里附近的Beddington Trail大桥使用了光纤光栅传感器进行了监测。主要监测了桥梁内部的三种预应力筋:传统钢筋、碳纤维复合筋、绞索筋。这个3车道双跨桥有26根预应力梁,其中6根使用了碳纤维复合筋。光纤光栅传感器安装在这些预应力筋上后埋入了混凝土中。在这个项目中,一个重要的目的是监测预应力筋/混凝土的长期特性,以评价桥梁所采用的新型CFRP材料的可靠性。而且,通过光纤光栅应变传感器阵列,可以监测桥梁的交通状况、异常荷载情况,并可记录桥梁结构的荷载状况。通过传感器的监测数据,比较设计荷载和实际荷载的差别,有助于评价桥梁设计效果。光纤光栅传感器安装于碳纤维筋的表面,通过测量传感器的应变变化可以监测碳纤维筋的长期可靠性。碳纤维筋被预拉至$8000\mu\varepsilon$,在其服役期间将会出现应力释放的过程,从而使光纤光栅传感器处于压应力状态中。

在实际监测桥梁之前,首先进行了桥梁的1:3.3比例的模型试验。光纤光栅传感器与电阻应变片平行安装于预应力筋上,对桥梁模型进行了准静态循环荷载试验。如图3-4-9所示,光纤光栅传感器始终保持良好的工作性能直到桥梁模型完全破坏。在320000次的循环荷载试验中,传感器始终处于$0 \sim 2000\mu\varepsilon$的应变变化内。

图3-4-10为Beddington Trail大桥的"T"形预制预应力梁的剖面图。列出了预应力筋、用于应力后张的管道位置以及光纤光栅传感器的安装位置。整个光纤光栅传感阵列有18个应变和温度传感器沿各个方向安装在预应力筋表面。光缆沿着加固钢筋的方向布线,最后进入一个位于顶部桥基的密封连接盒内。

如图3-4-11a)所示,传感器安装在各个梁的37.5%跨距位置上,这是桥最大荷载的位置。在距离桥基1m的碳纤维筋上也布置了传感器。

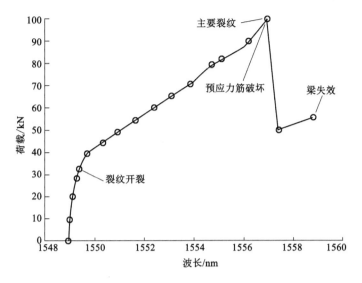

图 3-4-9 光纤光栅传感器在桥梁模型试验的测量结果

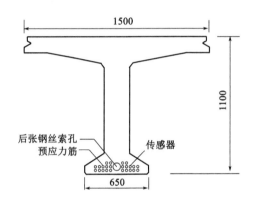

图 3-4-10 Beddington Trail 大桥的"T"形预制预应力梁的剖面图(单位:mm)

Beddington Trail 大桥应变静态监测结果如图 3-4-11 所示。传感器的名称按照所测量筋的类型命名。SS 为钢筋,TR 为 Tokyo Rope(东京制钢钢丝绳)的 CFCC(连续纤维陶瓷基复合材料),IL 为三菱化工 lead line 钢筋。梁的标号(#)和传感器按位置的编号如图 3-4-11b)所示。

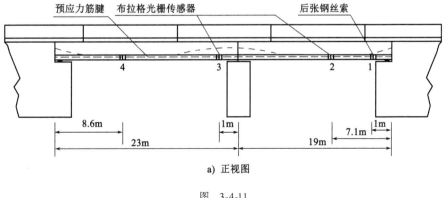

a) 正视图

图 3-4-11

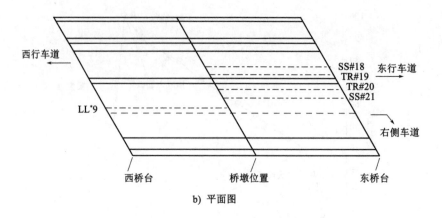

b) 平面图

图 3-4-11　Beddington Trail 大桥应变静态监测结果

图 3-4-12 所示测量结果显示了预应力筋的应力释放现象。这是由混凝土的收缩和蠕变、桥面板的恒载以及施加的应力后张等多种因素造成的。图 3-4-12 所列数据是光纤光栅应变传感器在温度补偿后的结果。温度变化带来的应变测量误差，不仅是因为应变传感器自身的热膨胀影响，而且是由被测筋自身热膨胀施加给应变传感器的应变变化造成的。因此，对光纤光栅应变传感器结果的修正，不仅要消除传感器自身的热膨胀影响，而且要消除结构热胀冷缩带来的应变变化。

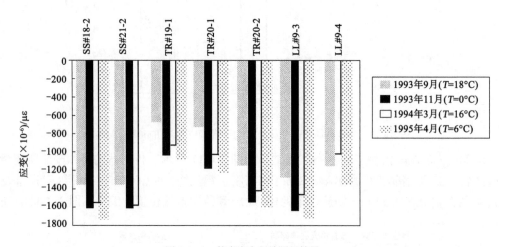

图 3-4-12　静态应力释放测量结果

图 3-4-13 为一辆 25t 卡车自西向东以较低的速度（10～30km/h）通过大桥时，CFRP 筋的车辆荷载动态应变监测结果。在传感器点 2 和点 4 监测到的峰值应变为 20～25με，因为车辆直接经过了铺设该传感器的位置。随即，传感器也监测到了一辆载重较小的车通过大桥时的应变变化，如图 3-4-13a) 所示。卡车经过的另一边车道内的传感器也监测到了幅度很小的应变变化，如图 3-4-13b) 所示。在点 3 布置的传感器监测到了大约 10με 的压应变，如图 3-4-13c) 所示。

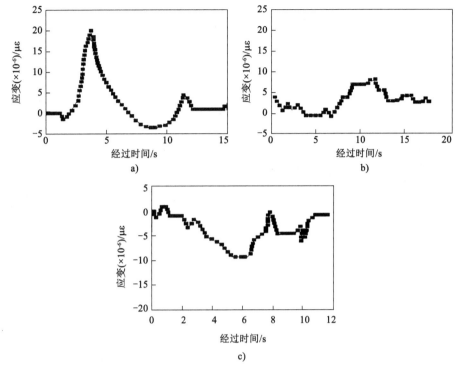

图 3-4-13 CFRP 筋在车辆荷载下的应变变化

4.2.2 滨州黄河公路大桥

我国政府、工程技术人员以及科技工作者特别重视目前已经和正在建造的大型桥梁结构的服役安全,积极推动桥梁结构安全保障技术的研究、应用和发展。健康监测系统能够记录和分析桥梁结构的荷载及其响应,掌握桥梁结构的健康安全状态,现已成为桥梁工程领域研究的热点课题。依托我国大规模基础设施建设的背景,桥梁结构监测系统的研究与应用在我国得到了迅速发展。欧进萍等设计并实现了滨州黄河公路大桥和四方台大桥的离线与在线的光纤光栅桥梁健康监测系统。

滨州黄河公路大桥是三塔双索面固接加半漂浮双边箱预应力混凝土梁斜拉桥体系。主桥全长 768m,桥跨布置方案为:84m(边跨)+300m(主跨)+300m(主跨)+84m(边跨)。索塔为双柱式索塔,中塔和边塔高分别为 123.25m 和 75.78m(塔座以上)。本桥采用 $\phi7$ 高强镀锌钢丝斜拉索,全桥共计 100 对斜拉索。

滨州黄河公路大桥于 2003 年 11 月合龙,2004 年 7 月 3—6 日进行了成桥试验,2004 年 7 月 18 日正式通车。该桥如图 3-4-14 所示。

全桥共安装了 138 支光纤光栅应变与温度传感器,传感器的布设如图 3-4-15 所示。监测截面包括两类,第一种是位于主梁的监测截面,每个主梁监测截面分布测点如图 3-4-16 所示,光纤光栅传感器固定于测点处纵向受力钢筋处。第二种截面位于大桥斜拉索距桥面 1.5m 处位置。将斜拉索外套 PE 塑料部分剥离出 20mm×10mm 区域,将裸光纤光栅粘贴在斜拉索高强镀锌钢丝上用以监测应变,然后按照标准防腐工艺对剥离区域进行防腐处理,以确保斜拉索的耐久性。

图 3-4-17a)为 16 辆卡车(总重 480t)的荷载施加在大桥中塔被测根部附近时,大桥主梁

静态应变反应。可以看到光纤光栅传感器监测到各截面在荷载作用下的应变基本呈线性变化,测点 2、5 应变基本一致。图 3-4-17b)为斜拉索的局部应变监测结果。

图 3-4-14　滨州黄河公路大桥

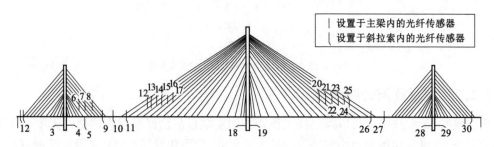

图 3-4-15　光纤光栅应变传感器及其在主梁和斜拉索内的布设位置

图 3-4-16　主梁截面上的应变测点

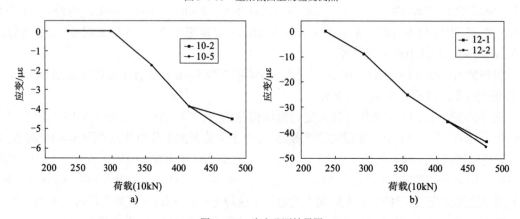

图 3-4-17　应变监测结果图

4.2.3 哈尔滨四方台松花江大桥

哈尔滨四方台松花江大桥采用双塔双索面半漂浮结合梁斜拉桥体系。桥梁全长 1268.86m，主桥长 696m，引桥长 572.86m。主跨 336m，主桥全宽 33.2m，双向共四车道。索塔为门式塔，南塔和北塔高分别为 110.80m 和 106.10m（塔座以上）。主梁截面以两道工字边梁肋，横梁及中间小纵梁与混凝土桥面结合形成组合截面。采用热挤聚乙烯 $\phi 7$ 低松弛预应力镀锌高强钢丝斜拉索，全桥共计 52 对，拉索索面为空间扇形。哈尔滨四方台松花江大桥于 2003 年 10 月合龙，2004 年 8 月 26—27 日进行了成桥试验。该桥如图 3-4-18 所示。

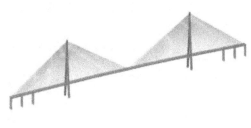

图 3-4-18 哈尔滨四方台松花江大桥

考虑到桥梁结构具有对称性，选择在大桥南部的相应应力控制部位 ZM1、ZM2、ZM3 三个截面钢梁构件上布置光纤光栅应变传感器，以获得这些关键点的应变、应力信息，如图 3-4-19 所示。对使加劲梁中跨 $L/2$ 截面（对称满载）弯矩最大的加载（上、下游各 2 车道荷载对称加载）工况下，光纤光栅应变的测试结果如表 3-4-2 所示。

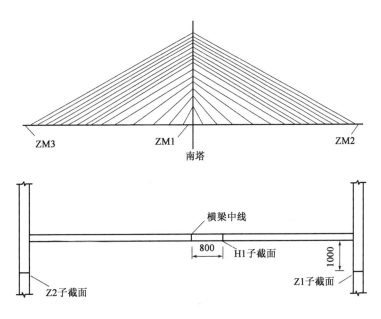

图 3-4-19

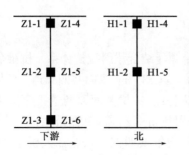

图 3-4-19 光纤光栅应变和温度传感器的布设

从表 3-4-2 中的结果可以看出,光纤光栅传感器每次测试结果基本相同,传感器的性能仍然保持稳定,试验结果合理;计算结果和试验结果有一定的差别,所以,对该桥有限元模型还需要采用模型修正方法进行修正。

成桥试验加载工况下各个截面应变试验值和计算值比较($\mu\varepsilon$)　　　　表 3-4-2

截面	位置编号（内侧）	一次加载	二次加载	计算值	位置编号（外侧）	一次加载	二次加载	计算值
ZM1 截面	ZM1-Z1-4	−16	−10	−2	ZM1-Z1-1	−16	−10	−2
	ZM1-Z1-5	−13	−4	−19	ZM1-Z1-2	−9	−10	−19
	ZM1-Z1-6	−13	−8	−21	ZM1-Z1-3	−7	−7	−21
	ZM1-Z2-1	−13	−12	4	ZM1-Z2-4	−17	−13	4
	ZM1-Z2-2	−13	−11	2	ZM1-Z2-5	—	—	2
	ZM1-Z2-3	—	—	−1	ZM1-Z2-6	−12	−10	−1
	ZM1-H1-1	—	—	—	ZM1-H1-4	0	5	−2
	ZM1-H1-3	—	—	—	ZM1-H1-6	−7	8	−21
	ZM1-Z1-4	—	—	−28	ZM1-Z1-1	12	14	−28
	ZM1-Z1-5	—	—	240	ZM1-Z1-2	157	156	240
	ZM1-Z1-6	336	331	510	ZM1-Z1-3	334	333	510
ZM2 截面	ZM2-Z2-1	12	14	−28	ZM2-Z2-4	—	—	−28
	ZM2-Z2-2	154	144	240	ZM2-Z2-5	159	151	240
	ZM2-Z2-3	—	—	510	ZM2-Z2-6	388	334	510
	ZM2-H-1	−2	2	2	ZM2-H-4	—	−5	2
	ZM2-H-3	49	51	58	ZM2-H-6	49	53	58

本章复习思考题

简述光纤光栅传感器在桥梁工程中的应用及发展前景。

本章主要参考文献

[1] 朱彤. 结构动力模型相似问题及结构动力试验技术研究[D]. 大连:大连理工大学,2004.
[2] 朱永,陈伟民,封君,等. 混凝土固化期收缩应变监测的光纤珐珀传感器[J]. 土木工程学报,2001,34(5):24-28.
[3] GRATTAN K T V,MEGGITT B T. Optical fiber sensor technology:advanced applications-Bragg gratings and distributed sensors[M]. Boston:Kluwer Academic Publishers,2000.
[4] 封君,朱永,李晓宇,等. 光纤法-珀传感器监测混凝土固化期收缩应变的实验研究[J]. 光子学报,2000,29(10):908-912.
[5] GLISIC B,SIMON N. Monitoring of concrete at very early age using stiff SOFO sensor[J]. Cement and concrete composites,2000,22(2):115-119.
[6] 朱伯芳. 大体积混凝土温度应力与温度控制[M]. 北京:中国电力出版社,1999.
[7] 李宏男,等. 结构健康监测[M]. 大连:大连理工大学出版社,2005.
[8] MENDEZ A,MORSE T F,MENDEZ F. Applications of embedded optical fiber sensors in reinforced concrete buildings and structures[C]//Proceedings of SPIE,Fiber Optic Smart Structures and Skins Ⅱ,1990,1170:60-69.
[9] 刁乃仁,方肇洪,过增元. 地源热泵空调系统的研究开发与应用[J]. 节能与环保,2002(1):23-26.
[10] 颜爱斌. 地源热泵应用的技术分析与思考[J]. 天津城市建设学院学报,2002,8(2):120-122.
[11] 森村正直,山崎弘郎. 传感器技术[M]. 北京:科学出版社,1988.
[12] 涂亚庆,刘兴长. 光纤智能结构[M]. 北京:高等教育出版社,2005.
[13] 李宏男,李东升,赵柏东. 光纤健康监测方法在土木工程中的研究与应用进展[J]. 地震工程与工程振动,2002,22(6):76-83.
[14] 李宏男,李东升. 土木工程结构安全性评估、健康监测及诊断述评[J]. 地震工程与工程振动,2002,22(3):82-90.
[15] 李惠,欧进萍. 斜拉桥结构健康监测系统的设计与实现(Ⅱ):系统实现[J]. 土木工程学报,2006,39(4):45-53.
[16] TAM H Y,LIU S Y,GUAN B O,et al. Fiber Bragg grating sensors for structural and railway applications[C]//Proceedings of SPIE:The International Society for Optical Engineering,2004,5634,Beijing:85-97.

PART4 | 第4篇

超声波检测技术

第1章 概述

1.1 混凝土结构无损检测技术的发展历程

混凝土结构检测技术从对结构构件破坏与否的角度出发,可分为三大类,即无损检测技术、半破损检测技术和破损检测技术。其中,混凝土结构无损检测技术是指在不破坏混凝土结构构件的条件下,在混凝土结构构件原位上对混凝土结构构件的强度和缺陷进行定量检测的技术。依据无损检测技术的检测目的,通常可将无损检测技术分为五大类:①检测混凝土结构构件混凝土强度;②检测混凝土结构构件内部缺陷,如混凝土裂缝、不密实区和孔洞、混凝土结合面质量以及混凝土损伤层等;③检测混凝土结构几何尺寸如钢筋位置,钢筋保护层厚度,板面、墙面以及桥面厚度等;④检测混凝土结构工程质量的匀质性;⑤检测材料的热工、隔声以及防水等物理特性。本书所指的无损检测技术包括上述无损检测技术及半破损检测技术两类。目前,在混凝土结构工程中应用及正在研究的各种无损检测技术,主要包括超声波检测法、地质雷达检测法、基于压电陶瓷的智能集料检测法、声发射检测法、冲击回波检测法、射线检测法、红外热谱检测法。本书重点介绍在混凝土结构工程领域应用和研究比较广泛的两种检测方法,即超声波检测法和地质雷达检测法。

1.1.1 国外混凝土结构无损检测技术的发展历程

混凝土作为一种重要、用量最大的工程材料，自19世纪初问世以来，已有200多年的历史。在这一漫长的发展过程中，如何测定混凝土的性能，是人们在应用过程中不断探索的问题之一。首先被采用的混凝土性能试验方法是"试件试验"。早在1911年英国皇家建筑学院的研究报告中，就把立方体抗压强度试验列为推荐方法，并一直沿用至今。"试件试验"方法已沿用100多年，已成为混凝土结构设计、施工及验收的基本依据。但由于试件中的混凝土结构物中的混凝土质量、受力状态、混凝土成型和养护条件都不可能完全一致，所以试件实测值只能被认为是混凝土在特定条件下的性能反映，而不能确切地代表结构物原位混凝土的质量状况。尤其是对已建成的老建筑及受灾害因素影响的结构物，需要对其安全性能做出评估时，"试件试验"就更无法满足要求。因此，人们一直希望找到一种能在结构物原位直接测量混凝土各项性能指标的方法。

早在20世纪30年代初，人们就已开始探索和研究混凝土无损检测技术，于是该技术取得了迅速的发展。1930年首先出现了表面压痕法。1935年，格里姆（G. Grimet）、艾德（J. M. Ide）把共振法用于测量混凝土的弹性模量。1948年，施米特（E. Schmid）研制成功回弹仪。1949年，加拿大的莱斯利（Leslie）和奇斯曼（Cheesman）、英国的琼斯（R. Jones）等运用超声脉冲进行混凝土检测并获得成功。接着，琼斯又使用放射性同位素进行混凝土密实度和强度检测，这些研究为混凝土无损检测技术奠定了基础。随后，许多国家也相继开展了这方面的研究。如苏联、罗马尼亚、日本等国家在20世纪50年代都曾取得了很多成果。20世纪60年代，罗马尼亚的弗格瓦洛（I. Facaoaru）提出用声速、回弹法综合估算混凝土强度的方法，为混凝土无损检测技术开辟了多因素综合分析的新途径。20世纪60年代，声发射技术被引入混凝土检测体系，吕施（H. Rusch）、格林（A. T. Green）等人先后研究了混凝土的声发射特性，为声发射技术在混凝土结构中的应用打下了基础。20世纪80年代中期，美国的Mary Sansalone和Nicholas J. Carino在水泥混凝土等复合材料中采用机械波放射法实现无损检测的目标。此外，无损检测技术的另一个分支——钻芯法、拔出法、射钉法等半破损检测技术也得到了发展，从而形成了一个较为完整的混凝土无损检测技术体系。2001年，德国颁布了相应的标准《结构中的混凝土试验. 第2部分:无损检验——回弹数的确定》（BS EN12504-2:2001），国际标准化组织也对此技术制定了一些国际标准，使无损检测技术得到了更广泛的应用。2006年，J. F. Chaix等人做了超声波在非均质固体介质中的传播理论分析与实验验证，分析了不同的理论和实验，在水泥基介质上得到的结果验证了模型的正确性。应用于热损伤混凝土的实例表明效果良好。2010年，Abid A. Shah等进行了单轴压缩分级加载下混凝土损伤的非线性超声研究。研究发现，超声波波幅衰减对不同的损伤和功率水平非常敏感。2014年，Parisa Shokouhi等通过对超声波阵列测量值的联合振幅和相位分析，对混凝土桥面分层进行检测。实验结果表明，与几个测试点的重复测量值相比，该方法具有较高的测量精度。在实际桥面脱层部分也得到了类似的测量结果支持验证研究的结论。最近几年，国外在这方面的研究工作方兴未艾，尤其值得注意的是，随着科学技术的发展，无损检测技术也突破了原有的范畴，涌现出一批新的测试方法，包括微波吸收、雷达扫描、红外热谱、脉冲回波等新技术。而且，测试内容由强度、内部缺陷探测等扩展到更广泛的范畴，其功能由事后质量检测，发展到了事前质量反馈控制。混凝土无损检测技术的发展虽然时快时慢，但工程建设的实际需要，使它始终具有较强的生命力和广阔的应用前景。

1.1.2 我国混凝土结构无损检测技术的发展历程

我国对于无损检测技术的研究始于 20 世纪 50 年代中期，开始引进瑞士、英国、波兰等国的回弹仪和超声仪，并结合工程应用开展了许多研究工作。60 年代初即开始批量生产回弹仪，并成功研制了多种型号的超声检测仪；在检测方法方面也取得了许多进展。70 年代以后，我国曾多次组织力量合作攻关，80 年代着手制定了一系列技术规程，并引进了许多新的检测技术，大大推进了结构混凝土无损检测技术的研究和应用。随着电子技术的发展，仪器的研制工作也取得了新的成就，并逐步形成了自己的生产体系。90 年代以来，无损检测技术继续向更深的层次发展，许多新技术得到了应用，检测人员队伍不断壮大，素质迅速提高。纵观整个发展历程，我国无损检测技术的发展非常迅速。从以下几个方面叙述这一发展历程。

在早期的研究中值得一提的是，同济大学在无损检测技术领域中做出了开拓性的贡献。当时的同济大学在我国著名声学专家魏墨盦教授的带领下，首先开展了混凝土超声检测方法的研究，试验研究了混凝土强度及配合比与超声脉冲速度、衰减系数等声学参数之间的关系，并于 1964 年研制出我国第一台非金属超声仪。

20 世纪 60 年代初，我国已能生产回弹仪，并对回弹法的研究日趋深入。在超声法研究方面，主要运用超声脉冲法进行裂缝探测并运用专用曲线法进行强度检测，大量引进苏联及东欧国家的研究成果和检测经验。在强度检测（测强）方面，一些研究者试图消除混凝土中砂石含量对"声速-强度"关系的影响，以便建立一条适用范围较广的基准曲线，如陕西省建筑科学研究院提出的"砂浆声速核算法"以及湖南大学提出的"声速衰减综合测强法"等。但这些方法都因测试方法或核算方法的烦琐而未能得到广泛应用。在缺陷检测（测缺）方面，南京水利科学研究院提出了用概率法判断缺陷的方法，使原来的经验判断上升为数值判断。

20 世纪 70 年代后期，我国混凝土无损检测技术的研究进入了一个新的发展期。1978 年，中国建筑科学研究院、陕西省建筑科学研究院组成了以建工系统为主的全国性协作组，其后又有其他系统单位参加。协作组的成立加强了各单位间的交流，也就一些共同关心的问题进行了合作研究，例如超声测试中仪器零读数问题，协作组对仪器零读数产生的机理、不同介质仪器零读数的差异及如何进行统一标定曾进行过联合试验和研究。

20 世纪 80 年代，研究工作得到快速发展，具体如下：中国建筑科学研究院进行了综合法测强的研究，首次提出了北京地区的超声法测强曲线；南京水利科学研究院进行了超声法测强，超声法测量缺陷、裂缝深度的研究；同济大学进行了超声法测缺、超声法测强、超声法测厚及超声波测试仪的研究；湖南大学进行了超声检测影响因素及混凝土中声波衰减和频谱分析的研究；陕西省建筑科学研究院进行了测缺、超声法测量火灾后损伤层厚度的研究。

20 世纪 90 年代以来，我国建设工程质量管理引起了广泛关注并提出了一系列重大举措，从而进一步加强了无损检测技术在建设工程质量管理中的作用，也进一步推动了检测方法的蓬勃发展，已有方法更趋成熟和普及。同时新的方法不断涌现，其中，雷达技术、红外成像技术、冲击回波技术等进入了实用阶段，在声学检测技术方面的最大进展，则体现在对检测结果分析技术方面的突飞猛进，例如在测缺技术方面，其分析判断方法由经验性判断上升为数值判断，又由数值判断上升为成像判断。测试仪器也由模拟型仪器发展成为数字型仪器，为信号分析提供了物质基础。

2010年,陈华艳等研究了无损检测技术在钢纤维混凝土工程中的应用。通过对一批不同龄期的C40钢纤维混凝土试件进行超声波检测及抗压强度的试验研究,对试验结果进行回归分析,建立了不同龄期钢纤维混凝土超声波声速与抗压强度之间的关系曲线。结果表明:超声波检测方法用于钢纤维混凝土无损检测是可行和适用的。

2015年,蔡萍等提出了一种基于压电陶瓷波动分析法的钢管混凝土剖柱的界面剥离损伤监测方法,并且将该方法应用于钢管混凝土圆柱构件的性能检测。通过对压电陶瓷检测的波动信号在合适的频段上的频响函数分析,实现了钢管混凝土剖柱构件的界面剥离损伤检测。在小波包分析和频响函数分析的界面剥离损伤判定方法的基础上,利用压电陶瓷波动分析法对自然界面剥离缺陷和人工模拟界面剥离的钢管混凝土圆柱进行检测,进一步验证了基于压电材料测量的钢管混凝土结构界面剥离损伤的可行性和敏感性。

2017年,罗魏等针对现行《超声法检测混凝土缺陷技术规程》(CECS 21—2000)对垂直于混凝土表面的裂缝给出了检测方法和计算公式,但对于斜裂缝深度检测未做进一步阐述,提出了超声波单面平测法检测混凝土斜裂缝深度的方法。

2019年,徐骢对钢管混凝土拱桥相贯节点焊缝的超声波检测缺陷分析进行了研究。结合某钢管混凝土拱桥相贯节点的相贯线焊缝的具体情况,分析薄壁小径管相贯节点焊缝缺陷漏检原因,提出解决措施,有效避免了钢管混凝土拱桥相贯节点焊缝缺陷漏检。

目前,我国混凝土无损检测技术和设备日趋成熟,如康科瑞工程检测技术有限责任公司的数字式非金属超声仪已销往加拿大。随着《回弹法检测混凝土抗压强度技术规程》(JGJ/T 23—2011)和《超声回弹综合法检测混凝土抗压强度技术规程》(T/CECS 02—2020)的制定和实施,泵送混凝土和高强混凝土强度的测试精度将得到进一步提高。

1.2 超声波检测技术的发展概况

超声波是指振动频率大于20kHz的声波,其属于机械波。在20世纪20年代后期,首次使用超声波作为一种无损检测的方法,此后超声波检测技术得到了快速的发展及应用。

常规超声波检测系统的发展历程中,激励信号有4种形式:

①单一频率的连续波。该激励方式主要用于最早的穿透式检测仪,根据超声波信号透过试件后声波强度的变化来判断试件内有无缺陷及缺陷的大小。由于该方法受缺陷面积与波束面积之比、缺陷相对于波束的取向等因素的影响,所以目前该方法已经很少使用。

②频率可变的连续波。该方法是用频率在一定范围内连续变化的正弦波信号激励超声波探头。在以往的应用中,该方法被用于共振法测试工件厚度,其主要是利用声波共振的理论。共振法需要被测试件上下表面较平,否则难以产生共振,目前该方法在测厚领域的应用也较少。

③窄脉冲激励。该方法是目前应用最广泛的超声波激励方式。通常仪器发射一短时间的电脉冲,激励超声波探头,产生脉冲超声波,通过耦合介质辐射入工件,并接收反射或透射信号,对信号进行分析,从而实现对材料的检测。该方法的优点是激励的超声波信号时间短,易于识别不同的检测信号。脉冲越窄,检测的分辨率越高,但是,由于信号能量限制,传播距离也有限。

④调频脉冲激励。线形调频脉冲信号的概念最早来源于雷达系统,在20世纪50年代,它

是为了解决雷达系统中传输距离与分辨率之间的矛盾而提出的。该信号的包络为矩形脉冲，而包络内的信号频率呈线性变化。雷达系统的发射机将该信号发射后，通过对接收信号进行匹配滤波，从而得到时长被大大压缩的信号，这样利于分离距离较近的两个目标，同时又保证了传播距离。脉冲压缩技术在雷达系统中得到了充分的研究与应用。但是直到1976年，才由F.Lam和J.Szilard首先将脉冲信号应用于超声波无损检测领域。

1.2.1 超声波检测法的发展

超声波无损检测技术基本原理是用人工的方法在被测材料或结构中激发出一定频率的弹性波，然后以各种不同的频率在材料或结构内部传播并通过仪器接收。通过分析研究所接收的信号，就可了解材料或结构的力学特性和缺陷分布情况。信号中包含传播的时间或速度、振幅和频率等。和其他的均匀介质不同，混凝土是一种多相复合体。从宏观上看，混凝土为非单相非均匀介质的多孔结构；从力学特性来看，混凝土是一种弹-黏-塑性体，各相之间有较大的声阻抗差异并存在许多声学界面，所以超声波在其中传播即透射时会有较强的反射、散射、吸收、波形畸变等一系列声学现象。对不同的物质形态，其声学现象具有不同的特点。因为超声脉冲波传播速度的快慢与混凝土的密实度有直接关系，当有空洞或裂缝存在时，混凝土的整体性就会被破坏，超声脉冲波只能绕过裂缝传播到接收换能器，所以传播的路程增大，测得的声时必然偏大或声速必然降低。再由于空气的声阻抗率远小于混凝土的声阻抗率，脉冲波在混凝土中传播时，遇到蜂窝、空洞或裂缝等缺陷，便在缺陷界面发生反射和散射，声能被衰减，其中频率较高的成分衰减更快，因此接收信号的波幅明显降低，频率明显减小或者频率谱中的高频成分明显减少。再者，经缺陷反射或绕射缺陷传播的脉冲信号与直达波信号之间存在声程和相位差，叠加后互相干扰，致使接收信号的波形发生畸变。所以说信号仿佛是混凝土内部特性信息的载体，将混凝土内部的材料性质、缺陷、结构等信息传递到接收器。将接收信号中携带的信息提取出来，进行反演分析，这就是超声波检测混凝土缺陷的全过程。用超声波检测混凝土缺陷时，声时、振幅、频率等参量就是我们所要提取的信息，因为这些信息的变化与混凝土的密实度、均匀性和局部缺陷的状况有密切的关系，所以可用上述参量作为判断混凝土质量的依据。

超声波无损检测有反射法和透射法。由于反射法探测的深度有限，一般只有几厘米或几十厘米，再加上过分追求单一脉冲信号，对采样的原始信号进行过分加工处理反而不能正确识别缺陷信号，所以反射法一般用于浅裂缝的检测、表面损伤层的检测、浅层厚度的检测、大口径井径及井斜测试等。但近年来反射法已在克服这些困难方面取得了一些进展，一方面研制组合式换能器，以增强缺陷反射信号及其清晰度；另一方面采用信息处理技术，从繁杂的信号中检出缺陷反射信号。由于透射法的接收信号覆盖面广，处理简单，处理后的信号能很好地反映混凝土的内部情况，因而广泛应用于各种领域。但透射法相对反射法而言增加了检测工作量，且无法判断扩径缺陷及轻微缩径。

在混凝土缺陷的无损检测中，通常都根据所接收的信号中的物理量，如声时、振幅和频率、波形、辐射阴影区等超声参量，进行定性的或经验性的判断。这种方法受人的经验因素影响很大，而且不利于检测的自动化、高速化和智能化，显然已不满足现代工程检测需要。通过近年来的发展，判断从单一的参数向多因素发展，从定性的或经验性的判断向定量化发展。但基本上是两个方面：其一是采用数值判断，其二是采用信号处理技术。

数值判断,就是根据检测的参数,用适当的数字处理方式,得出一个简明并且能判定缺陷存在与否的量值,该量值可作为缺陷判断的普遍适用的依据。混凝土存在缺陷,使声时、振幅、频率等超声参量发生变化,但因混凝土材料具有不均匀性且施工中不可避免地存在随机偏差,构件各处的密实度、强度存在着一定的波动和离散,反映在检测的声学参量上也将是离散的。而在符合质量保证率的条件下,这种波动和离散是允许的,不应该当作缺陷来处理,故必须有一个判断混凝土缺陷的标准,这就是概率法。在一些情况下,概率法不能很好地解决问题,因而湖南大学的吴慧敏提出了 PSD 判别法。在概率法和 PSD 判别法的基础上,陈如桂研究了逆概率解析法,从而在有干扰的背景下能够精细识别异常缺陷,进一步克服了传统方法中错判和漏判缺陷的缺点。以上都以单一的声学信号判断,但混凝土中集料状况及其分布的随机性,使它又是多相的凝聚体和具有弹、黏、塑性的非均质材料,在正常的情况下,这些特性可使单一的某些超声参量的测试值产生波动,一般来说,声速主要反映混凝土的弹性性质,波幅主要反映混凝土的塑性性质。又由于混凝土中粗集料分布可能不均匀,在声通路上粗集料较多的情况下,测得的声速偏大,但声能的衰减增大,测得的波幅偏小。因此,在混凝土缺陷的判断中,采用超声参量综合分析混凝土的缺陷性质和范围,无疑比单一指标的分析更为合理和有效,于是多因素概率法(NFP 判别)被提出。但该综合概率法计算复杂,且对波幅、波频率等参数测量效率较低,难以得到准确的数值,所以此法在实际工作中受到限制,除非特殊的情况才采取此法进行辅助诊断。多因素概率法虽然综合了三个因素,但对三个因素在判断中的权数分配未予以充分考虑,容易造成误判。故而,湖南大学就提出"多因素模糊综合判据"。随着缺陷判断理论和实践的深化,将会有更多的判据形式出现。

信号处理技术与数值判断不同,信号处理技术是指检测所获取的信号的变换、分离、滤波、谱分析、存贮、记录等方面的技术。早期的应用比较原始,就是利用接收的波形进行缺陷分析。但由于影响波形的因素很多,很难简单地直接从波形上做出判断。后来又提出了直接在接收波形上测读频率或直接通过波形观察相位和频率变化点,用以分析一次振源波及二次振源波的叠加信号,作为缺陷判断的依据。近年来,计算机在无损检测中已被大量运用,为信息处理打下了基础。一个复杂的周期振动波形可用傅立叶级数分解为许多谐波分量,而每一个谐波分量可由其振幅和相位来表征。各次谐波按其频率高低依次排列成为谱状,这样排列的各次谐波的总体称为频谱,有相位谱、幅度谱和功率能量谱。通过频谱分析可以得知超声波信号中的各个频率成分和频率分布的范围,还可得到振动参量各个频率成分的幅值分布、相位谱和能量分布,从而得到主要幅度、相位和能量分布的频率值。

1.2.2 超声波在混凝土结构中无损检测的发展

混凝土超声波检测是混凝土无损检测技术中的一个重要方面。目前所采用的这种超声脉冲法始于 20 世纪 40 年代后期。1949 年,加拿大的莱斯利、奇斯曼和英国的琼斯、加特费尔德首先把超声波检测技术用于结构混凝土的检测,开创了混凝土超声波检测这一新领域。此后,国外采用超声波检测混凝土质量得到了快速的发展,相关讨论在国际学术交流十分频繁。先后在美国、法国、加拿大、罗马尼亚、保加利亚、德国和苏联召开过"国际非金属材料无损检测发展讨论会"。1979 年在瑞典召开了第五届应用无损方法检测混凝土质量国际会议。由于第七、八、九届国际无损检测会议陆续召开,有关无损检测方面的期刊论文发表数量大幅度增加。无损检测技术的迅速发展使各国研究人员更加专注于无损检测技术的研究,国际上已成立无损检测学术组织,如英国、美国、比利时、罗马尼亚等一些国家相继制定了利用超声波检测混凝土质量的检测标准、检测指标规程等相关的技术规范,国际材料与结构研究所和实验室联合会下成立了"非金属无损检测委员会"。2006年,N. Gucunski等用综合超声波检测混凝土桥面分层,准确评估混凝土桥面质量。2010年,Ahmed M. Mahmoud等研究了CFRP混凝土试件在加速老化条件下的无损超声波检测。此研究为无损检测规程的制定提供了指导意见。2015年,Suraneni,Prannoy等研究用超声波反射法测定自密实胶凝体和混凝土的凝固时间。对水化材料与缓冲材料界面处的超声剪切波反射系数进行了检测,研究了自密实膏体和混凝土的凝结行为,制备了自密实混凝土,并用超声波测定了自密实混凝土的凝结时间。结果表明,该方法对混凝土具有较好的重现性,混凝土凝固时间与相应浆料的凝固时间相匹配。如今,衡量一个国家建筑质量水平的重要依据来源于超声波无损检测技术水平。

  我国自20世纪50年代开始开展对超声波无损检测技术的研究,在60年代初即已将该项技术应用于工程检测。随后试制生产了国产超声仪。我国在1976—1977年全国工程建设科学技术发展规划纲要中制订了"混凝土强度和缺陷非破损检验技术"专项计划之后,1978年国家建筑工程总局又下达了"混凝土质量非破损检验技术研究"的任务。在统一安排下,交通、建工、水电部门的有关科研、设计施工、高等院校等单位陆续开展了混凝土质量非破损研究工作,并取得了一定的科研成果,同时在工程检测中得到了推广应用,技术经济效果比较好。进入21世纪后,该技术发展尤为快速。混凝土超声波检测技术已应用到交通、建筑、铁道、水电各类工程中。2002年,童寿兴等研究了钢-混凝土组合结构中二者间的胶结质量以及核心混凝土密实性的超声波检测方法。工程实践表明:采用常规的超声仪换能器布置方式对钢-混凝土组合结构胶结质量进行检测是可行、有效的;在二者胶结牢固的场合下,超声波束能穿过外围钢板并在混凝土中传播,从而可以检测核心混凝土内部的密实性。2008年,谢建华对混凝土中超声波传播规律进行了数值模拟和应用研究;分析了超声波在混凝土中的传播特点,引入了用弹性模量定义的损伤度描述混凝土的损伤,提出了几种用于超声波检测的混凝土损伤模型。2012年,廖杰洪等对超声波检测混凝土构件循环荷载下的损伤进行了研究。研究表明,随着损伤的增大,波速和波幅有不同程度的降低;波幅比波速能更好地反映构件的损伤;波幅的损伤系数与构件的损伤系数近似呈直线关系。2018年,陈猛等对轴压荷载下钢管内混凝土损伤状态超声波检测进行了研究。研究结果表明:轴压荷载作用下钢管内混凝土的损伤呈三段式变化,分别为初期裂缝的扩展、套箍作用下的逐步密实和混凝土破坏。通过对钢管外壁的应变分析发现其变化过程与超声波检测的波形和频谱分析的损伤过程一致,超声波技术可准确检测轴压荷载作用下钢管内混凝土的损伤状态。检测的应用范围和应用深度也不断扩大,从地面上部结构的检测发展到地下结构的检测,从一般小构件的检测发展到大体积混凝土的检测,从单一强度检测发展到强度、裂缝、破坏层厚度、弹性参数等的全面检测,检测距离从20世纪50年代的1m发展到20m。

1.3 近年来发展的超声波检测技术

  一直以来,超声波检测技术在无损检测领域的地位是不可替代的。电子、计算机等学科的发展为超声波检测技术带来了新的发展契机。近年来,超声波检测技术研究的重点向着自动化检测、成像检测、人工智能与机器人检测方向发展,逐步摆脱单一的手工检测,而检测设备也逐步实现数字化,不但提高了检测效率,也便于检测结果的存储与分析。在这一过程中出现了很多新的技术,如衍射波技术、人工合成孔径聚焦技术、超声相控阵技术等,先进技术的应用,加快了超声波无损检测技术自动化的进程。

1.3.1 超声相控阵技术

超声相控阵技术最早应用于医用B超,而超声相控阵技术的基本思路来源于雷达电磁波相控阵技术。最初,系统的复杂性、固体中波动传播的复杂性及成本费用等因素使其在检测中受到限制。然而,随着电子技术和计算机技术的快速发展,压电复合材料、纳米级脉冲信号控制、数据处理与分析、计算机软件技术等在超声相控阵技术中得到综合运用,超声相控阵技术逐渐应用于无损检测。

超声相控阵技术通过控制阵列换能器各阵元的发射和接收,形成合成声束的聚焦、扫描等各种效果,从而进行超声成像。在超声相控阵发射状态下,阵列换能器中各阵元按一定延时规律顺序激发,产生的超声发射子波束在空间合成,形成聚焦点。改变各阵元激发的延时规律,可以改变焦点位置和波束指向,形成在一定空间范围内的扫描聚焦,如图4-1-1所示。

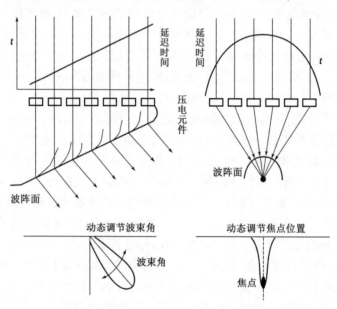

图4-1-1 用相位控制阵列压电换能元件进行波束角与焦点位置的动态调节

在超声相控阵接收状态下,阵列换能器的各阵元接收回波信号,按不同延时值进行延时,然后加权求和作为输出。通过设定一定的延时规律,可以实现对声场中的指定物点进行聚焦接收,采用不同的延时规律,即可实现对不同点和不同方向上的接收聚焦和扫描。通过超声相控阵发射和接收,并采用相位延时、动态聚焦、动态孔径、动态变迹、编码发射、数字声束形成等多种技术,就能获得声束所扫描区域内物体的超声成像。

1.3.2 人工合成孔径聚焦技术

合成孔径聚焦概念的提出是为了改善雷达的角分辨力,但是自20世纪70年代开始,这一技术被应用到超声检测领域,就成为有效的超声成像检测技术。在超声波检测的过程中,聚焦探头的作用主要是保证声束的指向性以提高检测的分辨率。根据物理声学波动干涉理论设计的聚焦探头,其焦点固定且焦距小于平晶片的近场长度。对于厚度较大产品的检测,如45°折射角水浸探头分区检测200~300mm的工件,晶片直径为120mm时才能得到满意的焦点与有效聚焦长度,这给聚焦波束的广泛应用带来了困难。人工合成孔径聚焦技术给聚焦声场带来了新进展,它可以对各子波进行人工合成,从而产生近似于直线的波束。其原理是:当一个大扩散角的探头(直径不大于6mm)沿被检工件表面扫查时,由数据采集系统逐点记录其射频脉冲波形和探头位置。扫查完成后调出探头点 N 轴线上一点 Z 的脉冲波形,再依次将该点周围各探头点上到 Z 点的射频回波(孔径点 $1,2,3,\cdots,m$)进行相加并取均值,扣除因斜向传播距离增加引起的脉冲错位时间,这样就完成了该点的聚焦合成处理。对每个探头位置轴线上各点重复进行上述过程,便在计算机中按波动干涉原理模拟出大扩散角探头的聚焦声场,这一过程称为人工合成孔径聚焦技术(Synthetic Aperture Focusing Technique,SAFT)。合成聚焦声场可在二维空间中进行(2D-SAFT),也可在三维空间中进行(3D-SAFT)。

普通超声成像系统的方位分辨率为 $\delta = 0.84\lambda R/d$,其中,λ 为工作波长,d 为换能器的直径,R 为目标与换能器的距离。由此可见,超声成像系统的方位分辨率与换能器的直径 d 和目标与换能器的距离 R 密切相关。而人工合成孔径技术突破了传统超声成像系统方位分辨率的经典概念,经过逐点聚焦,它的方位分辨率为 $\delta = d/2$,由此可见,它只与换能器直径有关,这样在应用过程中可以应用小直径和较低频率的探头,降低了检测条件。

1.3.3 超声 TOFD 技术

超声 TOFD(Time Of Flight Diffraction,衍射时差法)技术是 20 世纪 70 年代末由英国 Harwell 实验室发明的。它是一种可以准确测量缺陷尺寸的超声波检测技术,可以准确测量缺陷在壁厚方向的高度,具有快速性和尺寸测量的可靠性,为设备的可用性评估提供了准确的数据,可应用于石油、天然气等工业领域。

超声 TOFD 技术是利用一对探头相对布置在焊缝两侧且探头中心在同一直线上进行检测的。两探头同步移动,一个作为发射探头,另一个为接收探头,两探头入射点之间的距离称作探头间距(PSD),假设板材或者焊缝中存在一裂纹类缺陷,如果裂纹高度足够大,就会产生图 4-1-2a)中下部的检测信号。

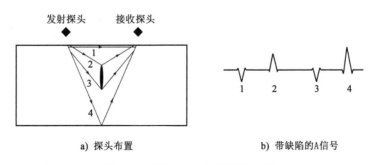

图 4-1-2 超声 TOFD 技术检测原理图
1-侧向波;2-缺陷上端衍射波;3-缺陷下端衍射波;4-底面回波

根据超声波传播路程的长短,接收到的信号中波型依次是侧向波、缺陷上端衍射波、缺陷下端衍射波及底面回波。缺陷上端衍射波与侧向波相位相反、与底面回波相位相同,而缺陷下端衍射波与侧向波相位相同而与底面回波相位相反,通过相位关系可以判断获得的缺陷信号是否来源于同一缺陷体。

该方法通常使用纵波探头,因其声速比横波快,所以在选择合适的检测工艺参数后,可在侧向波及一次底面回波之间排除转换波的干扰,便于缺陷信号的识别。作为超声成像检测技术之一的超声 TOFD 技术,其检测图像通常有两种形式,即 B 扫描图像(图 4-1-3)及 D 扫描图像(图 4-1-4)。两者之间的区别在于前者的超声波的传播路径与探头的运动方向平行,而后者超声波的传播路径与探头的运动方向垂直。通过 D 扫描检测,可以确定缺陷沿焊缝方向的长度并可初步确定缺陷尖端的埋藏深度,而通过 B 扫描检测可以确定缺陷的横向位置并更加准确地识别缺陷的深度。具体的扫描描述如下:

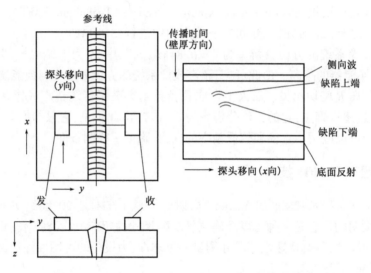

图 4-1-3 超声 TOFD 技术探头移向与相应的 B 扫描图像

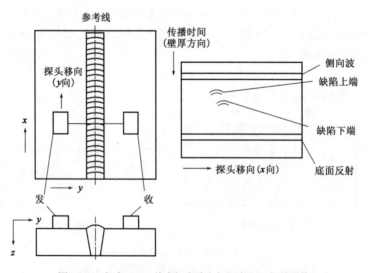

图 4-1-4 超声 TOFD 技术探头移向与相应的 D 扫描图像

B 扫描:当探头沿着垂直于焊缝或缺陷的方向作扫查运动时,超声波的传播方向和探头的运动方向平行,检测所得到的 TOFD 扫描图像上缺陷端部衍射波的传播时间不断发生变化,在屏幕上从左到右逐点反映这种变化关系的图形称为 B 扫描图像。采用 D 扫描方式检测到缺陷后,需要对其进行更加精确的定位和更加准确的测量时,使用 B 扫描方式。B 扫描又称为横向扫描或平行扫描。

D 扫描:当探头沿着平行于焊缝或缺陷方向作扫查运动时,超声波的传播方向和探头的运动方向垂直,检测所得到的 TOFD 图像为 D 扫描图像。其平行于焊缝且以主视图方式显示出缺陷的长度与高度。在对试件进行缺陷的探测阶段,D 扫描方式是常用的一种方式。D 扫描又称为纵向扫描或非平行扫描。

迄今为止,在欧洲已有关于 TOFD 技术的 BS 标准(1993)和 CEN 标准(2000);日本也于 2001 年制定了 NDIS 2423 标准,用 TOFD 技术对缺陷定深测高;美国则在最新版的 ASME 标准范例中详述了 TOFD 技术用于锅炉、压力容器焊缝检测的具体程序和要求。现行的 TOFD 技术大多采用自动探伤,探伤结果也是在最佳条件下获得的。有关 TOFD 技术的最佳探伤条件,欧洲、美国、日本等国家和地区还在继续试验、探索。

本章复习思考题

1. 什么是混凝土结构无损检测技术?无损检测技术按其检测目的可以分为哪几类?
2. 常规超声检测系统的发展历程中,激励信号有哪几种形式?
3. 超声相控阵技术、人工合成孔径聚焦技术以及超声 TOFD 技术各自的适用范围有哪些?

本章主要参考文献

[1] 张俊哲.无损检测技术及其应用[M].2 版.北京:科学出版社,2010.
[2] 国防科技工业无损检测人员资格鉴定与认证培训教材编审委员会.超声检测[M].北京:机械工业出版社,2005.
[3] 吴顺君,梅晓春,等.雷达信号处理和数据处理技术[M].北京:电子工业出版社,2008.
[4] 吴新璇.混凝土无损检测技术手册[M].北京:人民交通出版社,2003.
[5] 李志强,周宗辉,徐东宇,等.基于超声波技术的混凝土无损检测[J].水泥工程,2010(3):72-75.
[6] 张小琼,王战军.混凝土无损检测方法发展及应用[J].无损检测,2017,39(4):1-5.
[7] 李明亮,李鹏,王彦龙.混凝土无损检测技术方法探究[J].四川建材,2016,42(7):96-97.
[8] 罗巍,傅小坚,王建伟.超声波单面平测法检测混凝土斜裂缝深度的方法[J].建筑工程技

术与设计,2017(26):2396.

[9] 陈华艳,罗才松,黄奕辉,等.无损检测技术在钢纤维混凝土工程中的应用[J].建筑科学,2010,26(3):87-89.

[10] 李志,郑晓妍.混凝土桥梁内部缺损无损检测技术及评定标准分析[J].交通世界(上旬刊),2018(3):82-83.

[11] 谢建华.混凝土中超声波传播规律的数值模拟及应用研究[D].长沙:长沙理工大学,2008.

[12] 陈猛,陈希卓,陈耕野,等.轴压荷载下钢管混凝土损伤状态超声波检测[J].东北大学学报(自然科学版),2018,39(10):1458-1462.

[13] 童寿兴,汪央,商涛平.钢-混凝土组合结构的超声波检测方法[J].建筑材料学报,2002,5(4):360-363.

[14] 徐骢.钢管混凝土拱桥相贯节点焊缝的超声波检测缺陷分析[J].中国水运:下半月,2019,19(2):203-204.

[15] 廖杰洪,陆洲导,余江滔.超声波检测混凝土构件循环荷载下的损伤[J].结构工程师,2012,28(5):149-153.

[16] MORGAN L L. Automated ultrasonic testing(AUT)-qualifications and variations [J]. Insight:non-destructive testing and condition monitoring,2009,51(5):266-270.

[17] MOREAU L,DRINKWATER B W,WILCOX P D. Ultrasonic imaging algorithms with limited transmission cycles for rapid nondestructive evaluation [J]. IEEE transactions on ultrasonics,ferroelectrics,and frequency control,2009,56(9):1932-1944.

[18] YELLA S,DOUGHERTY M S,GUPTA N K. Artificial intelligence techniques for the automatic interpretation of data from non-destructive testing [J]. Insight:non-destructive testing and condition monitoring,2006,48(1):10-20.

第 2 章
超声波的基本物理特性

2.1 超声波概述

如果以频率 f 来表征声波,并以人的可闻频率为分界线,则可把声波划分为次声波($f<20\mathrm{Hz}$)、可闻声波($20\mathrm{Hz}\leqslant f\leqslant 20\mathrm{kHz}$)和超声波($f>20\mathrm{kHz}$)。在超声波检测中最常用的频率范围为 $0.5\sim10\mathrm{MHz}$。超声波属于机械波,其具有机械波的所有属性,所以产生超声波的条件即为产生机械波的两个条件,分别是要有产生机械振动的波源(声源)和传播振动的介质。

2.2 超声波的波型

声源在介质中振动的方向与波在介质中传播的方向可以相同也可以不同,从而可产生不同类型的声波。超声波检测中常用的波型如表 4-2-1 所示,它们在各向同性介质中传播速度表达式列于表 4-2-2。

超声波检测中常用波型　　　　　　　　　　　　　表 4-2-1

波　型		质点振动与波的传播方向和传播介质
纵波(压缩波)		传播介质:固体、液体、气体
横波(剪切波)	垂直偏振	传播介质:固体
	水平偏振	传播介质:固体
瑞利波		传播介质:沿一边界面传播,界面一侧为弹性力很强,厚度远大于波长的固体,另一侧可为分子间弹性力可忽略的介质
Lamb 波	对称型	传播介质:厚度为几个波长的复合材料或金属板

续上表

波 型		质点振动与波的传播方向和传播介质
Lamb 波	反对称型	波传播方向→ 传播介质：厚度为几个波长的复合材料或金属板

各波型波在介质中传播速度表达式 表 4-2-2

波 型		声速常用符号	传播速度表达式
纵波		c_l	$c_l = \sqrt{\dfrac{E}{\rho} \cdot \dfrac{1-\sigma}{(1-\sigma)(1-2\sigma)}} = \sqrt{\dfrac{\lambda+2\mu}{\rho}}$
横波		c_t	$c_t = \sqrt{\dfrac{E}{\rho} \cdot \dfrac{1}{2(1+\sigma)}} = \sqrt{\dfrac{G}{\rho}} = \sqrt{\dfrac{\mu}{\rho}}$
瑞利波		c_R	在 $0 < \sigma < 0.5$ 的范围内， $c_R = \dfrac{0.87+1.12\sigma}{1+\sigma} \sqrt{\dfrac{E}{\rho} \cdot \dfrac{1}{2(1+\sigma)}}$
Lamb 波	相速度 对称型	c_p	$\begin{cases} \dfrac{\tanh\beta \cdot \dfrac{d}{2}}{\tanh\alpha \cdot \dfrac{d}{2}} = \dfrac{4\varepsilon^2\alpha\beta}{(\varepsilon^2+\beta^2)^2} \\ \dfrac{\tanh\beta \cdot \dfrac{d}{2}}{\tanh\alpha \cdot \dfrac{d}{2}} = \dfrac{(\varepsilon^2+\beta^2)^2}{4\varepsilon^2\alpha\beta} \end{cases}$ $\varepsilon = \dfrac{2\pi f}{c_p}$ $\alpha = \varepsilon \left[1 - \left(\dfrac{c_p}{c_l}\right)^2\right]^{0.5}$ $\beta = \varepsilon \left[1 - \left(\dfrac{c_p}{c_t}\right)^2\right]^{0.5}$
	相速度 反对称型		

注：f-频率；d-板厚；λ、μ-拉梅常数；σ-介质的泊松比；E-介质的弹性模数；G-介质的切变模数；ρ-介质密度。

2.3 超声波的基本概念及特性

2.3.1 波长和声速

两个振动位相相同点之间的最小距离称为波长，常用希腊字母 λ 表示，如图 4-2-1 所示。

一定频率的简谐波（余弦或正弦波），在介质中传播时，单位时间内波所传过的距离称为这种频率的波在该介质中的传播速度，简称声速，常用英文字母 c 表示。在固体介质中不同波形的常用声速表示符

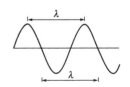

图 4-2-1 简谐波的波长示意图

号和声速表达式列于表 4-2-3。

几种材料的声速和 5MHz 时的波长（取易于记忆的数值）　　表 4-2-3

材　料	密度/(g/cm^3)	纵　波		横　波	
		c_l/(m/s)	λ/mm	c_t/(m/s)	λ/mm
铝	2.69	6300	1.3	3130	0.63
钢	7.8	5900	1.2	3200	0.64
有机玻璃	1.18	2700	0.54	1120	0.22
甘油	1.26	1900	0.38	—	—
水(20℃)	1.0	1500	0.30	—	—
油	0.92	1400	0.28	—	—
空气	0.0012	340	0.07	—	—

从表 4-2-2 可注意到，对于给定的介质，c_l、c_t、c_R 取决于 E、G、σ、ρ，而与超声波的频率(f)无关，但 c_p 则尚与频率(f)有关，这种速度随频率而变的现象称为频散。不同材料的声速有很大的差异，表 4-2-3 列出了几种最常用材料的 c_l、c_t 及 5MHz 时的相应波长值。在固体介质中 $c_l > c_t > c_R$，而 c_R 大体是 c_t 的 90%。

波长 λ、声速 c、频率 f 和周期 T 之间的关系为

$$c = \lambda \frac{1}{T} = \lambda f \tag{4-2-1}$$

设有一声速为 c 的平面余弦波在无吸收的无限均匀介质中沿 x 轴的正向传播，如图 4-2-2 所示，令 O 为 x 轴上一任意点并取其为 x 轴的原点，则在 O 点处质点的振动方程如式(4-2-2)所示，即

$$y_0 = A\cos(\omega t + \varphi) \tag{4-2-2}$$

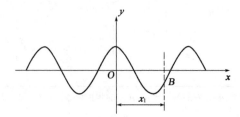

图 4-2-2　波动方程推导用图

令 B 为 x 轴上另一点，与 O 点的距离为 x_1，因为振动从 O 点传播到 B 点需要的时间是 x_1/c，所以 B 点处质点在时间 t 时的位移等于 O 点处质点在时间 $\left(t - \dfrac{x_1}{c}\right)$ 时的位移 y，可表示为

$$y = A\cos\left[\omega\left(t - \frac{x_1}{c}\right) + \varphi\right] = A\cos(\omega t - kx_1 + \varphi) \tag{4-2-3}$$

此即平面余弦波的另一表达形式，式中 $k = \dfrac{\omega}{c} = \dfrac{2\pi}{\lambda}$ 称为波数，也是描述波动的一个物理量。类似地，当波沿 x 轴负方向传播时可得

$$y = A\cos(\omega t + kx + \varphi) \tag{4-2-4}$$

应该注意，声速(c)是声波在介质中的传播速度，它与介质质点自身的振动速度(u)是两

个不同的概念,例如人们大声讲话时空气的质点振速幅值约为 2.5×10^{-4} m/s,而声速(振动状态的传播速度)约为 330m/s。

2.3.2 超声场的特征量

介质中有超声波存在的区域称为超声场,可用声压、声强、声特性阻抗来描述。

(1)声压

在有声波传播的介质中,某一点在某一瞬间所具有的压强与没有声波存在时该点的静压强之差称为声压。声压的单位是帕斯卡(Pa)。

声压是个交变量,可写成 $p(t)=p\cos(\omega t+\varphi)$,在实际应用中,比较两个超声波并不需要对每个时间 t 进行比较,只需用其幅度做比较。因此,通常把声压幅度简称声压,用符号 p 表示。可以证明,对于无衰减的平面余弦波来说,$p=\rho cu$(式中,ρ 为介质密度,c 为介质中声速,u 为质点振动速度)。

(2)声强

在垂直于声波传播方向上,单位面积上在单位时间内所通过的声能量称为声强度,简称声强(或声的能流密度)。对于简谐波,常将一周期中能流密度的平均值作为声强,并用符号 I 表示。$I=\dfrac{p^2}{2\rho c}$(式中,ρ 为介质密度,c 为介质中声速,p 为声压)。

(3)声特性阻抗

由 $p=\rho cu$ 可知,在同一声压 p 的情况下,ρc 越大,质点振动速度 u 越小;反之,ρc 越小,质点振动速度 u 越大,所以把 ρc 称为介质的声特性阻抗,以符号 z 表示。

声特性阻抗能直接表示介质的声学性质,在超声检测领域内所采用的许多方程式中经常出现介质密度与介质中声速的乘积而不是其中某一个值,因此常将 ρc 作为一个整体来理解。

(4)声压和声强的分贝表示

由于声强的变化范围非常大,数量级可以相差很多,用数字表示和运算很不方便,并且人耳对声音响度的感觉近似地与声强的对数成正比,于是采用对数来表示这一关系,即贝尔数——两个声波声强之比的常用对数值。

$$\text{贝尔数} = \lg\frac{I_1}{I_2} \tag{4-2-5}$$

在实际应用中,贝尔数这个单位太大,取其十分之一称为分贝数,用符号 dB 表示。

$$\text{分贝数} = 10\lg\frac{I_1}{I_2} = 20\lg\frac{p_1}{p_2} \tag{4-2-6}$$

表 4-2-4 给出了较常用的几个基本分贝数,由它们可进一步推算出一系列分贝数值。

几个重要分贝数值 表 4-2-4

p_1/p_2	10	7	5	3	2	1	1/2	1/5	1/10
分贝数	20	17	14	9.5	6	0	-6	-14	-20

例如:当 $p_1/p_2=6$ 时,$20\lg\dfrac{p_1}{p_2}=20\lg 6=20(\lg 2+\lg 3)=15.5$ dB。

又如:当 $p_1/p_2=10$ 时,$20\lg\dfrac{p_1}{p_2}=20\lg 10=20$ dB。

2.3.3 超声场的波形

声波在无限大且各向同性的介质中传播时,其形状(亦称波形)是根据波阵面的形状来区分的。波阵面是指同一时刻介质中振动相位相同的所有质点所联成的面;波前是指某一时刻振动所传到的距声源最远的各点所联成的面;波线是表示波传播方向的线。可见,在各向同性介质中波线恒垂直于波阵面;在任何时刻波前的位置总是确定的,且只能有一个,而波阵面的数目可以有任意多个。

设声源的形状为平面、球体和圆柱,则所发出的波的波阵面形状可为平面、球面和柱面,如图4-2-3 所示。此外,当声源形状为圆盘时可发出活塞波。

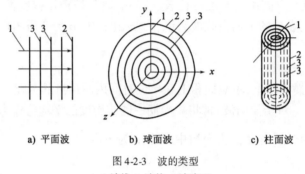

a) 平面波　　　　b) 球面波　　　　c) 柱面波

图 4-2-3　波的类型

1-波线;2-波前;3-波阵面

(1) 平面波

波阵面为平面的波称为平面波。一个作简谐振动的无限大平面在各向同性的弹性介质中传播的波是平面波。若不考虑介质吸收波的能量,则声压随与声源的距离变化而变化,即声压是个恒量。理想的平面波是不存在的,但如果声源平面的长、宽尺寸比所产生的声波波长大得多,则该声源发射的声波可近似地看作平面波。

(2) 球面波

当声源是个点状球体时,波阵面是以声源为中心的球面。球面波的声强与声源距离的平方成反比,故声压与声源距离成反比。图4-2-4 为球面波的声强与声源距离的关系。如距离用 a 表示,则可得 $\dfrac{p_1}{p_2} = \dfrac{a_2}{a_1}$。

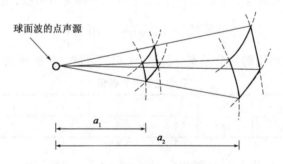

图 4-2-4　球面波的声强与声源距离的关系

在超声波检测中,特别是检测大试件时,球面波是最重要形式的波。这是因为由一般超声波振动所发出的波在很远的距离处可看成球面波。

(3) 柱面波

波阵面是同轴圆柱面的波称为柱面波。其声源是一无限长(远大于波长)的线状直柱,柱面波的声强与声源的距离成反比,故声压与声源距离的平方根成反比。

(4) 活塞波

在超声波检测的实际应用中,圆盘形声源尺寸既不能看成很大,也不能看成很小,它所发出的超声波介于球面波与平面波之间,称为活塞波。

2.3.4 超声场的波动特性

(1) 叠加

当几列波同时在一个介质中传播时,如果在某些点相遇,则相遇处质点的振动是各列波所引起的振动的合成。合成声场的声压等于每列声波声压的矢量和,这就是声波的叠加原理。相遇后各列声波仍保持它们各自原有的特性(频率、波长、传播方向等)不变继续前进,好像在各自的传播过程中没有遇到其他波一样。

(2) 干涉

一般来说,振幅、频率、周期都不同的几列波在某一点叠加时,这一点的振动将是很复杂的。一种简单而重要的情况是由两列频率相同、波型相同、相位相同或相位差恒定的波源所发出的波的叠加。这时,合成声波的频率与各列波相同,但振幅不等于两列声波振幅之和,而与两列声波的相位差有关。在某些位置振动始终加强,而在另一些位置振动始终减弱或完全抵消,这种现象称为干涉现象。

能产生干涉现象的波称为相干波,其相应的波源称为相干波源。相干波相交即产生干涉现象,不一定必须平行,只不过平行时干涉现象的空间分布最为清楚而已。

(3) 驻波

两列振幅相同的相干波在同一直线上沿相反方向彼此相向传播时叠加而成的波称为驻波,它是干涉现象的特例。图 4-2-5 为驻波形成示意图,两列振幅同为 A 的相干波在同一直线上一列向右传播(用实线表示)另一列向左传播(用虚线表示),合成的驻波用粗实线表示。在图 4-2-5a)的情况下,波线上某些点始终不动(称为波节),有些点振幅有极大值($2A$)称为波腹,两个相邻波节或波腹之间的距离为半波长;在图 4-2-5b)的情况下,合成振幅等于零,这些点始终静止不动,正是由于质点沿波线作分段振动,故称之为驻波。对于有限长度的介质,当其长度为半波长或半波长的整数倍时,在长度方向可得明显的驻波。

(4) 惠更斯原理

波动起源于波源的振动,波的传播须借助介质中质点之间的相互作用。对于连续介质来说,任何一点的振动将引起相邻质点的振动。所以,波前在介质中达到的每一点都可以看作新的波源(即子波源)向前发出球面子波,这就是惠更斯原理。例如,从波源 O 点向四周发出球面波,如图 4-2-6a)所示,则在某一时刻 t,波传至 AB,AB 是以 O 为球心的球面。球面 $A'B'$ 上各点可看成是由无数子波源所组成的,这些子波源以各自的球面波规律向外传播,到时刻 t' 时,波阵面的新位置就是与这些子波的波阵面相切的包迹面,当然,新的波阵面是以波源 O 为中心的另一个球面。波阵面 $A'B'$ 和 AB 之间的距离等于波传播速度与波阵面从 AB 行进至 $A'B'$ 所需时间的乘积。

平面波的传播方法与球面波相似。如图 4-2-6b)所示。到达 AB 的波阵面发出的次级子波,都是以波阵面上各点为中心的球面。经过一段时间后,它们的总和可以用包迹 $A'B'$ 来表示。在 A 点和 B 点以外的各点,波动的扩展使波阵面不再是平面,但如果 AB 长度比波长大得多,此种效应并不重要。

活塞波的情况如图 4-2-6c)所示。当波在不均匀的或各向异性的介质中传播时,同样可用惠更斯原理求出波阵面,但此时形状和传播方向都可能发生变化。

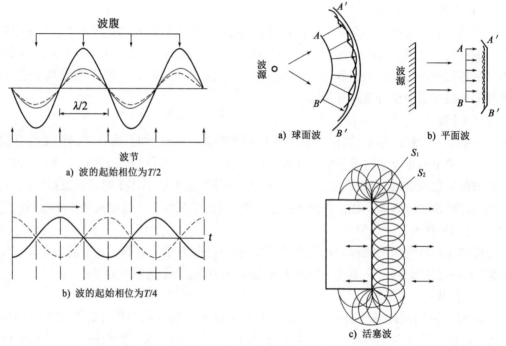

图 4-2-5　驻波形成示意图　　　　图 4-2-6　按惠更斯原理作出新波阵面图

(5) 散射和衍射

超声波在传播过程中如果遇到一个障碍物(声特性阻抗与周围介质不同的物质),就可能产生若干现象,这些现象与障碍物的大小有关。如果障碍物的尺寸比超声波的波长小得多,则它们对超声波的传播几乎没有影响。如果障碍物的尺寸小于超声波的波长,则波到达这个障碍物后将使其成为新的波源而向四周发射波;如果障碍物的尺寸与超声波的波长近似,则超声波将发生不规则的反射、折射和透射,这些现象均是波的散射;如果障碍物的尺寸比超声波的波长大得多,则发生入射声波的反射和透射。如果障碍物的声特性阻抗与周围介质的声特性阻抗差别很大,则在障碍物界面上发生超声波的反射而无透射,此时在障碍物后面将形成一个声影区,但是因为声波也是一种波动,声波可绕过障碍物的边缘不按原来的方向而弯曲向障碍物后面传播,即存在所谓绕射(衍射)现象。声影区随着与障碍物的距离的增大而逐渐缩小,到一定的距离后声影区才消失。此现象本质上是子波的衍射(图 4-2-7)。

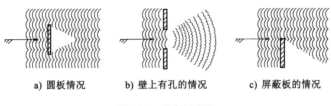

a) 圆板情况　　　b) 壁上有孔的情况　　　c) 屏蔽板的情况

图 4-2-7　衍射示意图

2.4　声波在两种介质面上的传播规律

2.4.1　声波的传播方式

(1) 波的反射

声波从一种介质传播到另外一种介质时,在界面上有一部分能量被界面反射,形成反射波。

入射波波线和反射波波线与界面法线的夹角分别为入射角和反射角,入射角 α 的正弦与反射角 α_1 的正弦之比,等于声速之比,即

$$\frac{\sin\alpha}{\sin\alpha_1} = \frac{c_1}{c_1'} \tag{4-2-7}$$

当入射波和反射波的波型相同时,$c_1 = c_1'$,所以有

$$\alpha = \alpha_1 \tag{4-2-8}$$

(2) 波的折射

声波的部分能量将透过界面形成折射波,折射波线与界面法线的夹角为折射角。入射角 α 的正弦和折射角 β 的正弦之比,等于入射波在第一种介质中的声速 c_1 与折射波在第二种介质中的声速 c_2 之比,即

$$\frac{\sin\alpha}{\sin\beta} = \frac{c_1}{c_2} \tag{4-2-9}$$

(3) 反射率

反射波声压 p' 与入射波声压 p 之比,称为反射率 γ,即

$$\gamma = \frac{p'}{p} \tag{4-2-10}$$

γ 的大小与入射波角度、介质声阻抗及第二种介质的厚度有关,当第二种介质很厚时,

$$\gamma = \frac{Z_2\cos\alpha - Z_1\cos\beta}{Z_2\cos\alpha + Z_1\cos\beta} \tag{4-2-11}$$

式中,Z_1 为第一种介质声阻抗;Z_2 为第二种介质声阻抗。

如果声波垂直入射,即 $\alpha = \beta = 0$ 时,式(4-2-11)可简化为

$$\gamma = \frac{Z_2 - Z_1}{Z_2 + Z_1} \tag{4-2-12}$$

如果第二种介质为薄层,则 γ 为

$$\gamma = \left[\frac{\frac{1}{4}\left(\zeta - \frac{1}{\zeta}\right)^2 \sin^2\left(\frac{2\pi\delta}{\lambda}\right)}{1 + \frac{1}{4}\left(\zeta - \frac{1}{\zeta}\right)^2 \sin^2\left(\frac{2\pi\delta}{\lambda}\right)}\right]^{\frac{1}{2}} \tag{4-2-13}$$

式中，ζ 为声阻抗之比，即 $\zeta = Z_1/Z_2$；λ 为波长；δ 为第二种介质的厚度。

(4) 反射系数

反射声强 I_1 与入射声强 I 之比，称为反射系数 f_R，即有

$$f_R = \frac{I_1}{I} = \left(\frac{Z_2\cos\alpha - Z_1\cos\beta}{Z_2\cos\alpha + Z_1\cos\beta}\right)^2 \tag{4-2-14}$$

若为垂直入射，即 $\alpha = \beta = 0$，则

$$f_R = \left(\frac{Z_2 - Z_1}{Z_2 + Z_1}\right)^2 = \gamma^2 \tag{4-2-15}$$

(5) 透过率

透过声压 p_2 与入射声压 p 之比，称为透过率 R_T，即

$$R_T = \frac{p_2}{p} \tag{4-2-16}$$

当第二种介质很厚时，

$$R_T = \frac{2Z_1\cos\alpha}{Z_2\cos\alpha + Z_1\cos\beta} \tag{4-2-17}$$

若为垂直入射，即 $\alpha = \beta = 0$ 时，则

$$R_T = \frac{2Z_1}{Z_1 + Z_2} = 1 - \gamma \tag{4-2-18}$$

当第二种介质为薄层时，

$$R_T = \left[\frac{1}{1 + \frac{1}{4}\left(\zeta - \frac{1}{\zeta}\right)^2 \sin^2\left(\frac{2\pi\delta}{\lambda}\right)}\right]^{\frac{1}{2}} \tag{4-2-19}$$

(6) 透过系数

透过声强 I_2 与入射声强 I 之比，称为透过系数 f_T，即有

$$f_T = \frac{I_2}{I} = \frac{4Z_1Z_2\cos\alpha\cos\beta}{(Z_1\cos\beta + Z_2\cos\alpha)^2} \tag{4-2-20}$$

若为垂直入射，即 $\alpha = \beta = 0$ 时，则

$$f_T = \frac{4Z_1Z_2}{(Z_1 + Z_2)^2} = 1 - \gamma^2 \tag{4-2-21}$$

2.4.2 声波在异质界面上的波形转换

当纵波从一种固体介质进入另一种固体介质时，除了在两种介质中产生反射纵波和折射纵波外，还可能产生反射横波和折射横波，在特定条件下还可能产生表面波，这些波的反射角和折射角与入射角的关系，均符合前述的反射定律和折射定律，即

$$\frac{c_{l1}}{\sin\alpha} = \frac{c_{l1}}{\sin\alpha_1} = \frac{c_{t1}}{\sin\alpha_2} = \frac{c_{l2}}{\sin\beta_1} = \frac{c_{t2}}{\sin\beta_2} \tag{4-2-22}$$

式中，α、α_1、β_1 为分别为纵波的入射角、反射角和折射角；α_2、β_2 分别为横波的反射角和折射角；c_l 为纵波声速；c_t 为横波声速；1 和 2 表示不同介质。

因为在固体介质中，$c_t < c_l$，所以 $\alpha_1 > \alpha_2$，$\beta_1 > \beta_2$。当 α 为一适当的角度，使 $\beta_1 > \beta_2$ 时，在第二种介质中将只存在横波，此时的入射角 α 称为第一临界角，当 α 继续增大，使 β_2 恰好等于 90°时，横波沿分界面传播，即形成表面波，此时的入射角 α 称为第二临界角。

2.4.3 声波在固体介质中传播时的能量衰减

声波在介质传播过程中质点振幅随与波源距离的增大而减小的现象称为衰减。衰减既和介质内部结构特征有关，也与波源扩散的几何特征有关。目前，通常用声源振幅与介质中某点振幅的比值的常用对数来表示衰减，称为分贝数（dB），即

$$\text{分贝数} = \alpha \lg \frac{A_{00}}{A} \tag{4-2-23}$$

式中，α 为系数；A_{00}、A 分别为声源振幅和介质中某点的振幅。

按照引起声波衰减的不同原因，可以把声波衰减分为以下三种类型：

（1）吸收衰减

声波在介质中传播时，部分机械能被介质转换成其他形式的能量而散失的衰减现象称为吸收衰减。

（2）散射衰减

声波在一种介质中传播时，因碰到另外一种介质组成的障碍物而向不同方向产生散射，从而导致声波减弱（即声传播的定向性减弱）的现象称为散射衰减。

（3）扩散衰减

声波传播过程中，波阵面的面积扩大导致波阵面上的能量流密度减弱的现象称为扩散衰减。

前两类衰减取决于介质的特性，而后一类衰减则由声源空间特性决定。在讨论声波与介质的关系时，只考虑前两类衰减，但在估计声波的能量损失时，必须同时考虑这三类衰减。

本章复习思考题

1. 何谓次声波、可闻声波、超声波？何谓平面波、球面波、柱面波？
2. 试分析横波能在固体介质中传播而不能在液体介质中传播的原因。
3. 超声波发生干涉的条件有哪些？
4. 超声波在固体介质中传播时会发生哪些类型的声波衰减？

本章主要参考文献

[1] 《新编混凝土无损检测技术》编写组. 新编混凝土无损检测技术(应用新规范)[M]. 北京：中国环境科学出版社,2002.

[2] 国家建筑工程质量监督检验中心. 混凝土无损检测技术[M]. 北京：中国建材工业出版社,1996.

[3] 胡建恺,张谦琳. 超声检测原理和方法[M]. 合肥：中国科学技术大学出版社,1993.

[4] 李乃平,马越. 超声波检测砼缺陷的基本原理、方法和影响因素[J]. 陕西建筑,2007(8):31-33.

[5] 张小琼,王战军. 混凝土无损检测方法发展及应用[J]. 无损检测,2017,39(4):1-5.

[6] 王君,杨杰. 超声波CT技术在某桥混凝土构件无损检测中的应用[J]. 西南公路,2018(1):26-29,38.

[7] 袁俊. 无损检测在混凝土检测技术中的应用[J]. 江西建材,2017(15):294,299.

[8] Pipeline Weld Detection System Based on Machine vision [C]//9th International Conference on Hybrid Intelligent Systems (HIS 2009). Shenyang,China,2009,3:325-328.

[9] COWELL D M J, FREEAR S. Quinary excitation method for pulse compression ultrasound measuremmts [J]. Ultrasonics,2008,48(2):98-108.

第3章
超声波在混凝土材料中的传播特性

3.1 连续介质中超声波的传播特性

在经典的混凝土力学中,都假设混凝土介质中的孔隙随机分布,混凝土可视为各向同性的连续体;当混凝土受到外荷载的作用时,产生的宏观裂隙具有明显的方向性,因此混凝土可视为横观各向同性或正交各向异性连续体。本节介绍各向同性、横观各向同性、正交各向异性连续介质中的超声波传播特性。

3.1.1 各向同性连续介质中超声波的传播特性

对于均匀各向同性的线弹性连续介质,在小变形的情况下,超声波的传播满足下列弹性方程:

(1)本构方程:

$$\sigma_{ij} = D_{ijkl}\varepsilon_{kl} \tag{4-3-1}$$

式中,σ 为应力,ε 为应变,D 为弹性模量矩阵。

D_{ikl} 中的非零元素为 D_{11},D_{12},D_{44},且有关系式:$D_{44}=(D_{11}-D_{12})/2$。

(2) 平衡方程：

$$\rho \ddot{U}_i = \sigma_{ij,j} + \rho f_i \tag{4-3-2}$$

式中，ρ 为介质的密度；f_i 为体积力。

(3) 几何方程：

$$\varepsilon_{ij} = \frac{1}{2}(u_{i,j} + u_{j,i}) \tag{4-3-3}$$

由式(4-3-1)~式(4-3-3)得各向同性介质的弹性动力学方程：

$$(D_{11} - D_{44})u_{j,ji} + D_{44}u_{i,jj} = \rho \ddot{U}_i \tag{4-3-4}$$

这里令体积力 f_i 为零。

对于纵波：

$$D_{11}u_{j,ji} = \rho \ddot{U}_i \tag{4-3-5}$$

对于横波：

$$D_{44}u_{i,jj} = \rho \ddot{U}_i \tag{4-3-6}$$

由式(4-3-5)与式(4-3-6)得纵、横声速：

$$\begin{cases} c_l = \sqrt{\dfrac{D_{11}}{\rho}} \\ c_t = \sqrt{\dfrac{D_{44}}{\rho}} \end{cases} \tag{4-3-7}$$

如果连续介质为 Kelvin 黏弹性耗散介质，声波在耗散介质中传播时将发生能量损耗；对于耗散介质，其本构方程为

$$\sigma_{ij} = D_{ijkl}\varepsilon_{kl} + \eta_{ijkl}\dot{\varepsilon}_{kl} \tag{4-3-8}$$

对于各向同性，式(4-3-8)中的非零系数张量元素有：D_{11}，D_{12}，D_{44} 及 η_{11}，η_{12}，η_{44}（η_{ij} 为黏滞系数）且有如下关系：

$$\begin{cases} D_{44} = (D_{11} - D_{12})/2 \\ \eta_{44} = (\eta_{11} - \eta_{12})/2 \end{cases} \tag{4-3-9}$$

耗散介质的质点运动方程、几何方程与式(4-3-2)、式(4-3-3)相同。将式(4-3-8)与式(4-3-2)、式(4-3-3)联立，可得耗散介质中的波动方程：

$$(D_{11} - D_{44})u_{j,ji} + (\eta_{11} - \eta_{44})\dot{u}_{j,ji} + D_{44}\ddot{u}_{i,jj} + \eta_{44}\dot{u}_{i,jj} = \rho \ddot{U}_i \tag{4-3-10}$$

对于纵波，由式(4-3-10)得：

$$D_{11}u_{j,ji} + \eta_{11}\dot{u}_{j,ji} = \rho \ddot{U}_i \tag{4-3-11}$$

设有一平面波纵向沿 x 方向传播：

$$u_x = A e^{i(\omega t - k_1 x)} \tag{4-3-12}$$

式中，A 为振幅；ω 为圆频率；t 为时间；x 为传播距离；k_1 为复波数，令 $k_1 = k - i\alpha$；α 为衰减系数；k 为波数，$k = \omega/c_l$；c_l 为纵波声速。

将式(4-3-12)代入式(4-3-11)得：

$$k_1^2 D_{11} + i k_1^2 \omega \eta_{11} = \rho \omega^2 \tag{4-3-13}$$

由 $k_1 = k - i\alpha$，得：

$$\begin{cases} (k^2 - \alpha^2)D_{11} + 2k\alpha\omega\eta_{11} = \rho\omega^2 \\ k^2\omega\eta_{11} - 2k\alpha - \omega\alpha^2\eta_{11} = 0 \end{cases} \quad (4\text{-}3\text{-}14)$$

求解得：

$$\begin{cases} k^2 = \dfrac{\rho\omega^2}{2D_{11}}\left(\dfrac{1}{\sqrt{1+\dfrac{\omega^2\eta_{11}^2}{D_{11}^2}}} + \dfrac{1}{1+\dfrac{\omega^2\eta_{11}^2}{D_{11}^2}}\right) \\ \alpha^2 = \dfrac{\rho\omega^2}{2D_{11}}\left(\dfrac{1}{\sqrt{1+\dfrac{\omega^2\eta_{11}^2}{D_{11}^2}}} - \dfrac{1}{1+\dfrac{\omega^2\eta_{11}^2}{D_{11}^2}}\right) \end{cases} \quad (4\text{-}3\text{-}15)$$

令 $Z = \dfrac{\omega^2\eta_{11}^2}{D_{11}^2}$，设 $f^{\pm}(z) = \dfrac{1}{\sqrt{1+z}} \pm \dfrac{1}{1+z}$，对于一般的固体材料，$\omega\eta_{11} \ll D_{11}$，即 $Z \ll 1$，将 $f(z)$ 在 $z=0$ 处展开成泰勒级数并略去最高阶项：

$$\begin{cases} f^+(z) = 2 - \dfrac{3}{2}z \approx 2 \\ f^-(z) = \dfrac{1}{2}z \end{cases} \quad (4\text{-}3\text{-}16)$$

因此，由式(4-3-15)可得：

$$\begin{cases} k^2 = \dfrac{\rho\omega^2}{D_{11}} \\ \alpha^2 = \dfrac{\rho\omega^4}{4D_{11}} \cdot \dfrac{\eta_{11}^2}{D_{11}^2} \end{cases} \quad (4\text{-}3\text{-}17)$$

由式(4-3-17)得耗散介质中的纵波声速及其衰减系数：

$$\begin{cases} c_{11} = \left(\dfrac{D_{11}}{\rho}\right)^{1/2} \\ \alpha_{11} = \left(\dfrac{\omega^2}{2}\right) \cdot \left(\dfrac{\eta_{11}}{D_{11}}\right) \cdot \left(\dfrac{\rho}{D_{11}}\right)^{1/2} \end{cases} \quad (4\text{-}3\text{-}18)$$

对于横波，由式(4-3-10)可得运动方程：

$$D_{44}u_{i,jj} + \eta_{44}\dot{u}_{i,jj} = \rho\ddot{U}_i \quad (4\text{-}3\text{-}19)$$

对于横波传播方向为 x、偏振方向为 y 的平面波，可设其一般形式：

$$u_y = Ae^{i(\omega t - k_1 y)} \quad (4\text{-}3\text{-}20)$$

运用上述同样的推导方法，可求得横波声速及其衰减系数：

$$\begin{cases} c_{12} = \left(\dfrac{D_{44}}{\rho}\right)^{1/2} \\ \alpha_{12} = \left(\dfrac{\omega^2}{2}\right) \cdot \left(\dfrac{\eta_{44}}{D_{44}}\right) \cdot \left(\dfrac{\rho}{D_{44}}\right)^{1/2} \end{cases} \quad (4\text{-}3\text{-}21)$$

从式(4-3-18)和式(4-3-21)中可以看出，耗散介质中的声波声速与黏弹性介质的声波声速相同，但它的衰减系数不仅与弹性系数有关，而且与波的频率及黏滞系数密切相关。

3.1.2 横观各向同性连续介质中超声波的传播特性

对横观各向同性的准线弹性连续介质，其本构方程仍可由式(4-3-1)表示，以1、2为各向同性平面,其非零系数矩阵元素有:$D_{11}=D_{22}D_{33}D_{12}D_{13}=D_{23}D_{44}=D_{55}$,$D_{66}=(D_{11}-D_{12})/2$;联立横观各向同性连续介质的本构方程、几何方程和运动方程可求得各个主轴方向上的声速,它们可表示为

$$\begin{cases} c_{11} = c_{22} = (D_{11}/\rho)^{1/2} = (D_{22}/\rho)^{1/2} \\ c_{33} = (D_{33}/\rho)^{1/2} \end{cases} \quad (4\text{-}3\text{-}22)$$

式(4-3-22)表示在线弹性横观各向同性连续介质中弹性刚度系数表示的弹性波。

同理,为了研究声波的衰减,将横观各向同性连续介质看作耗散介质,其弹性刚度矩阵和黏滞系数矩阵各有如下非零元素:$D_{11}=D_{22}D_{33}D_{12}D_{13}=D_{23}D_{44}=D_{55}$,$D_{66}=(D_{11}-D_{12})/2$;$\eta_{11}=\eta_{22}\eta_{33}\eta_{12}\eta_{13}=\eta_{23}\eta_{44}=\eta_{55}\eta_{66}=(\eta_{11}-\eta_{12})/2$;对于各种传播方向和振动方向的纵横波的质点位移方程,可分别表示为如下形式:

(1)对 x 方向传播的纵波:

$$U = X\mathrm{e}^{-\alpha_{11}x}\cos(\omega t - kx) \quad (4\text{-}3\text{-}23)$$

(2)对 x 方向传播、y 方向偏振的横波:

$$U = Y\mathrm{e}^{-\alpha_{12}y}\cos(\omega t - kx) \quad (4\text{-}3\text{-}24)$$

(3)对 x 方向传播、z 方向偏振与 y 方向传播、z 方向偏振的位移方程:

$$U = Z\mathrm{e}^{-\alpha_{13}z}\cos(\omega t - kx) = Z\mathrm{e}^{-\alpha_{23}z}\cos(\omega t - ky) \quad (4\text{-}3\text{-}25)$$

对式(4-3-23)~式(4-3-25)分别按上一小节的推导方法,联立耗散介质本构方程质点场方程和质点波动方程,可求出横观各向同性耗散介质中声波声速及衰减系数的计算公式:

$$\begin{cases} c_{11} = c_{22} = \sqrt{\dfrac{D_{11}}{\rho}} \quad c_{33} = \sqrt{\dfrac{D_{33}}{\rho}} \\ c_{13} = c_{23} = \sqrt{\dfrac{D_{44}}{\rho}} \quad c_{12} = \sqrt{\dfrac{D_{66}}{\rho}} \end{cases} \quad (4\text{-}3\text{-}26)$$

$$\begin{cases} \alpha_{11} = \alpha_{22} = \left(\dfrac{\omega^2}{2}\right)\cdot\left(\dfrac{\eta_{11}}{D_{11}}\right)\cdot\left(\dfrac{\rho}{D_{11}}\right)^{1/2} \\ \alpha_{33} = \left(\dfrac{\omega^2}{2}\right)\cdot\left(\dfrac{\eta_{33}}{D_{33}}\right)\cdot\left(\dfrac{\rho}{D_{33}}\right)^{1/2} \\ \alpha_{13} = \alpha_{23} = \left(\dfrac{\omega^2}{2}\right)\cdot\left(\dfrac{\eta_{44}}{D_{44}}\right)\cdot\left(\dfrac{\rho}{D_{44}}\right)^{1/2} \\ \alpha_{12} = \left(\dfrac{\omega^2}{2}\right)\cdot\left(\dfrac{\eta_{66}}{D_{66}}\right)\cdot\left(\dfrac{\rho}{D_{66}}\right)^{1/2} \end{cases} \quad (4\text{-}3\text{-}27)$$

3.1.3 正交各向异性连续介质中超声波的传播特性

对于正交各向异性的准线弹性连续介质,在式(4-3-1)所示的本构方程中,弹性刚度矩阵的非零元素共有九个:D_{11}、D_{22}、D_{33}、D_{12}、D_{13}、D_{23}、D_{44}、D_{55}、D_{66}。声波在各个主方向上的传播声速可由以下参数表示:

$$\begin{cases} c_{11} = (D_{11}/\rho)^{1/2} \quad c_{22} = (D_{22}/\rho)^{1/2} \quad c_{33} = (D_{33}/\rho)^{1/2} \\ c_{12} = (D_{44}/\rho)^{1/2} \quad c_{23} = (D_{55}/\rho)^{1/2} \quad c_{13} = (D_{66}/\rho)^{1/2} \end{cases} \quad (4\text{-}3\text{-}28)$$

对于正交各向异性的黏弹性耗散介质,在式(4-3-10)所示的本构方程中,弹性刚度矩阵及黏滞系数矩阵的非零项有:D_{11}、D_{22}、D_{33}、D_{12}、D_{23}、D_{44}、D_{55}、D_{66} 及 η_{11}、η_{22}、η_{33}、η_{12}、η_{13}、η_{23}、η_{44}、η_{55}、η_{66}。对于沿 x、y、z 方向传播的纵波,其质点位移可表示为

$$\begin{cases} U_x = X\mathrm{e}^{-\alpha_{11}x}\cos(\omega t - kx) \\ U_y = Y\mathrm{e}^{-\alpha_{22}y}\cos(\omega t - ky) \\ U_z = Z\mathrm{e}^{-\alpha_{33}z}\cos(\omega t - kz) \end{cases} \quad (4\text{-}3\text{-}29)$$

横波的质点位移方程可表示为

$$\begin{cases} U_x = x\mathrm{e}^{-\alpha_{12}x}\cos(\omega t - ky) \\ U_y = y\mathrm{e}^{-\alpha_{23}y}\cos(\omega t - kz) \\ U_z = z\mathrm{e}^{-\alpha_{13}z}\cos(\omega t - kx) \end{cases} \quad (4\text{-}3\text{-}30)$$

由式(4-3-29)和式(4-3-30)联立正交各向异性耗散介质的本构方程及运动方程,可求得声速及衰减系数表达式:

$$\begin{cases} c_{11} = (D_{11}/\rho)^{1/2} \quad c_{22} = (D_{22}/\rho)^{1/2} \quad c_{33} = (D_{33}/\rho)^{1/2} \\ c_{12} = (D_{44}/\rho)^{1/2} \quad c_{23} = (D_{55}/\rho)^{1/2} \quad c_{13} = (D_{66}/\rho)^{1/2} \end{cases} \quad (4\text{-}3\text{-}31)$$

$$\begin{cases} \alpha_{11} = \left(\frac{\omega^2}{2}\right)\cdot\left(\frac{\eta_{11}}{D_{11}}\right)\cdot\left(\frac{\rho}{D_{11}}\right)^{1/2} \quad \alpha_{22} = \left(\frac{\omega^2}{2}\right)\cdot\left(\frac{\eta_{22}}{D_{22}}\right)\cdot\left(\frac{\rho}{D_{22}}\right)^{1/2} \\ \alpha_{33} = \left(\frac{\omega^2}{2}\right)\cdot\left(\frac{\eta_{33}}{D_{33}}\right)\cdot\left(\frac{\rho}{D_{33}}\right)^{1/2} \quad \alpha_{12} = \left(\frac{\omega^2}{2}\right)\cdot\left(\frac{\eta_{44}}{D_{44}}\right)\cdot\left(\frac{\rho}{D_{44}}\right)^{1/2} \\ \alpha_{23} = \left(\frac{\omega^2}{2}\right)\cdot\left(\frac{\eta_{55}}{D_{55}}\right)\cdot\left(\frac{\rho}{D_{55}}\right)^{1/2} \quad \alpha_{13} = \left(\frac{\omega^2}{2}\right)\cdot\left(\frac{\eta_{66}}{D_{66}}\right)\cdot\left(\frac{\rho}{D_{66}}\right)^{1/2} \end{cases} \quad (4\text{-}3\text{-}32)$$

从以上公式可知,超声波在各种连续介质中的超声波声速主要取决于连续体的密度和弹性参数;衰减系数除与连续体的密度和弹性参数相关外,还与入射超声波的频率和连续体的黏滞系数相关。

由此可见,将混凝土视为黏性连续介质时,混凝土的超声波声速和衰减系数两种声学参数均可反映混凝土内部结构。由于衰减系数与使用的超声波频率相关,对于同一种混凝土,使用不同频率的超声波,测得的衰减系数将不同;而对于不同的混凝土,采用相同频率的超声波所获得的衰减系数的差异将直接反映混凝土内部结构的变化。对于纵波,由上述各式可求得:

$$\alpha_{ii} = \left(\frac{\omega^2}{2}\right)\eta_{ii}(\rho c_{ii}^3)^{-1} \quad (4\text{-}3\text{-}33)$$

如果固定入射超声波的频率并忽略在受荷过程中黏滞系数的变化(对于低耗散介质),由式(4-3-33)不难看出,混凝土对超声波衰减系数的改变明显比对波速改变更敏感。因此,对于探求混凝土在荷载作用下内部结构的变化,超声波衰减系数比波速显得更为重要。

3.2 混凝土缺陷对超声波传播的影响

3.1 节将混凝土视为均匀连续介质,从宏观上推出了混凝土中传播的超声波声速和衰减系数与弹性参数的关系,而混凝土的弹性参数与其中的裂隙分布紧密相关,不同的裂隙分布对

应不同的等效弹性参数和不同的超声波参数。R. T. Holt 等对含不同方向缺陷的固体材料的声速研究结果表明：当缺陷方向与声波传播方向相同时，缺陷对声波的影响极小；而当缺陷方向垂直于声波传播方向时，缺陷对声波的影响最大。韩思雄曾采用有限元计算了含有 24 条平行缺陷的直径为 26cm 的十六边形方板，板的厚度为 6cm，计算与试验结果表明，即使缺陷方向与入射波方向平行，缺陷仍然对平面波产生影响。这些研究结果反映出缺陷对超声波传播产生显著的影响。本节重点分析在自由应力状态下缺陷对超声波传播的影响，首先分析缺陷尺度与超声波波长的关系，然后利用含混凝土的等效弹性参数，分析在自由应力状态下不同缺陷分布所引起的超声波慢度的变化。

3.2.1 缺陷尺度与超声波波长的关系

声波在介质传播过程中，随介质和传播条件以及波形的不同，有不同的传播规律。在均匀各向同性的连续介质中，平面声波以直线形式传播，在非均匀各向同性的连续介质中，平面声波以曲线形式传播；对于各向异性介质，声波还将发生波形转换；对于混凝土这种结构复杂的介质，由于其内部存在大量缺陷，超声波在缺陷处将产生反射、折射、散射、绕射等现象；进行传播理论分析相当困难，一般都以实测结果综合评价声波能量、频率等的变化程度。

声波在缺陷混凝土中的传播形式与超声波的波长及缺陷的几何尺寸有关。目前，一些文献认为当超声波的波长大于缺陷的线性尺寸时，超声波将直接透射过缺陷而继续传播，此时有缺陷介质与无缺陷介质对声波传播的影响基本一样；实际上，当平面声波在介质中传播，在传播方向遇到障碍物时，如果障碍物的尺寸与声波波长相近，就会发生显著的衍射现象；如果障碍物的尺寸小于波长，声波可以绕过障碍物而继续传播，但同时仍有一部分声能被障碍物散射掉，而这部分声能的大小与障碍物的尺寸相关。按照弹性波的散射理论，在缺陷介质中的波场是入射波场与散射波场的叠加波场，当障碍物的尺寸远小于波长时，散射波场相对于入射波场甚小，限于目前仪器的分辨率，难以从叠加波场中分辨出这种较小单一障碍物的散射波场。如果介质中的障碍物数量增多，多个散射波场的叠加会使得总散射波场明显增强，此时已不能忽略其影响。这里，从散射衰减规律来说明这一点，对于多晶混凝土，视晶粒为声波的障碍物，则晶粒引起声波的散射随波长 λ 和晶粒的平均半径 $\bar{a}$ 的相对比值而变化。根据散射衰减规律，可有下列三种情况：

当 $\lambda/\bar{a} \geq 4\pi$ 时，声波的散射衰减系数为 α_{SCR}：

$$\alpha_{SCR} = 8A\,\bar{a}^3 f^4 \tag{4-3-34}$$

式中，A 为与障碍物材料的力学性质有关的系数。

当 $2 \leq \lambda/\bar{a} < 4\pi$ 时，声波的散射衰减系数为 α_{SCD}：

$$\alpha_{SCD} = 8B\,\bar{a}^3 f^2 \tag{4-3-35}$$

式中，B 为与材料性质和晶体的各向异性有关的系数。

当 $\lambda/\bar{a} < 2$ 时，声波的散射衰减系数为 α_{SCC}：

$$\alpha_{SCC} = R \cdot \frac{1}{2\bar{a}} \tag{4-3-36}$$

式中，R 为与障碍物材料性质有关的系数。

从上述公式可以看出，当 $\bar{a} < \lambda/4\pi$ 时，障碍物仍然对声波具有衰减作用。对于缺陷混凝土，耗散声波能量的主要原因是缺陷。混凝土中微缺陷的线性尺寸一般都小于几毫米，而超声

波的频率一般在几十到几百千赫兹,混凝土中的波速为3000~6000m/s,因而在混凝土中传播的超声波波长与微缺陷的线性尺寸近似;相对而言,混凝土中宏观缺陷的线性尺寸却远大于超声波的波长。如果缺陷张开且无充填,由于在缺陷界面处的波阻抗反差极大,声波不能穿透缺陷,只能绕缺陷而传播,在缺陷处产生散射波场,使声波能量发生衰减,降低波速;按照前述分析,缺陷的线性尺寸越大,对声波的影响就越大。对于缺陷闭合,缺陷等同于一个分界面,缺陷周围介质的波阻抗相同,超声波在闭合缺陷处可直接透过,缺陷对声波不产生影响。

3.2.2 缺陷对超声波慢度的影响

超声波慢度就是超声波声速的倒数。由于超声波慢度表示超声波传播单位长度所需的时间,在混凝土声学特性研究中,有时采用超声波慢度更为方便。在自由应力状态下,不同缺陷分布的影响,常转化为缺陷混凝土的等效弹性参数。为此必须对混凝土中的缺陷分布进行描述,目前常采用缺陷密度参数或缺陷张量进行描述。在线弹性断裂力学中,一般采用缺陷密度参数定义张开缺陷的分布,平面缺陷的密度参数定义为

$$x = N\pi\langle a^2 \rangle \tag{4-3-37}$$

三维缺陷的密度参数定义为

$$x = N\langle a^3 \rangle \tag{4-3-38}$$

式中,N 为单位体积中的缺陷数;a 为缺陷的半长轴。

运用断裂力学的能量释放率理论可导出等效弹性参数。

下面分别给出随机分布缺陷和一组平行缺陷在自由应力状态下的等效弹性参数及其引起的声波慢度的改变。对于多组缺陷可采用叠加原理进行求解。

(1) 随机分布缺陷引起的声波慢度改变

对于自由应力状态下含随机分布、张开、无充填缺陷的缺陷混凝土,它表现为准各向同性特性;其等效弹性参数由缺陷混凝土的母体和缺陷混凝土中的缺陷确定,如果设母体的参数为 E_0、ν_0,缺陷密度参数 x 由平面缺陷密度参数式 $x = N\pi\langle a^2 \rangle$ 表示,运用能量原理获得缺陷混凝土等效弹性参数与裂纹密度的关系:

$$\begin{cases} \overline{E} = \dfrac{1-x}{1-\nu_0^2 x} E_0 \\ \overline{\nu} = \dfrac{1-x}{1-\nu_0^2 x} \nu_0 \end{cases} \tag{4-3-39}$$

如设母体声速为 c_{pm},缺陷混凝土的声速为 c_{p0},则有:

$$\frac{c_{\mathrm{p0}}}{c_{\mathrm{pm}}} = \left[\frac{\overline{E}(1-\overline{\nu})(1+\nu_0)(1-2\nu_0)}{E_0(1-\nu_0)(1+\overline{\nu})(1-2\overline{\nu})(1-\varepsilon_V^{\varphi})}\right]^{1/2} \tag{4-3-40}$$

式中,$\overline{E}$、$\overline{\nu}$ 由式(4-3-39)确定;E_0、ν_0 为混凝土母体参数;ε_V^{φ} 为混凝土的空隙率。式(4-3-40)如采用超声波慢度来表示,则有:

$$\frac{S_{\mathrm{p0}}}{S_{\mathrm{pm}}} = \left[\frac{\overline{E}(1-\overline{\nu})(1+\nu_0)(1-2\nu_0)}{E_0(1-\nu_0)(1+\overline{\nu})(1-2\overline{\nu})(1-\varepsilon_V^{\varphi})}\right]^{-1/2} \tag{4-3-41}$$

式中,S_{p0} 为缺陷混凝土的超声波慢度,$S_{\mathrm{p0}} = 1/c_{\mathrm{p0}}$;$S_{\mathrm{pm}}$ 为母体的超声波慢度,$S_{\mathrm{pm}} = 1/c_{\mathrm{pm}}$。

因缺陷的存在而引起的超声波慢度的改变量为

$$\frac{\Delta S_{\mathrm{p}}}{S_{\mathrm{pm}}} = \left[\frac{\overline{E}(1-\overline{\nu})(1+\nu_0)(1-2\nu_0)}{E_0(1-\nu_0)(1+\overline{\nu})(1-2\overline{\nu})(1-\varepsilon_V^\varphi)}\right]^{-1/2} - 1 \qquad (4\text{-}3\text{-}42)$$

(2) 一组平行缺陷引起的声波慢度改变

对于含一组平行、张开、无充填缺陷的混凝土(图 4-3-1),设母体的参数为 E_0、ν_0,缺陷密度参数为 x。

在平面应变条件下,根据能量原理求得缺陷混凝土的等效弹性常数:

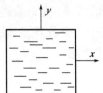

图 4-3-1　含一组平行缺陷的混凝土

$$\begin{cases} \overline{E} = 1/(y^2 + \nu_0^2/E_0) \\ \overline{G}_{12} = \left[\sqrt{(1-\nu_0^2)/E_0}y^2\left(y^2 - \frac{1-\nu_0^2}{E_0}\right) + \frac{1}{G_0}\right]^{-1} \end{cases} \qquad (4\text{-}3\text{-}43)$$

式中,y 是方程 $y^4 + by^3 + cy^2 + dy + e = 0$ 的一个实根。

$$\begin{cases} b = -3x^2\sqrt{(1-\nu_0^2)/E_0} \\ c = -2(1-\nu_0^2)(1+x^2)/E_0 \\ d = x^2(1-\nu_0^2)\sqrt{(1-\nu_0^2)/E_0}/E_0 \\ e = (1-\nu_0^2)^2/E_0^2 \end{cases} \qquad (4\text{-}3\text{-}44)$$

设轴向弹性模量为 $E_1 = \overline{E}$,则在该缺陷混凝土中沿 y 轴向和 x 轴向的超声波慢度为

$$\begin{cases} S_{\mathrm{p1}} = \left\{\dfrac{E_0 E_1(1-\nu_0)}{\overline{\rho}[E_0(1-\nu_0) - 2\nu_0^2 E_1]}\right\}^{-1/2} \\ S_{\mathrm{p2}} = \left\{\dfrac{E_0(E_0-\nu_0^2 E_1)}{\overline{\rho}(1+\nu_0)[E_0(1-\nu_0) - 2\nu_0^2 E_1]}\right\}^{-1/2} \end{cases} \qquad (4\text{-}3\text{-}45)$$

式中,S_{p1} 为 y 轴向超声波慢度;S_{p2} 为 x 轴向超声波慢度;$\overline{\rho}$ 为缺陷混凝土的密度。将式(4-3-45)改写为超声波慢度比,则有:

$$\begin{cases} \dfrac{S_{\mathrm{p1}}}{S_{\mathrm{pm}}} = \left\{\dfrac{E_1(1-2\nu_0)(1+\nu_0)}{(1-\varepsilon_V^\varphi)[E_0(1-\nu_0) - 2\nu_0^2 E_1]}\right\}^{-1/2} \\ \dfrac{S_{\mathrm{p2}}}{S_{\mathrm{pm}}} = \left\{\dfrac{(1-2\nu_0)(E_0-\nu_0^2 E_1)}{(1-\varepsilon_V^\varphi)(1-\nu_0)[E_0(1-\nu_0) - 2\nu_0^2 E_1]}\right\}^{-1/2} \end{cases} \qquad (4\text{-}3\text{-}46)$$

因缺陷的存在而引起的超声波慢度改变量可表示为

$$\begin{cases} \Delta S_{\mathrm{p1}} = S_{\mathrm{p1}} - S_{\mathrm{pm}} \\ \Delta S_{\mathrm{p2}} = S_{\mathrm{p2}} - S_{\mathrm{pm}} \end{cases} \qquad (4\text{-}3\text{-}47)$$

将式(4-3-46)代入式(4-3-47)得:

$$\begin{cases} \Delta S_{\mathrm{p1}}/S_{\mathrm{pm}} = \left\{\dfrac{E_1(1-2\nu_0)(1+\nu_0)}{(1-\varepsilon_V^\varphi)[E_0(1-\nu_0) - 2\nu_0^2 E_1]}\right\}^{-1/2} - 1 \\ \Delta S_{\mathrm{p2}}/S_{\mathrm{pm}} = \left\{\dfrac{(1-2\nu_0)(E_0-\nu_0^2 E_1)}{(1-\varepsilon_V^\varphi)(1-\nu_0)[E_0(1-\nu_0) - 2\nu_0^2 E_1]}\right\}^{-1/2} - 1 \end{cases} \qquad (4\text{-}3\text{-}48)$$

由上述关系可以看出,在缺陷混凝土中,缺陷密度参数越大,对应的声速越低,对声波的影响越大;并且 ΔS_{p1} 远大于 ΔS_{p2},这说明缺陷方向与声波传播方向相同时,缺陷对声波的影响小;缺陷方向垂直于声波传播方向时,缺陷对声波的影响大。

3.3 基于超声波声速的混凝土损伤描述

用来描述混凝土内部损伤的变量,称为混凝土的损伤变量。在混凝土损伤力学研究中,大都采用连续损伤力学的方法,连续损伤力学分析必须首先定义适当的损伤变量,损伤变量有多种,如弹性常数、屈服应力、拉伸强度、延伸率、密度、电阻、超声波声速等。目前,在混凝土力学研究中较为常用的损伤变量主要有三种,即按空隙面积定义的损伤标量、按空隙配置定义的损伤张量以及按弹性模量变化定义的损伤张量。如果假设混凝土是由混凝土母体和微裂纹所组成的各向同性体,则可采用超声波声速定义如下损伤变量:

$$D = 1 - \left(\frac{c_{\mathrm{p}}}{c_{\mathrm{pf}}}\right)^2 \tag{4-3-49}$$

式中,D 为混凝土的损伤变量;c_{p} 为各向同性微裂隙混凝土的声波声速(m/s);c_{pf} 为混凝土母体(无损伤)的声波声速(m/s)。

如果将式(4-3-49)中的 c_{p} 以混凝土未受荷载时的声速 c_{p0} 替代,则得到混凝土的初始损伤变量:

$$D_0 = 1 - \left(\frac{c_{\mathrm{p0}}}{c_{\mathrm{pf}}}\right)^2 \tag{4-3-50}$$

混凝土的损伤变量反映了混凝土内部的损伤程度。已有研究表明,随着应力的变化,混凝土的声速随之改变,它反映了混凝土内部微裂隙(损伤)的变化。由于超声波声速与混凝土弹性常数、密度及内部微裂隙紧密相关,因而由此给出的损伤变量能综合反映混凝土各参数的劣化程度。

赵明阶等曾对岩石在受荷条件下的声学特性进行深入系统的理论和实验研究,假设混凝土是含有随机分布椭球形微裂纹的各向同性体、混凝土母体是线弹性体。可将岩石在受荷条件下的声学特性理论模型直接引入混凝土材料,混凝土声速随单轴应力呈非线性变化关系,这种关系可简略地表示为

$$V_{\mathrm{p}} = g(\tilde{m}, \sigma_1) \tag{4-3-51}$$

式中,$\tilde{m} = (E_0, \nu, K_{\mathrm{IC}}, \varphi, a_0, \alpha, \in)$,$E_0$、$\nu$ 分别为混凝土母体的弹性模量和泊松比;K_{IC}、φ 分别为混凝土的断裂韧度和摩擦角;a_0、α、$\in$ 分别为椭球形微裂纹半长度、形状比和裂纹密度;σ_1 为单轴应力。

由式(4-3-49)和式(4-3-51)可得关系式:

$$H(D, \tilde{m}, \sigma_1) = 0 \tag{4-3-52}$$

式(4.3-52)实际上给出了混凝土的损伤变量 D 随应力演化的物性方程,即损伤演化方程式。

在式(4-3-51)中,参数 a_0、α、ϵ 反映了混凝土的初始损伤,唯一地确定出 D_0,而参数 E_0、ν、K_{IC}、φ 在受荷过程中为不变量,将式(4-3-50)代入式(4-3-52),进一步可获得:

$$F(D_0, D, \tilde{m}_1, \sigma) = 0 \tag{4-3-53}$$

式(4.3-53)给出了混凝土的损伤变量 D 随初始损伤变量 D_0 和应力变化的隐含关系式,式中 $\tilde{m}_1 = (E_0, \nu, K_{IC}, \varphi)$ 表示不随应力变化的混凝土细观参数。

对于同一种混凝土的不同损伤而言,根据赵明阶的研究结果,混凝土的变形特性完全由 D_0 确定。这说明对于具有不同初始损伤的同一种混凝土,其损伤演化规律完全由初始损伤变量 D_0 确定。

本章复习思考题

1. 用超声波检测混凝土内部结构时,超声波的衰减系数与哪些因素有关?
2. 张开且填充的缺陷与闭合的缺陷各自对超声波传播有何影响?并分析原因。
3. 为什么缺陷方向与声波传播方向相同时,缺陷对声波的影响小,缺陷方向与声波传播方向垂直时,对声波的影响大?请从缺陷对声波慢度影响角度加以分析。
4. 损伤变量的定义方法有哪些?目前常用方法是哪些?

本章主要参考文献

[1] 何樵登.地震波理论[M].北京:地质出版社,1988.
[2] 宋守志.固体介质中的应力波[M].北京:煤炭工业出版社,1989.
[3] 阿肯巴赫.弹性固体中波的传播[M].徐植信,洪锦如,译.上海:同济大学出版社,1992.
[4] 赵明阶.裂隙岩体在受荷条件下的声学特性研究[D].重庆:重庆大学,1998.
[5] 赵明阶,徐蓉.岩石损伤特性与强度的超声波速研究[J].岩土工程学报,2000,22(6):720-722.
[6] 赵明阶,吴德伦.工程岩体的超声波分类及强度预测[J].岩石力学与工程学报,2000,19(1):89-92.
[7] 王凡.混凝土梁缺陷超声检测信号数值模拟及时频分析[D].长沙:中南大学,2013.
[8] 杨学亮,李载,李军.缺陷体积变化对超声波信号影响分析[J].中华民居,2013(36):58-60.

[9] 余刚.超声波在固体中传播的有限元模拟[D].武汉:武汉工程大学,2014.

[10] 胡宏彪.超声波在混凝土中传播特性的实验研究[J].安徽建筑,2015,22(2):179-181.

[11] 廖智.超声波法探测混凝土内部缺陷的原理及应用[J].科学技术与工程,2011,11(13):3114-3118.

[12] SU W H,PENG S S,OKUBO S,et al. Development of ultrasonic methods for measuring in-situ tresses at great depth[J]. Mining science and technology,1983,1(1):21-42.

第4章
超声波在混凝土强度检测中的应用

4.1 结构混凝土超声波检测依据及原理

4.1.1 结构混凝土超声波检测的基本依据

结构混凝土是指已用于结构物或结构构件的硬化混凝土。其检测项目包括力学强度、弹性及塑性性质、断裂性能、损伤缺陷以及耐久性预测等。检测结果可作为对一般建筑结构进行质量评定和验收或者对旧建筑物结构进行质量评估的依据。现场检测主要是混凝土强度检测和缺陷以及损伤探测两项,这两项检测应该是以不损伤结构混凝土本身使用功能为前提的无损检测或半破损检测。检测的理论依据如下。

(1) 材料理论

一般的结构混凝土检测技术都建立在材料科学基本理论的基础之上。通过对材料强度理论的公式推导,可以得出超声波测试参数与混凝土强度的一些定性关系。

根据材料的强度理论和断裂理论,利用双原子模型推导出如下公式:

$$\sigma_t = \sqrt{\frac{E\gamma}{\alpha_0}} \tag{4-4-1}$$

以线弹性理论为基础,推导出如下公式:

$$\sigma_f = \sqrt{\frac{2E\gamma}{\pi c}} \tag{4-4-2}$$

上述公式是假定材料发生弹性变形即脆性开裂,实际上混凝土等材料在受力后尚有塑性变形。为此,修正后公式如下:

$$\sigma_f = \sqrt{\frac{2E(\gamma + \gamma_p)}{\pi c}} \tag{4-4-3}$$

式中,σ_t、σ_f 为使得原子间引力达到最大值时所受到的拉应力;E 为弹性模量;γ 为表面能;γ_p 为塑性变形所吸收的能量;α_0 为原子处于平衡位置时的间距;c 为原始裂缝长度的一半。

由上述公式可知,混凝土的强度取决于以下四个方面:

①E 值及 γ_p 值,强度与应力、应变有关;

②γ 值,强度与混凝土内各种材料间的表面能有关,还与混凝土的环境(如含水状态等)因素有关;

③c 值,强度与混凝土中孔隙、裂缝等缺陷的状态和数量有关;

④α_0 值,强度与水泥凝胶体的凝胶状态有关,而凝胶状态是由水灰比、密实程度等因素决定的。

(2)流变学理论

根据水泥混凝土的应力-应变全曲线关系(图4-4-1),混凝土的整个应力-应变行为是弹性性质和非弹性性质的综合表现。为得出应变与混凝土强度的关系,可以利用流变学理论建立复合模型,混凝土流变性质的复合模型用图4-4-2表示。

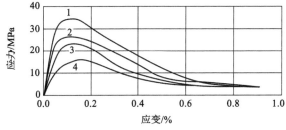

图 4-4-1 混凝土应力-应变全曲线
(系列1、2、3、4分别代表不同强度混凝土)

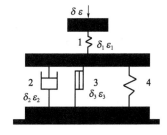

图 4-4-2 混凝土流变性质的复合模型

复合模型由弹性元件1、2及黏性元件3和塑性元件4组成。当在模型上施加外力 δ 时,相应的总变形为 ε,在元件1、2、3上所产生的应力分别为 δ_1、δ_2、δ_3,应变分别为 ε_1、ε_2、ε_3,弹性元件1、2的弹性模量为 E_1、E_2,黏性元件3的黏滞系数为 K,实验证明混凝土的塑性性质 f 值很小,为简化起见,略去不计,因此模型简化为三元件模型。

根据模型可列出下列方程组:

$$\begin{cases} \delta_1 = E_1\varepsilon_1 \\ \delta_2 = E_2\varepsilon_2 \\ \delta_3 = K\dfrac{d\varepsilon_3}{dt} \\ \delta = \delta_1 = \delta_2 + \delta_3 \\ \varepsilon = \varepsilon_1 + \varepsilon_2 \\ \varepsilon_2 = \varepsilon_3 \end{cases} \qquad (4\text{-}4\text{-}4)$$

引入其他试验条件、初始条件及破坏时的应力-应变关系等一些条件，经过推导可以得出如下公式：

$$R = \frac{1}{3}E_d\varepsilon_\gamma + \frac{4Kv_1}{3E_d}(1 - e^{-\frac{E_d}{2K}}) \qquad (4\text{-}4\text{-}5)$$

式中，E_d 为原点切线弹性模量；ε_γ 为应力 δ 达到 δ_{max} 时的应变值；K 为混凝土的黏滞系数；v_1 为试验时的加载速度；t 为加载时间。

上述公式明确说明，用应力-应变性质反映混凝土的抗压强度时，需要全面反映式中的各项指标，这些指标是由混凝土的弹性性质 E_d、混凝土的非弹性性质 K、混凝土的试验条件 v_1 和 t 决定的。在这三个要素中弹性性质 E_d 是主要的，试验条件 v_1 和 t 可以取标准值，非弹性性质 K 与加载速度 v_1 关联，但就一般强度的混凝土而言，v_1 值很小时，K 的影响不明显。

通过上述各项参数综合分析，可以得出混凝土的强度是由混凝土的弹性性质和非弹性性质决定的，这两种性质均可用振动方法或声学方法测量。

4.1.2 超声波检测的原理

结构混凝土强度的超声波检测以强度与超声波在混凝土中的传播参数(声速、衰减系数等)之间的相互关系为基础。超声波实质上是高频机械振动在介质中的传播，当它穿过混凝土时，混凝土的每个微区都产生拉压(纵波)或剪切(横波)等应力、应变过程。前面的公式已经证明，混凝土的强度与应力、应变参数有明确的理论关系。用超声波检测混凝土强度就是要构建混凝土强度与超声波传播参数之间的关系。但是，由于混凝土强度是一项十分复杂的参数，它受许多因素的影响，要想建立强度和超声传播参数之间的简单关系是非常困难的，超声法测强至今还只能建立在试验归纳的基础上，一般是通过试验建立强度与波速的关系曲线(即 $R\text{-}c$ 曲线)或经验公式，作为超声法测强的基本换算依据。这样，超声法测强的关键在于，建立准确的 $R\text{-}c$ 关系式，精确地测量被测混凝土的声速，以及各种影响 $R\text{-}c$ 关系式的因素等三个方面。

超声法测强主要依靠混凝土超声波检测仪完成。混凝土超声波检测仪是一种集超声波发射、接收和信号转换处理于一体的检测仪器。其工作原理是超声波发射传感器向待测的结构混凝土发射超声脉冲，使其穿过混凝土，然后超声波接收传感器接收穿过混凝土后的脉冲信号，仪器显示并储存超声脉冲穿过混凝土所需的时间，接收信号的波形、波幅等。根据超声脉冲穿过混凝土的时间(即声时)和距离(即声程)，即可计算声速；根据波幅，可得到超声脉冲在混凝土中的能量衰减；根据所显示的波形，经适当处理可得到接收信号的频谱等信息。超声波检测示意图如图 4-4-3 所示。

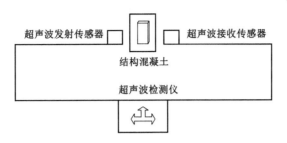

图 4-4-3 超声波检测示意图

4.1.3 各种因素对检测参数的影响

任何数据的检测都是通过一定的检测仪器,采用一定的检测方法,最终进行检测参数分析、整理得出检测结果。因此,检测参数直接影响检测结果。超声波检测结构混凝土强度,实际就是研究混凝土强度与超声波声速之间的相关关系。超声波声速是通过声波传播距离 L (声程)、声波传播所需时间 t (声时)得到的。其计算式如下:

$$c = L/t \tag{4-4-6}$$

式中,c 为声速(m/s);L 为声程(m);t 为声时(s)。

因此,超声波检测技术非常重要的一步工作是:如何确定各种影响因素,准确测量出声时。

(1)传感器频率对声速的影响

因为超声波在混凝土中传播有明显的衰减现象,根据声波理论,随着声波频率的增大,测试距离将减小。因此,传感器频率应与被测试件的尺寸相匹配。

由于混凝土是弹-塑性材料,应存在频散现象,即传播速度随频率的变化而变化。根据有关试验资料,频率对声速有一定的影响,见表 4-4-1。频率从 50kHz 增加到 550kHz 时,声速提高 3%,在常用频率范围内(50~100kHz),声速提高约 1%。

传感器频率对声速的影响　　　　　　　　　　　　　表 4-4-1

传感器频率/kHz	混凝土试件实测声速(m/s)
50	4342
100	4385
150	4403
240	4410
550	4463

注:假定测试距离为 32cm。

(2)测点及测试面的影响

不管是在试验室还是进行现场结构物测试,都应尽可能选择混凝土浇筑时的模板侧面作为测试面。如在混凝土浇筑的上表面与底面之间测试,实测声速一般低于侧面测试的声速,但当混凝土强度较高、离析程度较轻时,不同测试面对声速的影响较少。一般可做如下修正:

$$c = c_1 K \tag{4-4-7}$$

式中,c 为修正后混凝土声速(m/s);c_1 为在混凝土浇筑上表面与底面之间的声速(m/s);K 为修正系数。通过试验测得如下数据,仅供参考,K 见表 4-4-2。

测试面对声速的影响　　　　　　　　　　　　　表 4-4-2

参　　数	混凝土强度等级			
	C25	C30	C40	C50
浇筑上表面与底面之间的声速/(m/s)	4003	4325	4536	4671
浇筑侧面之间的声速/(m/s)	4179	4498	4651	4882
修正系数 K	1.044	1.040	1.025	1.045

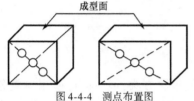

图 4-4-4　测点布置图

在试验室进行试件测试时,应选择成型时的侧面进行测量。在现场测试时,一般选择面积为 200mm × 200mm 的区域为一个测区,测区应尽量避开与声通路平行的钢筋,并离开构件边缘一定距离。试件的测点布置见图 4-4-4。

(3)测试距离对声速的影响

一些专家通过对不同强度等级的混凝土制成的阶梯形试件进行试验,研究认为测距对声速的影响是存在的。随着测试距离的增加,高标号混凝土实测声速可降低 1% ~ 4%,低标号混凝土实测声速降低得更多,达到 8%。重庆交通大学也进行了此项工作的试验,方法是采用 C25、C30、C40、C50 等不同强度等级的混凝土制成 15cm、50cm、100cm、200cm 的阶梯形试件,测出的声速离散性较大,具体数据见表 4-4-3。分析原因认为,理论上讲,如混凝土质量均匀,测距对声速应无影响,造成声速降低的原因是随着测距的增加,接收波前沿变得平缓,零声时读数不够准确,声时值产生变化。另外,试件混凝土的均匀性也会对声时值产生影响,造成声速的变化。

测试距离对声速的影响(单位:m/s)　　　　　　　　表 4-4-3

测试距离/cm	混凝土强度等级			
	C25	C30	C40	C50
15	4195	4417	4580	4734
50	4147	4403	4412	4695
100	—	3956	4536	4669
200	4112	4407	—	—

(4)试件温度和湿度对声速的影响

很多研究表明,测试时试件的温度对声速有一定的影响,图 4-4-5 表示同一试件的声速随温度变化的情况。当温度在 20 ~ 40℃时对声速影响不大;当温度超过 50℃时,声速随着温度的升高而降低。因此,在一般测试情况下,温度影响可以不考虑,但在测试冬天室外构件或刚出蒸汽池的养护构件等时,则必须对声速给予修正。

试件的湿度对声速也有明显的影响,这是客观

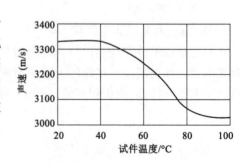

图 4-4-5　试件温度对声速的影响

存在的因素。混凝土是一种多孔材料,空隙中充满空气和水。以往的研究表明,声波在空气中的传播速度为340m/s,在水中的传播速度为1500m/s,因此混凝土空隙中水的多少就直接影响声速的大小。各国的研究结果看法不一,有人认为:混凝土湿度增加2%~3%,则声速增加6%~7%。同样试件在不同湿度状态下进行声速测试,得出试验数据见表4-4-4。

混凝土含水率对声速的影响　　　　　　　　　　表4-4-4

1	声速 $c/(m/s)$	4623	4565	4533	4512	4520
	含水率 $W/\%$	8.82	8.77	8.71	8.66	8.65
	声速变化率/%	0.0	1.3	1.9	2.4	2.2
	含水率变化率/%	0.0	10.7	11.3	11.8	11.9
2	声速 $c/(m/s)$	4349	4357	4310	4287	4293
	含水率 $W/\%$	9.65	9.59	9.51	9.45	9.44
	声速变化率/%	0.0	−0.2	0.9	1.4	1.3
	含水率变化率/%	0.0	0.6	1.5	2.1	2.2
3	声速 $c/(m/s)$	4431	4404	4390	4362	4359
	含水率 $W/\%$	11.79	11.64	11.55	11.34	11.26
	声速变化率/%	0.0	0.6	0.9	1.6	1.6
	含水率变化率/%	0.0	1.3	2.0	3.8	4.5

我国南京水利科学研究院所得的结果是:混凝土含水率增加1%,则声速提高1%,南京水利科学研究院提供的混凝土含水率与声速的关系见图4-4-6。

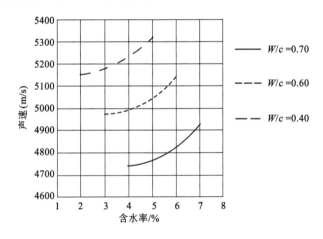

图4-4-6　混凝土含水率与声速的关系图

得出的修正公式是

$$c = c_W(1 - W) \tag{4-4-8}$$

式中,c_W 为含水试件的声速;W 为试件含水率;c 为修正后的声速。

(5)钢筋对声速的影响

在检测钢筋混凝土结构时,钢筋对声速会产生影响。这是因为超声波在钢筋中的传播速度要大于在混凝土中的传播速度,声波在钢筋中的声速为5150~5850m/s。因此,发射传感器所发出的声波脉冲部分声能将通过钢筋率先到达接收传感器,所以在此情况下所测得的声速实质上是声波在钢筋和混凝土中的综合声速,其数值偏大。钢筋对声速的影响分为两种情况,即声通路垂直于钢筋和声通路平行于钢筋。

当声波脉冲传播的方向与钢筋轴向垂直时,声波穿越结构物的声时 t 由下列公式表示:

$$t = \frac{l - l_S}{c_C} + \frac{l_S}{c_S} \tag{4-4-9}$$

式中,t 为穿越结构物的综合声时;l 为总声程;l_S 为穿越钢筋中的声程,$l_S = \sum d$(d 为钢筋直径);c_C 为声波在混凝土中的声速;c_S 为声波在钢筋中的声速。如果包括通过钢筋在内的综合声速为 c,则可得出下列公式:

$$c_C = \left[l - l_S \frac{c_S - c_C}{l c_S} \right] c \tag{4-4-10}$$

推导后得:

$$c_C = \frac{l^2 - l_S}{\dfrac{l}{c} - \dfrac{l_S}{c_S}} \tag{4-4-11}$$

在实际检测时,如有垂直钢筋存在,应按照式(4-4-9)进行换算修正,或者按照式(4-4-10)利用表 4-4-5 给出的修正项系数表予以修正。

垂直钢筋修正项系数表　　　　　　　　　　　　　　　表 4-4-5

l_S/l	$[l - l_S(c_S - c_C)/(lc_S)]$ 修正系数		
	$c_C = 3000 \text{m/s}$	$c_C = 4000 \text{m/s}$	$c_C = 5000 \text{m/s}$
1/12	0.96	0.97	0.99
1/10	0.95	0.97	0.99
1/8	0.94	0.96	0.99
1/6	0.92	0.94	0.98
1/4	0.88	0.92	0.97
1/3	0.83	0.88	0.95
1/2	0.69	0.78	0.90

当声波通路与钢筋轴线平行时,综合一些公式推导和研究成果,得出影响实际混凝土中超声波声速的因素有传感器与钢筋的距离、发射传感器与接收传感器的距离、声时大小等。如果能使传感器与钢筋距离增大,则平行钢筋对混凝土中超声波声速的影响逐渐减小,通常认为传感器与钢筋的距离大于传感器间距离的 1/8～1/6 时,足以避免钢筋对混凝土中超声波声速产生影响。

4.2　超声-回弹综合法测混凝土强度

超声-回弹综合法是指采用超声仪和回弹仪,在混凝土同一测区分别测量超声声速 v_i(本节涉及参数 a、b、c,故声速符号用 v 表示)及回弹值 N_i,通过校准测强公式(相关关系方程式)

推算该测区混凝土的强度。

4.2.1 超声-回弹综合法对测强精度的影响

回弹法是根据混凝土表面硬度的回弹值 N_i 来推算混凝土的强度值 f_i,它只能反映混凝土表层 $2\sim3cm$ 深度的质量情况;而超声法则能反映混凝土内部密实度和弹性性质,通过超声声速 v_i 来推算混凝土强度值 f_i。显然,采用超声-回弹综合法测混凝土强度,可以由表及里,全面反映混凝土的质量。

在进行超声-回弹综合法测定混凝土强度时,混凝土本身的湿度和龄期对测得的超声声速 v_i 和回弹值 N_i 有较大的影响。混凝土的湿度高,超声的声速偏高,而回弹值则偏低;混凝土的龄期长,超声的声速增长率下降,而回弹值则因混凝土碳化程度增大而提高。因此,采用超声-回弹综合法测混凝土强度,测量精度优于超声或回弹单一法的测量精度。

4.2.2 测定参数的相关关系

混凝土强度值 f_i 与超声声速 v_i 和回弹值 N_i 之间存在较强的相关关系,根据试块的测试结果,除可以单独建立 f-v、f-N 的经验公式和回归曲线外,还可以综合建立 f-v-N 的经验公式和回归曲线。建立的混凝土的强度-超声声速-回弹值相关曲线是属于二元函数方程性质的经验公式。如果以坐标图形表示,综合法经验公式属于空间直角坐标系中的平面方程或曲面方程。这种等强曲线,在空间直角坐标系中,可以理解为代表了超声-回弹综合法经验公式的一个平面或曲面,同代表一组固定强度值的平面相交,交线再投影到坐标系平面上所形成的一种曲线。

根据混凝土强度值 f_i、超声声速 v_i 及回弹值 N_i 之间存在的相关关系,考虑到工程测量精度、计算简化的要求,拟合曲线常选择下述两种方程式:

平面方程式:
$$f = a + bv + cN \tag{4-4-12}$$

曲面方程式:
$$f = av^b N^c \tag{4-4-13}$$

式中,a、b、c 为试验系数。

通常,曲面方程比较符合混凝土强度值 f_i、超声声速 v_i 及回弹值 N_i 之间的相关性,所建立的相关曲线误差也较小。而平面方程相关性较差,回归分析的误差较大,但计算简便,在制定适用范围较窄的率定曲线时,一般也能满足工程测量精度的要求。

4.2.3 率定曲线的绘制步骤

(1)测试

先测试块的超声声速 v_i。取试块的浇筑侧面为测试面,测点布置采用3对。取试块的平均声时 t,按下式计算试块的超声声速 v_i:

$$v_i = l/t \tag{4-4-14}$$

式中,v_i 为试块的超声声速(km/s),精确至 $0.01km/s$;l 为发收换能器间的距离,即试块的宽度(mm),计算精确至 1mm,测量的误差不大于 1%;t 为测区(试块)的平均声时(μs),计算精确至 $0.1\mu s$。

如果个别测点声时偏差超过声时平均值的 $\pm5\%$,则该试块应予以弃除。

然后，将试块置于压力机上，预压 50kN 固定后进行回弹值测量。在超声测量对应面上，避开涂耦合剂的位置，两面各测 8 点。从测得的 16 个回弹值中，剔除 3 个最大值和 3 个最小值，取余下的 10 个回弹值的平均值，作为该试块的回弹值 N_i。

回弹测量后继续加压，继续试块的破坏试验，并计算出该试块的强度值 f_i。

最后，将各试块的超声声速 v_i、回弹值 N_i、混凝土强度值 f_i 按混凝土强度值 f_i 由小到大顺序排列，记入率定曲线的经验公式系数计算表中。

(2) 建立经验公式

建立超声-回弹综合法经验公式，通常采用最小二乘法来计算经验公式系数 a、b、c。由于经验公式中有 v、N 两个自变量，且有 30 多组对应的试验数据，因此，根据试验数据离散的对称性，以及率定曲线本身的特点，最简单的是采用建立三元一次联立方程组解出经验公式系数 a、b、c 的三点法，计算的方式如下：

如果建立经验公式所选定的平面方程($f = a + bv + cN$)或曲面方程($f = av^b N^c$)符合 f 与 v、N 之间的相关规律，那么，将全部试块的强度平均值 $\overline{f_i}$、声速平均值 $\overline{v_i}$、回弹平均值 $\overline{N_i}$ 代入所选定的方程之中(如平面方程 $\overline{f_i} = a + b\overline{v_i} + c\overline{N_i}$)，则这个方程是成立的。显然，将这批试块划分为几组，每组试块不少于 10 个，以每组试块的强度平均值 $\overline{f_j}$、声速平均值 $\overline{v_j}$、回弹平均值 $\overline{N_j}$ 代入选定的方程中($\overline{f_j} = a + b\overline{v_j} + c\overline{N_j}$)，则这个方程式也是成立的。根据误差理论，样本数量超过 10 个的算术平均值，已有足够的可靠性。由于超声-回弹综合法经验公式中有三个系数(a、b、c)，即有三个未知数，因此，可以按强度值的大小顺序，将全部试块(要求 30 块以上)等分为三个组(低强组、中强组、高强组)计算出每组试块试验结果的平均值($\overline{f_i}$，$\overline{v_i}$，$\overline{N_i}$)，相应建立三个方程式，解出 a、b、c 三个系数。从几何意义上讲，在空间直角坐标系中，由试块试验结果(f_i，v_i，N_i)构成的空间点，按混凝土强度值 f_i 的大小划分为三个区域，每个区域的试块试验结果的平均值，就构成了一个坐标点($\overline{f_i}$，$\overline{v_i}$，$\overline{N_i}$)，三个区共有三个坐标点，代表了全部试块的试验结果。由于三个点(不在一条直线上)可以决定一个平面，即它是最后求得的经验公式所决定的平面或曲面。因此，把这种方法叫作三点法，下面通过试验来建立超声-回弹综合法检测普通-高强混凝土强度的相关关系方程式。

配制 C45 混凝土，在现场制作了同条件养护试块 30 块($15cm \times 15cm \times 15cm$)，分别按 7d、28d、60d 的龄期进行超声、回弹、抗压试验，实验结果见表 4-4-6 的实测值。

① 选用平面方程 $f = a + bv + cN$，计算经验公式系数 a、b、c。首先将试块试验结果按强度值 f_i 的大小顺序计入表 4-4-6 实测值栏。按强度值 f_i 的大小，大致等分为三组，每组试块数量不少于 10 块，如表 4-4-6 中划分为低强组、中强组和高强组三组。计算 $\overline{f_j}$，$\overline{v_j}$，$\overline{N_j}$(见表 4-4-6 中"分组平均值"栏)。分别将各组的 $\overline{f_j}$，$\overline{v_j}$，$\overline{N_j}$ 值代入 $f = a + bv + cN$ 公式中，建立三元一次联立方程组，并求解系数 a、b、c：

$$\begin{cases} 46.77 = a + 4.010b + 29.01c \\ 55.69 = a + 5.196b + 33.06c \\ 68.40 = a + 5.255b + 40.78c \end{cases}$$

求解后得

$$\begin{cases} a = -8.378 \\ b = 1.950 \\ c = 1.631 \end{cases}$$

最后得出超声-回弹综合法率定曲线的经验公式：
$$f = -8.378 + 1.950v + 1.631N \tag{4-4-15}$$

经验公式系数计算表　　　　　　　　　　　　　　　　　　　　　表4-4-6

分组名称	求解 $f = a + bv + cN$ 公式系数				求解 $f = av^b N^c$ 公式系数			
	试块试验实测值			分组平均值	试块试验实测值的对数值			分组平均值
	f_i	v_i	N_i		$f'_i = \ln f_i$	$v'_i = \ln v_i$	$N'_i = \ln N_i$	
低强组	41.0	3.86	26.0	$\overline{f}_{j1} = 46.77$ $\overline{v}_{j1} = 4.010$ $\overline{N}_{j1} = 29.01$	3.714	1.351	3.258	$\overline{f}'_{j1} = 3.841$ $\overline{v}'_{j1} = 1.389$ $\overline{N}'_{j1} = 3.366$
	41.7	3.90	27.1		3.731	1.361	3.300	
	42.1	3.93	27.8		3.740	1.369	3.325	
	44.6	4.00	28.4		3.798	1.386	3.346	
	45.0	4.02	28.7		3.807	1.391	3.357	
	45.6	4.03	29.2		3.820	1.394	3.374	
	50.6	4.09	30.2		3.924	1.409	3.408	
	51.5	4.06	30.5		3.942	1.401	3.418	
	52.8	4.10	31.2		3.967	1.411	3.440	
	52.8	4.11	31.0		3.967	1.413	3.434	
中强组	53.0	5.10	31.1	$\overline{f}_{j1} = 55.69$ $\overline{v}_{j1} = 5.196$ $\overline{N}_{j1} = 33.06$	3.970	1.629	3.437	$\overline{f}'_{j1} = 4.020$ $\overline{v}'_{j1} = 1.648$ $\overline{N}'_{j1} = 3.498$
	53.9	5.14	31.4		3.987	1.637	3.447	
	54.2	5.16	32.0		3.993	1.641	3.466	
	55.4	5.20	32.2		4.015	1.649	3.472	
	55.4	5.18	32.1		4.015	1.645	3.469	
	56.1	5.21	33.4		4.027	1.651	3.509	
	56.3	5.22	33.4		4.031	1.652	3.509	
	57.2	5.25	34.7		4.047	1.658	3.547	
	57.3	5.24	34.5		4.048	1.656	3.541	
	58.1	5.26	35.8		4.062	1.660	3.578	
高强组	63.9	5.12	37.3	$\overline{f}_{j1} = 68.40$ $\overline{v}_{j1} = 5.255$ $\overline{N}_{j1} = 40.78$	4.157	1.633	3.619	$\overline{f}'_{j1} = 4.224$ $\overline{v}'_{j1} = 1.659$ $\overline{N}'_{j1} = 3.706$
	64.7	5.18	37.7		4.170	1.645	3.630	
	65.6	5.22	38.1		4.184	1.652	3.640	
	67.8	5.26	39.2		4.217	1.660	3.669	
	68.1	5.27	40.9		4.221	1.662	3.711	
	68.2	5.26	41.0		4.222	1.660	3.714	
	68.7	5.28	41.3		4.230	1.664	3.721	
	71.3	5.30	43.3		4.267	1.668	3.768	
	72.2	5.32	44.0		4.279	1.671	3.784	
	73.5	5.34	45.0		4.297	1.675	3.807	

②选用曲面方程 $f = av^b N^c$，计算经验公式系数 a、b、c。

在应用三点法建立三元一次联立方程组之前，先把曲面方程转变为平面方程，最后尚需还

原成曲面方程。原方程为

$$f = av^b N^c \tag{4-4-16}$$

取对数

$$\ln f = \ln a + b\ln v + c\ln N$$

令 $f' = \ln f, v' = \ln v, N' = \ln N, a' = \ln a$，则 $f' = a' + bv' + cN'$。

显然，经过处理后的方程 $f' = a' + bv' + cN'$，即可按平面方程的计算步骤，确定系数 a'、b、c，将试块实测值 (f_i, v_i, N_i) 按强度值 f_i 的大小顺序排列，见表 4-4-6"实测值"栏。

计算每块试块实测值 f_i、v_i、N_i 的自然对数 f_i'、v_i'、N_i'，见表 4-4-6"对数值"栏。

根据试块实测值的对数值，按三点法原理分组，求出每组的平均值 $(\bar{f_i}, \bar{v_i}, \bar{N_i})$，代入 $f' = a' + bv' + cN'$ 公式中，建立三元一次联立方程组：

$$\begin{cases} 3.841 = a' + 1.389b + 3.366c \\ 4.020 = a' + 1.648b + 3.498c \\ 4.224 = a' + 1.659b + 3.706c \end{cases}$$

求解后得：

$$\begin{cases} a' = 0.302 \\ b = 0.197 \\ c = 0.970 \end{cases}$$

按 $a' = \ln a$ 计算系数 a：

$$a = e^{a'} = e^{0.302} = 1.353$$

最后列出超声-回弹综合法率定曲线经验公式：

$$f = 1.353 v^{0.197} N^{0.970} \tag{4-4-17}$$

当经验公式确定以后，即可绘制出它的率定曲线图。

应该特别指出的是，所建立的经验公式，只适用于试块试验值的最小值至最大值的区域范围内。如上面得出的经验公式有效范围为：声速为 3.86~5.34km/s；回弹值为 26.0~45.0；强度为 41.0~73.5MPa。超出范围时，不得随意延伸曲线，扩大应用的范围。必要时，应进行足够的验证，确定是否可以扩大使用范围。测试工程的龄期有效范围为 7~60d，超过范围的，必须以同条件试块试验加以修正。龄期较长的强度等级较低的混凝土，因混凝土碳化，对测试的回弹值要加以修正。

4.2.4 率定曲线的精度估计

率定曲线上的混凝土强度值 f_n（即按经验公式得出的强度计算值）是代表特定的声速值 v_i 及回弹值 N_i 情况下的强度平均值。混凝土的实际强度值 f_i 则是围绕率定曲线上的强度值 f_n 呈正态分布的。率定曲线的精度，就是反映混凝土实测强度值围绕率定曲线波动的离散程度。它既反映率定曲线的合理程度，又可以估计使用该曲线推算混凝土强度值时的偏差范围。

率定曲线精度采用试块强度实测值 f_i 同率定曲线上的计算强度值 f_n 之间的相对均方差 S_n 值表示：

$$S_n = \sqrt{\frac{1}{n-1} \sum_{i=1}^{n} \left(\frac{f_i}{f_r} - 1\right)^2} \tag{4-4-18}$$

式中,f_i 为试块强度实测值;f_r 为根据试块的实测 v_i、N_i 值,求得的率定曲线的强度计算值;n 为试块数量。

表 4-4-7 中列出了率定曲线精度范围计算表,即运用经验公式 $f_n = -8.386 + 1.948v + 1.632N$ 推算混凝土强度的误差范围 $S_n = 10.6\%$。

率定曲线精度范围计算表　　　　表 4-4-7

组别	实测值			强度计算值 f_n/MPa		$\dfrac{f_i}{f_n}$		$\left(\dfrac{f_i}{f_n}-1\right)^2$	
	f_i	v_i	N_i	$f_n = -8.386 + 1.948v + 1.632N$	$f_n = 1.35 \cdot v^{0.196} N^{0.971}$	$f_n = -8.386 + 1.948v + 1.632N$	$f_n = 1.35 \cdot v^{0.196} N^{0.971}$	$f_n = -8.386 + 1.948v + 1.632N$	$f_n = 1.353 \cdot v^{0.197} N^{0.970}$
低强组	41.0	3.86	26.0	41.6	41.6	0.986	0.986	1.96×10^{-4}	1.96×10^{-4}
	41.7	3.90	27.1	43.4	43.4	0.961	0.961	*15.21	*15.21
	42.1	3.93	27.8	44.6	44.6	0.944	0.944	31.36	31.36
	44.6	4.00	28.4	45.8	45.7	0.974	0.976	6.76	5.76
	45.0	4.02	28.7	46.3	46.2	0.972	0.974	7.84	6.76
	45.6	4.03	29.2	47.1	47.0	0.968	0.970	10.24	15.21
	50.6	4.09	30.2	48.9	48.7	1.035	1.039	12.25	14.01
	51.5	4.06	30.5	49.3	49.1	1.045	1.049	20.35	25.00
	52.8	4.10	31.2	50.5	50.3	1.046	1.050	21.16	31.36
	52.8	4.11	31.0	50.2	50.0	1.052	1.056	27.04	27.04
中强组	53.0	5.10	31.1	52.3	52.3	1.013	1.013	1.69	1.69
	53.9	5.14	31.4	52.9	52.9	1.019	1.019	3.61	3.61
	54.2	5.16	32.0	53.9	53.9	1.006	1.006	0.36	0.36
	55.4	5.20	32.2	54.3	54.3	1.020	1.020	4.00	4.00
	55.4	5.18	32.1	54.1	54.1	1.024	1.024	5.76	5.76
	56.1	5.21	33.4	56.3	56.3	0.996	0.996	0.16	0.16
	56.3	5.22	33.4	56.3	56.3	1.000	1.000	0.00	0.00
	57.2	5.25	34.7	58.5	58.5	0.978	0.978	4.84	4.84
	57.3	5.24	34.5	58.1	58.1	0.986	0.986	1.96	1.96
	58.1	5.26	35.8	60.3	60.3	0.964	0.964	12.96	12.96
高强组	63.9	5.12	37.3	62.5	62.4	1.022	1.024	4.84	5.76
	64.7	5.18	37.7	63.2	63.2	1.024	1.024	5.76	5.76
	65.6	5.22	38.1	64.0	64.0	1.025	1.025	6.25	6.25
	67.8	5.26	39.2	65.8	65.9	1.030	1.029	9.00	8.41
	68.1	5.27	40.9	68.6	68.7	0.993	0.991	0.49	0.81
	68.2	5.26	41.0	68.8	68.8	0.991	0.991	0.81	0.81
	68.7	5.28	41.3	69.3	69.4	0.991	0.990	0.81	1.00
	71.3	5.30	43.3	72.6	72.7	0.982	0.981	3.24	3.61
	72.2	5.32	44.0	73.8	73.9	0.978	0.977	4.84	5.29
	73.5	5.34	45.0	75.5	75.5	0.974	0.974	6.76	6.76

注:带"*"的两个数据及其以下两列数据均要"$\times 10^{-4}$"。

(1) $\sum_{i=1}^{30}\left(\dfrac{f_i}{f_r}-1\right)^2 = 0.32621$

$$\sqrt{[1/(30-1)]\sum_{i=1}^{30}\left(\dfrac{f_i}{f_r}-1\right)^2} = [(1/29)\times 0.32621]^{1/2} = 0.106$$

(2) $\sum_{i=1}^{30}\left(\dfrac{f_i}{f_r}-1\right)^2 = 0.23543$

(3) $\sqrt{[1/(30-1)]\sum_{i=1}^{30}\left(\dfrac{f_i}{f_r}-1\right)^2} = [(1/29)\times 0.23543]^{1/2} = 0.090$

同样,可以通过 $f_n = 1.353v^{0.197}N^{0.970}$ 经验公式推算混凝土强度的误差范围为 $\pm 9.0\%$ ~ $\pm 10\%$。可见,对实例拟合曲线选用曲面方程 $f = av^bN^c$ 制定的经验公式的测量精度要比选用平面经验公式 $f_n = -8.378 + 1.950v + 1.631N$ 的测量精度(误差范围为 $\pm 10.6\%$)高。显然,误差范围计算值越小,则制定的率定曲线就越合理,该曲线推算出混凝土的强度值误差也越小。

本章复习思考题

1. 试述超声波检测混凝土强度的基本原理。
2. 试述超声波检测混凝土强度的主要影响因素。
3. 与单一法相比,超声-回弹综合法测混凝土强度有哪些优点?
4. 试述率定曲线的绘制步骤。

本章主要参考文献

[1] 宣国良,谢耀峰. 混凝土及构件试验检测[M]. 北京:人民交通出版社,2000.
[2] 余红发. 混凝土非破损测强技术研究[M]. 北京:中国建材工业出版社,1999.
[3] 同济大学声学研究室. 超声工业测量技术[M]. 上海:上海人民出版社,1977.
[4] 中华人民共和国住房和城乡建设部. 回弹法检测混凝土抗压强度技术规程:JGJ/T 23—2011[S]. 北京:中国建筑工业出版社,2011.
[5] 童寿兴,王征,商涛平. 混凝土强度超声波平测法检测技术[J]. 无损检测,2004,26(1):24-27.
[6] 罗雄彪,陈铁群. 超声无损检测的发展趋势[J]. 无损探伤,2004,28(3):1-5.
[7] 美国无损检测学会. 美国无损检测手册:超声卷(上册)[M].《美国无损检测手册》译审委员会,译. 上海:世界图书出版公司,1996.

[8] 美国无损检测学会.美国无损检测手册:超声卷(下册)[M].《美国无损检测手册》译审委员会,译.上海:世界图书出版公司,1996.
[9] 熊静,宿文姬,罗旭辉.超声回弹综合法在混凝土强度检测中的应用[J].无损检测,2014,36(10):58-60.
[10] 蔺伯.桥梁构件混凝土强度检测常用方法及应用[J].交通世界,2017(12):130-131.
[11] 许艳.混凝土内部缺陷超声法检测分析[J].中国建材科技,2014(1):9-10,78.
[12] 王威.混凝土强度无损检测方法及应用[J].中国建材科技,2014(S1):109.
[13] 王娇,李晓龙,胡宗民.混凝土强度无损检测不确定性分析[J].工程质量,2014(S2):310-312.
[14] 张国权.超声波在水泥混凝土结构强度检测中的应用[J].中国公路,2018(9):106-107.
[15] 王雪平,刘素瑞,杨久俊,等.混凝土超声波速与抗压强度之间关系的试验研究[J].混凝土,2015(12):34-37.

第5章
超声波在钢管混凝土检测中的应用

5.1 钢管混凝土拱在施工中可能出现的缺陷类型及其所处部位

随着国内钢管混凝土拱桥的日益增多,钢管内混凝土的密实度已逐渐成为工程质量控制的重要指标。受施工工艺的限制,即使采用特种膨胀混凝土,也会出现塌落、脱粘等现象,形成不易直接观测的缺陷,并将直接影响桥梁的工作性能。

目前流行的钢管混凝土拱桥的施工多采用由拱脚向拱顶反向泵注混凝土的方法,采用"大流动度"(坍落度大于18)的微膨胀混凝土。随着施工工艺的日趋成熟,混凝土内部的缺陷情况得到了有效的控制,常见的钢管混凝土缺陷的主要存在形式如图4-5-1b)、c)、d)所示。最主要的缺陷为图4-5-1b)所示的混凝土脱粘现象。

非金属超声波探测技术是近年来发展非常快的一项实用技术,通过人工发射的弹性波以不同的频率在结构内部传播并通过仪器接收,分析其信号的变化即可了解结构的缺陷分布情况。超声波探测对被测结构没有损伤,且简便易行,从而成为钢管混凝土无损探伤的主要方法之一。

钢管混凝土的施工过程是，先将制作好的钢管吊装焊接起来，形成一个空的钢管拱，然后用高压泵将高强度混凝土从钢管拱下部的注浆口由下至上灌注，管内空气在混凝土的压力下从各排气孔排出管外，当混凝土从拱顶溢流口溢出时，即结束了混凝土的灌注。而在钢管混凝土施工过程中，如果混凝土配合比不合适，混凝土的坍落度太大，或因某种原因没有连续灌注且注浆口、排气孔、溢流口设计不合理，浮浆经溢流口溢出得不彻底，那么钢管混凝土就不密实、不均匀，就会出现钢管混凝土脱空，管内混凝土出现离析、空洞、蜂窝、不固结、断开等缺陷。

注浆口使得拱脚部位的混凝土是在无振捣、无外压力的情况下靠自落填满的，加上拱脚的排气效果不好，拱脚部位混凝土容易出现不密实、不均匀的现象。另外，若混凝土坍落度太大，混凝土会出现明显的回落现象，使拱的上方特别是拱的顶部出现离析和脱空。有时，因混凝土配合比不合适，混凝土中的外添加剂从混凝土中脱离出来，沉淀到拱的下部，造成该处混凝土断开。由此看来，钢管混凝土拱的拱脚和拱顶是超声波检测的重点部位。

5.2 超声波检测钢管混凝土缺陷方法

近年来，我国相继制定了有关超声波检测混凝土缺陷的技术规程，但并不能直接应用于钢管混凝土拱桥的检测，主要是因为外部钢管及内部混凝土不同介质的影响限制了超声波的传播方式，通常认为可能的声波传播途径如图4-5-1所示。

 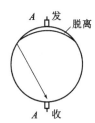 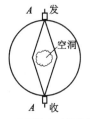 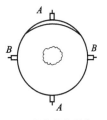

a) 密实状态下的透射和绕射　　b) 脱离状态下的折射　　c) 空洞状态下的绕射　　d) 复杂状态形式

图 4-5-1　可能的声波传播途径

采用超声法进行钢管混凝土的缺陷检测主要有以下几种方法：

(1) 首波声时法

通过检测探头接收端接收超声波声时大小，可判断声波途径。超声波既可以沿径向穿过钢管壁、核心混凝土、钢管壁到达另一端的接收探头（假设这一声时为 t_1），也可以沿着钢管壁的半周方向传至另一端的接收探头（假设这一声时为 t_2），见图 4-5-1a）。显而易见，利用首波声时法进行检测的前提条件是 $t_1 < t_2$。

钢管混凝土拱桥灌注过程中最常出现的缺陷情况是由混凝土自重产生的上部混凝土与钢管壁垂直方向脱离现象。而通过试验证明，一般沿钢管水平方向或拱脚处的混凝土是密实的。根据一般工程中钢管混凝土的设计强度要求，混凝土的声速取值范围为 3600~4900m/s，钢材的声速取 5700m/s，则 t_1/t_2 为 0.7409~0.9947。由此可见，只要混凝土与钢管黏结密实，声波沿钢管壁传播的时间总是落后于声波穿透钢管混凝土的时间，这样才有可能使穿透钢管混凝土的超声波首波不受沿钢管壁到达的超声波的影响。

假设钢管壁厚为 d、内径为 D，混凝土缺陷部分的厚度为 X，超声波在通过钢管时的传播速度为 v_g，通过混凝土的传播速度为 v_h，通过空气时的传播速度为 v_k，超声波穿过无缺陷钢管混凝土的时间为 t，声波穿过有缺陷钢管混凝土的时间为 t'，则有

$$t = \frac{2d}{v_g} + \frac{D}{v_h} \tag{4-5-1}$$

$$t' = \frac{2d}{v_g} + \frac{D-X}{v_h} + \frac{X}{v_k} \tag{4-5-2}$$

从而推出

$$X = \frac{(t'-t)v_h v_k}{v_h - v_k} \tag{4-5-3}$$

(2) 首波频率法

超声波探伤仪的发射端产生固定频率的脉冲波，在其传播过程中，由于介质具有非均匀性且存在内部缺陷，频率越高，衰减越大，反之，衰减越小。均匀性越差的混凝土或存在缺陷的混凝土将使高频率波衰减，到达接收探头的波大多数为较低频率的波，而密实的无缺陷的混凝土的首波频率相对较高。针对这一特点，可以确定存在缺陷的混凝土将使高频率声波衰减为较低频率的波，故可根据首波频率判断混凝土的密实性及是否存在缺陷。

(3) 波形识别法

通过判断脉冲波波形畸变程度，来判断钢管混凝土内部是否存在缺陷。超声波探伤仪发射的脉冲正弦或余弦波在传播过程中若遇到界面，特别是固-气界面会发生反射、绕射现象，反射或绕射后的波与原脉冲波叠加后即产生波干扰，使波形发生畸变。

5.3 钢管混凝土超声波现场检测标定方法及注意事项

5.3.1 现场测量参数的标定方法

现场检测过程中，最重要的环节是测量参数的标定工作，只有取得准确的 t、t'、v_h、v_g、v_k 值，式(4-5-3)的计算结果才能准确有效。结合长沙黄花综合保税区综一路、综二路跨线桥的测试工作，进行了以下试验：

①通过制作不同类型缺陷尺寸的钢管混凝土试件，进行缺陷类型的标定，以确定首波声时法的通用性。

②针对混凝土脱粘这一典型的缺陷形式，制作密实和有脱粘现象两种对比性足尺试件，同时制作同强度的混凝土标准试件，采用固定测试仪器进行标定以确定 t、t'、v_h、v_g、v_k 的参数值，同时确定测试方法的误差范围。

③针对实体钢管混凝土拱桥，以拱脚、拱顶的横向水平截面作为主要试验控制截面，并假定该截面混凝土密实，确定 v_h、v_g 的参数值，同时确定测试方法的误差范围。

通过大量的试验结果表明，现行钢管混凝土的泵送工艺使钢管混凝土出现较大空洞的可

能性非常小,以拱脚、拱顶的横向水平截面作为密实截面测定的t、v_h值最为简捷真实。实践证明,在现场测试工作中,这种以实体参照物进行的标定及测试的结果完全满足一般工程测试精度的要求,而以试件或足尺模型进行标定的方法不仅工作烦琐,而且由于受力状态、材料性能(强度、弹性模量、收缩和徐变随时间的变化规律等)以及测试工作状态等方面与实体测试对象存在不同程度的差异,故其测试结果并不理想。

同时通过实际测试比较,在条件有限的情况下,如不易测取较为准确的v_h值,考虑到v_h远大于v_k,也可将式(4-5-3)简化,进行近似结果分析。简化后公式为

$$X = (t' - t)v_k \tag{4-5-4}$$

5.3.2 钢管混凝土超声波现场检测注意事项

钢管混凝土超声波现场检测注意事项如下:

①合理布设检测点,全面反映钢管混凝土的质量。在钢管混凝土拱上布设检测点时,首先要布设合理的检测截面,然后在每个检测截面上布设合理的检测点。参照《超声法检测混凝土缺陷技术规程》(CECS 21—2000)的规定,检测混凝土均匀性时测点间距为220~500mm。

②真实地反映钢管混凝土质量,不仅要合理布设检测点,而且采集的信号要有效。只有这样,才能根据声时、声幅及频率的相对变化对钢管混凝土的质量进行有效的分析和判断。所以,在检测时必须做到使用同一台仪器,使用同一对换能器,采用钢管外径为同一测距,发射同一电压,选择相同而合理的测试参数,保证换能器耦合一致,保持检测的周边环境一致,排除各种干扰因素造成的异常信号,采集稳定的有效信号。

③超声波检测钢管混凝土应分三个阶段进行。第一阶段,根据所布测点对超声波在钢管混凝土中传播的声时、声幅及频率进行测试,目的是查明钢管混凝土是否存在缺陷,并找出缺陷位置、圈出缺陷范围。第二阶段,对声速低的检测点有选择地开孔,直接测试混凝土的声时、声幅及频率,目的是查明混凝土自身质量和查看测点处是否有脱空及脱空的程度,进一步判定缺陷的类型。第三阶段,对因脱空而注浆后的钢管混凝土进行抽样检测,目的是检查脱空部位的注浆效果,对钢管混凝土质量进行最终评价。

5.4 工程应用实例

工程应用实例一

(1)工程概况

案例中某大桥设计采用了44.5m和62.5m两种主要跨径的钢管混凝土(C60)桁架梁桥。主梁为多种跨径钢管桁架连续梁,由钢管混凝土下弦、钢管腹杆及顶板组成三角形,其中下弦管径为813mm,钢管内灌注C60混凝土。该桥高墩采用钢管混凝土格构墩身、钢筋混凝土承台和桩基础,矮墩采用柱式钢筋混凝土桩柱结构。

(2)现场试验及判定标准

检测的仪器为NM-4A非金属超声检测分析仪。该大桥不同于现今我国已经广泛存在的钢管混凝土拱桥,其钢管混凝土部分主要为梁和柱结构。现阶段针对钢管混凝土拱桥密实度的超声波检测研究有很多,而针对梁与柱结构的钢管混凝土密实性的检测研究却很少,为了得

到更加准确可靠的检测结果,有必要针对该大桥钢管混凝土实际工程情况进行钢管混凝土密实性试验研究。图4-5-2为钢管混凝土密实性试验现场检测照片。

图4-5-2 钢管混凝土密实性试验现场检测照片

试验模型采用5根直径为813mm或720mm的钢管混凝土柱,分别模拟脱粘、中空、密实、砂浆以及混凝土离析等缺陷问题。在试件混凝土龄期前7d,每天同一时间对试件进行超声波检测,在试件混凝土龄期前28d,隔天同一时间对试件进行超声波检测。每个试件采用正交对测法测取9组数据以判别试件实际缺陷情况对应声速和波形。

通过试验测得各试件的声速、波形以及锤击声音。在实际检测中,利用预先测得的带有各种缺陷的声速、波形以及锤击声音,采用对比法即可检测实桥钢管混凝土的质量。通过试验数据整理,得出综合判定标准如表4-5-1所示。

超声波检测钢管混凝土密实性综合判定标准　　　　表4-5-1

编号	声速	波形	锤击声音	综合判定	与设计要求比较
Ⅰ	≥3600m/s	清晰正常	沉闷	混凝土密实性好,结合性好	优秀
Ⅱ	3300~3600m/s	清晰正常	沉闷	混凝土密实性好,结合性较好	良好
Ⅲ	≥3300m/s	不清晰或有细波	轻微回声	混凝土密实性好,结合性稍差	合格
Ⅳ	<3300m/s	不清晰或有细波	轻微回声	混凝土密实性与结合性较差	不合格

(3)现场钢管混凝土密实性测试方法

图4-5-3为钢管混凝土密实性测点布置平面图,图4-5-4为钢管混凝土密实性测点布置俯视图。钢管混凝土密实性超声检测时,每个检测部位检测3个测点T1、T2和T3,R1、R2和R3为信号接收点,如果这三个测点没有发现异常,则该检测部位测试完成;如果这三个测点异常,则需进行加密测试。

对于下弦管,混凝土灌注的方法为:采用高压力将混凝土从下弦钢管顶部一端的灌浆口压入,直至下弦钢管顶部另一端的冒浆口冒出性能良好的混凝土为止。由于下弦钢管是平躺的,该方法容易造成下弦钢管顶部存在局部没有灌注到位的脱空现象以及混凝土收缩的脱粘现象。因此,下弦钢管超声检测时重点检测灌顶部位,其中,中间的测点位于管顶,中间两侧距离20cm的位置各布置一个测点,如图4-5-3和图4-5-4所示。

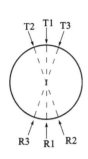 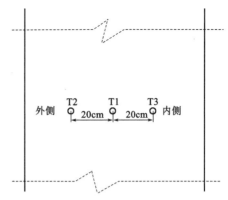

图 4-5-3　钢管混凝土密实性测点布置平面图　　图 4-5-4　钢管混凝土密实性测点布置俯视图

对于桥梁墩柱,采用新型高抛工艺将流动性能好的混凝土注入钢管内,试验表明该方法灌注的混凝土密实性非常好。但由于混凝土不可避免地存在收缩现象,竖直立着的墩柱在钢管四周均可能发生脱粘现象,它与平躺的下弦钢管仅在管顶附近发生脱粘现象不相同。因此,墩柱超声检测时事先要通过对锤击回声的判定来确定检测的合适部位再进行检测。

(4)检测结果

通过对本案例中的某大桥主梁下弦钢管、墩柱、斜撑等部位的钢管混凝土密实性进行检测,可以得出以下结论:

①本次检测共测 857 个断面,综合判定均满足合格标准。其中检测结果为优秀的断面为 479 个,占总断面的 55.9%;良好的断面为 148 个,占总断面的 17.3%;合格断面为 230 个,占总断面的 26.8%。

②下弦钢管所测断面优良率相较墩柱和斜撑偏低,是因为在进行下弦钢管检测时,除了对受力关键截面进行检测外,还需选取锤击有轻微回声的部位进行检测。

③综合评定为合格的断面,混凝土密实性和混凝土与钢管的结合性稍差,局部存在一定程度的脱粘现象,虽然脱粘程度在设计允许范围以内,但运营期间应进一步加强监测。

工程应用实例二

(1)工程概况

本案例中某大桥主跨为钢管混凝土中承式拱桥,桥面梁为"工"形格子梁,桥面板为钢-混凝土组合桥面板。其中,主桥全长 530m,净跨径 500m,净矢跨比为 1/4.5,拱轴系数为 1.45。拱肋为钢管混凝土桁架结构,每肋为上下各两根 $\phi1320 \times 22(26、30、34)$ mm、内压注 C60 混凝土的钢管混凝土弦管,并通过横联钢管加强横向连接。主桥吊杆和拱上立柱间距均为 14.3m。

(2)检测内容

选取主拱圈典型部位的关键节段进行检测,具体位置包括拱脚、$L/8$、$L/4$、$3L/8$、拱顶($L/2$)、$5L/8$、$3L/4$、$7L/8$ 等部位,对上、下弦管混凝土进行密实性检测,内容包括:

①检测钢管内混凝土匀质性;

②评价混凝土填充效果(黏结状况);

③判定内部裂缝、空洞等缺陷。

(3)现场检测方法

钢管混凝土缺陷检测先采用铁锤敲击,通过回音判断钢管混凝土内是否填充密实,同时采用超声波法对混凝土浇筑的薄弱部位进行重点检测。图 4-5-5 为钢管混凝土密实性测点布置断面图,T 代表信号发射器,R 代表信号接收器,图 4-5-6 为钢管混凝土密实性测点布置俯视图。钢管混凝土密实性超声检测时,每个检测部位检测 10 个测点(每个测点相距 10cm)。

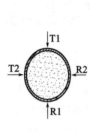 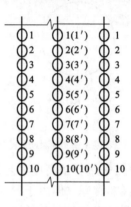

图 4-5-5　钢管混凝土密实性测点布置断面图　　图 4-5-6　钢管混凝土密实性测点布置俯视图

(4)检测结果

通过对本案例中某大桥拱肋八分点、拱顶(包括加密点)和拱脚部位的钢管混凝土密实性进行超声波检测,得出以下结论:

①本次检测共测 96 个单钢管断面,测试数据 1920 个。检测结果表明,该大桥钢管混凝土密实性均满足正常使用和设计要求,合格率达到 100%,其中优秀率为 26.6%,良好率为 21.4%。

②综合评定为合格的断面,混凝土密实性和混凝土与钢管的结合性稍差,存在一定程度的脱粘现象,但在设计允许范围以内,满足正常使用和设计要求。

工程应用实例三

(1)工程概况

本案例中的某大桥主跨为 416m 的上承式钢管拱劲性骨架铁路桥,拱圈立面为悬链线,拱轴系数 $m=1.8$,矢高 99m,矢跨比为 1/4.2,全桥采用焊接形式,主拱采用双幅四管变截面拱肋,拱脚端至钢管拱约 65m 处拱肋截面从 26.8m×7.5m 渐变为 16.8m×7.5m,主弦管采用 $\phi750\times22$mm 的钢管。全桥共有钢管拱肋 8 条,每条拱肋填充 C80 微膨胀收缩补偿混凝土。

(2)现场检测方法及检测部位

钢管混凝土缺陷检测先采用铁锤敲击,通过回音判断钢管混凝土内是否填充密实,同时采用超声波法对关键部位和混凝土浇筑的薄弱部位进行重点检测。图 4-5-7 为钢管混凝土密实性测点布置断面图,钢管混凝土密实性超声检测时,每个检测部位检测 11 个测点(每个测点相距 30cm)。

该大桥分左右两幅,每幅单边拱肋由四根钢管混凝土管构成,除对混凝土浇筑的薄弱环节和 $L/4$、$3L/8$ 位置重点进行超声检测外,还另对拱顶部位进行加密检测(18#、19#节段),全桥钢管管内混凝土密实性检测断面一览表,如表 4-5-2 所示。主拱圈现场检测照片如图 4-5-8 所示。

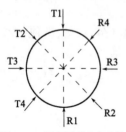

图 4-5-7　钢管混凝土密实性测点布置断面图

全桥钢管管内混凝土密实性检测断面一览表　　　表4-5-2

序　号	部　位	长度/m	检测间距/m	断面数量
1	拱脚	3	0.3	11
2	L/4拱	3	0.3	11
3	3L/8拱	3	0.3	11
4	18#、19#节段	25.4	0.3(21.4)+0.2(4)*	72+20
5	合龙段	0.5	0.2	3
1根弦管合计测试断面数				253
全桥(8根弦管)共计测试断面数				2024

注：＊表示钢管混凝土长度21.4m范围内的测点间距为0.3m；中间4m长度范围内的测点间距为0.2m。

图4-5-8　钢管混凝土密实性现场检测

（3）检测结果（部分）

由拱顶及18#和19#节段钢管混凝土密实性检测结果综合分析可知：超声首波幅度强，接收信号频率较高，声速大部分超过3600m/s，锤击声音绝大部分沉闷，表明钢管管内混凝土匀质性好，内部没有空洞或裂缝等缺陷，且与钢管黏结性良好，合格率达到100%，其中优秀率为43.20%，良好率为56.43%，满足正常使用和设计要求。拱顶及18#和19#节段测点位置的声速曲线图如图4-5-9～图4-5-12（部分）所示。

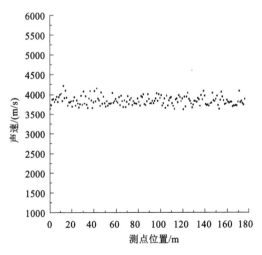
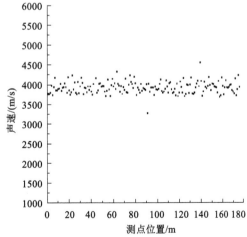

图4-5-9　19#节段上游幅测点位置声速曲线图　　　图4-5-10　19#节段下游幅测点位置声速曲线图

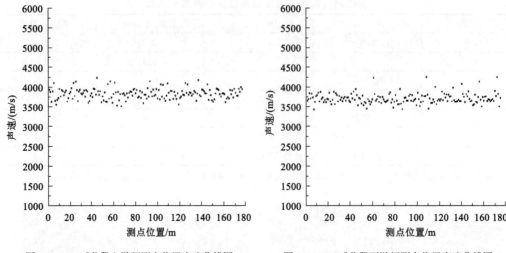

图 4-5-11　18#节段上游幅测点位置声速曲线图　　图 4-5-12　18#节段下游幅测点位置声速曲线图

【本章复习思考题】

1. 钢管混凝土在施工中哪些部位可能会形成缺陷？缺陷形成的原因是什么？
2. 超声波检测钢管混凝土缺陷常用哪几种方法？每种方法适用于什么场合？
3. 首波频率法检测原理是什么？
4. 超声检测钢管混凝土缺陷时布设检测点有什么要求？

【本章主要参考文献】

[1] 阎鸣.钢管混凝土超声波检测[J].水文地质工程地质,2001,28(3):23-27.

[2] 文国华,张腊春,陈强,等.钢管混凝土拱肋超声检测及混凝土密度质量评判[J].湖南城建高等专科学校学报,2001(3):1-3.

[3] 潘绍伟,叶跃忠,徐全.钢管混凝土拱桥超声波检测研究[J].桥梁建设,1997(1):32-35.

[4] 刘永前,张彦兵,邹振祝.超声波检测钢管混凝土拱桥密实度的试验研究[J].北京交通大学学校学报,2004,28(4):54-57.

[5] 中国工程建设标准化协会.超声法检测混凝土缺陷技术规程:CECS 21—2000[S].北京:中国工程建设标准化协会,2000.

[6] 韩林海.钢管混凝土结构[M].北京:科学出版社,2000.

[7] 国家建筑工程质量监督检验中心.混凝土无损检测技术[M].北京:中国建材工业出版

社,1996.
- [8] 董军锋,王耀南,昝帅.超声波检测矩形钢管混凝土脱空缺陷的研究[J].建筑科学,2018, 34(1):103-107.
- [9] 李明,黄良机.从几个工程实例谈钢管混凝土的检测方法及质量控制问题[J].工程质量, 2018,36(3):88-92.
- [10] 郭永彦.超声波法探测混凝土内部缺陷研究[J].混凝土,2017(7):154-156,160.
- [11] 潘龙.超声波检测技术在桥梁桩基检测中的应用[J].科技创新与应用,2018(13): 172-173.
- [12] 刘文田,张占锋.钢管混凝土质量超声波无损检测技术研究[J].河南科学,2015(9): 1587-1591.
- [13] 付亮.超声波检测技术在钢管混凝土密实度、均匀性检测中的应用[J].门窗,2014 (4):408.
- [14] 岳文军,杨国强,王栋,等.钢管混凝土脱粘的超声波检测模型试验[J].施工技术,2016, 45(23):151-155.
- [15] 李振平.浅谈超声波法在钢管混凝土检测中的应用[J].黑龙江科技信息,2016 (28):224.

第6章
超声波在混凝土灌注桩检测中的应用

6.1 混凝土灌注桩缺陷检测原理及测定方法

6.1.1 灌注桩的常见缺陷

混凝土通过导管注入后顶托封口混凝土或砂浆,排出孔中的水逐渐灌满桩孔。水下灌注施工时,可能会出现的缺陷如图 4-6-1 所示。

(1)断桩(包括全断面夹泥或夹砂)

图 4-6-1 水下灌注桩常见的缺陷示意图

这类缺陷多半是导管提升时不慎冒口,新注入的混凝土压在封口砂浆及泥浆上以及因机械故障而停止灌注过久,提升导管时把已初凝的混凝土拉松,或继续施工时对导管内混凝土表面未加清理等原因所致。断桩严重时砂石呈层状堆积,水泥浆上浮,形成断桩。桩基部位往往不是一个层,而是具有相当厚度的一个缺陷,检测时不难发现。断桩严重影响桩的承载能力,检测时不应漏检或误判。断桩对承载力的影响程度与其出现的位置有关,应按桩的受力状态分析,但断桩均应采取适当措施对其进行修理或加固。

(2) 局部截面夹泥或缩颈

这类缺陷一般是混凝土导管插入深度不适当,导致混凝土从导管流出往上顶托时形成湍流或翻腾,使孔壁剥落或坍塌,成局部截面夹泥或周边环状夹泥。局部截面夹泥或缩颈将影响桩的承载面积,同时由于钢筋外露而影响耐久性,对这类缺陷检测时应尽可能检出其面积大小,以便核算桩的承载能力。

(3) 分散性泥团及蜂窝状缺陷

这类缺陷与孔壁因混凝土的骚动而剥落有关外,还与混凝土离析及导管中被压入的气体无法完全排出有关。这类缺陷将影响混凝土的强度,若分散性泥团或气孔数量不多且影响面积不大,则对混凝土强度的影响有限,可不处理。

(4) 集中性气孔

当导管埋入较深,混凝土流动性不足时,间歇倒入导管的混凝土会将导管中气体压入混凝土中而无法排出。有时会形成较大的集中性气孔,将影响断面受力面积。

(5) 桩底沉渣

在灌注前应彻底清孔,若清孔不净,则导致桩底沉渣。对端承桩而言,桩底沉渣过厚会导致受力时产生沉降位移,因此应进行桩底压浆处理。

(6) 桩顶混凝土低强区

在混凝土灌注过程中,封口混凝土或砂浆与水接触,在顶托过程中会混入泥水,因而强度极低,灌注完成后应将其铲除,否则形成桩顶混凝土低强区。

在桥梁灌注桩中,桩顶混凝土低强区不但影响承载力,而且当河床变化时很容易被冲刷和腐蚀。由于桩顶一般均已露出地面,可用多种方法对混凝土强度进行检测,所以其检测值也可作为全桩混凝土强度超声推算值的校验值。

6.1.2 缺陷检测基本原理

采用超声脉冲波检测混凝土灌注桩缺陷的基本原理是,利用脉冲波在技术条件相同(指混凝土的原材料、配合比、龄期和测试距离一致)的混凝土灌注桩中传播的时间(或速度),接收波的振幅和频率等声学参数的相对变化,来判定混凝土灌注桩的缺陷。

超声脉冲波的传播速度,与混凝土灌注桩的密实程度有直接关系,对于原材料、配合比、龄期及测试距离一定的混凝土灌注桩来说,声速高则混凝土灌注桩密实;相反,混凝土灌注桩不密实。当有空洞或裂缝存在时,混凝土灌注桩的整体性会被破坏,超声脉冲波只能绕过空洞或裂缝传播到接收换能器,因此传播的路程增大,测得的声时必然偏长或声速降低。

另外,由于空气的声阻抗率远小于混凝土灌注桩的声阻抗率,脉冲波在混凝土灌注桩中传播时,遇到蜂窝、空洞或裂缝等缺陷,便在缺陷界面发生反射或散射,声能被衰减,其中频率较高的成分衰减较快,因此接收信号的波幅明显降低,频率明显减小或者频率谱中高频成分明显减少。再者经缺陷反射或绕过缺陷传播的脉冲波信号与直达波信号之间存在声程和相位差,叠加后互相干扰,致使接收信号的波形发生畸变。

混凝土灌注桩的超声检测目前主要采用的是"穿透法",即用一发射换能器重复发射超声脉冲波,让超声脉冲波在所检测的混凝土灌注桩中传播,然后由接收换能器接收。接收的超声波转化为电信号后再经超声仪放大显示在示波屏上。当超声波经混凝土灌注桩传播后,它将携带有关混凝土灌注桩材料性能、内部结构及其组成的信息。准确测定这些声学参数的大小及变化,可以推断混凝土灌注桩的性能、内部结构及其组成情况。

6.1.3 灌注桩完整性及其测定方法

由于灌注桩既可做成大直径桩,以提高单桩承载力,又可以根据桩身内力状态分段配筋,而且施工时对周围建筑物影响较小,施工噪声也小,因而使用较广。但灌注桩在工地条件下,现场灌注成桩,施工工艺较为复杂,影响灌注质量的因素较多,极易形成各种缺陷而影响桩身的完整性。据统计,现场灌注桩施工中桩身混凝土出现缺陷的概率为15%~20%。

灌注桩的综合质量体现在三个方面,即承载力、桩的完整性、桩的耐久性。在这三个方面中,承载力因桩体较大而用无损检测方法难以准确测量,当地下无明显腐蚀性介质且桩身完整时也未见桩因耐久性破坏的报道。所以,完整性是混凝土灌注桩质量的主要指标。所谓灌注桩的完整性,是指桩身混凝土质量均匀,无全断面断裂及影响断面承载面积或导致钢筋外露的明显缺陷。据研究,混凝土灌注桩完整性不合格的概率高于承载力不合格的概率。换言之,在设计无误的前提下,完整性合格的混凝土灌注桩,承载力一般都能满足要求。而承载力合格的混凝土灌注桩,完整性不一定能满足要求,其耐久性也不一定能满足要求。其基本技术依据是《超声法检测混凝土缺陷技术规程》(CECS 21—2000)以及大量研究资料。

针对不同的桩基类型及检测目的,目前已有许多种检测方法可供选择,这些方法大体上可分为四类,即静荷载试验法、直观检查法(包括开挖检查勘探孔检查法)、辐射能检测法(包括超声脉冲法及放射性元素能量衰减或散射法)、动力检验法(包括高应变法和低应变法)。其中常用于桩基完整性检测的方法主要有钻芯法、超声脉冲法及反射波法。

钻芯法是利用工程地质钻机在桩身混凝土中钻一竖向勘探孔,取出芯样观察和检测不同深度混凝土的质量状况。钻芯法虽然直观、可靠,但费用较高,工程量大,一般不使用。

超声脉冲法则是通过在桩内预埋的检测孔道,将超声换能器直接放入桩内部,逐点发射和接收超声脉冲波,通过接收信号的声时、波幅、波形等参数,逐点判断混凝土的质量,并分析缺陷的位置、性质和大小。超声脉冲法需预埋检测管,因此必须在设计或施工前即列入计划,增加了工程量,但由于它比较直观、可靠,在一些重大工程及大直径灌注桩中得到广泛应用。

反射波法是根据桩头受到一次竖向冲击后,冲击波在桩身混凝土中向下传播时,遇到缺陷的界面或桩的底面发生反射而返回桩顶的时间、相位、幅值、频率等来判断缺陷的类型、位置的一种方法。该方法也可对桩长进行核对,根据波的传播速度对混凝土强度做出总体的粗略估计。该方法简便易行,使用较广,但它主要依靠反射波进行间接判断。信号较弱或遇到多个缺陷时,容易造成误判。

6.1.4 灌注桩超声检测法的检测方式

灌注桩超声检测法的检测方式有三种,即双孔检测、单孔检测和桩外孔检测。

(1)双孔检测

在桩内预埋两根以上的管道,把发射探头和接收探头分别置于两根管道中,检测时超声脉冲穿过两管道之间的混凝土。这种检测方式的实际有效范围,即为超声脉冲从发射探头到接收探头所穿过的范围。随着两探头沿桩的纵轴方向同步升降,超声脉冲扫过桩的整个纵剖面,从而可得到各项声参数沿桩的纵剖面的变化数据。由于实测时沿纵剖面逐点移动换能器,逐点测读各项声参数,因此测点间距应视要求而定。通常当用手动提拉探头时,测点间距一般采用20~40cm,若遇到缺陷区应加密测点。为了避免水平断缝被漏测,可采用斜测方法,两探头之间有一定高差,其水平测角可取30°~40°。若采用自动提拉设备,测点距离可视提拉速度及数据采集速度而定。为了扩大桩的横截面上的有效检测控制面积,必须使声测管的布置合理。双孔检测时根据两探头相对高程的变化可分为双孔平测、双孔斜测、扇形扫测等方式,如图4-6-2所示,在检测时视实际需要灵活运用。

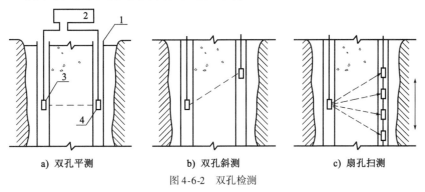

图4-6-2 双孔检测
1-声测管;2-超声仪;3、4-发射和接收换能器

(2)单孔检测

在某些特殊情况下(例如,在钻孔取芯后需进一步了解芯样周围混凝土的质量,以扩大钻探检测的观察范围),可采用单孔测量方式。当孔道中有钢质套管时,由于钢管影响超声波在孔壁混凝土中的绕行,故不能使用此法检测。一般认为单孔检测时的有效检测范围为一个波长的深度。单孔检测方式如图4-6-3所示。

(3)桩外孔检测

当桩的上部结构已施工或桩内未预埋声测管时,可在桩外的土层中钻一孔作为检测通道。检测时在桩顶上放置一发射功率较强的低频平探头,当遇到断桩或夹层时,该处探测点声时明显增大,波幅急剧下降,以此作为判断依据。桩外孔检测如图4-6-4所示。

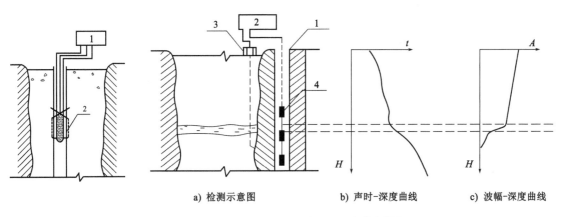

图4-6-3 单孔检测
1-超声仪;2-声测管

图4-6-4 桩外孔检测
1-声测管;2-超声仪;3、4-发射和接收换能器

6.2 检测数据的判断方法

在逐点检测的基础上,我们可以用所测得的数据描出声时-深度曲线、波幅(或衰减系数)-深度曲线、声速-深度曲线、主频-深度曲线等,这些曲线是我们进行分析、判断的直观依据。根据超声脉冲遇到缺陷时参数的变化规律,我们用这些曲线已可以看出缺陷的位置,但为了更准确地判断,我们还需要更为定量的分析手段。目前常用的分析方法可分为以下三种类型。

6.2.1 数值判据法

数值判据法采用聚类分析、统计检验等数理统计方法,对大量测试值进行处理,找出一个可能存在缺陷的临界值作为定量的数值判据。

(1) 概率法判断

同一结构物中的同一配合比的混凝土,由于随机因素将产生声时、声速、波幅、接收频率等声参数的波动。因此,同一结构物中的同一配合比的混凝土的所有声时、声速等测试值均应符合正态分布。当存在缺陷时,在缺陷区的声参数值将发生明显变化,是异常值。所以,只要检验出声参数的异常值,其所对应的测点的位置即为缺陷区。在《超声法检测混凝土缺陷技术规程》(CECS 21—2000)中规定的具体办法如下:

首先将全桩各测点的声时值(t_i)或声速值(v_i)以及波幅值(A_i)或频率值(f_i)分别按大小顺序排列。其中 t_i 从小到大排列,v_i、f_i、A_i 从大到小排列。在实际检测中通常选择其中的一至两项参数即可,常用的是声时值和声速值,而将波幅值作为声阴影法的主要依据。将排列在后面明显较小的 v_i、A_i 或 f_i 值,或明显较大的 t_i 值视为可疑值,将 v_i、A_i 或 f_i 可疑值最大(对于声时值 t_i 则为最小)的一个,连同前面的数值,按公式计算平均值和标准差:

$$m_x = \frac{1}{n}\sum_{i=1}^{n} x_j \tag{4-6-1}$$

$$S_x = \sqrt{\frac{\sum_{i=1}^{n} x_i^2 - n \cdot m_x^2}{n-1}} \tag{4-6-2}$$

式中,m_x 为声时、声速、波幅或频率等参数中某一项的平均值;n 为参与计算的测点总数;S_x 为某项参数的标准差。

然后异常值的临界值按下列两种情况计算:
当统计数据为声时值:

$$M_t = m_t + \lambda_i S_t \tag{4-6-3}$$

式中,M_t 为声时临界值;m_t 为声时平均值;S_t 为声时标准值;λ_i 为异常值判定系数。
当统计数据为声速、波幅或频率的临界值:

$$M_x = m_x + \lambda_i S_x \tag{4-6-4}$$

式中,M_x 为声速、波幅或频率的临界值;其余物理量含义同上。

在统计的 n 个声时值中,当最后一个数 $t_n \geq M$ 时,t_n 及排列于其后的声时值均为异常值。若 $t_n < M$,则再将 x_{n+1} 放进去进行统计计算,得出新的 M 值进行判断。在所有统计的 n 个声速、波幅或频率值中,当最后一个数 $x_n \leq M$ 时,x_n 及排列于其后的数均为异常值。若 $x_n > M$,则再将 x_{n+1} 放进去进行统计计算,得出新的 M 值进行判断。经上述判别后,各异常值所对应的测点即为缺陷可疑点。

最后当从测点中判断出异常点时,可根据公式进一步判别其相邻测点是否异常:

$$M_t = m_t + \lambda_3 S_t \tag{4-6-5}$$

$$M_x = m_x - \lambda_3 S_x \tag{4-6-6}$$

式中,λ_3 可以从相关表中查得;其余物理量含义同上。

由于判断后一般都需要进一步用声阴影法判断缺陷的大小和性质,所以亦可不进行相邻点的判断。

概率法由上部结构混凝土的测缺法引申而来。受灌注桩施工特点的影响,灌注桩中混凝土的匀质性往往不如上部结构中混凝土的匀质性,再加上两根声测管不平行度和扭曲等因素的影响,声参数测值的离散性较大,因而标准差也较大,导致判据值偏大(或偏小),使一些缺陷漏判,尤其是当桩内存在较多缺陷时,S 值更大,更容易产生漏判,应予以注意。

(2)PSD 判据(斜率与声时差值乘积法,简称斜率法)

鉴于灌注桩的施工特点,灌注桩中混凝土的均匀性往往较差,超声波各项参数的测值较为离散。同时在施工过程中,由于钢笼的刚度较小,吊入时很难保证固定在钢笼上的声测管保持平行。实践证明,有时声测管的位移甚大,而在桩头上无法察觉,导致各项声时值的参数发生偏离。这些非缺陷性因素对测值所造成的影响必须予以消除,以免造成误判。而且,各项声参数,尤其是波幅、接收频率等值,在同一结构的同一混凝土中是否符合正态分布规律,仍然缺乏足够的试验验证资料。为此,可用声时-深度曲线相邻两点之间的斜率与声时差值之积(Product of Slope and Difference)作为判据,简称 PSD 判据。

以声时值 t 为例。设测点深度为 H,相应的声时值为 t,则声时随深度变化的规律可用声时-深度曲线表示,假定其函数公式为

$$t = f(H) \tag{4-6-7}$$

当桩内存在缺陷时,由于在缺陷与完好混凝土的分界处超声传播介质的性质产生突变,因而声时值也会产生突变,该函数为不连续函数。当深度增量(即测点间距)ΔH 趋向于零时,声时增量 Δt 不趋向于零,该函数的不连续点即为缺陷界面的位置。但在实际检测中总是每隔一定距离检测一点,ΔH 不可能趋向于零。而且由于缺陷表面凹凸不平,且孔洞等缺陷使波线曲折而导致声时值变化,所以在 $t=f(H)$ 的实测曲线中,在缺陷界面处只表现为斜率的变化。各点的斜率可用公式求得:

$$S_i = \frac{t_i - t_{i-1}}{H_i - H_{i-1}} \tag{4-6-8}$$

式中,S_i 为第 $(i-1)$ 测点与第 i 测点之间声时-深度曲线的斜率;t_{i-1}、t_i 分别为相邻两测点的声时值;H_{i-1}、H_i 分别为相邻两测点的深度。

斜率仅反映相邻两点之间声时值变化的速率。由于在检测时往往采用不同的测点间距,因此,虽然所求出的斜率可能相同,但当测点间距不同时,所对应的声时差值不同。换言之,斜率只能反映该点缺陷的有无,而声时差值是与缺陷大小有关的参数,要想进一步反映缺陷的大

小就必须引入声时差值这一参数,因此,判据式定义为

$$K_i = S_i(t_i - t_{i-1}) = \frac{(t_i - t_{i-1})^2}{H_i - H_{i-1}} \tag{4-6-9}$$

式中,K_i 为第 i 点的判据,简称 PSD 判据。

显然,当第 i 点处相邻两点的声时值没变化或变化很小时,K_i 等于或接近零。当声时值有明显变化或突变时,K_i 与 $(t_i - t_{i-1})^2$ 成正比,因而 K_i 将大幅变化。实测证明,PSD 判据对缺陷十分敏感,而对声测管不平行,或对混凝土不均匀等非缺陷因素所引起的声时变化,基本上不予以反映。这是因为非缺陷因素所引起的声时变化是一个渐变过程,虽然总的声时值变化可能很大,但相邻两测点间的声时差值却很小,所以 K_i 很小。所以,运用 PSD 判据基本上消除了声测管不平行或混凝土不均匀等因素所造成的声时变化对缺陷判断的影响。

(3) 接收波能量判据

在检测波中波幅(衰减)对缺陷的反应比声速对缺陷的反应更灵敏。波幅值以衰减器的衰减量 q 表示,以分贝计,则接收信号能量平均值的一半 q_D 应为

$$q_D = \bar{q} - 6 \tag{4-6-10}$$

$$\bar{q} = \sum_{i=1}^{n} q_i / n \tag{4-6-11}$$

式中,$\bar{q}$ 为衰减量的平均值(dB);q_i 为第 i 点的衰减量(dB);n 为测点数;q_D 为接收信号能量平均值的一半。

该判据利用了衰减对缺陷的敏感性。但为什么能量衰减一半是判别缺陷有无的界限,这一点既缺乏理论依据,也缺乏足够的工程验证资料,应该慎用。

6.2.2 声阴影法

声阴影法的依据是在缺陷背面会形成一个声场阴影区,即波幅下降区。我们从不同的方向测得的声阴影重叠区,就是缺陷的位置和范围。这种方法适用于根据数值判断的结果对可疑区段进行复测,仔细判断缺陷的位置和大小,以便决定修复和补强方案。

6.2.3 图像判断法

图像判断法根据超声层析成像原理,详细描绘可疑区段缺陷的位置、形状和性质的二维图像,甚至可描绘出缺陷区内部的强度分布。这种方法直观地描绘出缺陷图像,便于分析和判断,但需要进行多点扇形扫测,需要相应的软件和硬件的支持,目前仅适用于对可疑区段的检测。

6.3 工程应用实例

工程应用实例一

(1) 工程概况

某大桥工程所处地质条件主要为第四系海陆交互沉积地层,主要由杂填土、粉土夹

粉质黏土、粉质黏土与粉砂互层、粉砂与淤泥质粉质黏土、粉砂与粉质黏土等组成,土体不均匀性及变异性极大。场地内地下水类型主要为上层滞水和微承压水,地下水位平均标高2.03m。根据土质条件及上部荷载设计要求,本次采用桩径1.0m、桩长18.0m的钻孔灌注桩。

(2) 检测方法及内容

如图4-6-5所示,在基桩施工前,考虑桩径大小预埋4根声测管作为超声波发射与接收装置的工作通道。测试时每2根声测管为一组,即A和C一组,B和D为一组,在检测时将声测管内注满清水,充分利用水在声波传输过程中的耦合作用,超声脉冲信号从任意一根声测管中的换能器发射出去,由另一根声测管中的换能器接收声波信号,测定声速、波幅等相关参数并采集记录在仪器中储存。声波发、收装置在检测时同步向上提升,确保二者处于相同水平高度,遇到数据异常时可采用水平加密、等差同步、扇形扫测等方法加密细测。

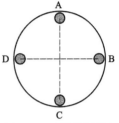

图4-6-5 声测管布置图

(3) 检测结果及分析

从现场超声波检测的110根基础桩中任意选取一根已经采用钻芯法验证检测质量的钻孔灌注桩,参照《建筑基桩检测技术规范》(JGJ 106—2014)中对于钻孔灌注桩的施工质量要求,综合利用声速对比法、PSD判据法、波幅分析法确定桩体完整性、缺陷发生位置及缺陷类别。

将该基桩实例的检测数据导入该超声波分析系统后,得到如图4-6-6所示的5条分析数据线,由左到右依次为:曲线1为折线形式的波幅变化线;曲线2为竖直虚线形式的波幅临界线;曲线3为竖直虚线形式的声速临界线;曲线4为折线形式的声速变化线;曲线5为位于最右侧与边界线几乎重合的,仅表现为几个突起的折线形式的PSD曲线。

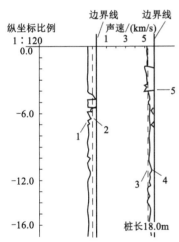

图4-6-6 分析结果汇总曲线

根据工程实例具体参数可知,被检测基桩为常规桩型,即桩体各深度处尺寸一致,故声速临界值和波幅临界值均表现为各深度处的大小一致。以《建筑基桩检测技术规范》(JGJ 106—2014)为依据,利用检测数据分析系统自带的计算程序,得到图4-6-6所示的超声波分析过程中涉及的声速临界线(曲线3)和波幅临界线(曲线2)。

通过计算可知,桩体质量分析中涉及的声速及波幅具体参数如表4-6-1所示。

超声波分析参数 表4-6-1

项 目	平 均 值	临 界 值	标 准 差	变异系数
声速/(km/s)	5.671	5.359	0.103	1.8%
波幅/dB	100.1	94.1	2.1	2.1%

分别通过声速对比法、PSD判据法和波幅分析法确定该基桩实例的完整性及施工质量,具体分析过程如下:

①声速对比法。超声波传播速度不仅与桩体本身弹性模量等性质有关,也与桩体内部混凝土的结构特征等因素有关。由表4-6-1可知,桩体声速临界值为5.359km/s,在图4-6-6中表现为竖直加粗的黑色直线,其桩体各深度平均声速值为5.671km/s,检测声速变化曲线为图4-6-6中声速临界线右侧的黑色折线。

由图4-6-6可知,在桩身-2.4m和-5.0m深度处的声速变化幅度较大且稍低于利用概率法计算出的声速临界值,可以大致判定该范围内桩体对应的混凝土材料密实度勉强满足要求,施工过程中的灌注混凝土环节存在小问题。

②PSD判据法。PSD判据法基本上不受桩体非缺陷因素影响,却能准确反映类似蜂窝等导致桩体发生界面变化带来的显著缺陷。PSD曲线位于图4-6-6中最右侧,与声速变化折线十分接近。

由图4-6-6中PSD曲线可知,在深度-2.4m和-5.0m处存在较大突变,在-5.8m、-6.5m和-13.5m深度处存在较小突变。通常PSD曲线的突变表示桩基在相邻深度处的质量变化较大,即在某一深度存在类似蜂窝等导致桩体发生界面变化的显著缺陷。因此,通过PSD曲线可以分析出该实例在-2.4m和-5.0m深度处存在类似蜂窝等导致桩体发生界面变化的明显缺陷,在-5.8m、-6.5m和-13.5m深度处存在微小缺陷。

③波幅分析法。接收波波幅通常是指首波波幅,波幅值的大小直接反映了超声波在混凝土内部传播过程中产生衰减的情况。由表4-6-1可知,该工程实例波幅临界值为94.1dB,在图4-6-6中为曲线2,其现场检测波幅平均值为100.1dB,检测波幅变化曲线为图4-6-6中波幅临界线左侧的折线(曲线1)。

由图4-6-6可知,在深度-5.0m和-6.5m处波幅衰减较大且小于波幅标准差。波幅相应存在衰减现象说明在桩身-5.0m和-6.5m深度位置处的混凝土存在蜂窝、局部夹泥等质量缺陷。

如表4-6-2所示,将声速对比法、PSD判据法和波幅分析法的判断结果汇总并整理出该桩体的缺陷位置。

超声波分析参数　　　　　　　　　　　　　　　表4-6-2

分析方法	缺陷位置	结果汇总
声速对比法	-2.4m、-5.0m	-2.4m、-5.0m、-5.8m、-6.5m、-13.5m
PSD判据法	-2.4m、-5.0m、-5.8m、-6.5m、-13.5m	
波幅分析法	-5.0m、-6.5m	

表4-6-2分析结果表明该实例在桩-2.4m、-5.0m和-6.5m深度处出现缺陷特征,在-5.8m和-13.5m处只有PSD判据法判断出现了缺陷现象。另外,超声波检测技术只能判断桩身产生缺陷的位置和严重程度,无法确认桩体缺陷类型,如夹砂、缩颈等。

(4)结论

①超声波无损检测技术在混凝土结构检测方面的应用极广,在岩土工程方面,以桩基验收工程为主,它的准确性满足一般工程要求。

②超声波检测通常采用将声速对比法、PSD判据法和波幅分析法的判断结果汇总分析,得到桩体产生缺陷的位置,其缺陷程度可以判断,缺陷种类无法确定。

③通过工程实例分析可知,多种方法显示的缺陷结果通常比较准确,单一方法显示缺陷时,需要慎重考虑,必要时可以进行复测。

工程应用实例二

(1)工程概况

某高速公路路线所经地区属黄淮冲、洪积平原,地层主要为第四系松散冲积物。表层为黄土状低液限黏土及粉土,厚度 2.5~5.0m,干燥、潮湿,半坚硬-硬塑。其下为亚黏土夹砂层及亚砂土透镜体,厚度 30.00m 左右,潮湿,以硬塑为主,局部软塑。该地区地下水为孔隙水,埋深 1.15~3.86m,平均 2.74m,按承压性可分为潜水及弱承压水两种类型。潜水主要贮存于上部亚砂土、砂土含水层内,弱承压水贮存于下部的砂土含水层内,含水量丰富,地下水基本上不具侵蚀性。根据地质情况,全线桥梁基础均设计为钻孔灌注桩,为确保基桩质量,建设单位要求基桩检测必须采用超声波检测法进行检测。

(2)检测方法及内容

该工程采用的钻孔灌注桩直径为 1.5m,有效桩长为 28~42m,承载类型属摩擦桩。混凝土强度等级为 C30。检测中严格执行《建筑基桩检测技术规范》(JGJ 106—2014)中有关规定,首先采用平测法对全桩各个检测剖面进行普查,找出声学参数异常的测点,然后对声学参数异常的测点采用加密平行检测、交叉斜测等方法进一步细测,以便更为准确地确定异常部位的范围、大小等,为桩身完整性类别的判定提供可靠的依据。本书仅对该工程完好桩 11-2、缺陷桩 2-1 进行结果对比分析。

(3)检测结果及分析

11-2 号桩缺陷临界值(概率法):砂砾夹层,$1^\#$-$2^\#$ 测管为 156,$1^\#$-$3^\#$ 测管为 195,$2^\#$-$3^\#$ 测管为 165;泥砂夹层,$1^\#$-$2^\#$ 测管为 1531,$1^\#$-$3^\#$ 测管为 1921,$2^\#$-$3^\#$ 测管为 1625。整桩混凝土平均声速为 4478m/s,声速均方差 S_v 为 249.21,声速离散系数 C_v 为 0.0558,首波均值等于 66。声时-深度、声时-幅值、声时-PSD 判据曲线见图 4-6-7。

从图 4-6-7 中可以看出,沿桩长声时均匀,曲线有序,PSD 无明显变化,表明该桩混凝土质量优,属 I 类桩。

图 4-6-8 为 2-1 号桩声时-深度、声时-幅值、声时-PSD 判据曲线图,由图可以看出,该桩在 29.0~30.0m 处 3 个面都有不同程度的正弦波迅速后移,声时猛然增大,波幅骤然减小,尤其是在 29.5m 处几乎找不到首波,反复几次都是如此,PSD 变化明显,故判断 29.0~30.0m 处该桩混凝土有严重缺陷。为了更清楚地了解缺陷的严重程度,对 26.0~32.0m(把缺陷完全包括进去)段进行了细测。以 1-2 面为例,细测的主要内容如下:两探头同时放到 26.0m 处,首先对 1-2 面进行加密平测,平测间隔为 20cm(图 4-6-9),然后进行两次斜测,$1^\#$ 测管中探头不变,把 $2^\#$ 测管中探头向上提 60cm 和下放 60cm,再分别以 20cm 为间隔下放。3 次采集数据缺陷位置重叠处,即 1-2 面之间缺陷部位,同样步骤,分别把 2-3 面、1-3 面缺陷表示出来,运用声阴影法综合到断面上,最终得到缺陷大小及位置。缺陷图形见图 4-6-10(图中实线为正常测线,虚线为异常测线)。

通过调阅施工单位的原始记录和监理日记,发现该桩在灌注至 29m 处,卡管无法继续灌注,拔管发现管内有 3m 长混凝土离析造成堵管,清洗后重新压浆灌注,中间停留一个多小时。查明缺陷后,施工单位会同设计单位、检测单位、监理单位共同制定了桩基缺陷补强措施,决定采用压力注浆方法。在该桩声测管连线中点垂直向外10cm处及桩中心点布置4个φ50mm钻孔,用潜风钻钻至缺陷面后,再继续钻入无缺陷混凝土30cm处停止,详细记录钻进过程。在钻至该桩29m处,钻机进尺突变,骤然加快,至29.5m处,钻机进尺又恢复正常。4个钻孔情况基本一致,中心孔缺陷位置稍微靠下,缺陷大小及位置与超声波检测结果完全相符。4个钻孔终孔后,采取压力注浆进行补强,7d后采用超声波和低应变检测法分别对该桩进行了重新检测,补强后的桩基础满足设计要求。

采用超声波检测的方法对灌注桩的质量进行检测,具有快捷、准确、可靠等特点,并能评价钻孔灌注桩的均匀性、完整性、缺陷的位置与类型等。但在实际检测评价中应注意综合运用多参数检测,并结合地质、施工等多因素对基桩质量进行分析评价,才能更准确地判断出缺陷类型、位置和范围。

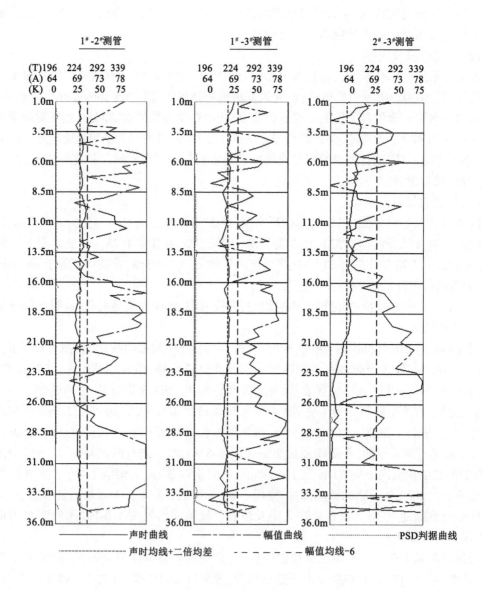

图 4-6-7　11-2号桩声时-深度、声时-幅值、声时-PSD判据曲线图

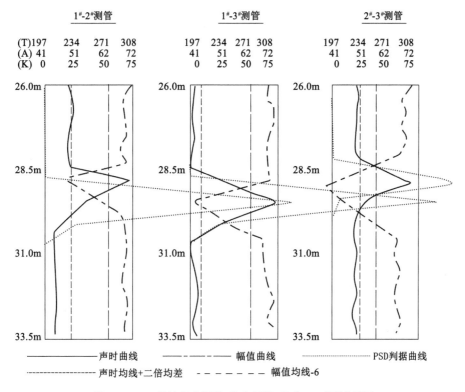

图4-6-8 2-1号桩声时-深度、声时-幅值、声时-PSD判据曲线图

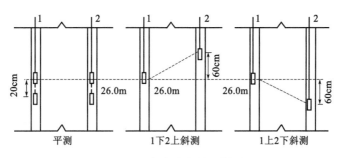

图4-6-9 加密平测及斜测简图

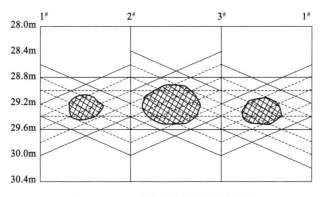

图4-6-10 2-1号桩缺陷阴影重叠分析图

工程应用实例三

(1)工程概况

某路线位于黄土丘陵区,总体地势较平整,线路上有大量冲沟,相对高差一般为 150～350m。路线上的某大桥全长 256m,上部构造采用 3m×40m×2m 先简支后连续预应力混凝土箱梁,下部构造为柱式桥墩、肋板式桥台,钻孔灌注桩桩基础。全桥桩基工程中有 60 根桥墩桩(直径 1.8m 和 1.5m 两类)、24 根桥台桩(直径 1.5m),全部采用水下灌注混凝土施工工艺。

(2)检测方法及内容

采用声波透射法检测桩身混凝土质量,在桩身中预埋 2～4 根声测管。将超声波发射、接收探头分别置于 2 根声测管中,进行声波发射和接收,使超声波在桩身混凝土中传播,用超声检测仪测出超声波的传播时间 t、波幅 A、频率 f 等物理量,借助这些物理量来判断桩身结构的完整性。

①现场测试装置。声波透射法试验装置包括超声检测仪、超声波发射及接收换能器(亦称探头)、预埋测管等,也有加上换能器标高控制绞车和数据处理计算机。

②声测管布置方式。桩径 0.6～1.0m 应埋设双管[图 4-6-11a)];桩径 1.0～2.5m 应埋设三根管[图 4-6-11b)];桩径 2.5m 以上应埋设四根管[图 4-6-11c)]。本次按图 4-6-11b)所示的三角形布置。

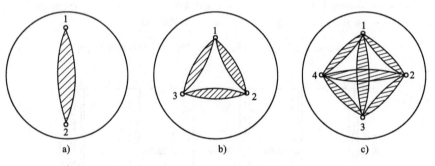

图 4-6-11 声波透射法测管布置示意图

(3)检测结果及分析

本次检测采用 RS-ST01C 型非金属超声检测仪,检测时采样点数为 512 点,采样间隔 1.1μs,延迟时间为 200μs,发射电压为 500V,发射脉宽为 20μs,触发方式为连发,检测方向向下,换能器采用压电陶瓷式径向换能器,其直径为 3cm,长度约为 20cm,发射频率为 50kHz。被检测桩位于西安—商州高速公路第三合同段 K9+390 刁旗寨大桥,检测该桥梁桩基础 0# 台右幅桩基 0#～4# 桩,桩径 1.5m,桩长 26m,水下 C25 混凝土翻浆灌注,钢管声测管采取如图 4-6-11b)所示的三角形布置方式,AB 剖面两声测管外壁距离 109cm,AC 剖面两声测管外壁距离 98cm,BC 剖面两声测管外壁距离 111cm。该基桩中一根桩(0#～4#)的一个测向(AB 剖面)的声时-波幅、声时-PSD 判据及声速-波幅曲线见图 4-6-12～图 4-6-14。

通过对检测数据的基本分析,可以看出 0#～4# 桩 AB 剖面声速、声时测据正常,即声速测据都在临界值以上,声时测据都在临界值以下,但在深度 5～6m 处波幅值异常,即波幅值低于临界值,利用声时、声速作为判据可以看出在这个剖面桩的质量合格,桩身基本完好,只是在部分测点处声速偏小,造成这种情况的原因为检测时混凝土的龄期较短(21d),部分混凝土的强度尚未完全达到一定的强度值。而利用波幅作为判据可以看出，在这个剖面 5~6m 深度范围内存在一定程度的缺陷，在其他部分桩身基本完好，在这一深度处正好是声测管接口处，出现波幅异常是因为声测管接头处残留的焊渣混入混凝土桩体，从而出现波幅测值异常，在这一深度处声速、声时测据正常而波幅测据异常是因为在基桩超声检测中，桩内存在缺陷时，波幅值比声速、声时值更敏感，所以出现声速、声时测据正常而波幅测据异常。

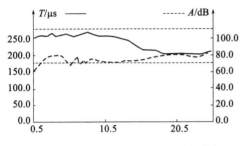

图 4-6-12 0#~4#桩 AB 剖面声时-波幅曲线

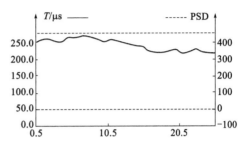

图 4-6-13 0#~4#桩 AB 剖面声时-PSD 判据曲线图

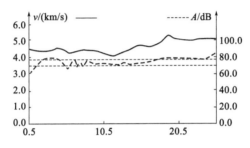

图 4-6-14 0#~4#桩 AB 剖面声速-波幅曲线图

对于钻孔灌注桩的完整性，利用超声检测方便、快捷，检测结果可靠，混凝土存在质量问题时，声速明显减小，声波波形差。当利用不同的判据得出各个测点的判据曲线都满足要求时，则可判断该测点处桩身质量完好；当利用不同的判据得出各个测点的判据曲线都出现异常时，则可判断该处存在缺陷；当利用波幅作为判据，测点的判据曲线不满足要求，而声时、声速作为判据测点的判据曲线都满足要求时，可以认为该测点处不存在缺陷，因为波幅对于混凝土缺陷敏感，以此作为判据过于严格，此时要结合声时、声速对测点处进行综合分析、研究，提高判断结果的准确性。

【本章复习思考题】

1. 检测基桩完整性的主要方法有哪些？
2. 灌注桩的常见缺陷有哪几种？各有什么特点？
3. 灌注桩超声检测法有哪几种检测方式？各自的适用范围是什么？
4. 超声检测灌注桩数据的判断方法有哪些？
5. 图像判断法的适用条件及优缺点是什么？

【本章主要参考文献】

[1] 孟新秋,马健,苗瑞.声波透射法桩基检测缺陷范围确定方法研究[J].工程勘察,2017,45(6):74-78.

[2] 朱秀知,曾江.跨孔超声波在混凝土灌注桩质量检测中的应用[J].中国煤田地质,2001,13(4):64-65,73.

[3] 吴煌峰,张芳枝,梁志松.多种方法在混凝土灌注桩质量检测中的综合应用[J].西部探矿工程,2003,15(6):11-12.

[4] 高亚成,吕民康,罗增益.大直径深长桩的超声检测[J].河海大学学报(自然科学版),2002,30(1):63-67.

[5] 林娟,王松华.大乐大桥钻孔桩的检测与处理[J].公路,2004(9):35-37.

[6] 马广祐,胡在良.超声波跨孔检测法在桩基检测中的应用[J].国外建材科技,2004,25(3):68-69.

[7] 杨世如.超声波透射法在钻孔灌注桩检测中的应用[J].上海地质,2003(4):47-51.

[8] 中华人民共和国住房和城乡建设部.建筑基桩检测技术规范:JGJ 106—2014[S].北京:中国建筑工业出版社,2014.

[9] 张宏.灌注桩检测与处理[M].北京:人民交通出版社,2001.

[10] 梁劲毅,温永钦.超声波法在桥梁桩基检测中的应用[J].山西建筑,2010,36(34):318-319.

[11] 苟智栋.超声波无损检测技术在桩基工程中的应用[J].高原地震,2015,27(1):68-72.

[12] 殷建武,李清林.钻孔灌注桩的超声波检测[J].CT理论与应用研究,2009,18(3):52-59.

[13] 张建东.浅谈钻孔灌注桩检测技术(超声波法)[J].科技创新与应用,2017(5):222.

[14] 冯高峰,张海峰,岳元元.声波透射法在桩基质量检测中的应用[J].环球市场,2017(9):345.

[15] 谢朋吉.道路桥梁桩基施工检测技术分析[J].中华建设,2018(1):152-153.

[16] 杨国旺.钻孔灌注桩技术在公路桥梁施工中的应用[J].交通世界,2018(4):176-177.

[17] 郭艳彬.桥梁工程钻孔灌注桩施工质量控制[J].交通世界,2018(14):96-97.

PART5 第5篇
地质雷达检测技术

第1章
概述

1.1 引　言

地球的浅表层是最重要的地质层,地球资源的大多数处于浅表层,如地下水、矿藏、土壤、其他沉积物,人类的主要生产和生活活动、文明的发展都依赖于浅表层。对浅表层的理解,有助于人类认识赖以生存的地球是否可以满足人类无尽的需求。人类的建设依赖于浅表层,对浅表层的深入理解,有助于工程施工规划设计,提高工作效率。同时,人类的军事活动借助浅表层实现目标的隐蔽,从而获得战场主动权。

机械的开挖和钻孔取样是最直接和原始的认知地下目标的方法。自从人类认识到地下的宝藏比地面的更为丰富以来,这种方法就一直沿用至今。然而,机械的方法始终是有损的,同时能力也是有限的。客观和主观又常常要求地下目标的检测必须是无损的,也就是不能破坏地表。由于人类的生活基本上都与地表有关,所以地下目标的无损检测技术的应用领域极其广泛,从地雷检测、考古发现到地质勘探以及工程建设,要求的检测深度从几十厘米的浅地表到数公里的地球内部。所有这些应用都值得并且吸引科学家和工程技术人员为之努力,以发明、研制、应用可用的技术来检测地表下掩盖的世界。

尽管地表对人类生活是如此重要,但在近代科技发展的标志性进展中,难以找到与地表检测有关的技术。这与人类对地球表面,甚至外太空的认识形成了如此大的反差。从技术上讲,

20世纪以来人类对在视觉以外空间的了解主要得益于电磁波应用技术的发展,而电磁波在地球内部的传播能力却非常有限,使得地球对人类至今仍或多或少地保持着它的神秘。其他物理场的应用难以支持对地表的精细认识,无法实现空间高分辨率的检测。

目前,还没有哪一单项技术可以完全解决地下目标的检测问题。现有的各种技术手段仅能反映出目标的不同信息。可以实现地下目标检测的技术有地震波、超声波、核、热像仪、辐射计、电阻、电磁感应和重力场。在这些技术中,最有前途的是地表穿透雷达(Ground Penetrating Radar,GPR)技术,或称为地质雷达。地质雷达有时又称为表层穿透雷达(Surface Penetration Radar,SPR)和表层下雷达(Subsurface Radar,SSR)。地质雷达是利用电磁波在煤质电磁特性不连续处产生的反射和散射实现浅表层(一般小于50m)成像、定位进而定性或者定量地辨识地表中的电磁特性变化,实现对表层下目标的检测。简单地说,地质雷达的任务就是描述地下目标的几何和物理性质。地质雷达所具有的优于其他遥感技术的特点包括:快速、高空间分辨率、对目标的三维电磁特征敏感、可以测量前方区域。

1.2 地质雷达概述

地质雷达是一种用于确定目标体介质分布的广谱($1MHz \sim 1GHz$)电磁技术。它利用一根天线发射高频电磁波,另一根天线接收来自结构介质界面的反射回波。当GPR技术采用自激自收的天线且结构倾角不大时,反射波的全部路径几乎垂直于结构,因为电磁波在介质中传播时,其路径、电磁场强度和波形随所通过的介质的电性质及几何形态而变化,所以根据接收到的波的传播时间、幅度与波形资料,可以推断介质的结构。

地质雷达是近几十年发展起来的一种检测手段。与电阻率法、低频电磁感应法、地震法等常规的检测方法相比,地质雷达具有检测速度快、检测过程连续、分辨率高、操作方便灵活、检测费用低、检测范围广等优点。因此,近年来地质雷达一直是国际学术界的热点之一。地质雷达目前在国防、公安、城市建设、公路、铁路、机场、水利、矿山、隧道、考古等许多领域都表现出强劲的生命力和广阔的应用前景,对国民经济的发展有十分重要的意义。

在地质雷达的发展史上出现过多种体制,主要有调频脉冲波体制、脉冲展宽-压缩体制、连续波体制、调极体制、调幅体制等。其中,地质雷达系统采用的调幅方式通常有两种,一种是脉冲调制雷达,另一种是冲击脉冲雷达,也称无载频脉冲地质雷达,冲击脉冲体制由于在分辨率和穿透深度等方面具有优势,因此它更具有通用性,国内外大部分商用地质雷达大多采用这种体制。

1.3 地质雷达研究历程

雷达检测技术最早于1910年被认为可用于地下探查。当时德国的G. Leimback和Lowy曾以专利形式阐述这一新技术用于地下探查的可能性。1926年,德国的Httlsenberg第一个提出应用脉冲技术确定地下结构的思路,并指出电磁波在介电常数不同的介质交界面上会产生反射,这个结论也成为探地雷达研究领域的一条基本理论依据。1929年,Stern进行地质雷达的首次实际应用,他用无线电干涉法测量冰川的厚度。1960年,J. C. Cook用脉冲雷达在矿井中做了试验。但是,由于地下介质比空气具有强得多的电磁波衰减特性,且地下介质情况具有多样性,电磁波在地下的传播特性比在空气中要复杂得多。因此,地质雷达在初期应用仅限于电磁波吸收很弱的冰层、岩盐矿等介质中。如1963年S. Evans用雷达测量极地冰层的厚度;1970年Harrison在南极冰面上取得了穿透800~2200m的资料;1974年L. T. Procello用雷达研究月球表面结构;Unbterberger检测冰川和冰山的厚度等。

20世纪70年代以后,随着仪器信噪比的大大提高和数据处理技术的应用,地质雷达的实际应用范围迅速扩大,包括:石灰岩地区采石场的检测(1971年Takazi,1973年Kitahra)、工程地质检测(1974年R. M. Morey,1976年、1977年A. P. Annan和J. L. Davis,1978年Olhoeft和Dolphin等,1979年Benson等)、煤矿井检测(1975年J. C. Cook)、泥炭调查(1982年C. P. F. Ulriksen)、放射性废弃物处理调查(1982年D. L. Wright和R. D. Watts,1985年O. Olsson),以及将地面和钻孔雷达用于地质构造填图、水文地质调查、地基和道路下空洞及裂缝调查、埋设物检测和水坝、隧道、堤岸、古墓遗迹探查等(1982—1987年加拿大、日本、美国、瑞典等报道)。

近年来,各地质雷达公司在提高分辨率方面做了很大的努力,1994年后不断有新的高频天线问世。以美国地球物理检测设备公司(GSSI)为例,目前的高频天线有100MHz、1500MHz和2000MHz,其波长最短只有0.43nm。这些天线都能分辨混凝土中的ϕ6mm钢筋。另外的进展就是二维向三维的过渡,寻找地下目标,一要定位准,二要显示其形状和大小。尤其是对于重叠交叉的目标,三维数据就显得十分必要。

我国的地质雷达仪器研制始于20世纪70年代,多所高校和研究机构均做过地质雷达仪器研制和野外试验工作。当时使用的是同点天线,以高频示波器显示回波,直接读取波的初至时间或照相记录波形,但商用的国产地质雷达LTD系列(图5-1-1)直到90年代后期才出现。80年代中期以来,中国地质大学(武汉)、铁道部门、水电勘测设计部门、国家地震局、煤炭部门、黄河水利委员会、城乡建设部门、环境保护部门等有关部门相继引进了国外的仪器,开始进行实际工作和进一步的试验研究。90年代中期,国产地质雷达相继问世,应用和理论研究工作日益成熟。

图5-1-1 中国电磁波传播研究所LTD系列

20世纪90年代末和21世纪初,中国矿业大学(北京)彭苏萍教授根据国内煤炭发展需要,成立仪器开发项目组,开始着手地质雷达的研制与开发,并于2004年开发出具有自主知识产权的地质雷达产品。近几年来,探地雷达在硬件方面的发展已经趋于平稳,仪器生产厂家把重点放在了数据采集速率和信噪比的提高,以及数据处理和解释软件的智能化方面。2010年后,国内掀起地铁建设热潮,地质雷达广泛应用于隧道内部或者路面进行探测。

随着微电子技术的迅速发展,现在的地质雷达设备早已由庞大、笨重的结构改进为可在现场使用的轻便工具。目前,已推出的商用地质雷达包括:意大利博泰克RIS系列、美国地球物理检测设备公司(GSSI)的SIR系列、微波联合公司(M/A-COM Techmology Solutions Inc.)的Terrascan MK系列、日本应用地质株式会社(OYO公司)的GeoRadar系列、加拿大探头及软件公司(SSI)的Pulse EKKO系列(图5-1-2)和瑞典地质公司(SGAB)的RAMAC钻孔雷达系统式地质雷达(图5-1-3)等。这些商用的地质雷达所使用的中心工作频率在10～1000MHz范围,时窗在0～20000ns。据报道,根据不同的地质条件,地面系列的检测深度为20～40m,分辨率为1～10cm(使用频段高的探查深度小、分辨率高,使用频段低的探查深度大、分辨率低)。由于采用了宽频短脉冲和高采样率,地质雷达检测的分辨率高于许多其他地球物理检测手段。又由于其采用处理程序多次叠加(多达4000次)和多波形处理等信号恢复技术,因而大大改善了信噪比和图像显示性能。今后的趋势是向多天线高速扫描接收和进一步改善天线对各种目的体的回波响应性能发展,以实现更精确、小尺寸、高工效、低成本,以及图像更清晰,能更直观反映地质情况等要求。

图5-1-2 加拿大探头及软件公司(SSI)的 Pulse EKKO系列

图5-1-3 瑞典地质公司(SGAB)的RAMAC 钻孔雷达系统式地质雷达

在理论研究方面,目前的研究重点仍相对集中在信号处理上。这是因为地质雷达所接收到的信号十分复杂,脉冲在通过地下介质的过程中,波形和波幅将发生较大的变化,而脉冲余振、系统内部干扰、地表不光滑或地下介质不均匀等引起的散射及剖面旁侧的绕射等干扰,均使得实时记录的图像发生畸变而不清晰。但是当前的信号处理还只限于时间波形处理,如从单次测量结果中减去平均波形以压低噪声和杂乱回波、采用时变增益以补偿介质吸收和抑制深部噪声、用频率滤波以剔除不必要的干扰频率等。除此之外,还有相关学者研究采用聚焦技术,以集中目的体的空间响应,采用信号增强以及预反褶积等数值处理技术,以加强被近地表干扰的反射波的波形特征等。为了识别图像或对图像进行地质解释,大多在简单形体正演基础上采用人工判读方法,而专家系统技术也正在进行研究。和地震勘探工作相似,地质雷达检测体的正反演研究也正在进行中。当今,由于地质雷达具有下列技术特性,其应用领域正不断开拓,尤其为在工程地质勘察和工程质量检测领域的应用奠定了基础。

①地质雷达是一种非破坏性的检测技术,可以安全地用于城市和正在建设中的工程现场。工作场地条件宽松,适应性强(属于轻便类的仪器),携带方便,如图5-1-4所示。

图 5-1-4　仪器携带方便

②抗电磁干扰能力强,可在城市内各种噪声环境下工作,环境干扰影响小。

③具有工程上较满意的检测深度和分辨率,现场直接提供实时剖面记录图,图像清晰、直观。

④便携微机控制数据采集、记录、储存和处理。轻便类仪器现场仅需3人或更少人员即可工作,工作效率高。当然,由于使用了高频率电磁波,电磁波能量随着深度而剧烈衰减,因而在高导电厚覆盖条件下,检测范围受到限制。

地质雷达探查的深度较小,而我国大量工程建设需要进行较小深度的质量检测,因此其在我国在建隧道和地铁衬砌质量检测、公路路面质量检测、铁路路基质量检测方面有大量应用。目前国内已拥有近3000台地质雷达。但是,在地质雷达的正演、反演方面,实际应用的定性、定量解释和涉及地质雷达的基本理论方面,还有较大的提高空间。

1.4　地质雷达的局限性和优势

对于结构体内部的检测至今没有任何一种单一的方法能够提供准确的答案,不同的检测方法有各自的特点和优势:①地质雷达。由于高频电磁波在介质中具有高衰减性,地质雷达的应用领域受到一定限制。但是在相对高阻的环境下,地质雷达具有较理想的应用效果。②声发射。通过声发射信号的变化,实现长时间监测损伤的活动,并具有材料敏感性,适用性强,能够对目标进行整体检测等优点。同时也存在对结构几何形状的敏感性较差,以及除噪和解释困难等问题。③超声波检测。其适用于金属、非金属、复合材料等多种试件的无损检测,并具有缺陷定位较准确、灵敏度高、速度快等特点。但缺陷的取向和形状以及材质和晶粒度都对检测结果有较大的影响。

1.4.1　地质雷达的局限性

技术上,地质雷达是一种典型的超宽带雷达系统。它是一个超宽带系统,原因包括:①要实现地下(介质中)目标检测,必须降低雷达工作频率,工作频率一般不高于2GHz。在同样的发射功率条件下,工作频率越低,检测深度越大。例如,城市管道检测,工作频率不高于

300MHz。②大多数地下目标检测需要较高的分辨率,这是实现地下目标解译的基础。如公路检测,地质雷达检测分辨率要求不大于10cm,如此高的空间分辨率需要大的绝对带宽,例如1GHz。综合上述两个因素,地质雷达系统的相对带宽一般大于50%,因此是超宽带雷达[FCC(美国联邦通信委员会)定义相对带宽大于25%或绝对带宽大于500MHz为超宽带信号]。正是由于地质雷达属于超宽带雷达,系统的工作频带包括电视、广播、移动通信、卫星通信等多种通信信号,应用中不可避免地存在着电磁兼容问题。地质雷达属于近距离检测,发射功率非常有限,所以对于地质雷达的电磁兼容主要考虑的是抗干扰问题。

目前,地质雷达的体制所用的信号形式主要有冲击、线性调频、步进频率和噪声信号四种。对于深层远距离检测,在工作频段确定后,系统的平均功率是首先考虑的因素,这类系统的信号形式通常选择线性调频和步进频率。在浅层近距离检测应用中,分辨率和系统造价是优先考虑的内容,这类系统常常利用冲击脉冲形式,无载波冲击体制测量速度快。目前,绝大多数地质雷达产品是无载波冲击体制系统。

地质雷达的缺点是:

①电磁波只宜在低电导率材料中传播,在潮湿的岩石或土壤中,地质雷达检测深度有限,一般不超过几米。地质雷达对地下目标的可检测性依赖于目标与介质电磁特性的对比度、天线的特性、系统的动态范围等。

②由于电磁波对金属具有弱穿透性,所以地质雷达无法检测具有金属材质的目标。如:地质雷达不能用于检测桥梁金属波纹管内部的损伤。

要提高地质雷达的有效性,必须从理论上解决以下问题:

①介质的电磁物理特性与信号的波形关系;

②目标的电磁物理特性与信号的波形关系;

③超宽带雷达电磁波高效辐射与接收问题。

具体到系统实现上,主要的技术难点有:①硬件实现技术,包括超宽带高效辐射与接收天线、高动态的噪声接收机、发射波形控制等;②数据解译技术,包括超宽带系统校准技术、收发耦合抑制技术、高分辨率成像技术、地下目标分类技术等。正是由于技术上的尤其是数据解译困难,地质雷达系统还没有成为美国运输部一种检查公路质量的例行工具,在其他应用领域也大体一样,这说明地质雷达的有效应用是有条件的。

1.4.2 地质雷达的优势

GPR作为一种具有特殊吸引力的技术,不仅本身是多门学科的综合(如有耗介质中电磁波的传播理论、宽频带天线技术、雷达系统设计、数字信号处理等),而且GPR的下列技术特性为其开拓了应用领域,特别为其在工程检测领域的应用铺平了道路。

①高分辨率。工作频率可达5000MHz,分辨率可达几厘米,再加上利用高性能的计算机分析处理取得的数据资料,使得物探电磁波反射信号准确无误地显示,由此确定目标体的尺寸、几何特性及物理特征。

②无损性。GPR是一种新兴的不用打钻可以检测浅部地下环境特征的检测方法,可以安全地应用在城市和施工现场。

③高效性。地质雷达仪器轻便,从数据采集到处理图像一体化,操作简单,采样迅速,需要的工作人员少,效率高。

④抗干扰能力强。实际野外观测表明,对于地下40m以内的浅层区域成像,GPR是一种成本低、使用潜力大的地球物理成像技术。

1.5 地质雷达应用现状

地质雷达是一种对国民经济的发展有十分重要意义的检测手段,越来越表现出强劲的生命力和广阔的应用前景,目前需要广泛运用到地质雷达的工程有:

①采矿工程。地质雷达广泛用于煤矿开采,对矿区中的采空区、断层破碎带、自燃区等工程灾害隐患的探测均取得了良好效果。我国福建紫金山采矿场就使用了GPR。GPR探测在澳大利亚矿山中得到了广泛应用,A. R. Sigginsa利用GPR成功探测到岩层裂隙灾害。美国George. A. Mc Mechan等利用GPR在TEXAS白云石矿探测塌落的废空区。GPR在采矿工程中的应用见图5-1-5a)。

②水利水电工程。在水利水电工程中,GPR多被运用于对堤坝滑塌等隐患的探测。袁道先院士曾呼吁:可以使用地质雷达等手段对长江流域的地质情况做一次全面的勘查,特别是探清隐患岩溶的位置,由于水库蓄水后水位波动将导致岩溶塌陷,探清隐患岩溶的具体位置以及其对地面设施的负面作用,能制订出科学的治理方案。

③道路工程。在道路的应用上,国外研究较为领先,近年来多用于路面厚度、密实度检测与路基病害调查等。它的优点在于可进行无损的连续检测,速度、精度都有保证,能准确展现每一层的厚度变化,探测出路基和原状地基土中的隐藏病害,对施工进行灾害预报。GPR在铁路工程中的应用见图5-1-5b)。

a) 矿山地质勘查

b) 铁路路基详勘

图5-1-5 地质雷达部分应用现场照片

④隧道工程。在隧道暗挖过程中,超挖、塌陷、地下水等因素产生扰动后会在隧道留下空洞和疏松段。如果这些问题不及时处理,会造成路面沉降和塌陷,使地面结构损坏,严重影响人们的正常生活。因此,使用GPR可以在隧道内部或者路面进行探测,在施工早期发现问题并及时处理,大大减少隧道施工对周边环境的不利影响。

【本章复习思考题】

1. 概述地质雷达的概念和发展史。
2. 与其他检测手段(如声发射、超声波检测等)相比,地质雷达有哪些局限性和优势?

【本章主要参考文献】

[1] 刘英利.地质雷达在工程物探中的应用研究[D].成都:成都理工大学,2008.
[2] 李大心.探地雷达方法与应用[M].北京:地质出版社,1994.
[3] 李海华.探地雷达体制综述[J].测试技术学报,2003,17(1):25-28.
[4] DANIELS D J, GUNTON D J, SCOTT H F. Introduction to subsurface radar[J]. IEEE proceedings,1998,135(4):278-320.
[5] 王正成,白雪冰.浅谈探地雷达在铁道建筑检测中的应用[J].铁道建筑,2004(5):63-65.
[6] 于景兰.国内探地雷达的应用与发展[J].地质与勘探,2003,39(Z1):80-84.
[7] 常铮.地质雷达的工作原理及应用[J].山西建筑,2007,33(21):126-127.
[8] 李斌.地质雷达在地铁隧道超前地质预报中的应用[J].山西建筑,2014,40(4):173-174.

第 2 章
地质雷达技术的检测原理及参数

随着现代电子技术和信号处理技术的发展,地质雷达技术在近年来得到迅速发展。作为一种检测手段,地质雷达技术还在不断完善中。从地质雷达技术的发展过程不难看出,地质雷达技术的发展和成熟都是建立在电磁波理论基础上的,可以说,电磁波理论是地质雷达技术的基础。本章将主要介绍地质雷达技术的基本理论。

2.1 电磁波基本理论

2.1.1 麦克斯韦电磁理论

电磁波的基本理论是麦克斯韦经典电磁理论,其主要内容为:变化的电场能够产生磁场,而变化的磁场又能够产生感应电场。当源电场发生不均匀变化时,就会在其旁的空间中激发出不均匀变化的磁场,而不均匀变化的磁场又会在稍远的位置激发出新的不均匀变化的电场,这样电场与磁场在相互激发的过程中不断向远处传播,形成电磁场。分析雷达波在低耗散介质中的传播规律时可用麦克斯韦方程组来描述。

麦克斯韦方程组的微分表达式为

$$\nabla \times \boldsymbol{H} = \boldsymbol{J} + \frac{\delta \boldsymbol{D}}{\delta x} \tag{5-2-1}$$

$$\nabla \times \boldsymbol{E} = -\frac{\delta \boldsymbol{B}}{\delta t} \tag{5-2-2}$$

$$\nabla \times \boldsymbol{B} = 0 \tag{5-2-3}$$

$$\nabla \times \boldsymbol{D} = \rho \tag{5-2-4}$$

式中，$\boldsymbol{E}$ 为电场强度（V/m）；$\boldsymbol{D}$ 为电位移矢量（C/m²）；$\boldsymbol{H}$ 为磁场强度（A/m）；$\boldsymbol{B}$ 为磁感应强度或通量密度（Wb/m²）；$\boldsymbol{J}$ 为自由电流密度（A/m²）；ρ 为自由电荷密度（C/m³）；∇ 为微分算子，在直角坐标系中，$\nabla \phi = \boldsymbol{x}_0 \frac{\delta \phi}{\delta x} + \boldsymbol{y}_0 \frac{\delta \phi}{\delta y} + \boldsymbol{z}_0 \frac{\delta \phi}{\delta z}$，其中 $\boldsymbol{x}_0, \boldsymbol{y}_0, \boldsymbol{z}_0$ 分别是直角坐标系中的基向量。

ρ 和 $\boldsymbol{J}$ 通过式（5-2-2）电流连续性方程联系起来：

$$\nabla \cdot \boldsymbol{J} + \frac{\delta \rho}{\delta t} = 0 \tag{5-2-5}$$

在麦克斯韦方程组中，没有限定场矢量 $\boldsymbol{D}$、$\boldsymbol{E}$、$\boldsymbol{B}$、$\boldsymbol{H}$ 之间的关系，它们适用于任何媒质，所以通常又称为麦克斯韦方程组的非限定形式。

2.1.2 电磁波的反射和透射

现在考虑平面波以角度 θ_i 入射到两种介质的平面分界面的情况。设两种介质具有不同的电性参数 $(\varepsilon_1, \sigma_1)$ 和 $(\varepsilon_2, \sigma_2)$，其中 ε 为介质的相对介电常数，σ 为介质的电导率。由于不同介质的分界面具有不连续性，一部分入射波被反射，另一部分入射波继续向前传播。对于入射到单一界面上的电磁波，其反射和透射规律服从斯涅尔定律，即

$$n = \frac{\sin \theta_1}{\sin \theta_2} = \sqrt{\frac{\varepsilon_2 \sigma_2}{\varepsilon_1 \sigma_1}} \tag{5-2-6}$$

电导率 σ 是表征介质导电能力的参数，电导率高导电性好，在外电场作用下传导电流大，能量损耗大。低电导介质电磁波衰减小，适宜地质雷达工作；中电导介质电磁波衰减大，地质雷达勉强工作；高电导介质电磁波衰减大，难以传播。

2.1.3 脉冲电磁波波谱特征

目前地质雷达所发射的电磁波大都是非周期脉冲电磁波，这些脉冲电磁波包含各种频率。为了研究不同频率的电磁波的传播，需要在频率域研究波的振幅和相位随频率的变化。将时间和频率域联系起来较为有效的数学工具是傅立叶变换。根据傅立叶变换理论，非周期性的脉冲函数 $F(t)$ 只要满足狄利克莱条件，即函数在有限区间内分段光滑，仅有有限个第一类型间断点，且 $F(t)$ 在间断点处收敛于 $\frac{1}{2}[f(t+0) + f(t-0)]$，地质雷达脉冲信号就满足此条件，则 $F(t)$ 可用傅立叶积分写成下列形式：

$$\theta(f) = \frac{1}{2\pi} \int_{-\infty}^{+\infty} \mathrm{e}^{-2\pi f t} \mathrm{d}t \tag{5-2-7}$$

$$F(t) = \int_{-\infty}^{+\infty} \theta(f) \mathrm{e}^{2\pi ft} \mathrm{d}t \tag{5-2-8}$$

式中,t 为时间;f 为频率;$\theta(f)$ 为复函数,在数学上称为象函数。

2.2 地质雷达系统组成及检测原理

2.2.1 地质雷达系统组成

地质雷达是一种宽带高频电磁波信号检测设备,它利用电磁波信号在物体内部传播时电磁波的运动特点进行检测。地质雷达系统组成如图 5-2-1 所示。其主要元件如下:

①控制单元。控制单元是整个地质雷达系统的管理器,计算机对如何测量给出详细的指令。系统由控制单元控制着发射机和接收机,同时跟踪当前的位置和时间。

②发射机。发射机根据控制单元的指令,产生相应频率的电信号并由发射天线将一定频率的电信号转换为电磁波信号向地下发射,其中电磁信号主要能量集中于被研究的介质方向传播。

③接收机。接收机把接收天线接收到的电磁波信号转换成电信号并以数字信息方式进行存贮。

④电源、光缆、通信电缆、触发盒、测量轮等辅助元件。

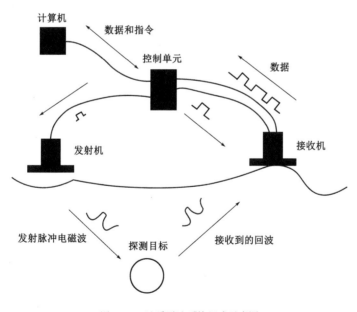

图 5-2-1　地质雷达系统组成示意图

2.2.2 地质雷达检测原理

地质雷达的检测原理如下:高频电磁波以宽频带、短脉冲形式,通过发射天线定向送入地下,经存在电磁特性差异的地下地层或目标体反射后返回地面,由接收天线接收。高频电磁波在介质中传播时,其路径、电磁场强度与波形随着通过的介质的电磁特性及几何形态而变化,故通过对时域波形的采集、处理和分析,可确定地下地层或目标体的空间位置及结构,因此存在电磁特性差异是地质雷达应用的前提条件。图5-2-2为地质雷达检测原理示意图。图5-2-3为对应图5-2-2雷达记录的回波曲线。

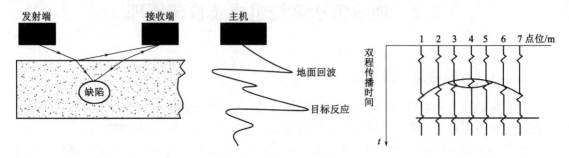

图5-2-2 地质雷达检测原理示意图　　　　图5-2-3 雷达记录的回波曲线

地质雷达是以高频电磁波参数为基础,通过高频电磁波在介质中反射和折射等现象,实现对结构介质的检测,介质的电磁学性质可用电导率、介电常数和磁导率表征。电磁波在传播过程中,遇到不同的阻抗界面时将产生反射波和透射波,其反射与透射遵循反射和透射定律,反射波能量取决于反射系数。反射系数的数学表达式为

$$R = \frac{\sqrt{\varepsilon_1} - \sqrt{\varepsilon_2}}{\sqrt{\varepsilon_1} + \sqrt{\varepsilon_2}} \tag{5-2-9}$$

式中,R 为反射系数;ε_1、ε_2 为反射界面两侧介质的相对介电常数。反射系数的大小主要取决于反射界面两侧介质相对介电常数的差异。相对介电常数是 ε_r 一个无量纲的物理量,它表征一种介质在外加电场作用下极化效应大小的性质,也称相对电容率。

2.3　地质雷达技术参数

2.3.1　地质雷达检测的分辨率

地质雷达检测的分辨率是指对多个目标体或者单个小目标体的分辨能力,即地质雷达所能清晰分辨的两个或者多个目标体之间的最小距离或者是单个小目标体的最小线度。影响分辨率的主要因素有检测的深度、介质特性、天线频率以及介质和目标体之间的差异,等等。分辨率通常又分为垂直分辨率(或称为深度分辨率)和横向分辨率(或称为水平分辨率或平面分辨率)。

对于结构的检测来说,对地质雷达的垂直分辨率要求不高,往往更加关注地质雷达的横向分辨率。通常采用菲涅尔带半径来表示横向分辨率,即

$$R_F = \sqrt{\frac{\lambda h}{2}} \tag{5-2-10}$$

式中,R_F 为菲涅尔带半径(m);λ 为波长(m);h 为目标深度(m)。

理论上,一般把波长的1/4长度作为垂直分辨率。

常用介质的相对介电常数、电导率、电介质的传播速度见表 5-2-1。

常见介质的相对介电常数、电导率、电介质的传播速度　　　表 5-2-1

介　　质	ε_r	$\sigma/(mS/m)$	$v/(m/ns)$
空气	1	0	0.3
淡水	80	5	0.033
海水	80	3×10^3	0.01
干砂	3～5	0.01	0.15
饱和砂	20～30	0.1～1.0	0.06
石灰岩	4～8	0.5～2	0.12
泥岩	5～15	1～100	0.09
粉砂	5～30	1～100	0.07
黏土	5～40	2～1000	0.06
花岗岩	4～6	0.01～1	0.13
岩盐	5～6	0.01～1	0.13
冰	3～4	0.01	0.16
金属	300	10^{10}	0.017
PVC 塑料	3.3	1.34	0.16

2.3.2　地质雷达的检测深度

地质雷达检测到的地下反射物，并不一定只是处于发射天线发射电磁波的传播直线方向上。地质雷达的检测存在一个有效范围，如图 5-2-4 所示。"椭圆锥台"就是电磁波检测的有效范围，由于这个有效范围的底部椭圆比较像一个脚印，因此又被称为"足印"。只要目标在这个范围内就能够被检测到。构成电磁波有效范围的要素为检测深度 d、底部椭圆长轴 a 和椭圆短轴 b。

地质雷达检测的有效范围中各个参数的关系为

$$a = \frac{\lambda}{4} + \frac{d}{\sqrt{\varepsilon_r - 1}} \quad (5\text{-}2\text{-}11)$$

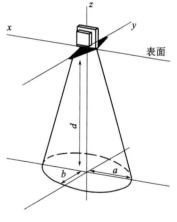

图 5-2-4　电磁波的检测范围

式中，λ 为电磁波波长；ε_r 为介质的相对介电常数。

检测深度通常是指电磁波振幅衰减为 0 时电磁波所对应的深度，它等于衰减系数的倒数，即

$$d = \frac{1}{s} = \frac{1}{\sqrt{2\pi f \mu \varepsilon_r} \left\{ \left[\frac{1}{2} \sqrt{1 + \left(\frac{\sigma}{2\pi f \mu \varepsilon_r} \right)^2} - 1 \right] \right\}^{\frac{1}{2}}} \quad (5\text{-}2\text{-}12)$$

式中，s 为衰减系数；ε_r 为介质的相对介电常数；σ 为介质的电导率(mS/m)；f 为天线的中心频率(Hz)；μ 为介质的磁导率(H/m)。

由式(5-2-12)可以看出，影响检测深度的主要因素有三个：第一是天线的中心频率，第二

是介质的相对介电常数,第三是介质的电导率。由于一般的非铁磁性物质的磁导率值都比较相近,可以认为磁导率对检测深度没有显著的影响。电导率是指物体传导电流的能力,或者说是电荷在介质中流动的难易程度。金属、海水等的电导率很高,岩石和干燥的土壤的电导率很低。电导率影响电磁波在介质中的穿透深度,其穿透深度随着电导率的增加而减小,对金属而言,其穿透深度为0。也就是说,地质雷达检测并不适用于金属矿物地质。

2.3.3 雷达波的衰减

电磁波在介质中的衰减是由雷达波的频率与介质的相对介电常数、导电率决定的,并可用能量衰减系数 s 来表示:

$$s = 2\pi \cdot f \cdot \varepsilon_r \cdot \sigma \tag{5-2-13}$$

可见,雷达波的衰减系数与 f、ε_r 和 σ 成正比。雷达波的频率越高,它在介质中衰减越快,传播距离越短;当电磁波的频率一定,介质的相对介电常数较大,电导率较大时,雷达波会很快衰减,传播距离短,检测的深度小。

2.4 地质雷达检测参数的选择

地质雷达检测时的参数选择关系到检测的效果。主要的检测参数包括天线中心频率、时窗、采样率、测点间距等。

2.4.1 天线中心频率的选择

天线中心频率的选择应在满足检测深度的前提下,使用更高分辨率的高频天线,并兼顾天线尺寸是否符合场地的要求。天线中心频率越高,检测分辨率越高,但检测深度越小。如果要求的检测深度为 x,混凝土相对介电常数为 ε_r,则天线中心频率 f:

$$f = \frac{150}{x\sqrt{\varepsilon_r}} \tag{5-2-14}$$

在混凝土无损检测中,一般要求雷达的探测深度在 1m 范围之内。所以,实际工程的探测深度以及分辨率一般可选用 500MHz~2GHz,甚至更高中心频率的天线对目标物体进行探测。

2.4.2 时窗选择

时窗决定雷达系统对反射回来的雷达波信号取样的最大时间范围,直观地说,就是决定了检测深度。时窗 w 主要取决于最大检测深度 d_{max} 与电磁波速度 v,数据采集时所开的时窗可由下式估算:

$$w = 1.3 \frac{2d_{max}}{v} \tag{5-2-15}$$

雷达系统在工程实际检测应用中通常把时窗增加 30%,目的是为介质内实际电磁波速度与目标深度的变化留出余量。

2.4.3 采样率的选择

采样率是记录的反射波采样点的时间间隔。采样率由尼奎斯特(Nyquist)采样定律控制,即采样率至少应达到记录的反射波中最高频率的 2 倍。对大多数雷达来说,频带宽大致等于天线中心频率,因此最高频率约为天线中心频率的 1.5 倍,按 Nyquist 采样定律,采样率至少要达到天线中心频率的 3 倍。为了使记录波形更完整,Annan 建议采样率取为天线中心频率的 6 倍。当天线中心频率为 f 时,采样率 Δt 为

$$\Delta t = \frac{1000}{6f} \tag{5-2-16}$$

2.4.4 测点间距的选择

离散测量时,测点间距选择取决于天线中心频率与结构介质的介电性。为了确保介质的响应在空间上不重叠,测点间距的选择也应该遵循 Nyquist 采样定律。尼奎斯特采样间隔 n_x 为雷达波在介质中波长的 1/4,即

$$n_x = \frac{1}{4}\lambda = \frac{c}{4f\sqrt{\varepsilon_r}} \tag{5-2-17}$$

式中,λ 为雷达波的波长;c 为雷达波的波速;ε_r 为介质的相对介电常数;f 为天线中心频率。

对于倾斜目标体,测点间距不宜大于尼奎斯特采样间隔,否则就不能很好地确定。当目标体比较平整时,测点间距可适当放宽。测点间距小,所采到的数据量就大,所获得的目标体信息也详细。测点间距大,数据量就小,获得的目标体信息也减少,但工作效率将提高。在实际工作中,根据研究的内容以及目标体的情况,测点间距可在几厘米到几米范围内选取。但对于每一个频率的天线都有其最大的测点间距限制。

【本章复习思考题】

1. 请简要叙述地质雷达的检测原理。
2. 地质雷达的技术参数主要有哪些?分别简要说明。
3. 地质雷达的检测参数主要有哪些?阐述各参数该如何选择。
4. 在使用地质雷达检测桥梁结构的过程中,为什么会更关注雷达的横向分辨率?

【本章主要参考文献】

[1] 刘胜峰.地质雷达应用于公路隧道衬砌无损检测的实验研究[D].长沙:长沙理工大学,2007.
[2] 杨显清,赵家升,王园.电磁场与电磁波[M].北京:国防工业出版社,2003.
[3] 曾昭发,刘四新,王者江,等.探地雷达方法原理及应用[M].北京:科学出版社,2006.

[4] 蔡建辉.地质雷达在高等级公路隧道衬砌质量无损检测中的应用研究[J].公路交通技术,2002(B06):87-89.

[5] 李太全.探地雷达天线系统的设计、实现与优化[D].武汉:武汉大学,2004.

[6] STICKLEY G F,NOON D A,CHERNIAKOV M, et al. Gated stepped-frequency ground penetrating radar[J]. Journal of applied geophysics,2000,43(2):259-269.

[7] ANNAN A P. Ground penetrating radar principles,procedures and applications[M]. Mississauga, Canada:Sensors and Software Inc,2003.

[8] 成词峰,李鹏飞.地质雷达在地铁基坑底隐伏岩溶探测中的应用[J].岩土工程技术,2012,26(6):321-323.

[9] 郭彬彬,赵卫华,王红才,等.千灵山岩质边坡地质雷达探测及稳定性分析[J].地质力学学报,2013,19(1):104-112.

第3章

地质雷达的检测方法

3.1 地质雷达观测方法

目前常用的地质雷达的观测方法有剖面法、宽角法(共中心点法)、环形法和多天线法。剖面法是结构介质检测工作中经常采用的方法,也是建筑结构检测工作中使用的主要工作方法;宽角法(共中心点法)主要用于求取结构介质的电磁波波速;环形法则主要根据不同距离的环形剖面图像的特征进行判别;多天线法则是利用多天线进行测量。

3.1.1 剖面法

如图 5-3-1 所示,剖面法是发射天线(T)和接收天线(R),以固定间隔沿测线同步移动的一种测量方式。在某一测点测得一条波形记录后,天线便同步移至下一个测点,进行下一个测点的波形记录,发射天线和接收天线同时移动一次便获得一个记录。当发射天线与测量天线同步沿测线移动时,就可以得到一个个记录组成的地质雷达时间剖面图像。横坐标为天线在地表测线上的位置,纵坐标为雷达脉冲电磁波从发射天线出发经地下反射回到接收天线的双程走时(雷达脉冲从发射天线出发经地下反射回到接收天线的时间)。这种记录能准确地反映正对测线下方地下各个反射面的起伏变化。

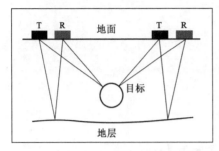 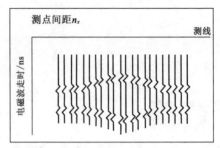

图 5-3-1　剖面法观测方式及波形记录示意图

3.1.2 宽角法(共中心点法)

宽角法是采用一个天线不动,逐点以同一步长移动另一天线的测量方式,如图 5-3-2 所示。共中心点法则是发射天线与接收天线同时由中心点向两侧反方向移动的测量方式,如图 5-3-3 所示。

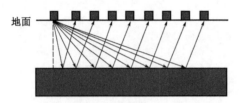

图 5-3-2　宽角法观测方式　　　　图 5-3-3　共中心点法观测方式

宽角法和共中心点法的图像特征相似,主要用来求结构介质的电磁波波速。这种方式只能用于发射、接收天线分离的双天线雷达。地下深度为 z 的水平界面反射波双程走时为

$$t^2 = \frac{x^2}{v^2} + \frac{4z^2}{v^2} \tag{5-3-1}$$

式中,x 为反射天线与接收天线的间距;z 为反射界面的深度;v 为电磁波在介质中的传播速度。

当电磁波波速不变时,t^2 与 x^2 呈线性关系。即,若以 t^2 为纵坐标,x^2 为横坐标,则宽角法(共中心点法)所得到的反射波走时为直线,直线的斜率为 $1/v^2$。地表直达波可看成 $z=0$ 时的反射波,此时

$$t = \frac{x}{v} \tag{5-3-2}$$

式(5-3-2)表明结构表面直达波的双程走时在宽角法(共中心点法)记录中为直线,表面直达波斜率的倒数即为电磁波在表层介质中的波速,其值为 dx/dt。

3.1.3 环形法

环形法常用于软土地基加固检测中,是为检测块石墩的夯实情况而设计的。块石墩是由重达 15t 的吊锤把块石强行夯入软土而形成的,目的是提高软土地基的承载力。这种块石墩为直径有限的三度体,当使用剖面法时,由于块石墩上的测点过少影响对墩的评价,于是提出了环形法。其方式是以异常体的中心为圆心,在不同半径的圆周上相对墩心的不同方位上布置天线进行测量。通过不同半径的图像特征就很容易判别块石墩的质量及其影响范围。

3.1.4 多天线法

多天线法是利用多天线(如四个天线或者天线对)进行测量。每个天线使用的频率可以相同或不同。每个天线的参数如点位、测量时窗、增益等都可以单独用程序设置。多天线法使用时有两种方式。第一种是所有天线相继工作,形成多次单独扫描记录,多次扫描使得一次测量覆盖的面积广,从而提高工作效率。另外,也可以利用多次扫描结果进行叠加处理,有利于提高系统的信噪比。第二种是所有天线同时工作,利用时间偏移推迟各道的接收时间,可以形成一个合成雷达记录,改善系统聚焦特征即天线的方向特性。聚焦程度取决于各天线的间隔。

3.2 地质雷达野外工作方法

地质雷达野外工作方法主要有地质雷达反射法剖面测量、共中心点(或宽角反射折射)测量等。下面将简单介绍一下这两种方法。

3.2.1 地质雷达反射法剖面测量

地质雷达反射法剖面测量方式,如图 5-3-4 所示。发射天线与接收天线相互平行并保持固定的距离 s,沿测线以相等步长 Δx 移动,逐点进行测量,以发射天线与接收天线中点所在位置为地质雷达剖面上每一记录道的位置。通常发射天线和接收天线与测线保持垂直。反射法剖面测量方式是地质雷达野外数据采集最常用的工作方式。

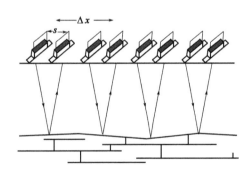

图 5-3-4 地质雷达反射法剖面测量示意图

根据现场地形条件、设备状况及实际需要,可以采用离散反射法剖面测量与连续反射法剖面测量两种工作方式。

①离散反射法剖面测量是指在测量过程中,在每一测点上进行数据采集时,发射天线与接收天线保持静止状态,待该记录道数据采集完毕,再将发射天线与接收天线同步移动到下一测点,开始下一记录道数据的采集。

②连续反射法剖面测量是指在进行反射法剖面测量过程中,发射天线与接收天线均处于连续运动状态。在连续测量过程中,地质雷达系统以给定的时间延迟进行采样,即系统采集一个数据样需要一段确定的时间(即时间采样间隔)。连续反射法剖面测量方式中,一个记录道上的雷达信号数据样是在随时间变化的不同的空间位置上采集的,如图 5-3-5 所示,因而所采

集的每一道数据与天线系统在采集该道数据所需时间内移动所扫过的地下空间有关。

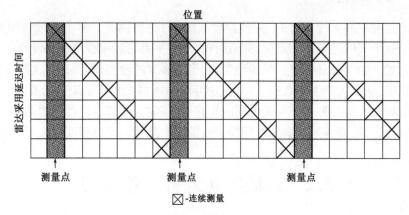

图 5-3-5　具有等空间采样间隔的连续反射法剖面测量与离散反射法剖面测量关系示意图

3.2.2　共中心点(或宽角反射折射)测量

采用共中心点(或宽角反射折射)测量的目的通常是获取结构介质的电磁波速度。为了较为准确地测出结构介质的电磁波速度,一般要求满足测点下方结构界面近于水平,而且地表面较为平坦。

【本章复习思考题】

1. 请简要叙述地质雷达的观测方法有哪些,各自具有什么特点。
2. 请简要阐述地质雷达的野外工作方法及其注意事项。
3. 简述地质雷达剖面法的内容以及使用剖面法所采集的信息。
4. 采用宽角法观测时,如何用测得的数据来计算待测物体的地下深度?

【本章主要参考文献】

[1] 侯明辉.地质雷达在混凝土管线检测中的应用研究[D].北京:北方交通大学,2002.
[2] 邓世坤.探地雷达野外工作参数选择的基本原则[J].工程地球物理学报,2005,2(5):323-329.
[3] 刘胜峰.地质雷达应用于公路隧道衬砌无损检测的实验研究[D].长沙:长沙理工大学,2007.
[4] DAVIS J L, ANNAN A P. Ground-penetrating radar for high-resolution mapping of soil and

rock stratigraphy[J]. Geophysical prospecting, 1986,37(5):531-551.

[5] FISHER E, MCMECHAN G A, ANNAN A P. Acquisition and processing of wide-aperture ground-penetrating radar dota [J]. Geophysics, 1992,57(3): 378-504.

[6] 李大心.探地雷达方法与应用[M].北京:地质出版社,1994.

[7] 占文锋,习铁宏,王强.地质雷达探测技术在地基空洞探测中的应用[J].中国煤炭地质,2015(11):70-73.

[8] DE DOMENICO D, TERAMO A, CAMPO D. GPR surveys for the characterization of foundation plinths within a seismic vulnerability analysis[J]. Journal of geophysics and engineering, 2013, 10(3):034007-1-34007-9.

[9] PINEL N, LE BASTARD C, BOURLIER C, et al. Asymptotic modeling of coherent scattering from random rough layers: application to road survey by GPR at nadir[J]. International journal of antennas and propagation, 2012, 2012(5):1497-1500.

第4章
地质雷达的数字处理技术及资料解释方法

在地质雷达检测中,为了得到更多的反射波特征,通常利用宽频带进行记录,因此在记录各种有效波的同时,不可避免地记录下了各种干扰噪声,使得记录图像不能准确、清晰地反映目标。此外,由于混凝土结构介质相当于一个复杂的滤波器,电磁脉冲到达接收天线时,波幅减小,波形与原始发射波形也有差异。因此,必须对接收的雷达信号进行适当的处理,以改善数据质量,为进一步的地质雷达资料解释提供清晰的雷达图像。可以说,对雷达数据中的各种干扰噪声进行有效压制或消除是地质雷达资料解释的关键。

地质雷达检测主要依靠脉冲回波信号,其波长都由发射源控制。脉冲在地下传播过程中,能量会产生球面衰减,也会因介质对波的能量的吸收而减弱,且在不均匀的混凝土结构介质中会发生散射、反射与透射。因此,可以通过数字处理技术,使采集到的地质雷达数据更加贴近工程实际。

4.1 地质雷达的数字处理技术

虽然地质雷达所研究的电磁波与地震勘探研究的弹性波属于不同物理属性场,但二者有类似的波动性和传播规律等共性,因此,地震勘探中已开发的现有信号处理技术及其软件原则上讲对于地质雷达都能适用,但也存在着地质雷达所利用的电磁场的工作频率和波速远远高于地震勘探中弹性波的实际频率和波速等特性。因此,利用现场实测试验资料分别对数字滤波、反褶积、波动方程偏移、局部异常提取处理技术等信号处理方法的处理效果进行对比分析,提出了每种处理方法的特点和作用。

4.1.1 数字滤波

数字滤波技术就是利用频谱特征的不同来压制干扰波,以突出有效波。数字滤波方式主要分为频率域滤波和时间域滤波。

数字滤波是运用数学运算的方式对离散后的信号 $x(n\Delta t)$ 进行滤波。因此数字滤波的输入、输出都是离散数据。为了保持地质雷达最高有效频率,地质雷达测量时采样间隔必须满足采样定律:

$$\Delta t \leq \frac{1}{2f_{\max}} \quad (5\text{-}4\text{-}1)$$

地质雷达记录是用一系列离散的时间序列数值 $x(i\Delta t)(i=0,1,2,\cdots,n)$ 来表示的。

(1)频率域滤波

首先,对地质雷达记录道 $x(t)$ 进行频谱分析,以确定有效波的频率范围 $\omega_1-\omega_2$ 与干扰波的频率范围 $\omega_3-\omega_4$。

其次,设计一个滤波器保留有效波频率成分,滤掉干扰波频率成分,即

$$H(\omega) = \begin{cases} 1, & \omega_1 \leq \omega \leq \omega_2 \\ 0, & \text{其他} \end{cases} \quad (5\text{-}4\text{-}2)$$

然后,根据式(5-4-2),对地质雷达记录道 $x(t)$ 进行滤波。若 $x(t)$ 的频谱为 $x(\omega)$,则滤波后的地质雷达记录道 $\hat{x}(t)$ 的频谱 $\hat{x}(\omega)$ 为 $x(\omega)$ 与 $H(\omega)$ 相乘,即 $\hat{x}(\omega) = x(\omega) \cdot H(\omega)$。再对输出信号谱 $\hat{x}(\omega)$ 进行傅立叶逆变换,得到输出 $\hat{x}(\omega)$ 频率域滤波的整个过程可以归结为

$$x(t) \xrightarrow{\text{傅立叶变换}} x(\omega) \xrightarrow{x(\omega) \cdot H(\omega)} \hat{x}(\omega) \xrightarrow{\text{傅立叶逆变换}} \hat{x}(t)$$

(2)时间域滤波

设滤波器的频率特性是 $H(\omega)$,$H(\omega)$ 的逆变换是 $h(t)$,$h(t)$ 叫作滤波器的时间特性,它和 $H(\omega)$ 一样描述了滤波器的性质。如果输入记录为 $x(t)$,滤波后的输出为 $\hat{x}(t)$,则时间域滤波方程可表示为

$$\hat{x}(t) = \int_{-\infty}^{+\infty} h(\tau)x(t-\tau)\mathrm{d}\tau \quad (5\text{-}4\text{-}3)$$

这是一种褶积运算,所以在时间域的滤波也叫褶积滤波。频率域的滤波振幅 $H(\omega)$ 一般比较直观,从频率振幅 $H(\omega)$-ω 图形中可直接看出那些频率成分。褶积滤波器的时间特性常用单位脉冲通过滤波器的脉冲响应表示。一个地质雷达记录 $x(t)$,可分解为起始时间、极性、幅度各不相同的脉冲序列。让这些脉冲按时间顺序依次通过滤波器。于是在滤波器的输出端就可以得到输入脉冲序列的脉冲响应,$x(t)$ 褶积结果 $\hat{x}(t)$ 就是这些脉冲响应的叠加结果。

在实际资料处理中,用得较多的是理想低通、带通与高通滤波器。

理想低通滤波器的频率响应 $H(\omega)$ 为

$$H(\omega) = \begin{cases} 1, & |\omega| \leq \Delta\omega \\ 0, & |\omega| > \Delta\omega \end{cases} \quad (5\text{-}4\text{-}4)$$

其时间域响应 $h(t)$ 为

$$h(t) = \frac{\sin\Delta\omega t}{\pi t} \quad (5\text{-}4\text{-}5)$$

理想带通滤波器的频率响应 $H(\omega)$ 为

$$H(\omega) = \begin{cases} 1, & \omega_0 - \Delta\omega \leq |\omega| \leq \omega_0 + \Delta\omega \\ 0, & 其他 \end{cases} \quad (5\text{-}4\text{-}6)$$

其时间域响应 $h(t)$ 为

$$h(t) = \frac{2}{\pi t}\sin\Delta\omega t\cos\omega_0 t \quad (5\text{-}4\text{-}7)$$

理想高通滤波器的频率响应 $H(\omega)$ 为

$$H(\omega) = \begin{cases} 1, & |\omega| \geq \Delta\omega \\ 0, & |\omega| < \Delta\omega \end{cases} \quad (5\text{-}4\text{-}8)$$

其时间域响应 $h(t)$ 为

$$h(t) = \delta(t) - \frac{\sin\Delta\omega t}{\pi t} \quad (5\text{-}4\text{-}9)$$

图 5-4-1 为检测某引水管的地质雷达原始图像,图 5-4-2 为经带通滤波器处理后的雷达图像。由图 5-4-2 可以看出,经过滤波处理(白线圈出的部分),消除了原始雷达波形图上各种随机的干扰波,使波形变得圆滑,从而突出了有效波,能更清晰地反映检测目标。

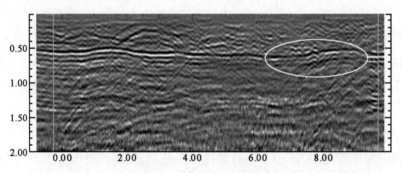

图 5-4-1 地质雷达原始图像

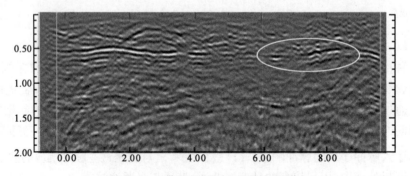

图 5-4-2 经带通滤波器处理后的雷达图像

4.1.2 反褶积

理想地质雷达发射脉冲应该是一个尖脉冲,然而由于天线频谱响应受限,这种发射脉冲实际上是一个具有一定时间延续的波形 $b(t)$。雷达记录可看成雷达子波与反射系数 $\xi(t)$ 的褶积,即

$$x(t) = b(t) * \xi(t) \tag{5-4-10}$$

在雷达记录中,一个界面的反射波一般要延续 10~20ns(使用 50~100MHz 天线),因此相距在 0~5m 以内的两个反射面的反射波到达时间差仅为几纳秒,难以在雷达反射剖面图像中区分开来。反褶积的目的是要把雷达记录 $x(t)$ 变成反射系数序列 $\xi(t)$,即令

$$\xi(t) = a(t) * x(t) \tag{5-4-11}$$

将式(5-4-10)代入式(5-4-11)得

$$\xi(t) = a(t) * b(t) * \xi(t) \tag{5-4-12}$$

则

$$a(t) * b(t) = 1 \tag{5-4-13}$$

其中,$a(t)$ 称作 $b(t)$ 的反子波。由此可知,已知雷达子波 $b(t)$,可求出反子波 $a(t)$,利用式(5-4-11),把反子波 $a(t)$ 与雷达记录 $x(t)$ 褶积,即可求出反射系数序列 $\xi(t)$:

$$\xi(t) = \sum_{k=0}^{n} a(t)x(t-k) \tag{5-4-14}$$

因此,所谓反褶积或反滤波,实际上是一个滤波过程,只不过这种滤波过程恰好与某个滤波过程的作用相反。

4.1.3 波动方程偏移

(1) 偏移归位概念

地质雷达通常测量来自结构介质交界面的反射波。当结构介质交界面的反射点与测点相互偏离时,只要该交界面的法平面通过测点,该反射点就可以被记录下来。在资料处理中需要把雷达记录中的每个反射点移到其本来位置,这种处理方法称为偏移归位处理。经过偏移归位处理的雷达剖面可反映结构介质的真实位置。

图 5-4-3 为反射界面倾斜时雷达记录剖面与真实界面的关系。发射天线与接收天线合而为一(自激自收)时,来自界面 A' 点与 B' 点的反射在雷达图像中被分别记录在 A 点的铅垂下方 A' 点与 B 点的铅垂下方 B' 点处。A'、B' 两个波前切线的斜率倾角是结构的真倾角 θ'''_x,而在雷达剖面图像中连线的倾角为 θ_x,称为界面的视倾角。偏移归位的目的是把图像中的界面 $A'B'$ 转换成实际界面 $A''B''$。

实际中所运用的偏移技术有两大类:一类是以射线理论为基础的偏移方法,另一类是波动方程偏移方法。

(2) 绕射扫描偏移叠加

绕射扫描偏移叠加是建立在射线理论基础上的,使反射波自动偏移归位到其空间真实位置上的一种方法。按照惠更斯原理,地下界面的每一反射点都可以认为是一个子波源,这些子波源产生的电磁波(绕射波)都可以到达地表为接收天线接收。地面接收到的子波源绕射波的时距曲线为双曲线形状。应用绕射扫描偏移叠加处理时,把地下划分为网格,把每个网格点

看成一个反射点。如果反射点 P 深度为 H，反射点所处的记录道为 s_i（其地表水平位置为 x_i），扫描点 S 对应任意记录道为 s_j（地表水平位置为 x_j）的反射波或绕射波传播时间为

$$t_{ij} = \frac{2}{v}\sqrt{H^2 + (x_j - x_i)^2} \quad (j = 1, 2, \cdots, m) \tag{5-4-15}$$

式中，m 为参与偏移叠加的记录道；v 为结构的电磁波传播速度。

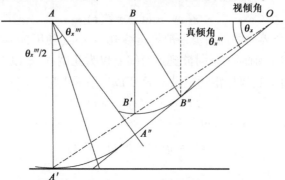

图 5-4-3　反射界面倾斜时记录剖面与真实界面的关系

把记录道 s_i 上 t_{ij} 时刻的振幅 a_{ij} 与 P 点的振幅叠加起来，作为 P 点的总振幅 a_i：

$$a_i = \sum_{j=1}^{m} a_{ij} \tag{5-4-16}$$

按照上述方法进行绕射偏移叠加得到深度剖面。在有反射界面或绕射点的地方，由于各记录道的振幅 a_{ij} 接近同相叠加，叠加后总振幅自然增大；反之，在没有反射界面或绕射点的地方，由于各记录道的随机振幅非同相叠加，它们彼此部分地相互抵消，叠加后的总振幅自然相对减小。这样就使反射波自动偏移到其空间真实位置，绕射波自动归位到绕射点上。

(3) 克希霍夫积分法波动方程偏移

射线理论只是近似地描述电磁波的传播规律，因而复杂地质条件下反射层偏移归位效果差。而波动方程偏移则以电磁波遵循的波动方程为基础进行偏移归位，因此在反射层偏移归位过程中保持了反射波特征，这就为复杂地质条件下反射层偏移归位提供了可能。

克希霍夫积分法波动方程是建立在波动方程的克希霍夫积分解的基础上的。在均匀各向同性介质中，电场 E 满足波动方程

$$\frac{\partial^2 E}{\partial x^2} + \frac{\partial^2 E}{\partial y^2} + \frac{\partial^2 E}{\partial z^2} - \frac{\partial E}{\partial t} = 0 \tag{5-4-17}$$

围绕观测点 $P(x_P, y_P, z_P)$ 取一个闭合曲面，该闭合曲面的上半面取地表观测面 s_1，下半面为半径无限大半球面，则 P 点处的电场强度 $E(x_P, y_P, z_P, t)$ 可由地表观测面上的电场强度表示：

$$E(x_P, y_P, z_P, t) = \frac{1}{2\pi}\left[\iint_{t_1} \frac{\partial}{\partial n}\cdot\left(\frac{1}{r}\right) - \frac{1}{vr}\cdot\frac{\partial r}{\partial n}\cdot\frac{\partial}{\partial t}\right]\cdot E\left(x, y, 0, t - \frac{r}{v}\right) ds_1 \tag{5-4-18}$$

式 (5-4-18) 就是波动方程的克希霍夫积分解。式中，$r = [(x - x_P)^2 + (y - y_P)^2 + z_P^2]^{\frac{1}{2}}$；$n$ 为地表面的法线方向；$\frac{\partial}{\partial n} = -\frac{\partial}{\partial z}$，$z$ 轴垂直地面向下。

在实际偏移处理时，已知的测量记录数据在 $z = 0$ 平面上，地下不均匀点（反射或绕射）的电场为待求电场，待求电场在时间上应当较 $z = 0$ 平面上记录的波前超前 r/v，于是式 (5-4-18) 变为

$$E(x_P,y_P,z_P,t) = \frac{1}{2\pi}\left[\iint_{t_1}\frac{\partial}{\partial n}\cdot\left(\frac{1}{r}\right)-\frac{1}{vr}\cdot\frac{\partial r}{\partial n}\cdot\frac{\partial}{\partial t}\right]\cdot E\left(x,y,0,t+\frac{r}{v}\right)\mathrm{d}s_1 \qquad (5\text{-}4\text{-}19)$$

图 5-4-5 为图 5-4-4 经偏移处理后的地质雷达图像,被归位到其真实的空间位置。

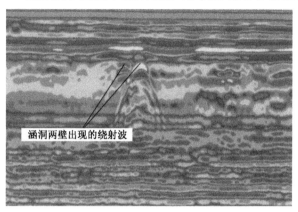

图 5-4-4　原始地质雷达图像

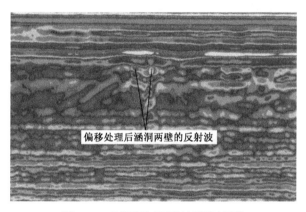

图 5-4-5　经偏移处理后的地质雷达图像

4.1.4　局部异常提取处理技术

在实际工程中,混凝土结构常具有层状结构(如路基路面、地基等),与其所对应的反射波同相轴在地质雷达检测剖面图像中呈水平或近水平线性分布,连续性较好,仅有微小的波动;而路面基层中的各类缺陷为局部分布,与其所对应的反射波特征(波形、相位、幅度、波长)在地质雷达检测剖面图像中呈局部性。因此,有效提取各类缺陷产生的局部异常雷达剖面图像,滤掉水平线性正常背景,能准确地判别局部异常的缺陷属性。为此,耿玉岭等研究与开发了新型的局部异常提取处理技术和处理软件。局部异常提取处理技术算法模型如下:

设地质雷达记录值 $E(x_k,t_k)$,定义记录剖面的平均记录值为

$$\overline{E}(t_k) = \frac{1}{K}\sum_{k}^{K}E(x_k,t_k) \qquad (5\text{-}4\text{-}20)$$

式中,x_k 为记录点位置;t_k 为记录时间坐标;k 为记录点序号;K 为剖面上归一化点数。

定义剖面归一化参数:

$$E_\mathrm{b}(x_k,t_k) = \frac{E(x_k,t_k)}{\overline{E}(t_k)}\times 100\% \qquad (5\text{-}4\text{-}21)$$

可见,若目标结构面对应的反射波同向水平且连续,由地质雷达剖面归一化参数完全可以消除雷达剖面上所谓的水平线性"异常",达到提取目标内由缺陷产生的局部异常的目的。

4.2 地质雷达的资料解释方法

地质雷达的各种技术手段正在实际工程领域中获得日益广泛的应用,但地质雷达技术的间接性及目标环境的复杂性,使得地质雷达资料的多解性问题仍然是制约该技术深入发展的瓶颈,地质雷达技术在工程领域中目前仍然处于辅助从属的地位。为了改变这种状况,国内外学术界正在做出不懈努力,力图在克服多解性问题上有所突破。

4.2.1 地质雷达的基本波形

(1)地质雷达发射的入射波和地面反射波

理论上,地质雷达发射的是高频矩形电磁波。天线的电磁频率响应和环境耦合效应,使发射天线激发的电磁波波形不能用简单的函数进行描述,利用金属板全反射试验和末端反射试验,可得到中心工作频率1.0GHz实际入射波形和地面反射波,如图5-4-6与图5-4-7所示。

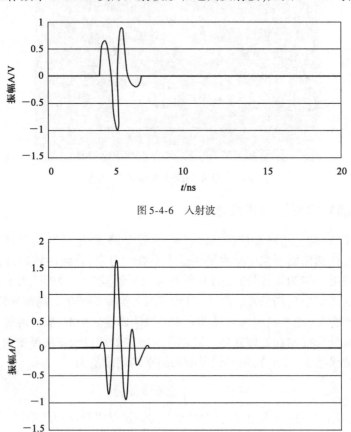

图5-4-6 入射波

图5-4-7 反射波

该波形类似于 Ricker 波型,对于不同的中心发射频率的雷达天线,观测其波形会有所不同。图 5-4-8 所示为现场采集到的 400MHz 对应的直达和地面反射波叠加记录波形。实践表明,只有正确地掌握地质雷达入射和地面反射波形,才能正确地对目标体结构面和缺陷反射波进行判别和解读。

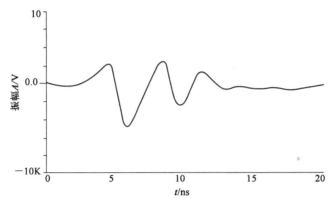

图 5-4-8 现场采集到的 400HMz 对应的直达和地面反射波叠加记录波形

(2) 不同介电性界面处的反射波

在两种不同介电性的界面处反射电磁波的大小和相位与界面两侧的介电性的相对大小有关,有 5 种典型的雷达反射波特征,如表 5-4-1 所示。通过对大量的地质雷达现场检测图像分析发现,无论界面两侧的介电性差异如何,与界面对应的反射波往往以反相位形式起跳,而后再出现与界面两侧的介电性差异有关的反射波,认为这是因为实际界面处材料和施工的间断性而具有一定的界面空隙,该空隙层充有气体,导致介电常数相对上层介质变低的结果,应以此初跳时间(接收天线接收到的反射波首波的起跳时间)确定界面位置。

雷达电磁波在 5 种假设材料界面上的理想反射　　表 5-4-1

类型	ε_1	ε_2	R	入射波形	反射波形
1	0	10	-1	1.0	-1.0
2	9	25	-0.25	1.0	-0.25
3	8	8	0	1.0	1.0
4	36	4	0.5	1.0	0.2
5	81	1	0.8	1.0	0.8

注:R 为反射系数;ε_1、ε_2 为反射界面两侧的相对介电常数。

理论上讲，界面产生的反射波不论相位如何，在雷达记录道上读取每一界面反射波的初至时间均为电磁波相对界面处的双程走时，但有时为了方便读取两个界面间反射波的时间差，可利用易识别的两界面反射波的波峰与波峰（或波谷与波谷）的间隔读取。

由表 5-4-1 可以得到以下结论：

①当反射系数为负时，界面处发生波形的改变；当反射系数为正时，界面处不会发生波形的变化。

②当反射界面两侧的相对介电常数相同且反射系数为零时，界面处不会发生波的反射。

③当反射界面两侧的相对介电常数差别较大时，入射波的能量损耗将增大，从而导致反射波的振幅减小。

4.2.2　地质雷达波相识别

地质雷达的资料解释就是对电磁反射波信号的拾取、识别，并赋予信号所反映异常体属性的内涵。在地质雷达图像剖面上，反射波组具有以下几个特点：

①反射波组的同相性。当结构介质存在一定介电性差异时，在雷达图像剖面中必定能找到相应的反射波，同一波组的相位特征，即波峰、波谷的位置沿测线基本上具有可追溯性，因此，同一反射体往往对应一组光滑平行的同相轴。

②反射波组的相似性。相邻记录道上同一层位或者局部异常体反射波组的波形、波幅、周期（频率）及其包络线形状等具有一定的规律性和分布特征，不同结构位或者局部异常体与其周围介质间的反射波组必有差异，而往往以此作为判别结构基层内存在局部不密实或含水量不均匀的依据。

③结构介质的介电性及几何形态将决定反射波组的形态特征。确定具有一定形态特征的反射波组是反射体信号识别的基础，而反射波组的同相性和相似性为沿剖面追踪反射体的分布界面提供了依据。如图 5-4-9 所示，其路面面层、基层的反射波组同相轴呈近似水平线条状分布，在雷达图像解释中往往将其作为所谓的标志层，若反射波组同相轴出现中断或错动，则表明此处面层、基层发生了断裂或路面施工接缝黏结不佳；在各类管线或者局部缺陷处因电磁波反射和绕射响应相互叠加，雷达异常图像反射波组呈上凸弧形分布。

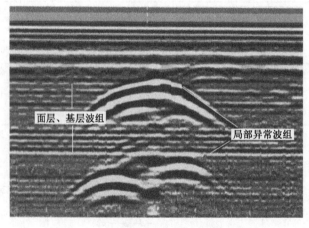

图 5-4-9　不同异常反射体的典型地质雷达图像

地质雷达波相识别过程可归纳如下:首先要在雷达剖面图像中确认地面反射波,然后找出各结构层界面所对应的反射波组,追踪其相轴沿剖面的分布特征,选定图像判别的标志层,再逐段分析雷达图像的波长、幅度、波形、同相轴延展分布特征等,识别异常现象,判别异常属性,通过图像波相识别达到对雷达图像的定性解释。

【本章复习思考题】

1. 请简要说明地质雷达的数字处理技术的概念。
2. 在地质雷达测量中我们为何要运用数字处理技术?
3. 地质雷达数字处理技术方法有哪些?简要阐述各种数字处理方法。
4. 请阐述本章中几种地质雷达数字处理技术方法的相似点和不同点。
5. 请结合本章所学,试着分析一下在不同介电性界面处,入射波与反射波存在何种关系。

【本章主要参考文献】

[1] 王水强.地质雷达的数字处理技术与小波算子界面成像的研究[D].上海:同济大学,1999.
[2] BLACK K, KOPAC P. The application of ground-penetrating radar in highway engineering[J]. Public roads,1992,56(3):96-103.
[3] 邓世坤,王惠濂.探地雷达图像的正演合成与偏移处理[J].地球物理学报,1993,36(4):528-536.
[4] DANIELS J J, BROWER J. Side-looking underground radar(SLUR):physical modeling and case history[J]. Geophysics,1998,63(6):1925-1932.
[5] 邓春为,李大洪.地质雷达资料解释方法综述[J].矿业安全与环保,2004,31(6):23-24,33.
[6] 耿玉岭,贾学民,李大鸣,等.公路路面无损检测中的探地雷达技术研究[M].北京:地震出版社,2007.
[7] 陈松,周黎明,罗士新.基于隧道超前预报的GPR正演模拟及应用分析[J].长江科学院院报,2015,32(9):128-133,139.
[8] 王成保.地质雷达超前预报技术在隧道施工中的应用[J].华东科技(学术版),2015(4):131-132.

第5章
地质雷达在桥梁工程中的应用

地质雷达是一种高分辨率检测技术,是可以对地下的或物体内不可见的目标体或界面进行定位的电磁技术。因其具有高分辨率、无损性、高效率以及强抗干扰能力的特点,被广泛地用于桥梁检测、公路检测、铁路路基检测等方面。

5.1 桥梁预应力管道注浆质量检测

波纹管又称预应力管道或者预应力管,其注浆密实性对桥梁的耐久性具有重要影响。据统计,由于注浆不密实导致波纹管内钢绞线锈蚀,预应力提前丧失,可造成桥梁实际寿命缩短至设计寿命的1/10。因此预应力管道的注浆质量检测是保证桥梁施工质量的重要措施,具有重要的理论价值与实际应用价值。但需要特别注意:由于金属材质对电磁波有强干扰性,因此地质雷达只能用于塑料波纹管的检测。应用地质雷达进行桥梁预应力管道注浆质量检测,其采集到的图像如图5-5-1、图5-5-2所示。

从图5-5-1可以看出,异常区域(白线圈出的部分)较为明显,振幅明显强于周围,且出现多次反射波,相位较连续,因此推断该处注浆不密实,可能含有大量的水。

从图5-5-2中也可以看出异常区域(白线圈出的部分)较为明显,振幅强于周围,且存在多次反射,相位较连续,但是该异常振幅没有特别大,所以推断该处为注浆不饱满的空洞异常,可能含少量的水。

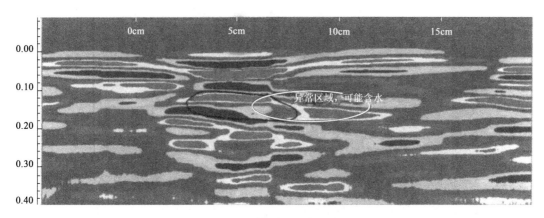

图 5-5-1 1#管道雷达检测图像

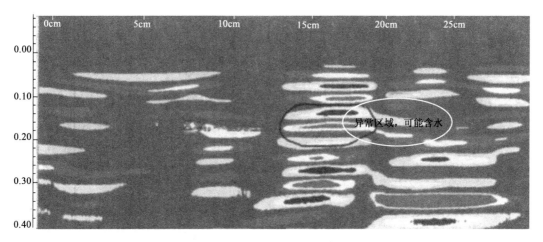

图 5-5-2 2#管道雷达检测图像

针对雷达波检测的异常区域进行钻孔验证,结果如表 5-5-1、图 5-5-3 和图 5-5-4 所示。

管道位置定位检测情况及钻孔验证情况统计表　　　表 5-5-1

检测部位	管　号	管道位置定位检测情况	钻孔验证情况	备　注
主桥箱梁第六跨大里程端	1#	管道深度为 12～17cm,注浆不饱满,积水;定位准确	钻孔深 12cm,钻孔到孔道位置有水流出,且未注浆	见图 5-5-3
右幅右侧腹板第 7#～8#块	2#	管道深度为 11～16cm,注浆不饱满;定位准确	钻孔深度 10cm,无水流出,有少量注浆,注浆不饱满	见图 5-5-4

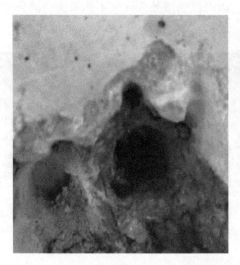 

图 5-5-3　1#管道钻孔验证照片　　　　图 5-5-4　2#管道钻孔验证照片

综合以上理论分析和工程实例,可以得出如下结论:

①预应力管道中钢绞线是金属介质,它与空气的电磁波阻抗反差最大,在未注浆或者注浆不密实且内含空气的预应力孔道内,雷达波会有较强的反射;不密实区反射波一般不规则,呈杂乱多点强反射显示,而且同相轴不连续;未注浆孔道则呈同相轴连续的强反射显示;如果注浆密实,则反射振幅较小。

②预应力管道定位。由于预应力管道通常被捆绑在外层钢筋网下面,再加上钢筋对雷达电磁波有一定的干扰,因此剖面图中显示的注浆管道图像不是很完全的管道弧形。利用小距离检测面标记(如 5cm、10cm)可以很准确地定位注浆管道,特别是在管道未注浆且包含水的情况下,雷达剖面显示管道位置及其后面为较强反射。

5.2　桥梁桩基孔底检测

本节以某一桥梁桩基工程为例,采用地质雷达无损检测方法,对桩基孔底岩溶进行检测,以期能够有效查清桥基下方岩溶发育情况,探明基岩埋深,确保桥梁桩基施工进度和安全。

(1)工程区地质情况

桥址区位于南岭东西复杂构造带西段北缘,构造部位为普安山字形构造区,主要构造线呈东北、西北向延伸,由一系列褶皱和断裂组成,控制了测区河流峡谷的主要走向及岩溶发育基本特征。

(2)地质雷达桩基孔底检测方法

由地质勘查报告可知,桥址位于岩溶发育的灰岩地带,为避免溶洞对桥桩产生危害,检测桩基孔底地质情况成为当务之急。在此处的桥基工程中,大多数采用人工挖孔桩,桩径一般在1.6~2.2m 之间。鉴于桩基孔底深度为 25.0m 左右,采用钻探效率不高,且成本也高,还对桩孔有破坏,因此,地质雷达无损检测成为首选。在施工阶段,先挖好桩孔,由于桩孔较深,故采用地质雷达的点测法排除不良地质。

桩基检测选择天线中心频率为400MHz,天线间距为0.5m,采取时窗为110ns,测点距为0.1m,叠加次数为132次,此次检测范围为桩底5.0m。首先由施工人员对桩底进行平整,清除干扰源。检测过程中,选取正北方向离孔壁0.2m处作为起点,将仪器按十字线进行点测。地质雷达测线布置及桩基检测见图5-5-5,天线采用三根绳索固定,由三位施工人员通过拉升绳子来移动天线,对孔底进行十字点测。地质雷达桩基孔底检测见图5-5-6。

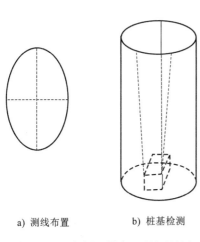

a) 测线布置　　b) 桩基检测

图5-5-5　地质雷达测线布置及桩基检测

图5-5-6　地质雷达桩基孔底检测

(3)雷达剖面解释

3#桩基左幅处地质雷达扫描图像见图5-5-7。纵坐标显示为从桩底地表开始雷达检测深度,此处地质雷达检测距离大约为桩底下5.4m,通过雷达图像得出结论:①桩底下0.3m处有一反射界面,雷达波反射较强,推测为直达波;②桩底下0.3~1.8m范围内,雷达波较完整,反射不强烈,推测在该处的岩体完整性较好,节理裂隙不发育;③桩底下1.8~4.0m范围内,从上部向下部,雷达波反射增强,同相轴较连续,推测该段岩体完整性开始变差,为小型构造面,节理裂隙发育,总体上表现为该处岩体完整性一般,自稳性较较;④桩底下4.0~5.4m范围内,在4.0m处同相轴连续,雷达波反射强烈,推测此处存在岩性分界面。从雷达图像上部向下部看,电磁波呈现弱反射,推测该段区域基岩较完整,或为电磁波在岩体介质传播中因能量损失造成的假象。检测潜在溶蚀发育区桥梁3#桩基左幅未发现明显破碎区及富水区,无明显溶洞,基岩较完整。

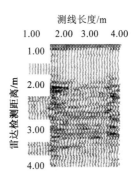

图5-5-7　桥梁桩基地质雷达扫描图像

5.3　空心板桥梁检测

本节以某运营中桥梁为实例,来说明地质雷达在检测空心板厚度及钢筋分布情况的应用。

(1) 工程背景

该桥面维修后病害反复出现,为确保桥梁安全和行车舒适性,对桥梁上部结构做一次全面检测,检查桥梁梁板结构尺寸是否满足设计要求,混凝土内部有无缺陷。该桥梁上部结构采用1m×16m钢筋混凝土空心板,单梁双腔设计,内部空腔气囊法施工。该桥梁检测采用的地质雷达的天线为2GHz的高频天线,有效检测深度为0.5m。

(2) 雷达剖面解译

经现场数据采样,在后期图像分析时,为保证测试结果准确、可靠,对雷达测线上的个别点采用钻孔方式进行结果验证和参数修正,积累经验,提高测试精度和准确度。图5-5-8为原始数据经滤波、增益、校正后的解译图。表5-5-2为空心板底板厚度雷达法检测结果。

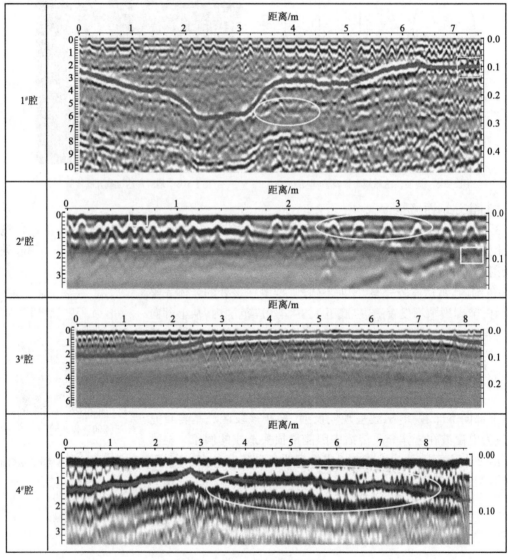

图5-5-8 空心板地质雷达图像

从雷达图像结果看,1#腔底板厚度变化大,最厚处为27.9cm(椭圆圈出的部分),最薄处为9.5cm(方框圈出的部分),施工时气囊上浮,施工控制差;2#腔底板钢筋保护层厚度偏小,最小处为1~2cm(方框圈出的部分),箍筋间距(椭圆圈出的部分)不均匀,局部间距过大,达26cm。其他2个腔体箍筋间距也较大,普遍为20cm;3#腔底板厚度远远小于设计值9cm,大部分底板厚度为3cm左右;4#腔内储存大量积水(椭圆圈出的部分中明显有分层现象)。后经钻孔验证,与雷达检测结果一致。从地质雷达图像上可以清楚地划分底板厚度分界面,并测出底板的钢筋保护层厚度和钢筋间距,另外对腔体内有无积水也有所反映。

从检测结果来看,空心板采用气囊法施工容易造成上浮和下沉,导致上、下板厚度质量控制差,另外,腔体内积聚大量水,增加梁体自重,加快对梁体的腐蚀,严重损害工程质量,给桥梁耐久性和桥面舒适性造成不利影响。

空心板底板厚度雷达法检测结果 表5-5-2

距离/m	底板厚度/cm				距离/m	底板厚度/cm			
	1#腔	2#腔	3#腔	4#腔		1#腔	2#腔	3#腔	4#腔
0	11.7	8.4	9.4	11.9	3.6	16.0	—	3.2	—
0.2	12.9	8.4	9.9	11.5	3.8	15.0	—	3.2	—
0.4	14.2	8.4	9.9	10.9	4.0	15.0	—	3.2	—
0.6	15.3	8.8	9.9	11.5	4.2	14.9	—	2.8	—
0.8	16.6	8.8	9.9	11.5	4.4	16.2	—	2.6	—
1.0	17.4	8.8	9.9	11.5	4.6	16.2	—	2.6	—
1.2	18.3	8.8	9.9	11.5	4.8	16.1	—	2.6	—
1.4	18.2	8.4	8.6	11.5	5.0	15.7	—	2.4	—
1.6	19.4	8.3	8.0	11.5	5.2	14.4	—	2.5	—
1.8	21.2	8.3	7.4	11.5	5.4	13.1	—	2.5	—
2.0	24.3	8.4	6.7	11.8	5.6	11.6	—	2.6	—
2.2	27.8	7.9	6.3	12.1	5.8	10.5	—	2.6	—
2.4	27.9	7.9	5.7	12.1	6.0	10.3	—	2.5	—
2.6	27.4	7.9	4.4	12.3	6.2	9.5	—	2.8	—
2.8	26.9	7.9	4.0	—	6.4	10.0	—	2.8	—
3.0	26.8	7.9	3.7	—	6.6	10.3	—	2.8	—
3.2	24.1	8.1	3.7	—	6.8	10.3	—	2.9	—
3.4	19.0	—	3.3	—	—	—	—	—	—

5.4 连续箱梁桥检测

本节以某桥梁的箱梁为例,说明地质雷达在连续现浇箱梁横向预应力钢筋定位方面的应用。

(1)工程背景

该大桥箱梁内部进行加固,需要对箱梁顶部多处纵桥向开孔,箱梁顶面布设有横向预应力束,如图5-5-9所示。由于桥面铺装层和梁体内布设有大量钢筋,横向预应力束埋深较大(设计 17.5cm），采用常规的钢筋位置测定仪无法定位，利用天线中心频率为 2GHz 的高频地质雷达可以快速、准确、实时定出横向预应力束位置，后经开孔取芯定位准确率为 100%，避免了盲目开孔造成定位不准从而产生较多废孔和对横向预应力束的切割破坏，提高了工作效率，消除了开孔对箱梁结构的影响。

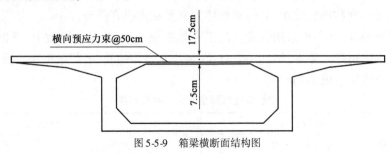

图 5-5-9　箱梁横断面结构图

（2）雷达剖面解译

如图 5-5-10 所示，可以清楚地看出桥面及箱梁顶部的钢筋分布情况，在雷达解译图中，横向预应力束的图像特征明显（圆圈表示预应力束）。

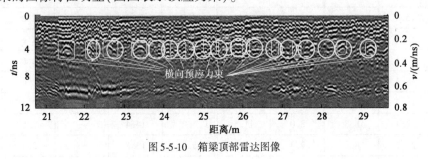

图 5-5-10　箱梁顶部雷达图像

【本章复习思考题】

1. 结合本章实例，试着分析地质雷达检测主要应用于桥梁检测的哪些方面及各自特点。

2. 请根据本章内容，简要阐述应如何判断雷达图像中的结构缺陷位置以及发生缺陷的原因。

3. 地质雷达运用于波纹管检测时应注意哪些问题？并说明其原因。

【本章主要参考文献】

[1] 刘正兴,李富裕,何文明.应用地质雷达进行桥梁预应力管道注浆质量检测的研究[J].湖南交通科技,2011,37(4):106-109.

[2] 廖秀宇,韦猛,李奉霖.地质雷达检测桥梁桩基孔底的技术方法及应用[J].路基工程,2016(4):223-226.
[3] 沙卫福.高频地质雷达在桥梁检测中的应用研究[J].工程与建设,2013,27(5):640-642.
[4] 葛琳延,蒋田勇,田仲初.地质雷达无损检测技术在混凝土箱梁桥中的应用研究[J].公路交通科技(应用技术版),2009,5(9):134-136.
[5] 谢慧才,叶良应,徐茂辉.检测混凝土质量缺陷的雷达方法[J].土木工程学报,2005,38(9):80-85,98.
[6] 洪开荣.我国隧道及地下工程发展现状与展望[J].隧道建设,2015,35(2):95-107.
[7] 李金奎,吴凯.地质雷达在地铁隧道深度探测中的应用[J].水利与建筑工程学报,2017,15(3):134-137.
[8] 李雷,常国徽.地质雷达探测技术在矿井围岩松动圈探测中应用[J].内蒙古煤炭经济,2015(9):137-138.
[9] 赵倩倩,雷宛,邓艳,等.探地雷达在工程勘察中天线频率的选择[J].勘察科学技术,2013(2):61-64.